普通高等教育"十一五"国家级规划教材

 辽宁省"十二五"普通高等教育本科省级规划教材

银行电子商务与网上支付

第 2 版

主编 李洪心 马 刚

机械工业出版社

商业银行既是电子商务环境的支撑者，又是电子商务活动的参加者。网上支付是发生在购买者和销售者之间的电子货币交换，是电子商务的重要组成部分，是银行业传统支付系统的发展和创新。本书在讨论电子交易和银行电子商务发展的基础上，全面讲述了电子银行和网上支付的概念、电子货币的概念、实现网上支付的技术、网上安全支付协议与电子商务安全认证、国内外主要的电子支付与清算系统和网上银行业务，最后介绍了网络金融的风险与防范和网上支付的法律问题。

本书可以作为高等教育电子商务、金融等相关专业的教材，也可以作为从事电子商务、金融或相关领域工作的企业人员和研究人员的参考用书。

图书在版编目（CIP）数据

银行电子商务与网上支付/李洪心，马刚主编. —2版. —北京：机械工业出版社，2013.5（2023.6重印）

普通高等教育"十一五"国家级规划教材　辽宁省"十二五"普通高等教育本科省级规划教材

ISBN 978-7-111-42130-6

Ⅰ.①银… Ⅱ.①李…②马… Ⅲ.①计算机应用—银行业务—高等学校—教材　Ⅳ.①F830.49②F713.36

中国版本图书馆CIP数据核字（2013）第073787号

机械工业出版社（北京市百万庄大街22号　邮政编码100037）
策划编辑：易　敏　责任编辑：易　敏　宋　燕　刘　畅
版式设计：霍永明　责任校对：王　欣
封面设计：马精明　责任印制：常天培
北京中科印刷有限公司印刷
2023年6月第2版第7次印刷
169mm×239mm·20.25印张·392千字
标准书号：ISBN 978-7-111-42130-6
定价：39.80元

电话服务　　　　　　　　网络服务
客服电话：010-88361066　机　工　官　网：www.cmpbook.com
　　　　　010-88379833　机　工　官　博：weibo.com/cmp1952
　　　　　010-68326294　金　　书　　网：www.golden-book.com
封底无防伪标均为盗版　　机工教育服务网：www.cmpedu.com

编审委员会

名誉主任：黄梯云　哈尔滨工业大学
主　　任：李洪心　东北财经大学
副 主 任：王刊良　西安交通大学
　　　　　　马永开　电子科技大学
　　　　　　姚　飞　北京化工大学
　　　　　　卢虎生　内蒙古科技大学
　　　　　　卢才武　西安建筑科技大学
　　　　　　邵军义　青岛理工大学
　　　　　　杨　铭　齐齐哈尔大学
　　　　　　邓海平　机械工业出版社
委　　员（按姓氏笔画排序）：
　　　　　　于　俭　杭州科技大学
　　　　　　邓晓红　山东建筑大学
　　　　　　向　阳　同济大学
　　　　　　李四福　中国地质大学
　　　　　　李志刚　成都理工大学
　　　　　　张宏山　河南科技大学
　　　　　　张喜征　湖南大学
　　　　　　贾红雨　大连海事大学
　　　　　　郭士正　集美大学
　　　　　　翟东升　北京工业大学
　　　　　　蔡建峰　西北工业大学
秘　　书：易　敏　机械工业出版社

序

经济全球化的纵深发展以及信息技术的日新月异，引发了商务方式的变革。21世纪是一个信息时代、数码时代、互联网与电子商务时代。电子商务正以前所未有的力量冲击着人们千百年来形成的商务观念与模式。它直接作用于社会经济的方方面面，成为企业开拓国际国内市场，利用好国内外各种资源的一个千载难逢的良机。

在我国，《电子签名法》的实施和《电子支付指引》的颁布为电子商务宏观环境的完善提供了法律基础和政策依据。从客观环境和主观条件来看，随着政策环境的不断完善，各行业对应用电子商务的高度重视以及电子商务营利模式的日渐成熟，电子商务必将掀起新一轮发展热潮。

在这种时代背景下，各个行业和领域正在积极开展形式多样的电子商务活动，如网上采购、网上销售、网上招商、网上广告服务、在线证券交易、电子银行、电子税收等。电子商务的快速发展，使整个社会对电子商务专业人才的需求日益迫切，尤其需要既掌握信息技术、又精通商务管理的复合型电子商务从业人员。

顺应电子商务应用的发展和人才需求，电子商务高等教育也在摸索中不断发展。2000年，教育部确定了首批开设电子商务专业的高等院校，至2006年年初，开设电子商务专业的高等院校已达到300余所。除此之外，还有众多的学校开设了电子商务专业方向的专业；也有些学校在陆续申请并准备开设电子商务专业。

顺应社会需求，机械工业出版社在经过广泛调查和对一线教师的多轮意见征询后，组织全国20多所院校，共同编写了本套教材。

本套规划教材的建设原则是：

(1) 确保实现"为教学提供整体解决方案"的宗旨。要求全部教材制作配套的电子课件，部分教材还提供参考资料、实验说明、案例等多种配套教学资料，以帮助授课老师提高教学水平。

(2) 在内容上，坚持面向未来的原则。为了使教材及时反映电子商务的发展状况，要求在内容上一方面强调厚实的理论基础，另一方面要有一定的前瞻性，并着重培养创新思维。

(3) 严格认真地遴选主编，要求编者具有丰富的教学经验和与时俱进的实践经验，以保证教材质量。

本系列教材是在激烈的市场竞争背景下推出的，它秉承了机械工业出版社的开拓、创新和服务的精神。相信这套教材对提高我国电子商务的应用水平将起到积极的作用。

中国工程院　院士
中国工程院　常务副院长
教育部高等学校电子商务专业教学指导委员会　主任

第 2 版前言

随着数字经济的持续快速发展，第三方支付无论是规模以及基于支付的各类数字化衍生服务，都将迎来稳健的发展阶段，相关的服务机构也将在数字经济大潮下，通过为商户及产业类客户提供多元的数字化服务而实现更大的发展。

数字经济下"支付"价值凸显，成为产业数字化的重要枢纽，数字经济覆盖了数字基础设施建设、数字技术服务、数字技术的应用等部分，"支付"是经济活动的重要环节，第三方支付机构的业务也主要涉及数字经济方面。我国高度重视发展数字经济，将其上升为国家战略，先后出台了《网络强国战略实施纲要》《数字经济发展战略纲要》，从国家层面部署推动数字经济发展。国家互联网信息办公室发布的《数字中国发展报告（2022年）》显示，2022年我国数字经济规模达50.2万亿元，总量稳居世界第二，同比增长10.3%，占国内生产总值比重提升至41.5%。2022年11月17日艾瑞咨询发布《2022年中国第三方支付行业研究报告》，根据统计数据显示，第三方支付不仅渗透至C端用户的方方面面，也已深入B端各产业全价值链。截至2022年年底，中国第三方移动支付交易规模为319.2万亿元，较上年增加45.1万亿元，同比增长11.2%。艾瑞咨询认为，在消费互联网向工业互联网转型的当下，B端企业的产业链支付仍有进一步渗透产业链数字化业务的空间。报告预计，到2026年，第三方企业支付交易规模将达到409.9万亿元，其中工业互联网支付交易规模将占74.1%，约303.74万亿元。

电子支付产业的深入发展，对电子支付的教育提出了新的要求，针对这些要求，我们对《银行电子商务与网络支付》一书进行了修订，本次修订重点完成以下工作：

1. 重写。重写了第三章、第五章、第六章、第十章和第十一章。为使书中内容更好地反映支付实践的发展，这次将第三章"银行电子商务与电子货币"、第五章"网上安全支付的技术基础"、第六章"电子商务安全认证"、第十章"网络银行的风险与防范"、第十一章"网上支付的法律问题"5章内容进行了重新改写。同时还重写了第一章、第二章、第四章和第八章的引导案例。

2. 补充与修改。为使本书的内容能做到与时俱进，我们对每章的内容均进行了更新。包括删除了一些过时的内容，补充和插入新的数据和新的内容，并且在文字方面也进行了大量的修改。

3. 更新。为促进支付行业健康发展，"监管"成为了2011年的主题。中国人民银行颁布与正式实施《非金融机构支付服务管理办法》，截止2012年8月，先后五批向支付宝、财付通等197家企业颁发了《支付业务许可证》（又称"支付牌照"）。牌照的发放，赋予了第三方支付企业合法的地位，将第三方支付企业正式纳入到国家监管体系下，有利于第三方支付行业朝着更加规范和健康的方向发展。从以前的《支付清算组织管理办法（征求意见稿）》到如今《非金融机构支付服务管理办法》的出台和实施，发生了很多变化，相应地我们对本书中大量相关内容进行了更新。

本书第2版中，第一～七章、第十章和第十一章由李洪心修订，第八章和第九章由马刚修订，最后由李洪心统稿。

在此感谢所有为本书写作提供了丰富的网上资源和参考文献的学者们，也感谢为我们提供了最新资料的银行界的同事们；同时，还感谢东北财经大学管理科学与工程学院的研究生张晓娜、王玉刚、才雨、郑艺、李冬杰、李巍、李燕、龙亚平、范雷雷和冯定国，他们在本书资料的整理和PPT课件的制作方面做了大量的工作。

编　者

第 1 版前言

  电子商务已经无可否认地改变了整个社会的政治、经济、文化与生活的方方面面，银行服务业在这股潮流的推动下也面临着前所未有的发展机遇和挑战。网络环境下的电子商务是数据流、资金流和物流的信息交换，电子商务活动涉及对这三种信息流的业务处理、安全监控和管理。其中，资金流是通过商业银行提供的网上支付来实现的。随着互联网技术的迅速商业化应用，银行业成为电子商务应用和推广最快的一个行业，商业银行在电子商务发展的进程中，扮演着两种重要角色，一方面，银行要通过网上银行为从事电子商务的各方提供网上支付服务，是电子商务环境的支撑者；另一方面，银行也通过网上银行为其客户提供各类电子银行服务业务，包括家庭银行和企业银行服务。所以，银行又是电子商务活动的参加者。由于银行业本身的信息化程度较高，又省略了传统行业的物流环节，使得电子商务比较容易在银行业得以应用。也正是由于银行的加入，使电子商务获得了快速和实质性的进展。

  电子商务对银行业的影响是深远的，它有力地推动了金融业务的创新；商业银行通过推出网上银行，对外提供电子商务发展所必需的网上支付服务，又反过来有力地推动了电子商务的发展。由此可见，没有银行的参与，资金流的流通和电子货币的交换是不可能完成的。银行通过传统的支付清算网络完成支付授权和支付获取，由网上支付所引起的银行之间的清算和结算是通过中央银行的支付清算网络完成的。所以说网上支付是发生在购买者和销售者之间的电子货币交换，是电子商务的重要组成部分，是传统支付系统的发展和创新。

  本书在讨论电子交易和银行电子商务发展的基础上，全面介绍了电子银行和网上支付的概念、电子货币的概念、实现网上支付的技术、网上安全支付协议与电子商务安全认证、我国主要的电子支付系统和网络银行业务，特别是本书介绍了中国银行业最新的网上支付系统和核算系统，以及中国国家征信体系，最后介绍了网络银行的风险与防范和网上支付的法律问题。

  本书共 11 章，由李洪心和马刚主编，具体的分工是：第一章、第二章、第四章、第七章由李洪心编写，第八章、第九章由马刚编写，乌跃良编写了第三章，杨兴凯编写了第五章和第六章，刘继山编写了第十章和第十一章，最后由李洪心和马刚统稿。

  本书的各章以内容提要开头，为的是使读者在学习各章之前对本章的内容和学习目的有一个大概的了解，每章还通过一个引导案例来说明本章内容在电子商务实践中的应用。为了帮助读者更好地理解本书所阐述的观点和内容,本书在各章结束时给出了思考题,以利于读者的总结归纳。有的章节还列出与讲述内容相关的参考网站的网址,读者可以上网访问这些著名的商务站点,进行银行电子商务的网上观摩与实践操作。

本书可以作为电子商务、金融专业以及相关专业的教材,也可以作为从事电子商务、金融或相关领域工作者和研究人员的参考用书。

网络银行的建设和安全电子支付是电子商务发展的关键,也是一个不断创新和发展的领域。在撰写本书过程中,我们不仅查阅了大量报刊和书籍,还引入了许多银行电子商务建设的最新成果。作者感谢所有为本书写作提供了丰富的参考文献的学者,也感谢为我们提供了最新资料的银行界的同事们,还要感谢东北财经大学电子商务学院的研究生李楠、程璐路、曲丹、靳阳、才雨、郑艺、李东杰、李巍,他们在本书资料的整理和 PPT 课件的制作方面做了大量的工作。

本书所涉及的领域发展快、内容新,文稿虽经多次修改,书中难免有问题或疏漏。不当之处,望专家和读者指出,以利于今后的提高和完善。

李洪心　马　刚

目　　录

序
第 2 版前言
第 1 版前言

第一章　电子商务与电子支付 …………………………………………………… 1
　　内容提要 …………………………………………………………………………… 1
　　本章引导案例：淘宝网——亚洲最大、最安全的网上交易平台 ………………… 1
　　第一节　电子商务概述 …………………………………………………………… 3
　　第二节　电子商务中的交易与支付 ……………………………………………… 8
　　第三节　电子交易与电子支付面临的问题 ……………………………………… 19
　　思考题 ……………………………………………………………………………… 23

第二章　电子交易与电子银行 …………………………………………………… 25
　　内容提要 …………………………………………………………………………… 25
　　本章引导案例：亚马逊中国 ……………………………………………………… 25
　　第一节　典型的电子商务交易模式 ……………………………………………… 27
　　第二节　电子商务交易市场与交易流程 ………………………………………… 37
　　第三节　电子银行系统 …………………………………………………………… 46
　　思考题 ……………………………………………………………………………… 53

第三章　银行电子商务与电子货币 ……………………………………………… 54
　　内容提要 …………………………………………………………………………… 54
　　本章引导案例：中国民生银行与电子商务 ……………………………………… 54
　　第一节　网络银行与电子商务 …………………………………………………… 58
　　第二节　银行电子商务概述 ……………………………………………………… 61
　　第三节　电子货币概述 …………………………………………………………… 67
　　第四节　电子货币的分类 ………………………………………………………… 71
　　思考题 ……………………………………………………………………………… 82

第四章　电子支付与清算体系 …………………………………………………… 83
　　内容提要 …………………………………………………………………………… 83
　　本章引导案例：网盛生意宝推出旗下 B2B 支付平台——生意通 ……………… 83
　　第一节　电子支付系统的形成与发展 …………………………………………… 84
　　第二节　电子支付系统的构成和基本模式 ……………………………………… 86
　　第三节　电子支付应用系统 ……………………………………………………… 92
　　第四节　电子银行清算体系 ……………………………………………………… 101

思考题 ·· 108

第五章　网上安全支付的技术基础 ························· 110
内容提要 ··· 110
本章引导案例：2011年信息泄露事件 ································· 110
第一节　网上支付的安全问题与需求 ·································· 112
第二节　防火墙技术 ·· 114
第三节　数据加密技术 ··· 118
第四节　数据完整性技术 ·· 125
思考题 ··· 130

第六章　电子商务安全认证 ··································· 131
内容提要 ··· 131
本章引导案例：支付宝安全策略 ······································· 131
第一节　身份认证与身份认证体系 ····································· 133
第二节　公钥体系结构 ··· 141
第三节　网上支付的安全技术协议 ····································· 144
思考题 ··· 153

第七章　第三方支付与移动支付 ···························· 154
内容提要 ··· 154
第一节　第三方支付体系 ·· 155
第二节　第三方支付平台在中国的发展 ······························· 158
第三节　案例分析：PayPal的建设与运作 ····························· 162
第四节　移动支付概述 ··· 166
第五节　国内外移动支付的发展 ······································· 170
第六节　案例分析：Paybox的移动在线支付系统 ···················· 175
思考题 ··· 178

第八章　我国银行电子商务网上支付系统的建设 ······ 180
内容提要 ··· 180
本章引导案例：金融@家个人网上银行 ······························· 180
第一节　中国支付系统概况 ··· 182
第二节　中国国家金融通信网 ·· 189
第三节　中国现代化支付系统 ·· 194
第四节　中国国家中央核算系统CCPC ································ 208
第五节　中国金融认证中心 ··· 212
第六节　中国国家征信体系 ··· 216
思考题 ··· 222

第九章　网络银行 ·· 223
内容提要 ··· 223
本章引导案例：中国工商银行个人网上银行 ························· 223

第一节　网络银行概述 ··· 225
　　第二节　网络银行的发展模式 ··· 234
　　第三节　网络银行系统的建设 ··· 239
　　第四节　网络银行的业务概述 ··· 249
　　第五节　网络银行与传统银行的比较 ································· 258
　　思考题 ·· 263

第十章　网络银行的风险与防范 264
　　内容提要 ··· 264
　　本章引导案例：美国信用卡资料的外泄事件 ························· 264
　　第一节　网络银行风险概述 ·· 267
　　第二节　网络银行风险的防范 ··· 275
　　第三节　中国网络银行的金融监管 ··································· 281
　　第四节　网络银行的资源管理 ··· 285
　　相关网站 ··· 286
　　思考题 ·· 286

第十一章　网上支付的法律问题 287
　　内容提要 ··· 287
　　本章引导案例：10万元存款网上被盗案 ····························· 287
　　第一节　网上支付立法概述 ·· 288
　　第二节　电子资金划拨中的法律问题 ································· 291
　　第三节　电子货币的法律问题 ··· 297
　　第四节　电子票据的法律问题 ··· 302
　　相关网站 ··· 308
　　思考题 ·· 308

参考文献 ·· 309

第一章
电子商务与电子支付

内容提要
1. 电子商务的概念及优势
2. 电子商务的基础环境
3. 电子商务中的交易与支付
4. 电子支付的特征与类型
5. 电子商务、电子交易与电子支付的关系
6. 电子交易与电子支付面临的问题

本章引导案例：淘宝网——亚洲最大、最安全的网上交易平台

淘宝网由全球最佳 B2B 公司阿里巴巴集团投资 4.5 亿元创办，是亚太地区最大的网络零售商圈，致力于打造全球领先网络零售商圈，成就全球最大的个人交易网站。目前，淘宝网的业务分为 C2C 以及 B2C 两大部分，其中 C2C 网站的收费来源主要包括交易服务费、特色服务费、增值服务费以及网络广告等。

一、淘宝网的发展过程

2003 年：阿里巴巴集团在 2003 年 5 月 10 日投资创立淘宝网。

2004 年：淘宝网在竞争对手的封锁下突破增长。

2005 年：淘宝网排名超过 eBay 易趣。

2006 年：淘宝网成为亚洲最大购物网站，同年，中国网民突破 1 亿人。

2007 年：淘宝网不再是一家简单的拍卖网站，而是亚洲最大的网络零售商圈。全年成交额突破 400 亿元。

2008 年："大淘宝战略"应运而生。大淘宝战略组成公司包括淘宝网、支付宝、阿里云计算、中国雅虎以及各公司之下属公司及相关部分。

2009 年：阿里巴巴集团旗下淘宝网交易额接近 1000 亿元人民币，旗下支付

宝用户突破1亿人。

2010年：6月1日，淘宝网与软银集团控股雅虎日本在日本共同启动中日网购互联平台。同年7月1日，个人开网店将实行"实名制"，但并不强制要求必须办理工商营业执照。

二、淘宝网的支付模式

（1）银行卡付款。这种情况是买家可以直接通过网上银行支付，也可以将银行卡与支付宝账户绑定，通过支付宝进行支付。

（2）货到付款。货到付款是指买家在收到货物时，把钱付给物流公司的快递人员，让物流公司代收货款。

（3）充值卡付款。用户在淘宝网购物还可以利用神州行全国充值卡或OK超市卡进行付款。

（4）线下网点支付。淘宝网用户还可以去便利店、邮局、药店等支付宝合作网点进行付款。

在淘宝网的众多支付方式中，使用支付宝账户进行付款的占多数。支付宝是阿里巴巴旗下的在国内最具有影响力的第三方支付平台。

三、支付宝的产生与发展

目前，国内知名的第三方支付企业主要包括：支付宝、贝宝（PayPal）、易趣安付通、易宝（YeePay）、财付通、快钱支付、云网、网银在线、上海环迅、首信易支付、银联电子支付等。大浪淘沙后，阿里巴巴集团旗下的支付宝公司的"支付宝"业务逐渐从众多厂商的角逐中脱颖而出，以其特定的技术优势、细分的服务市场、独特的经营方式，致力于为解决电子商务交易过程中的诚信和安全问题而提供安全、方便、个性化的第三方支付服务，在电子商务的第三方支付市场中大显身手。

2003年10月，阿里巴巴集团创办的支付宝网站首先在淘宝网推出，迅速成为会员网上交易通用的支付方式。2004年，支付宝实现了独立运营，从其母公司独立出来成立了支付宝公司。2005年支付宝公司推出"你敢付，我敢陪"的全额赔付机制，"用支付宝，网上无贼"等安全服务概念频繁出现在众人面前。评价认为，支付宝在目前中国金融服务及网络安全并不十分完善的环境下，最大限度地保证了网上交易的安全，大大促进了中国电子商务的健康发展。2010年12月，支付宝宣布用户数突破5.5亿。2011年7月1日，支付宝宣布推出全新的手机支付产品——条码支付。这个全新的手机支付产品是全球第一个条码支付产品，也是支付宝首次通过在线支付技术进入线下市场，只需拥有支付宝账户，便可实现"现场购物、手机支付"。2011年9月5日，支付宝收购安卡支付打算深度拓展跨境业务。2012年2月8日起，支付宝关闭信用卡充值服务，但可继续使用信用卡付款。

四、支付宝的支付流程

1. 担保交易

（1）买家在淘宝网站选购商品，最后决定购买，买卖双方在网上达成交易意向。

（2）买家选择用支付宝付款，将货款转账到支付宝。

（3）支付宝通知卖家，买家已付款，要求卖家发货。

（4）得到通知之后，卖方通过快递或者上门自取等形式发货。

（5）买家收到货物并确认满意后通知支付宝付款；如果买家对货物不满意，或认为与卖家承诺有出入，则可通知支付宝拒付货款并将货物退回卖家。

（6）买家满意，支付宝将货款划入卖家账户，交易完成；若不满意，退货后支付宝将不进行支付。

交易完成，买家与卖家进行信用互评。

2. 即时支付

支付宝的即时支付功能，是指在此功能下，商品的买卖并不是必须的，一方可以直接通过支付宝发起汇款给卖方，并且整个过程是即时到账的。其流程为：①买家选择商品。②买家登录支付宝付款。③卖家支付宝立即到款。

支付宝公司针对网上交易而特别推出的安全付款服务，其运作的实质是以"支付宝"为信用中介，在买家确认收到商品前，由"支付宝"替买卖双方暂时保管货款，这种增值服务在虚拟的网络环境和信用缺失的情况下，保证网上交易与支付的安全与可靠，即"支付宝"提供的强大的担保功能和"全额赔付"策略，保证了交易双方的安全交易。"支付宝"是专注服务于我国内地市场的网上支付平台，适应我国目前的经济、金融、信用体系等宏观环境，也符合国人的消费习惯和行为习惯。

思考题：

1. 淘宝网为什么能够成为国内最大、最安全的网上交易平台？支付宝对于淘宝网的成功起到了什么作用？

2. 支付宝的运作机制是怎样的？

3. 支付宝为什么能够成为国内最大的第三方支付企业？

第一节 电子商务概述

一、电子商务的概念

电子商务是在网络社会化、经济全球化和贸易自由化驱动下，商务活动与信息技术相互融合、相互作用的必然产物。发展到今天，电子商务已经成为人们耳熟能详的词语，只是目前还没有形成一个较为全面的、具有权威性的、能够为大多数人所接受的定义。不同的定义反映出对电子商务的理解侧重点不同，而在实际的应用中，人们大都会用更加实际的眼光来审视电子商务。

1. 著名国际组织对电子商务的定义

（1）联合国国际经济合作和发展组织（OECD）在有关电子商务的报告中对电子商务的定义是：电子商务是利用电子化手段从事的商业活动，它基于电子处理和信息技术，如文本、声音和图像等数据传输，主要是遵循 TCP/IP 和通信传输标准，遵循 Web 信息交换标准，提供安全保密技术。

（2）国际标准化组织对电子商务的定义：电子商务是企业之间、企业与消费者之间信息内容与需求交换的一种通用术语。

（3）全球信息基础设施委员会（GIIC）对电子商务的定义：电子商务是把电子通信作为手段的经济活动，通过这种方式人们可以对带有经济价值的产品和服务进行宣传、购置和结算。

（4）欧洲经济委员会在全球信息社会标准大会上，明确提出了一个关于电子商务的比较严密、完整的定义：电子商务是各参与方之间以电子方式而不是以物理交换或直接物理接触方式完成的业务交易。

2. 从事电子商务的公司对电子商务的定义

（1）IBM 公司提出了一个电子商务的公式，即 E-Business = IT + Web + Business。它所强调的是在网络计算环境下的商业化应用，是把买方、卖方、厂商及其合作伙伴在因特网（Internet）、企业内部网（Intranet）和企业外部网（Extranet）上结合起来的应用。

（2）英特尔公司（Intel）关于电子商务的定义：电子商务是基于网络连接的不同计算机之间建立的商业运作体系，是利用 Internet/Intranet 来使商务运作电子化。

（3）惠普公司（HP）的描述：电子商务以信息技术作为现代企业的基础结构，电子商务是跨时域、跨地域的电子化世界 E-World（EW）。EW = EC（Electronic Commerce）+ EB（Electronic Business）+ EC（Electronic Consumer）。惠普公司电子商务的范畴包括所有可能的贸易伙伴，即用户、商品和服务的供应商、承运商、银行、保险公司以及所有其他外部信息源的受益人。

（4）搜狐公司的看法：电子商务将全球市场由网络连接起来，形成与地域、空间无关的一体化市场。商家、消费者、金融机构通过电子手段进行的业务往来、在线支付等一系列贸易活动，均成为电子商务。电子商务是一种新的商业运作模式。

3. 狭义的电子商务（E-Commerce）

狭义的电子商务也称为电子交易，主要是指利用网络提供的通信手段在网上进行的交易活动，包括通过互联网买卖产品和提供服务。产品可以是实体化的，如书籍、电子产品，也可以是数字化的，如新闻、软件、电影或音乐等。此外，电子商务还可以提供各类服务，如安排旅游、远程网络教育、各种在线咨询等。

4. 广义的电子商务（E-Business）

从广义上讲，电子商务还包括企业内部的商务活动，如生产、管理、财务等，以及企业间的商务活动。它不仅仅是硬件和软件的结合，更是把买家、卖家、厂家和合作伙伴在 Internet、Intranet 和 Extranet 上利用互联网技术与现有的系统结合起来开展业务活动的综合系统。

E-Commerce 集中于电子交易，强调企业与外部的交易与合作；而 E-Business 则扩大了狭义概念的涵盖范围。

商务活动离不开信息流、物流、资金流和商流。其中，资金流是核心部分。资金在互联网上的流转对电子商务的实现起到了举足轻重的作用。在我们详细研究电子商务的支付系统之前，本章首先介绍电子商务的特点和电子商务活动所涉及的各个方面。

二、电子商务的特点

电子商务内涵丰富，它不仅包括网络上的商业数据交换和电子交易，还包括电子化服务、企业协作、企业内部信息化等。随着时代的进步以及电子商务技术与理论的迅猛发展，整个商务活动，从产品生产、商品营销、合同签订，到商品分拨、商品零售、消费者的商品选购，以及货款结算、售后服务，都将受其影响而发生翻天覆地的变化。

尽管今天的电子商务仍然存在着诸如支付手段、物流配送、网络信任等问题，但是较之传统商务，电子商务还是有它极大的优势和广阔的发展前景。

我们可以从它能够给企业、消费者、整个社会所带来的影响来理解电子商务的特点。

1. 对企业的益处

电子商务给企业带来的好处主要体现在以下几个方面：

（1）电子商务扩展了国内和国际的市场。用最少的资金投入，一家公司可以在全球方便、快速地赢得更多的客户，找到最好的供应商和最合适的商业伙伴。

（2）电子商务降低了企业运营成本，减少了基于纸面的信息的创建、处理、分发、存储和查找的费用，降低了通信费用——因为互联网要比增值网便宜得多。

(3) 电子商务提高了企业的效率,缩短了从资本的投入到获得产品和服务之间的时间。

(4) 通过"拉式"供应链管理,电子商务可以减少库存和管理费用。"拉式"供应链管理的过程是从客户的订单开始的,并采用即时方式进行生产。"拉式"供应链管理过程使得产品和服务的个性化定制成为可能。戴尔(Dell)计算机公司采取的这种经营模式大大提高了企业自身的竞争优势。

2. 对消费者的益处

电子商务给消费者带来的好处主要体现在以下几个方面:

(1) 电子商务向消费者提供了更多的选择机会,并使消费者可以在任何时候任何地点进行购物或交易。

(2) 电子商务使得消费者能在更多的地方购物和作快速的性价比较,因而能获得价格低廉的产品和服务。

(3) 电子商务可以快速地将数字化的产品传递到消费者手中,并使客户在几秒钟内就收到相应的详细信息,而不再是需要几天或几个星期。

(4) 电子商务使得消费者能很容易地参与虚拟拍卖。

3. 对社会的益处

电子商务给整个社会带来的好处主要体现在以下几个方面:

(1) 电子商务使得更多的人能够足不出户地进行工作和购物,其结果是减少了交通阻塞和空气污染。

(2) 电子商务使得消费者容易找到低价产品,从而使得不富裕的人们也能够方便地买到合适的产品并提高他们的生活水平。

(3) 电子商务使得边远地区的人们也能享受到和大城市的市民同样的产品和服务,而这在传统的商务活动条件下是不可能的。

三、电子商务的基础设施与基础环境

电子商务活动的顺利进行需要基本的网络设施以及底层的软硬件设备和技术的支撑,需要法律与服务等社会各方面的支持和上层的企业电子商务各个子系统的有效运行。这些子系统包括企业前端的客户关系管理(CRM)系统、企业交易流程中的供应链管理(SCM)系统、企业后台的企业资源计划(ERP)系统、企业的门户电子商务交易(EC)系统等。

图1-1较为清晰地解释了电子商务系统的基础设施与基础环境。

(一) 电子商务系统的基础设施

电子商务系统的基础设施包括网络基础设施、信息分送基础设施和商业服务3个重要部分。

1. 网络基础设施

信息高速公路实际上是网络基础设施的一个较为形象的说法。它是实现电子商务的最底层的基础设施。正像我们的公路系统由国道、城市干道、辅道共同组成一样，信息高速公路也是由骨干网、城域网、局域网层层搭建而成的。信息可能是通过电话线进行传递，也可能是通过无线电波的方式进行传递。

2. 信息分送基础设施

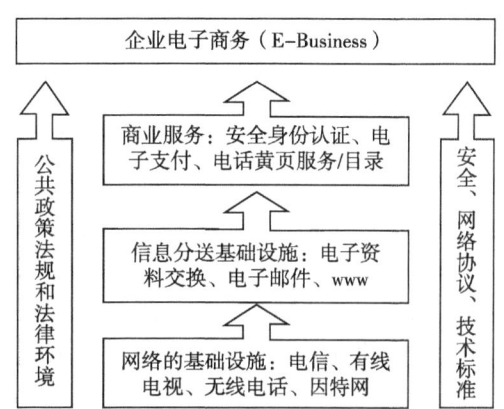

图 1-1 电子商务系统的基础设施与基础环境

网上信息的分送有两种方式：一种是非格式化的数据交流。比如，我们用传真和电子邮件传递的信息，它主要是面向人的。另一种是格式化的数据交流。例如，EDI 就是其中的典型代表。订单、发票、装运单都比较适合格式化的数据交流。HTTP 是互联网上通用的信息传输协议，它以统一的方式，在多种环境下显示非格式化的多媒体信息。用户可以在各种终端和操作系统下通过 HTTP 使用统一资源定位器（URL）找到其所需要的信息。

3. 商业服务

商业服务是为了方便贸易而提供的通用服务，是所有企业、个人进行贸易时都会用到的服务，所以也是基础设施的内容。它主要包括安全、认证、电子支付和目录服务等。对于电子商务系统来说，网上的业务需要确保安全和提供认证，以便在有争议的时候能够提供适当的证据。商业服务的关键是安全的电子支付。当我们进行一笔网上交易时，购买者发出一笔电子付款（以电子信用卡、电子支票或电子现金的形式）并随之发出一个付款通知给卖方，当卖方通过中介机构对这笔付款进行认证并最终接收，同时发出货物时，这笔交易才算完成。为了保证网上支付是安全的，就必须保证交易是保密的、真实的、完整的和不可抵赖的。目前的做法是用交易各方的电子证书（即电子身份证明）来提供终端的安全保障。

（二）电子商务系统的基础环境

为了保证企业电子商务系统的正常运行，还需要有两个支柱：一个是公共政策法规和法律环境；另一个是安全、网络协议和技术标准。它们构成了电子商务系统的基础环境。

1. 公共政策法规和法律环境

国际上，人们对于信息领域的立法工作十分重视。美国政府在"全球电子商务的政策框架"中对法律问题有专门的论述；俄罗斯、德国、英国等国家也先后颁布了多项有关法规；1996年，联合国贸易组织通过了《电子商务示范法》。目前在我国，政府在信息化方面的注意力还主要集中在信息化基础建设方面，信息立法还没有进入实质阶段，针对电子商务的法律、法规还有待健全。其他如个人隐私权、信息定价等问题也需要进一步界定。比如，是否允许商家跟踪用户信息、对儿童能够发布哪些信息等问题，随着越来越多的人介入到电子商务中必将变得更加重要和迫切。另外，政策法规的制定必须考虑各国的不同体制和国情，而这同互联网络和电子商务的跨国界性是有一定冲突的，因此要求加强国际间的合作研究。此外，由于各国的道德规范不同，也必然会存在需要协调的方面。

2. 安全、网络协议和技术标准

技术标准定义了用户接口、传输协议、信息发布标准、安全协议等技术细节。就整个网络环境来说，标准对于保证兼容性和通用性是十分重要的。正如在交通方面，有的国家是左行制，有的国家是右行制，会给交通运输带来一些不便；不同国家110V和220V的电压标准会给电器使用带来麻烦，我们今天在电子商务中也遇到了类似的问题。目前许多厂商、机构都意识到标准的重要性，正致力于联合开发统一标准。一些像VISA这样的国际组织已经同商业界合作制定出用于电子商务安全支付的SET协议。

第二节 电子商务中的交易与支付

一、电子交易的内涵

电子交易是狭义的电子商务，简单地说就是电子化的买卖。它是指交易双方从搜集信息、贸易洽谈、签订合同、货款支付到电子报关，无需当面接触，均可以通过网络运用电子化手段进行。它采用网络技术手段改善企业模式，增加企业收入，提高效率。通过电子交易，可以在网上将经销商和生产厂家联系起来，从而优化交易过程，减少文书工作；可以通过建立与供货商直接联系的网络互通信息，从而削减库存和运输消耗，快速响应用户要求；可以通过网上账单和支付系统改善与客户和供应商的关系。这样，企业不但赢得了客户的信任，更能提高订货效率、降低库存消耗、保持资金全部周转并降低实际销售支出，进而降低成本、增加利润。

（一）电子商务的类型

不同类型的电子商务其运营模式是有差别的。在互联网环境下，我们一般将电子商务分为B2B、B2C、B2G、C2C 4种基本类型。

1. B2B 电子商务模式

B2B 电子商务模式是企业对企业的一种电子交易模式。2003 年，全球 B2B 业务的交易额上升到 1.225 万亿美元，B2B 业务占电子商务的比例也在持续增长；现在，世界上 90% 以上的电子商务交易额是在企业之间，而不是在企业和消费者之间完成的。基于互联网络的 B2B 电子商务以其较大的交易数额、较规范和成熟的交易条件代表着电子商务发展的主流方向。

2. B2C 电子商务模式

B2C 电子商务模式是以互联网络为主要手段，由网络商家或企业通过网站向消费者提供商品和服务的一种商务模式。B2C 网站是网络深入人们生活的必然趋势。如今的互联网上布满了各种类型的 B2C 网站，提供从鲜花、书籍、音像制品到计算机、机动车等各种商品的销售和服务。在世界上任何一个角落，只要拥有一台联网计算机和信用卡，就能通过 B2C 商务网站完成各种商品的选购，同时还能享受到完善的服务。虽然目前这种类型的电子商务在网络交易中所占的比重不大，但从长远来看，B2C 的电子商务模式会快速发展，并将在电子商务领域占有重要地位。

3. B2G 电子商务模式

B2G 电子商务是企业对政府的电子商务模式，主要指的是政府采购。政府作为国家管理部门，起着引导经济、管理经济和调控经济的重要作用。对于电子商务时代的到来，政府一方面要对电子商务市场进行有效的管理，通过电子政务系统更好地为企业和公民服务。比如，政府对企业税款的在线征收，公民在政府门户网站查询养老金和住房公积金等。另一方面，政府本身也是一个大规模的消费集团，政府的消费需求完全可以利用电子商务平台实行公开的招标和政府采购。为适应电子商务在公共计算机网络上进行经济活动的时代特点，政府的职能也应该深入到公共的互联网络上来，建设一个为虚拟空间服务的电子政府。电子政府将成为电子商务活动支撑环境中的重要组成部分。

4. C2C 电子商务模式

C2C 电子商务模式指的是消费者对消费者的电子商务。在 C2C 市场中，除了买卖双方以外，还有一个电子商务交易平台供应商，它负有对买卖双方的诚信进行监督和管理的职责，对交易行为进行全程监控，避免欺诈等行为的发生，保障买卖双方的权益。C2C 电子商务模式体现了互联网络跨地域、24 小时在线的精神，发挥了网络覆盖面大、用户数量多的优势。C2C 电子商务交易过程类似于二手市场，但同传统的二手市场相比，它不再受到时间和空间的限制，节约了大量的市场沟通成本，因此它不仅吸引了大量的用户，而且能够为用户带来真正的实惠。C2C 电子商务模式受益的不仅是买卖双方，还有提供交易环境的电子交易平台供应商，如美国的 eBay.com。

（二）电子交易的过程

虽然电子商务可分为如上不同的类型，但任何类型的电子商务，其交易活动均可以分为3个阶段：交易前、交易中和交易后。

交易前阶段，交易双方在各种商务网络上发布和寻找交易机会，通过交换信息来比较价格和条件，有时还需要了解不同国家的贸易政策。在这个阶段，卖方要根据自己欲销售的产品进行网络信息发布，买方则根据自己所需的产品制定购货计划，进行网上信息查询、市场调查和贸易磋商，最后各自选择交易对象，签订购货合同。

交易中阶段主要是指购货合同签订后的贸易过程，这个过程需要办的手续涉及银行、运输、税务、海关、各中介方和运输公司等方面的电子单证交换。在这一阶段，买卖双方利用专用的EDI系统或互联网络传递电子票据与单证，直到办完可以将所购商品按合同规定发货的一切手续。

交易后阶段是一个履行合同的过程。在交易双方办完各种手续后，商品交付运输公司起运，银行和金融机构按照合同处理双方的收付款，进行支付结算，出具相应的银行单证，直到买方收到所购买的商品，就完成了整个交易过程。

当然紧接着还有售后服务、违约和索赔等需要进一步处理的事务。但电子支付系统的建设、应用和完善，是实现电子交易过程的基础。

（三）电子交易的内容

完全意义上的电子交易由信息共享、电子订购、电子支付、订单的执行、售后服务5个部分组成，每一部分在电子交易中都承担了不同的任务。

1. 信息共享

虽然电子交易与传统交易一样，在交易之前都要进行信息的搜寻，但是所不同的是互联网为买卖双方提供了一种获取全面信息的先进手段。

2. 电子订购

在电子交易中，商家主要使用电子表格和电子邮件处理订单。客户通过互联网订购公司的产品和服务。最简单的订购方式可以通过电子邮件来实现，客户可以采用自己方便的方式，填写要购买货物的订货单，然后将其发给商家。

3. 电子支付

电子交易的一个重要环节就是支付。电子交易中使用的支付工具和我们现实购物中使用的支付工具的功能在许多方面是相似的，我们习惯使用的工具如现金、支票，都可以用电子化的手段来表示。但是与现金、支票这些传统支付方式比较，电子现金和电子支票还都处于初级发展阶段。

4. 订单的执行

客户订货之后，卖方则要根据货物的形态决定在线或离线供货。货物的形态可以是有形的也可以是无形的。无形产品如图像、电影、音乐、软件、游戏等各种数字化商品,可以直接在网络上进行在线供货。有形产品无法通过网络直接供货,但可在网上完成除送货以外的其他业务活动,即实现"在线交易、离线供货"。

5. 售后服务

销售只是建立与客户长远关系的开始,客户不仅需要与产品和服务有关的帮助,商家也需要与客户进行合作以改进产品和服务,以便将来更好地为别的客户服务。这一点在传统交易中和电子交易中都是适用的。

(四)电子交易与传统交易的区别

电子交易和传统交易实质上都是从事商品的交易活动。从操作过程来看,电子交易与传统交易基本相似,但电子交易是建立在传统交易原理基础之上,并利用先进的媒介和技术手段来进行交易活动,所以与传统交易相比它有自己的独特之处。电子交易与传统交易的不同点主要表现在以下3个方面:

(1)传输和获取信息的方式不同。在传统交易中,买卖双方在沟通中需要经过许多不同的媒介,进行协调很困难,从而增加了购物的时间及花费。在电子交易中,每一件交易都以数字方式开始,并以数字方式结束,只是传输和处理数据的应用程序不同。

(2)商家处理客户订单的方式不同。在电子交易中,商家在收到客户发来的电子订单后,可以通过自己的内部网(Intranet)将订单加入数据库,检查库房中有无存货,然后计划交付产品。商家可以通过互联网对客户的信誉、支付能力等情况进行调查。

(3)交易中涉及的媒体不同。在传统交易中,一项交易所涉及的媒介和载体有多种,而在电子交易中,所涉及的载体只有一个,就是网络(以因特网为主)。

二、传统支付方式概述

随着经济的发展和IT技术的广泛应用,电子交易系统的建设、发展和广泛应用,人们对支付系统的运行效率和服务质量的要求越来越高,电子支付系统的发展也日趋成熟。

传统的支付方式通过现金的流转、票据的转让以及银行的汇兑等物理处理过程来完成款项的转移,而电子支付则是通过数字化方式完成交易款项的支付。在我们介绍电子支付系统之前,有必要先了解一下传统的支付过程和所采用的支付工具。

(一)支付及支付结算

1. 支付

支付是指为了清偿经济行为人之间由于商品交换和劳务活动引起的债权、债务关系，将资金从付款人账户转移到收款人账户的过程。支付是银行向客户提供的主要服务。虽然支付源于交换主体之间的交换活动，但由于银行作为信用中介的介入，最终演化为银行与客户之间、客户的开户行之间的资金收付关系；而银行之间的资金收付交易，又必须通过中央银行的资金清算，才能最终完成整个支付过程。

2. 支付结算

在我国《票据法》和《支付结算办法》中规定，支付结算是指单位、个人在社会经济活动中使用票据、信用卡和汇兑、托收承付、委托收款等结算方式进行货币级支付及资金结算的行为。支付结算有以下特征：①支付结算必须依法进行。②支付结算的发生取决于委托人的意志。③支付结算实行统一和分级管理相结合的管理体制。④支付结算必须通过中国人民银行批准的金融机构进行。

（二）支付方式的演变

支付、支付工具与支付方式的演变和发展是与人类社会文明演变和发展的过程相一致的。这个过程大体上分为4个阶段。

1. 原始社会的支付方式

在原始社会，支付是以最原始的交换方式进行，即便有交换，也是一种直接的以物易物，交换过程和支付过程同时发生。这时不存在支付工具。

2. 自然经济社会的支付方式

自然经济社会对应的是以实体货币为媒介的支付方式。这时的交换是以某种物质（主要以贵金属）作为一般等价物进行交换，货币由此产生。交换和支付同时发生，货币作为支付工具，初级的支付系统已形成。

3. 工业化经济社会的支付系统

工业化经济社会对应的是以银行信用为主的支付系统。在工业化经济社会，信息传播媒体多样化，各种形式的信息收集、加工和传播的壁垒被打破，信息具有了社会化的性质。作为信用中介的银行则在社会交换和支付中起到了关键的作用。最为典型的支付工具——支票应运而生。买方通过将资金存入银行，在商品购买过程中，用银行的信用工具——支票进行支付，而卖方则通过支票得到所售商品的资金。商品的交换过程与支付过程发生分离，产生各种具有银行信用性质的支付工具，如支票、汇票、本票等。比较完善的支付系统已经建立。

4. 信息经济社会的支付方式

信息经济社会对应的是电子化、网络化的现代支付方式。现在，由于信息化技术的不断发展，信息采集、加工、储存和传递越来越依靠计算机、网络通信手段。互联网的普及使世界变为了地球村，全球经济一体化已成为了现实，整个社会商品交换的地域范围极度扩大。与之相适应，支付方式也发生了根本性的变革，出现了各种现代化的网上支付系统。基于网络的支付系统不仅使支付自动化、快速化和安全化,而且适用范围广而专。随之衍生出的支付工具种类繁多,如银行卡、电子现金、电子支票等。针对电子商务不同应用的各种网上支付体系建设也日趋完善。

(三) 主要的传统支付方式

1. 现金支付

现金有两种形式,即纸币和硬币,由国家组织或政府授权的银行发行。在现金交易中买卖双方处于同一位置,而且交易是匿名进行的。

利用现金进行交易的流程如图 1-2 所示。

由图 1-2 中可以看出,现金交易过程的主要特点是:

(1) 现金具有匿名性,只要持有现金就可用于支付,不必追究持有人的身份。因为现金本身是有效的,其价值是由发行机构加以保证的。

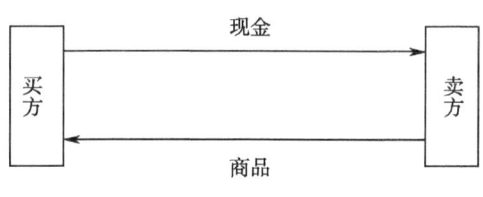

图 1-2 现金交易流程图

(2) 现金支付具有分散特点,使用方便、灵活,交易方式简单,只需在收款人和付款人之间进行,不必在某时某地集中处理。

(3) 如果收款人对现金本身的真实性无异议,现金支付过程即"一手交钱,一手交货"。交易双方可以马上实现交易目的,即消费者用现金买到商品,商家用商品换取现金。

当然,这种交易方式也存在一些缺陷,主要表现在:一方面,它受时间和空间的限制,对于不在同一时间、同一地点进行的交易,无法采用现金支付的方式;另一方面,由于现金携带不方便,制钞、运钞成本大,又无法核实现金持有人的身份,决定了现金作为支付手段的局限性。所以现金通常用于个人之间、个人与商家之间金额较小的支付活动。

2. 票据支付

票据是出票人依据《票据法》发行的、无条件支付一定金额或委托他人及专门机构无条件支付一定金额给受款人或持票人的一种文书凭证。使用票据支付方式进行交易可以弥补现金支付方式的弊端。

我国《票据法》将票据分为汇票、本票和支票 3 种。汇票是指出票人委托他人于到期日无条件支付一定金额给受款人的票据;本票是指出票人自己于到期日无条件支付一定金额给受票人的票据;支票则是指出票人委托银行或其他法定金融机构在见票时无条件支付一定金额给予受款人或持票人的一种文书凭证。

广义的票据包括各种记载一定文字、代表一定权利的文书凭证,如车船票、汇票、股票、债券、货单等。狭义的票据是一个专有名词,专指《票据法》所规定的汇票、本票和支票等票据。

作为支付手段，各种票据（汇票、本票和支票）都可以使用。例如，消费者支付商品款给商家，可以直接签发本票，也可以签发汇票和支票。但不论是何种形式，都需要出票人的签名方能有效。本票是由付款方通过银行处理；当在交易中使用汇票和支票支付时，由付款方签名后交给收款方，收款方需要通过银行来处理票据，在银行系统顺利结算后，收款人才可以提款。

图1-3所示的是支票支付的交易流程。在支票交易过程中，支票由付款方签章即可生效，买卖双方无需处于同一位置，收款方在支票上背书签名后需通过银行处理支票，处理过程不出意外，此笔款项才能转到收款方账户中。

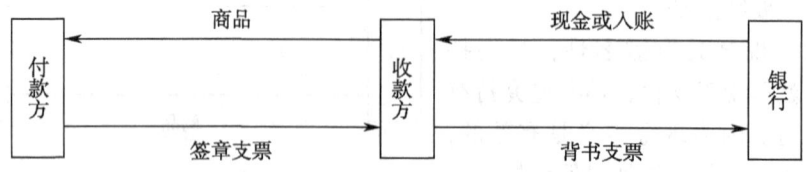

图1-3 支票支付的交易流程

汇票的交易流程与支票的交易流程大体相同，也是由收款方通过银行处理的。

与现金支付方式相比，利用票据进行交易的主要特点是：①用票据代替现金支付，可以大大减少携带现金的麻烦和风险。②票据作为支付工具，可以避免清点现金可能出现的错误，并节省了清点时间。③突破了现金交易同时同地的局限，增加了实现交易的机会。④票据的汇兑功能使得大额交易成为可能。⑤票据需有出票人的签名方能生效，支付方式不再匿名。

票据与现金最大的区别是有明确的用途以及个人签名等。在交易中，商家要验证票据的签发单位是否存在，票据的单位是否与购货单位一致，还要验证出票方的个人签名。

但票据本身也存在一定的不足，如票据的真伪、遗失等都可能带来其他的麻烦；另外票据支付方式的成本较高，对小额支付的方便性和时效性不如现金支付。

三、电子支付的特征与类型

1. 电子支付的特征

电子支付指的是交易双方通过电子终端，直接或间接地向金融机构发出支付指令，实现货币支付与资金转移的一种支付方式。它是以电子方式处理交易支付的各种支付方式的总称。电子支付是电子交易活动中最核心、最关键的环节，是交易双方实现各自交易目的的重要一步，也是电子交易得以进行的基础条件。没有它，电子交易只能停留在电子合同阶段。离开了电子交易，电子支付又会变成单纯的金融支付手段。因此在进行电子交易的过程中，电子支付必不可少。

与传统的支付方式相比较，电子支付具有以下特征：

（1）电子支付采用先进的技术通过数字流转完成信息传输，其各种款项支付都采用数字化的方式进行；而传统的款项支付则是通过现金的流转、票据的转让及以后的汇兑等物理实体的流转方式来完成。

（2）电子支付的工作环境基于一个开放的系统平台（如互联网）之中；而传统的支付则是在较为封闭的系统中运作。

（3）电子支付使用最先进的通信手段；而传统支付使用的是传统的通信媒介。电子支付对软、硬件设施的要求很高，一般要求有联网的计算机、相关的软件及其他一些配套设施；而传统支付则没有这么高的要求。

（4）电子支付具有方便、快捷、高效、经济的优势。用户只要拥有一台可上网的PC，便可以足不出户，在很短的时间内用比传统支付方式低得多的费用完成整个支付过程。

2. 电子支付的类型

（1）业务类型。电子支付的业务类型按电子支付指令发起方式的不同，分为网上支付、电话支付、移动支付、销售点终端交易、自动柜员机交易和其他电子支付。而用于电子商务中最主要的是在互联网络上的支付。

（2）广义和狭义的电子支付。从金融法学界和电子商务法学界对电子支付的研究情况来看，电子支付可有广义和狭义之分：广义的电子支付是指支付系统中所包括的所有以电子方式，或者说是以无纸化方式进行的资金的划拨与结算（包括网上支付、电话支付、移动支付等）。而狭义的电子支付也称做网上支付。现在随着信息技术和电子商务的深入发展，网上支付正成为电子支付发展的新方向和主流。

四、电子支付的工具与过程

1. 网上支付工具

网上支付是电子支付的一种形式，是以互联网为基础，利用银行所支持的某种数字金融工具，发生在购买者和销售者之间的货币支付，从而实现从消费者到银行、再从银行到商家之间的在线支付、现金流转、资金清算、查询统计等过程，由此为电子商务服务和其他服务提供金融支持。因此，可以说网上支付是电子支付采用价格更低廉、应用更方便的互联网络作为其运行平台的一种支付方式。

作为电子支付的一种重要的业务类型，网上支付在电子商务流程中起着极其关键的作用，是不可或缺的组成部分。它是一种资金或与资金有关的信息通过网络进行交换的行为，在普通的电子商务中就表现为消费者、商家、企业、中间机构和银行等通过互联网所进行的资金流转。这种流转主要是通过网上支付的工具实现,如信用卡、电子现金、电子支票、智能卡、电子钱包等。

(1) 信用卡。信用卡是银行或金融机构发行的、授权持卡人在指定的商店或场所进行记账消费的信用凭证,是一种特殊的金融商品和金融工具。

信用卡主要有4种功能,即转账结算功能、消费借贷功能、储蓄功能和汇兑功能。利用信用卡结算可以减少现金货币的流通量,简化收款手续;持卡人即使到外地和国外,也可以凭卡存取现金和消费,免去了随身携带大量现金的不便,而且又有安全保障;银行为持卡人和特约商户提供高效的结算服务,并为持卡人提供一定信用额度内的先消费、后还款服务。

(2) 电子现金。电子现金又称为数字现金,是一种以数据形式流通的、能被消费者和商家接受的、通过互联网购买商品或服务时使用的货币。

电子现金是以电子形式存在的现金货币,其实质是代表价值的数字。这是一种储值型的支付工具,使用时与纸币类似,多用于小额支付,可以实现脱机处理。按其载体来划分,电子现金主要包括两类:一类是币值存储在IC卡上;另一类是以数据文件存储在计算机的硬盘上。

(3) 电子支票。电子支票是一种借鉴纸张支票转移支付的优点,利用数字传递将钱款从一个账户转移到另一个账户的电子付款形式。电子支票主要用于企业与企业之间的大额付款。电子支票的支付一般通过专用的网络、设备、软件及一整套的用户识别、标准报文、数据验证等规范化协议完成数据传输,从而保证了安全性。

电子支票与电子现金最大的区别是电子支票有明确的用途以及个人数字签名等。在交易中,商家要验证电子支票的签发单位是否存在,电子支票的单位是否与购货单位一致,还要验证电子支票出票方的数字签名。

(4) 智能卡。智能卡最早于20世纪70年代中期在法国问世。它类似于信用卡,但卡上不是磁条,而是计算机芯片和微型存储器。它的作用范围包括电子支付、电子识别、数字存储。

存储在智能卡上的钱是以一种加密的形式保存下来的,而且由一个口令保护,以保护智能卡中内容的安全。为了用智能卡支付,必须将卡引入硬件终端设备,该设备需要一个来自发卡银行的特殊密钥来启动任何一方的货币划拨。

(5) 电子钱包。电子钱包通常也叫储值卡,是用集成电路芯片来储存电子货币并被顾客用来作为电子购物活动中常用的一种支付形式。使用电子钱包的顾客通常在银行里都是有账户的。在使用电子钱包时,将相关的应用软件安装到电子商务服务器上,利用电子钱包服务系统就可以把自己的各种电子货币或电子金融卡上的数据输入进去。电子钱包里可以装各种电子货币。

这些网上支付结算工具的共同特点是:将现金或货币无纸化、电子化和数字化，应用以互联网为主的网络进行资金信息的传输、支付和结算，辅以网络银行，实现完全的网上支付。

2. 网上支付过程

基于互联网平台的网上支付结算流程与传统的支付结算过程是类似的，但网上支付离不开银行的参与，网上支付体系必须借助银行提供的支付工具、支付系统，以及银行专用网络的支持才能实现。参与方通常包括用户、网商和银行。网上支付过程包括以下步骤（见图 1-4）：

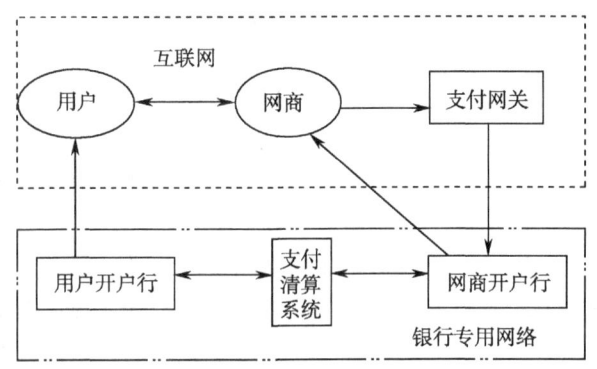

图 1-4　网上支付过程图

（1）用户登录网商销售站点，选购商品，确认支付方式，向网商发出购物请求。

（2）网商把用户的支付指令通过支付网关送给网商的开户行。

（3）网商的开户行通过银行专用网络从用户的开户行（发卡行）取得支付授权后，把确认支付信息送给网商。

（4）网商得到银行传来的授权结算信息后，给用户回送支付授权确认和发货通知。

（5）银行之间通过金融专用的支付清算网络完成行间的清算，把货款从用户的账户划拨到网商的账户上，并分别给网商和用户回送支付结算成功的信息。

由此可以看出，支付结算过程是由支付网关、网商开户行、用户开户行，以及银行专用网络组成的网上支付通道完成的。

网上支付流程实现的是资金的立即支付，它适用于较小金额的电子商务业务，对较大金额的资金支付结算，则很少采用在互联网上立即支付的方式。目前大额支付普遍采用独立于商务交易环节的金融 EDI 系统或银行专用的支付系统完成。中国人民银行清算总中心 2005 年 6 月建成的大额支付系统，实现了跨行异地大额支付业务的逐笔清算和实时到账；2006 年 6 月建成的支持各种支付工具的小额支付系统，实现了小额支付业务的批量处理和轧差清算；2007年6月建成的提供支票信息及图像传输服务的支票影像系统，实现了支票在全国的通用。所有这些复杂的支付业务处理和结算都在银行专用网络中完成，而对用户和商家来说，可以在任何一家能参与人民银行结算的银行开户，在交易过程中只需要商家向支付网关发送支付信息。

五、电子商务、电子交易与电子支付的关系

商务必定引起交易，交易必将进行支付。这句话简单地概括了商务、交易与支付的关系。在电子商务领域，这一关系仍然存在。

1. 电子商务

电子商务包含着两个方面的内容：一是电子化手段；二是商务活动。它以商务为核心，以电子为手段。这里讲的电子化手段包括自动捕获数据、电子数据交换、电子邮件、电子资金转账、网络通信和无线移动技术等各种电子通信技术手段。而商务活动则可以从以下两个角度描述：

从交易模式上，电子商务包括企业内部的管理活动，以及企业与企业之间通过外联网或专用网方式进行的业务协作和商务活动、企业与消费者之间通过互联网进行的商务活动、消费者与消费者之间通过互联网进行的商务活动。

从商务活动的内容上，电子商务不仅包括电子商务的面向外部的业务流程，如网络营销、电子支付、物流配送等，还包括了企业内部的业务流程，如企业资源计划、管理信息系统、客户关系管理、供应链管理、人力资源管理、网上市场调研、战略管理及财务管理。

2. 电子交易

至于电子交易，我们可以把它理解为狭义的电子商务，电子交易是电子商务的一个组成部分。电子交易活动是电子商务活动的核心内容，现代商务是电子商务，现代交易则是电子交易。

3. 电子支付

在电子交易中，电子支付又是电子交易的核心内容之一。在电子交易过程中，交易双方必须通过电子支付方式进行资金转移，并完成实物的合理配送，才能够实现一个完全意义上的电子交易过程。实现货币资金流动的电子支付可有各种不同的方式，如网上支付、电话支付、移动支付等，其中最主要的是网上支付方式。

电子商务、电子交易和电子支付的关系如图1-5所示。

采购方通过电子手段向供应方提出订单，供应方接到订单后，通过企业内部网络的管理信息系统、供应链管理系统、客户关系管理系统或企业资源计划系统自动将订单分解到各个生产车间进行生产。双方通过电子支付方式进行资金转

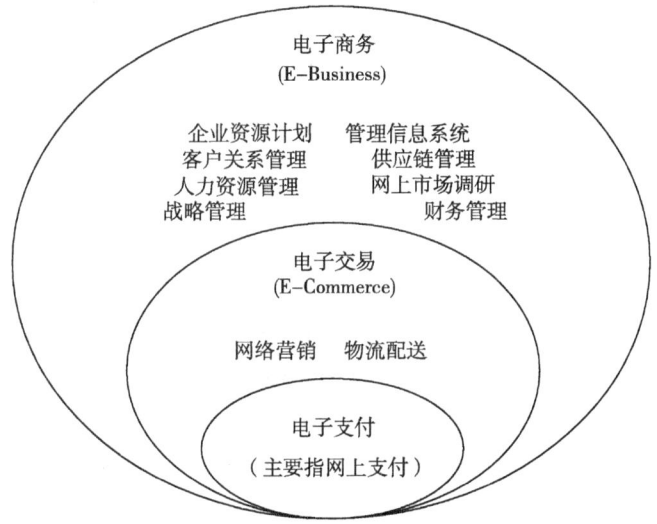

图 1-5　电子商务、电子交易和电子支付的关系

移,并完成实物的配送,从而实现企业的电子商务。

第三节　电子交易与电子支付面临的问题

进入 21 世纪,随着电子商务应用系统的不断完善,我国政府、金融机构、企业与消费者越来越认识到建设以网上支付结算工具为代表的电子化货币支付结算体系的迫切性。各商业银行均建成了各自的网上支付系统与网上银行系统,中国国家现代化支付系统(CNAPS)已经建成并在支付与结算中发挥着重要作用,中国人民银行电子联行系统、同城清算系统在全国大中城市得到普及。历经近 20 年的努力,金卡工程已经打造了支持银行卡联网通用的基本结构,全国银行卡交换网络建设初具规模,以各发卡行的行内授权系统为基础,银行卡信息交换中心和城市银行卡中心的建设为银行卡跨行交易创造了条件,从 2002 年开始推广普及全国统一的带"银联"标志的银行卡已经完成了跨地区、跨银行和跨国界的通用。随着中国网民的增加,网络经济的发展,用电子货币进行网上支付结算的现代金融服务得到公众的普遍接受。网上消费、网上银行、个人理财、网上投资交易、网上炒股等网上金融服务逐步进入人们的生活。

虽然电子交易与电子支付具有如此旺盛的生命力,但在短时期内不会完全替代传统支付。在相当长的一段时间里,传统的商务活动会继续保留,也必须保留。这是因为电子交易与电子支付虽然有着巨大的优势,但却仍然受到技术水平、信用、法律、社会环境等各方面因素的制约。

一、电子交易亟待解决的问题

1. 政策的统一和组织协调问题

参与电子商务的除了交易双方外，还涉及海关、商检、银行、保险、外汇管理、货物运输、信息产业等部门和不同地区、不同国家，这不仅要求国际上要有强有力的组织机构进行协调，以建立统一规范的交易标准，国内也要有权威机构组织协调各部门，以制定统一的政策框架。例如，作为开展电子商务的关键环节——身份认证所需的认证中心（CA），我国就有多个，如外经贸部、信息产业部、公安部、银行和电信部门，甚至一些省份和城市等都在建立自己的CA，如果标准不统一，不仅带来交叉认证的麻烦，还会增加交易的成本，不利于电子商务的发展。当前，安全电子交易的国际标准主要有 SSL 和 SET 标准。如何建立我国国内统一并与国际接轨的安全电子交易标准，以及推出一个权威的综合性机构来保证这一标准的贯彻实施已成当务之急。

2. 税收与洗钱问题

由于电子现金可以实现跨国交易，税收和洗钱将成为潜在的问题。现在，通过互联网进行跨国交易时的国际税收问题已经发生，将来会更加突出。为了解决这个问题，国际税收规则必须进行调整。此外，由于电子现金不像真实的现金一样，流通时不会留下任何记录，税务部门很难追查，即使将来调整了国际税收规则，由于其不可追踪性，电子现金很可能被不法分子用于逃税。

电子现金使洗钱也变得很容易。因为利用电子现金可以将钱送到世界上任何地方而不留痕迹。如果调查机关想要获取证据，则需要检查网上所有的数据并破译所有的密码，这几乎是不可能的。目前唯一的办法是建立一定的密钥托管机制，使政府在一定条件下能够获得私人的密钥。而这又会损害客户的隐私权。但作为预防洗钱等违法行为的措施，许多国家已经开始了这种做法。

3. 跨国电子交易中的货币兑换问题

几乎每个国家都有自己的货币体系，而且不同货币之间的汇率也在不断变化。这样，在跨国电子交易中就存在一个问题，即一个国家的网络消费者如何了解另一个国家的消费者的产品报价折合成本国货币是多少。这个问题直接影响着人们潜在的购买欲望。波士顿咨询公司 The Aberdeen Group 公司业界分析家 Dan-Taylor 说，来自除美国以外的其他国家的人正在访问国内的 Web 网址，但他们并不买东西。这也许是他们不能理解商品的费用是多少的缘故。假如一国的用户在因特网上买一本书并且费用是用该国货币显示的话，交易也许更容易达成。

最好的解决方案就是将货币自动兑换软件集成于电子商务服务器中，实现全球性电子商务处理服务。这样，人们就可不受限制地通过因特网在全球任何地方购物消费，同时可采用多种可自由流通货币作为支付货币，以解决有些货币尚不能自由流通的问题。

4. 网上支付工具的效力问题

由于按照货币的实质和网络无国界性来推断,各国中央银行的地位都将受到挑战,因为任何一个有实力、有信誉的全球性公司,都可以发行购买其产品或服务的数字化等价物,从而避开银行的烦琐手续和税收。而这会扰乱一国的金融秩序,任何国家都不会允许。但随着电子现金技术的不断成熟,又具有网络化的方便性、安全性、秘密性,所以电子现金的发展趋势不可阻挡。关键是要在法律法规方面进行规范化。

(1) 限制电子现金的发行人。目前情况下,可只允许银行发行电子现金,这样,许多现行的一些货币政策和法规可以应用于电子现金,而无需太大的改动。当电子商务环境成熟时,再扩展到有实力和有信誉的大公司和网络服务提供商。

(2) 建立合理的电子现金识别制度。发行统一的电子现金是不可能的,所以必须建立合理的电子现金识别制度。

二、电子支付需要解决的问题

1. 支付方式的统一问题

在电子支付中存在着若干种不同的支付方式,每一种方式都有其自身的特点,且有时两种支付方式之间不能做到互相兼容,这样,当电子交易中的当事人采用不同的支付方式且这些支付方式又互不兼容时,双方就不可能通过电子支付的手段来完成款项支付,从而也就不能实现电子交易。因此,有必要将各种不同的支付方式统一。当然,这只是理论上的一种思考,要真正做到这一点是很不容易的。这中间不仅涉及各国的金融网络问题,也涉及各利益集团的利益问题,此外还包括与之相关的软、硬件及其他配套设施的一致性问题等。

此外,就单种支付方式而言,也存在着标准不一的问题。例如,国内各银行开发的网络支付结算工具各自为战,给用户带来了使用上的不方便。"银联"的成立为建设统一的银行卡支付标准创造了条件,它的推广和应用加速了多家银行卡统一结算过程的实现。

2. 电子货币对国家金融政策的影响

电子货币是指在电子商务的电子支付系统中使用的电子支付工具,包括信用卡、电子支票、电子现金等,虽被冠名为"货币",但就目前的电子货币系统的实施来看,并不完全具有成为通货的必备条件。它们在流通中作为交换媒体、支付手段、价值尺度以及价值存储的前提是能与实体货币在任何时候以 1:1 的比率进行自由兑换。因此,目前的电子货币只是以既有通货为基础的二次货币,是一种能与实体货币自由兑换的兑换权。它们并不是能替代现金或存款货币的新支付手段,而只是将既有的支付手段用电子化方法传递、转移,以实现结算。因此,目前的电子货币更像是一种电子化的结算体系。

基础货币是中央银行实行法定准备金制度以控制存款扩张和货币创造的一个特殊的货币层次,由商业银行存入中央银行的存款准备金和流通中的现金组成。随着电子货币的成熟与完善,其中的电子现金会逐渐加入基础货币的行列,使得基础货币虚拟化,并直接影响国家的宏观经济政策和金融政策。电子货币的普及对中央银行的金融调控能力本身也将产生一定的影响,使得中央银行的职能受到挑战。这还涉及该如何确定电子货币的发行主体,发行主体是否应当受到严格的监管及限制,如何建立公平电子交易的规则等。

3. 电子货币的立法问题

电子货币的发展满足了使用者的多种需求,对实现经济活动的高效率十分重要。为提高使用者对电子货币和电子支付的信任程度,不断扩大其应用范围,必须完善电子货币的应用环境,而其中法制环境是最基础的。

电子货币作为一种新兴的事务,其发展带来一系列的法律问题,如参与当事人的责任与权利、电子合同的格式与效力、电子签名的使用与效力、电子商务中纠纷的仲裁与解决,以及发行主体的资格、对发行主体的监管、发行主体破产时的对策等问题的解决,都有待在法律上的明确规定。电子货币和电子支付目前还是一个高风险的领域,法律规范的完善将有利于提高参与者的信任感,从而降低这一领域的风险。

在电子货币的立法过程中,既要考虑到维护金融秩序,保证电子货币运行的稳定性,又要调动广大参与者的积极性,促进广泛的参与,还要注意保护消费者的权益,并与国际接轨。

4. 电子支付系统的风险防范问题

资金流是电子商务的核心流程与关键环节,基于电子支付的资金流运转不畅不仅直接影响电子商务的发展水平与发展规模,使电子商务高效率、低成本的优点得不到充分发挥,同时也会带来意想不到的金融风险。

(1) 技术性风险。电子货币的应用范围不断扩大,金融系统的风险也随之增加,如计算机犯罪、黑客问题等,应加强安全技术来降低这种技术性风险。

(2) 清算资金不足的风险。这是指商业银行在进行资金清算时,由于种种原因,包括虚拟电子货币的不可控性,使其在中央银行用于清算的资金不足以用于清算。

(3) 流动性风险。这是指由于电子货币的虚拟性使得支付过程的不可控性随之增加,突来的大量支付业务会让商业银行面临流动性风险。流动性资金不足会导致银行破产,因此流动性风险对银行来说是一种致命性的风险。但这种极端情况往往是其他风险导致的结果。例如,某大客户的违约给银行造成的重大损失可能会引发流动性问题和人们对该银行前途的疑虑,这足以触发大规模的资金抽离，或导致其他金融机构和企业为预防该银行可能出现违约而对其信用额度实行封冻。两种情况均可引发银行严重的流动性危机，甚至破产。

一家商业银行的流动性风险还可能导致其他商业银行也不能及时收回清算资金，严重时甚至引发连锁反应风险，引发其他商业银行的清算资金不足风险和无力支付的流动性风险。

对这些风险的防范需要加速金融立法，完善金融管理体制，强化内部管理以及对电子货币规律的研究，并采用多种方式来加强对电子支付系统的控制。

5. 网上银行系统的安全问题

随着互联网应用的迅速普及，利用网络进行犯罪在金融行业尤为突出。有数据显示，金融行业计算机网络犯罪涉案比例占整个计算机网络犯罪比例的50%以上。网上银行以互联网为依托，在各大商业银行纷纷开展网上银行业务的同时，网上银行系统的安全问题，以及有可能给客户带来的潜在危害不容忽视。

网上交易的安全性主要涉及以下三个方面：

（1）支付信息的安全性。传统支付方式的支付信息通过银行的内部网络传输。由于银行的内网和外网之间采取了严格的隔离措施，因此银行的内部网络比较安全。而电子支付的客户端信息通过互联网络公开传递，这就存在着支付信息被窃取和篡改的可能。

（2）银行网站和电子商务网站的安全性。虽然目前各家网站都采取了防火墙和网络检测等安全措施，但仍然存在受到外部攻击的威胁。

（3）客户端的安全。如果客户端只是普通的浏览器用户，则存在客户端被模仿的可能性。

面对各种安全隐患，各家银行都作了大量的安全防范工作，但主要是关注信息传输过程的安全性和银行网站的安全性方面，在网上银行客户端的安全保障方面力度不够。而大量的网络银行客户失窃案例均是由客户端的非法侵入造成的。用户操作不谨慎和银行密码泄露将引发网上支付系统的风险。如果银行没有对客户进行充分的网银安全事项教育，这种风险会更加严重。因此，银行有责任提醒客户网上银行所蕴含的风险，促使客户养成安全的上网习惯，并在加强对银行系统安全防护的同时，采取技术和业务措施提高客户端系统的安全，以保证客户能放心地使用网上银行，使电子支付的过程得以顺利实施。

思 考 题

1. 什么是狭义和广义的电子商务？
2. 电子商务具有哪些优势？
3. 解释电子交易的内涵以及电子交易与传统交易的区别。
4. 简述各种电子商务模式的特点。

5. 简述电子商务、电子交易、电子支付三者的关系。
6. 传统支付主要有几种方式?它们分别具有哪些优点与缺点?
7. 与传统支付相比,电子支付有哪些特征?
8. 电子商务对交易中的支付活动提出了哪些新的要求?
9. 现阶段的电子支付面临着哪些问题?

第二章
电子交易与电子银行

内容提要
1. 电子交易中的各种模式
2. 电子交易的整个流程
3. 电子交易支付的流程、模式、平台与系统的内涵
4. 银行在电子商务中起到的作用
5. 电子银行与银行电子化
6. 电子银行的体系结构

本章引导案例：亚马逊中国

电子商务交易模式是指在实现电子商务的过程中所形成的一些进行交易的标准形式。按照电子商务双方当事人的不同，电子商务运作模式有B2C、B2B、C2C以及B2G等许多种。其中，B2B和B2C是两种最基本的电子商务运作模式。亚马逊中国是一个典型的B2C模式下的电子商务网站。

一、亚马逊中国简介

卓越亚马逊（现已完全更名为"亚马逊"）是一家中国B2C电子商务网站，前身为卓越网，被亚马逊公司收购后，成为其子公司。卓越网创立于2000年，为客户提供各类图书、音像、软件、玩具礼品、百货等商品。

亚马逊公司（纳斯达克代码：AMZN）是一家财富500强公司，总部位于美国华盛顿州的西雅图。它创立于1995年，目前已成为全球商品品种最多的网上零售商。亚马逊及其他销售商为客户提供数百万种独特的全新、翻新及二手商品，如图书、影视、音乐和游戏、数码下载、电子产品和计算机、家居园艺用品、玩具、婴幼儿用品、食品、服饰、鞋类和珠宝、健康和个人护理用品、体育及户外用品、玩具、汽车及工业产品等。

2004年8月亚马逊全资收购卓越亚马逊，使亚马逊全球领先的网上零售专长与卓越亚马逊深厚的中国市场经验相结合，进一步提升客户体验，并促进中国电子商务的成长。至今已经成为中国网上零售的领先者。2011年10月，"卓越亚马逊"正式更名为"亚马逊中国"，公司标志上的"卓越"Logo也完全由"亚马逊"所取代，同时启用短域名z.cn，"卓越"从此成为历史。

二、亚马逊的付款方式

亚马逊的成功在很大程度上得益于其为用户提供的丰富的付款方式，使用户在购买商品时更加便捷灵活。

（一）货到付款

货到付款服务就是买家收到货，验货后再付款。买家无需网银，直接降低买家网上购物的门槛，扩大卖家推广的市场，增加更多的消费人群。买家可以选择货到时使用现金支付或货到时使用移动POS机刷卡支付。但是，商品总额大于20000元的订单需先行收款后才能发货，不支持货到付款方式支付。

（二）国内银行卡或信用卡在线支付

如果选择银行卡支付并且用户名不是电子邮件的形式，请先到"我的账户"将注册的用户名修改为电子邮件形式后再选择银行卡支付。

（三）其他付款方式

除了以上常用的两种支付方式外，亚马逊还提供了以下多种支付渠道，以满足各类特殊用户的购物支付需求。这些付款方式分别是：国际信用卡在线支付、支付宝及首信会员账户在线支付、邮局汇款、银行电汇、支票支付、卓越亚马逊礼品卡在线支付、电子账户在线支付。

三、货到付款支付流程

（1）购买（将要购买的商品加入购物车）。
（2）选择（选择货到付款的支付方式，并确认订单）。
（3）发货（卖家操作发货，等待物流公司上门取货）。
（4）派送（物流公司上门揽件，进行派送）。
（5）签收（收货，并当面付款给物流公司）。
（6）结算（物流公司与支付宝结算，支付宝将货款划入卖家账户）。
（7）评价（交易完成）。

四、信用卡支付流程

（1）在实际商品、相关服务与资金流动发生之前，由客户通过安全方式将信用卡信息传送给商户。
（2）商户验证客户身份为信用卡账户所有者。
（3）商户把信用卡收费信息和数字签名发送给其银行或在线信用卡处理器。
（4）使用第三方进行验证支付，即买卖双方都使用电子邮箱和第一虚拟银行的 FV 账户，来确保信用卡号码不在互联网络上传输，进而避开信用卡方面的安全问题。

(5) 银行或处理方把信息送给客户银行进行授权。

(6) 客户银行为商户返回信用卡数据、收费确认和授权。

(7) 网上信用卡支付完成。

五、网上银行支付流程

(1) 客户使用专用账号进行交易。该专用账户是"一卡通"的账户，有独立的账号和密码，并且只能通过它进行在线付款。

(2) 设置网上消费金额限制。

(3) 支付信息直接传送到银行，不需要经过商家转发。加密后的信息直接传到银行，可以最大限度地避免信息泄漏。

(4) 商家无法获取客户支付信息。商家从银行接收客户的订货信息，可避免客户篡改已被银行确认的订单信息。

(5) 对登录次数予以限制。客户在一日之内登录错误次数超过 5 次即被拒绝登录。

(6) 网上传输支付信息时采用安全套接层协议（SSL）进行加密。

思考题：

1. 亚马逊中国是个什么类型的网站？
2. 亚马逊的付款方式对其成功起到了什么作用？
3. 亚马逊的货到付款方式是否违背了电子商务的初衷（网上支付）？

第一节　典型的电子商务交易模式

电子商务交易模式是指人们在实现电子商务的过程中所形成的一些进行交易的标准形式。按照电子商务双方当事人的不同，电子商务运作模式有企业对消费者的电子商务（B2C）、企业间的电子商务（B2B）、消费者对消费者的电子商务（C2C）和企业对政府的电子商务（B2G）等许多种。其中，B2B、B2C 和 C2C 是三种最基本的电子商务交易模式。

一、企业对消费者的电子商务（B2C）

1. B2C 的特点

B2C 实际上是需求方和供给方在网络所构造的虚拟市场上开展的买卖活动。它用互联网作为主要的服务提供手段，实现公众消费和提供服务，并保证与其相关的付款方式的电子化。它是随着 www 技术的出现而迅速发展起来的一种商务模式，可以看做是一种电子化的零售。它最大的特点是：供需直接"见面"、速度快、信息量大、费用低。

B2C 电子商务模式中，以企业为主的方式较多，也就是企业以卖方或提供方的角色出现，而个人则以购买方或接受方的角色出现。但也有另一种情况，如企业网上招聘人才。在这种模式中，企业首先在网上发布需求信息，后由个人上网洽谈，这种方式在当今人才流动量大的社会中极为流行，因为它建立起了企业与个人之间的联系平台，使得人力资源得以充分利用。

2. B2C 典型运作模式

（1）网上商店模式。消费者登录网上商店购买商品是 B2C 的典型应用之一。消费者通过网上商店浏览、选购自己喜欢的商品；通过网上购物可以获得更多的商业信息，买到价格较低的商品，节省购物时间；足不出户就可以通过"电子钱包"来购买商品，安全地完成网上支付，享受网络的便捷性。对于企业，则可以通过网上商店将商品销售出去，同时减少租用店面的开销，减少雇用大量销售人员的支出，还有可能实现零库存销售，极大地减少资金占用和降低风险。

网上商店和传统的门市商店在部门结构和功能上没有本质的区别，它们的不同点在于实现这些功能和结构的方法手段以及商务运作方式上发生的巨大变化。一般而言，网上商店主要包含 4 个主要内容：商品目录（含商品搜索引擎）、购物车、收银台和后台管理系统。商品目录的作用在于使顾客通过最简单的方式找到所需要的商品，提供文字说明、图像、客户评价甚至包含音频、视频的多媒体资料，便于消费者对相近商品进行对比分析，作出购买决策。购物车则是用来衔接商店和消费者的工具，顾客可将欲购买的商品放入购物车，也可将放入购物车中的商品取出（改变购买决定），直到最后付款确认。收银台是顾客网上购物的最后环节，消费者在收银台选择付款方式，输入其账号和密码，即可完成付款。上述过程均可在互联网上实现。支持网上商店正常运转还需要一套后台管理系统。后台管理系统用来处理顾客订单、组织货源、安排发货、监控库存、处理客户投诉、开展销售预测与分析等。后台管理系统是顾客看不见的部分，它一般由网上商店的管理人员来运作，为网上商店的正常运转提供支持。

如同传统的门市商店一样，网上商店也有专卖和大型商场两类。专卖店就是企业自行组织网上商店，提供销售的商品和开展商店的管理；大型商场就是多家企业共同组成一个购物中心，每家企业在该购物中心各自占有一定区域。这两种运作方式都有各自的优缺点，企业一般根据自己的实际情况选用。

（2）网上订阅模式。网上订阅模式指的是企业通过网页向消费者提供网上直接订阅、直接信息浏览服务的 B2C 电子商务模式。网上订阅模式主要适用于商业机构在互联网上销售报刊、杂志和电视节目等。网上订阅模式有 3 种主要方式：在线服务、在线出版和在线娱乐等。

在线服务是指在线经营商通过每月向消费者收取固定的费用而提供各种形式的在线信息服务。例如，美国在线（AOL）和微软网络（Microsoft Network）等在线服务商都使用这种形式，让订阅者每月支付固定的订阅费以及享受其所提供的各种信息服务。

在线出版指的是出版商通过互联网向消费者提供除传统出版物之外的电子出版物。在线出版商在网上发布电子刊物，消费者可以通过订阅来下载该刊物所包含的信息。

在线娱乐是无形产品和服务在线销售中令人注目的另一个领域。一些网站向消费者提供在线游戏，并收取一定的订阅费。目前这一领域成功的实例有不少。

（3）广告支持模式。广告支持模式是指在线服务商免费向消费者或用户提供在线信息服务，而全部营业活动全部依靠广告收入来支持。例如，雅虎（Yahoo）和Lycos等在线搜索服务网站就是依靠广告收入来维持经营活动的，新浪（Sina）和搜狐（Sohu）在某种程度上也是依靠广告收入来支持运作的。

由于广告支持模式决定了网站的主办企业要依靠广告收入来维持生存与发展，因而网页能否吸引大量的广告就成为其生存的关键，而能否吸引网上广告又主要依赖于该网站的知名度。为访问者提供信息的质量是吸引广告的决定因素。

（4）网上赠予模式。网上赠予模式是一种非传统的商业运作模式，它是指企业借助于互联网的全球广泛性优势，向互联网上的用户赠送软件产品，扩大知名度和市场份额。企业通过让消费者使用该产品，从而让消费者下载一个新版本的软件或购买另外一个相关的软件，从而实现收益。

由于赠送的是无形的计算机软件产品，用户可以通过网络传输自行下载，无需配送等服务，因而企业投入较低。只要软件确有其实用特点，很快就会得到消费者的接受。这种电子商务模式一般用于软件公司和出版商。

3. B2C 的适应性

适应性就是 B2C 电子商务模式最可能优先在哪些行业发展。要回答这一问题，首先要分析最基本的消费者决策模式。互联网最大的优势在于大大提高了信息搜索的效率。然而，对于那些低风险和经常性购买的产品（如日常生活消费品），互联网的影响力非常有限。同时，互联网对于那些价值表现型商品（如礼品）的影响力也要小于对那些功能型商品的影响，这主要是因为功能型商品的各种属性更容易拿到网上进行比较，提供充分的信息对功能型商品的购买决策过程会产生较大的影响。另外，未来网络发展的一大潜能就在于如何帮助消费者对各种可供选择的产品进行评价。越是能够提供产品的专业评估和专业建议，或者提供的产品具有高信息含量，或者低接触性的产品，互联网越能帮助这些产品实现在线评价。反过来，不符合这些特性的行业和产品在向互联网进军时就会举步维艰。

下面一些行业已经在 B2C 电子商务模式中得到了较好的应用和发展。

（1）房地产业。房地产商最大的商机是宽带网时代的到来，一个社区就是一个小市场，自然建设这个小市场的是房地产商，而负责这个小市场的后台服务运作的也是房地产商，因此房地产商可以把它的物业管理整合成配送，在 B2C 电子商务市场上分一块蛋糕。

（2）网上教育业。以美国为例，在美国国内的 3500 所高等学府中，已经在互联网上开班授课的多达 1/3。此外，许多大、中型企业早已利用网络开展员工培训与再教育。在中国，从 2000 年开始进行试点工作以来，网络教育发展得很快，并已经取得了明显的成效。

（3）电子邮政。电子邮政是基于电子信息技术，为适应用户和消费者快速、高效、便捷、低成本的消费需求而产生的，它使邮政进入了一个更广阔的市场。电子邮政业务与传统的邮政业务相比有突出的优点。它依托邮政的实物投递网、邮政综合计算机网和邮政储蓄网，并使"三网"有机地结合起来，为用户和社会提供邮政电子商城、邮政电子银行、电子邮局、网上邮局、信息服务等业务。

（4）证券业。证券交易与服务系统从分散式走向集中式，信息技术在证券市场的大规模应用是必然趋势，同时也是证券机构集中化管理和金融业务创新的必然结果。证券经营机构将根据自身的规模、信息系统的现状及发展战略，审时度势，循序渐进地设计和实现新一代系统。因此，证券商会从集中式交易中心开始，进而建立以社区、证券服务部和机构用户为代表的分布式服务网络，创造证券营业部以外的客户收益，最终改造传统的分散证券营业部经营模式。

（5）在线专业经纪人业务。下一轮电子商务高潮的一个巨大的机会出现于专业知识和专业技能提供行业的兴起和发展，他们帮助消费者获得相关的专业知识或技能，帮助消费者作出更好的消费决策。典型的例子是保险代理商和金融投资顾问。

4. B2C 的发展前景

根据艾瑞（iResearch）市场咨询推出的数据显示，2010 年第一季度至 2011 年第四季度，中国网络购物市场交易额逐月递增。2011 年第四季度网络购物市场规模达到 2369.8 亿元，较上个季度增长了 20.0%，如图 2-1 所示。

艾瑞市场咨询的统计数据显示，2011 年中国网购市场中 B2C 交易规模达 1791.1 亿元，占中国整体网络购物市场交易规模的比重为 23.2%，较 2010 年的 13.7% 增长了 9.5 个百分点。另据艾瑞市场咨询的分析，目前的 B2C 市场虽然一直在增长，但在没有形成强有力的品牌并达到规模经济之前，大多数的 B2C 企业处于亏损经营时期。这是 B2C 模式的老问题，也是 B2C 市场需要摆脱的局面。

（1）从网商企业来看，一方面，B2C 企业应该学习 10 年前的亚马逊，争取

第二章 电子交易与电子银行

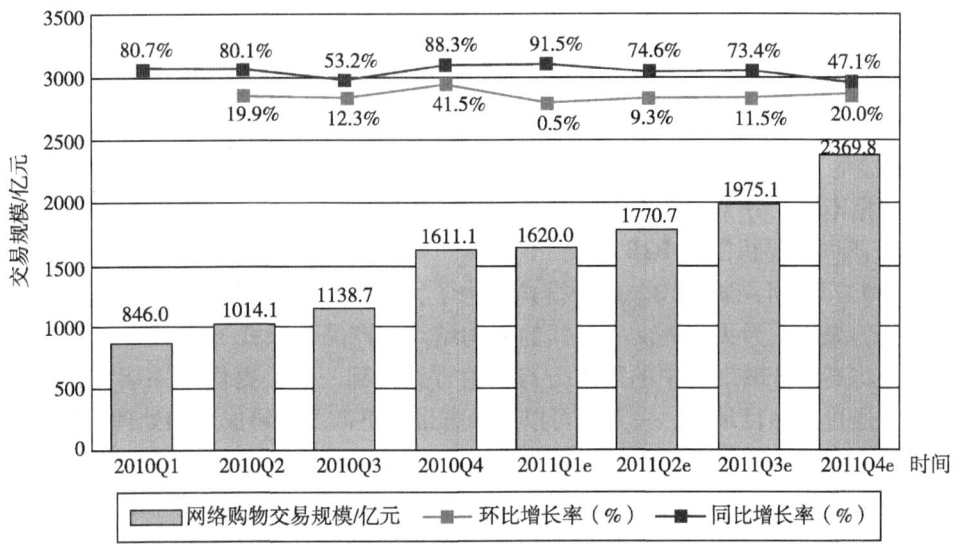

注：网络购物市场规模为平台与自主购物网站市场规模之和，其中暂不包括付费数字产品下载、航空客票交易、网络代缴费等商品类别的交易规模。数据根据企业公开财报、行业访谈及艾瑞统计预测模型估算，仅供参考。

图 2-1 2010 年第一季度到 2011 年第四季度中国网络购物市场规模（艾瑞咨询）

更多的资源来尽快达到盈亏平衡的销售规模点，并积极拓展多元化的成长路线，尽快让 B2C 模式盈利；另一方面，未来的参与者应该更多地跳出现有模式的约束，思考如何利用互联网络的跨时空特点来摆脱传统经营面临的物流和仓储成本约束，形成较强的议价能力，提供增值的和更丰富的购买体验，实现真正的网络"经济"。

（2）对实施电子商务的传统企业而言，需要明确在线业务的战略地位，采用差异化产品、增值服务等措施解决潜力大但业绩小的网上业务与增长逐步缓慢业绩大的传统业务之间的冲突，以及调整、整合甚至改变自身现有的销售渠道。此类问题一旦解决，传统企业将成为未来 B2C 购物市场的领导者，也很有可能成为威胁 C2C 购物市场最强有力的竞争者，互联网将会改变零售产业链。

二、企业间的电子商务（B2B）

B2B 是指以企业为主体，在企业之间进行的电子商务活动。电子商务能够降低经营成本，给商家带来巨大的利益，因而，商家是电子商务最热心的推动者。B2B 电子商务模式会为企业带来更高的生产率、更低的生产和劳动成本以及更多的商业机会。与传统商务活动相比，B2B 运作模式具有更大的竞争优势。例如，它可以使买卖双方的信息交流方便、快捷，可以降低企业间的交易成本，可以减少企业的库存、缩短企业生产周期、保持无间断运作等。

目前，虽然 B2B 的交易批量远不及 B2C，但其商务交易额大、交易规范，是电子商务中的重头戏，它蕴藏着巨大的商机，有着极为广阔的发展空间。实施 B2B 电子商务，是企业迎战激烈的市场竞争、改善竞争条件、建立竞争优势的重要手段。

根据不同的分类标准，B2B 模式可以按以下方式分类：

1. 不同交易机制的 B2B 模式

（1）产品目录式 B2B。这种模式集中了大量产品和服务，为卖方提供低成本的销售渠道，为买方提供一站式的采购站点。产品目录式 B2B 产生价值的根源在于将高度分散市场中的需求方与供给方聚集到一起，提供"一店买全"的服务。通过产品目录式，一方面可以为卖方带来更低的销售成本和处理费用，更高的顾客满意度和新的销售渠道和收入来源；另一方面为买方带来更低的采购成本，扩大了潜在的供应商来源，使买方更容易获得多种产品的比较信息。

（2）拍卖式 B2B。这种模式提供了一个销售和购买特殊商品的场所，如使用过的固定资产、中止生产的产品等。拍卖式 B2B 电子商务模式为买卖双方带来的主要好处在于提供更多的选择与机会。通过拍卖式 B2B 电子商务模式，卖方可以吸引更多的竞价者，获取更高的销售价和存货周转速度；买方可以找到更简便的购买特殊产品和服务的方法，获得更多的选择余地，并在卖方竞标的反向拍卖（Reverse Auction）中获得更低的采购价格。

（3）交易所式 B2B。这种模式是为按产业或行业的"大宗商品"（如钢铁、农产品等）提供的交易市场。由于采取相对标准的合约与严格的交易管理方法，安全和交易量都比较容易解决。交易所式 B2B 电子商务模式通过交易市场提供的价格信息，卖方可以及时消减过量存货；卖方也可以通过快捷、方便、规范化的交易，满足立即购买的需求。

（4）社区式 B2B。这种模式聚集一群买方和卖方的目标用户，为他们提供行业或产业专门信息以及与业内专业人士相关的社区式服务。社区式 B2B 电子商务模式通过提供行业新闻、评论、市场信息、工作机会、在线聊天、公告板及专家服务等方式，吸引特定行业的买卖双方。

2. 不同商务关系的 B2B 模式

（1）以交易为中心的 B2B。这种模式以企业之间的在线交易为主，关注的重点是商品交易本身，而不是买卖双方的关系。其主要形式为在线产品交易和在线产品信息提供。

（2）以供需为中心的 B2B。这种模式以企业之间的供需关系为主，关注的重点是生产过程与供应链，而不仅仅是商品交易。其主要形式为制造商和供应商所组成的 B2B 供应和采购市场。这种模式实现了产品生产过程中企业与企业之间供应链的无缝连接。

（3）以协作为中心的 B2B。这种模式以企业之间的虚拟协作为主，不仅重视生产过程与供应链，而且更加关注协作企业虚拟组织中价值链的整体优化。

3. 以不同交易主体为中心的 B2B

（1）买方集中模式。买方集中模式也可称为集中销售，是指一个卖家与多个买家之间的交易模式，其结构如图 2-2 所示。卖方发布欲销售的产品信息，如产品名称、规格数量、交货期和参考价格等，吸引买方前来认购。

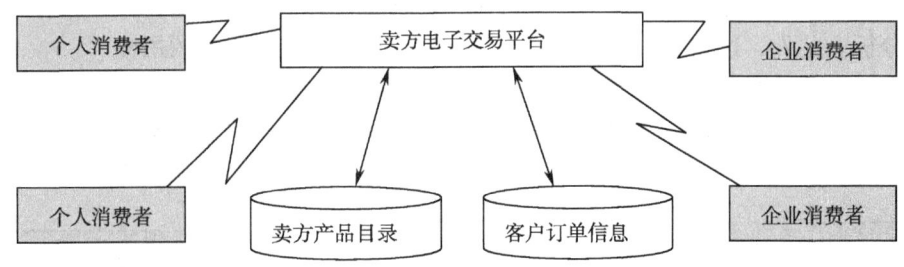

图 2-2 买方集中模式的结构图

目前，买方集中模式中也出现了几家大型的卖家联合起来组建交易平台，面向多个买家的运作方式。买方集中平台可以加快企业产品的销售过程，特别有利于新产品的推广，在降低销售成本的同时拓展卖方渠道。此种运作模式比较偏向于为卖家服务，相对而言较少考虑买家的利益。本模式与 B2C 模式比较相似，而且其采购流程也比较相似。

（2）卖方集中模式。卖方集中也称集中采购，类似于项目招标。它是指一个买家与多个卖家之间的交易模式。买方发布需求信息，如需求的产品名称、规格、数量和交货期等，召集供应商前来报价、洽谈、交易。卖方集中模式的结构如图 2-3 所示。

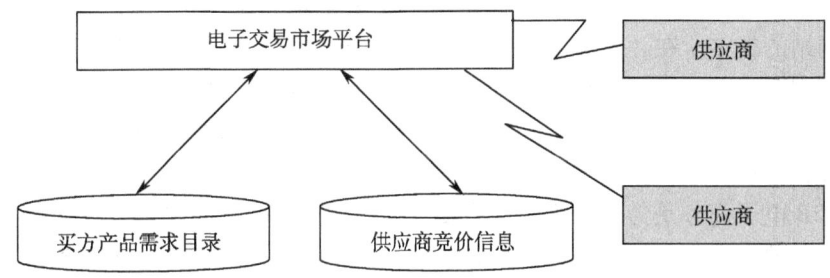

图 2-3 卖方集中模式的结构图

这种方式也可以有几家大买方共同构建用来联合采购，因为投资者希望通过联合买家的议价力量得到价格上的优惠。这类电子商务运作模式的显著特征是它比较偏向于为买家提供服务,而不会更多地兼顾到供应商的利益。它汇总诸多卖方企业及其产品的信息,便于买方综合比较,绕过分销商和代理商,加速买方的业务开展,同时买方可以获得透明的价格。

一般企业自建的、服务于本企业的电子采购就是这种模式,它适用于大型企业。大型企业负责管理其下属所有企业的统一采购,通过网络采购能使采购过程公开化、规范化,加速信息流动,扩大询价、比价的范围,降低交易费用,强化监督控制体系,提高整个运营环节的工作效率。企业不仅能依靠这种运作方式产生规模效益,而且能够掌握整个竞购流程,利于对整个交易的监督、管理、考评和分析。此外,这种模式非常适用于政府采购和大型工程项目的招标。

(3) 中立的网上交易市场模式。中立的网上交易市场模式是指由买方、卖方之外的第三方投资建立起来的中立的网上交易市场,它采用买卖多方参与的竞价撮合模式,是买方集中和卖方集中交易模式的综合,其结构如图 2-4 所示。

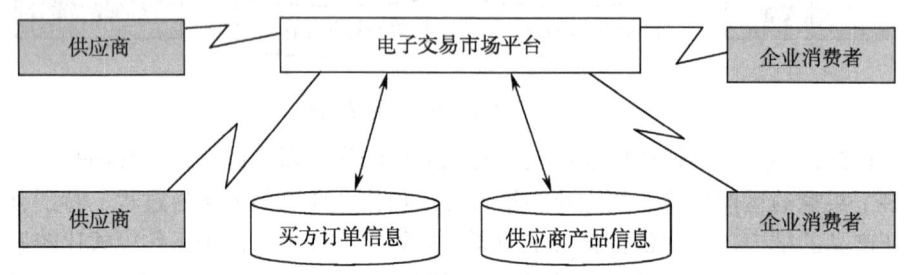

图 2-4　中立的网上交易市场结构图

网上交易市场是一个由内向外、内外整合的供需价值链。与一般概念上的交易市场不同,网上交易市场决不意味着一堆企业的简单排列。事实上,进入网上交易市场的企业必须获得一定的资格,这个资格就是企业内部必须有一套合格的电子化管理系统,并且这套系统能与外部实现无缝对接,从而实现企业生产、采购、销售全过程的信息化整合。这是网上交易市场有别于以供需信息为主导的 B2B 网站的根本所在,意味着网上交易市场中的每个成员都拥有自己的交易系统,可实现内部运作与交易的一体化,从而明显提高信息的价值。网上交易市场的另一个显著特征就是很强调开放性和标准化,只有满足这两个条件,网上交易才能真正开展起来,企业才能真正参与到网上交易市场中去。

B2B 电子商务是伴随互联网经济发展的产物,是信息时代企业经营的主要模式,与其他电子商务模式相比,具有很强的竞争力和优越性,为网络企业及传统企业提供了无限的发展空间。随着 B2B 电子商务从探索性运作走向理论和实践的逐步成熟,B2B 电子商务将前途光明,必将一步步走向成熟,为我国市场经济的高速发展发挥重要的作用。

三、消费者对消费者的电子商务模式（C2C）

消费者对消费者的电子商务运作模式的本质是网上拍卖。它通过为买卖双方提供一个在线交易平台，使各地的卖方可以方便地提供商品上网拍卖，各地的买方可以自行选择商品并且可以自由竞价。

1. C2C 的类型与运作方式

C2C 是一种公民之间的自由贸易，通过网上完成跳蚤市场的交易，从而沟通了个人之间的商品流通（特别是二手商品）。

以卖方为主的 C2C 电子商务模式是一种由出售商品的个人在网上发布消息，有多个买者竞价，或与买方讨价还价，最终成交的模式。

以买方为主的 C2C 电子商务模式是一种由想购买商品的个人在网上发布求购信息，由多个卖者竞卖，或与卖方讨价还价，最终达成交易的电子商务模式。

图 2-5 为目前较为流行的 C2C 电子商务网站运作方式。

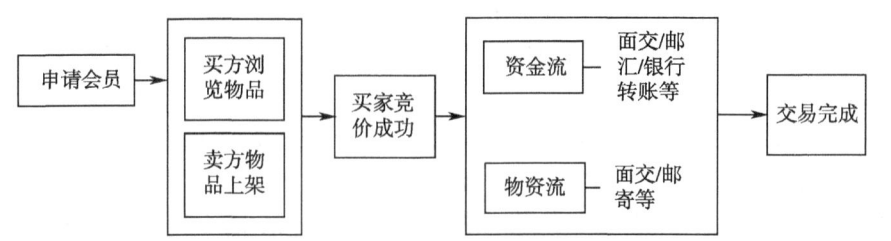

图 2-5　C2C 电子商务运作模式流程图

2. C2C 的特点

作为消费者对消费者的电子商务模式，C2C 电子商务平台的性质与传统的二手市场相似，然而，它不同于传统二手市场活动在网络上的翻版，C2C 电子商务模式自身的特点决定了它必然要优于传统的二手市场，具体表现在以下几个方面：

（1）较低的交易成本。C2C 电子商务模式采用了基于开放式标准的互联网通信通道，大大降低了通信费用。同时，传统二手市场由二手商收购、控制和保存二手商品，而在 C2C 电子商务模式下由各个卖家保存商品，从而最大限度地降低了库存。而且，C2C 电子商务通过减少交易环节，使得交易成本更低。

（2）经营规模不受限制。传统二手市场在经营规模上严格由其营业面积的大小所控制，当其经营规模扩大时必须相应地扩大其营业面积。但 C2C 电子商务利用互联网络提供的虚拟经营环境，可以轻易地通过增加网页来扩大其经营规模。

（3）便捷的信息搜集。C2C 电子商务应用基于网络信息技术，使得买卖双方很容易获知对方信息,解决了传统二手市场信息不对称的问题,也加大了销售范围和销售力度。

四、电子商务模式创新

除了 B2B、B2C 和 C2C 这几种最基本的电子商务模式外,针对不同的应用场合,业界还提出了很多其他的电子商务模式。

1. 企业对政府的电子商务模式(B2G)

企业对政府的电子商务模式指的是企业与政府机构之间进行的电子商务活动。例如,政府将采购的细节在互联网上公布,通过网上竞价方式进行招标,企业以电子商务的方式通过互联网进行投标。由于活动是在网上完成的,所以企业能随时随地了解政府的动态,还能减少中间环节的时间延误和费用,提高政府办公的公开性和透明度。政府可以通过这种方式树立政府形象,通过示范作用促进电子商务的发展。除此之外,政府还可以通过电子商务实施对企业的行政事务管理,如政府用电子商务方式发放进出口许可证、开展统计工作,企业可以通过网上办理缴税和退税等业务,同时政府在推动电子商务发展方面也起到重要的作用。

企业与政府之间的电子商务涵盖了政府与企业之间的各项事务,包括政府采购、税收、商检、管理条例发布、法规政策颁布等。政府一方面作为消费者,通过互联网发布政府采购清单,公开、透明、高效、廉洁地完成所需物品的采购;另一方面,借助于网络及其他信息技术,政府职能部门能更及时、全面地获取所需的宏观经济和市场信息,快速、直接地将政策法规及调控信息传达到各个企业,起到宏观调控、监督、管理与服务的作用。

2. 消费者对企业的电子商务模式(C2B)

消费者对企业的电子商务模式是从客户到商家的电子商务模式,也称做"集体议价"或"联合购买"。在这种模式下,不同地区购买同一物品的不同消费群体,通过电子商务网站集合起来,由网站去和商家议价,由于是大量购买,因而消费者可以获得批量购买的优惠条件。集体议价的好处是消费者可以通过亲自参与,购买到实惠的商品,而商家也可以通过这种形式了解到顾客对商品的需求,从而更合理地配置各种资源。这种电子商务模式唯一的缺点是由于其建立在数量的基础上,所以如果顾客需要一些特殊的个性化的商品,就无法享受到这种便利。也就是说,这种方式适合于无差异性的(或差异较小的)产品和服务,如演出门票等。

3. 政府对个人电子商务模式(G2C)

政府对个人电子商务模式的主要运作方式就是政府上网,在互联网上实现政府的职能工作。政府上网一般是在互联网上发布政府部门的名称、职能、机构组成、工作章程以及各种资料、文档等，并公开政府部门的各项活动，增加办事执法的透明度，为公众与政府打交道提供便利，同时也接受公众的民主监督，提高公众的参政议政意识。此外，由于互联网是跨国界的，政府上网能够让各国政府相互了解，加强交流，适应全球经贸一体化的趋势。

目前政府对个人的电子商务主要有3种方式：电子福利支付、电子资料库和电子身份认证等。电子福利支付是指运用电子数据交换、磁卡、智能卡等技术，处理政府各种社会福利工作，直接将政府的各种社会福利支付交付受益人。例如，民政部门发放困难补贴和各种抚恤金，还有下岗补贴等。电子资料库用来汇总各种资料，包括一些法律法规、办事程序、发展计划和政府报告等，以方便人们通过网络查看和获得有关资料。电子身份认证提供对个人身份的电子证明，目前一般是以一张智能卡集合个人的医疗资料、个人身份证明、工作状况、个人信用、个人经历、收入及纳税状况、公积金、养老保险、房产资料和指纹身份识别等信息，通过网络实现政府部门的各项便民服务程序。

实际上，多数企业的电子商务并不仅仅采用一种模式，而是将各种模式结合起来实施电子商务。例如，Golf Web 就是一家有 3500 页有关高尔夫球信息的网站，这家网站采用的就是综合模式，其中 40% 的收入来自于订阅费和服务费，35% 的收入来自于广告，还有 25% 的收入是该网站专业零售店的销售收入。由此可见，在网上销售中，一旦确定了电子商务的基本模式，企业不妨可以考虑一下采取综合模式的可能性。例如，一家旅行社的网站可以向客户提供旅游在线预订业务，同时也接受度假村、航空公司、饭店和旅游促销机构的广告，如有可能还可向客户提供一定的折扣或优惠，以便吸引更多的生意。企业在网上尝试综合的电子商务模式有可能会带来额外的收入。

目前已经出现了各种各样的电子商务模式，以后还会不断出现更多、更新的电子商务模式。商务的复杂性和不断的变化发展决定了电子商务没有一种或哪几种固定模式，各种各样的电子商务模式充分反映了市场变化的需要，盈利空间是判断电子商务模式好坏的基本依据。

第二节　电子商务交易市场与交易流程

商务流程是指从事一个商贸交易过程中具体的实际操作步骤和处理过程。商品流通过程是以物流（商品的实际流动）为物质基础，信息流（商品相关信息的流动）贯穿始终，引导资金流（货币流动）正向流动的动态过程。

对于电子商务系统而言，商务流程是极为重要的。电子商务流程基于传统商务流程，但又与传统商务流程有所不同。

一、电子商务交易市场

电子商务交易市场简称电子市场，它是供商家实现交易的网站。它对参与者进行了一系列的规范，同时提供各种各样的服务，从而吸引买卖双方来此进行交易。

电子商务交易市场可以分为水平交易市场与垂直交易市场。

（一）水平交易市场

水平交易市场将买方和卖方集中到一个市场上来进行信息交流、广告、拍卖竞标、交易、库存管理等。之所以用"水平"这一概念，主要是指交易市场服务的行业范围广，很多行业都可以在同一市场上进行交易活动。水平交易市场是跨行业综合的市场。典型代表有阿里巴巴网站（china.alibaba.com）。

1. 水平交易市场的特点

水平交易市场可以产生很多利润流。通常情况下，广告是一种很好的营利模式；也可以靠出售网上店面来赚钱；也可以举办网上拍卖会，向成交的卖方收取一定比例的交易费。

水平交易市场是一种完全市场，即向所有的目标市场提供各种产品。其背后的经济学原理是：充分利用企业现有的生产能力、技术平台或者强大的品牌优势实现范围经济。亚马逊就是完全市场的一个例子。公司最初只出售新书，随后又推出旧书销售服务，产品目录的范围也发展到从儿童玩具到宠物食品、消费性电子产品等多种多样。

2. 水平交易市场的要素

水平交易市场因其所提供的商品众多，厂家众多，面向的是大众消费者，所以其竞争也非常激烈。水平交易市场应该具备以下基本要素：

（1）公司的商业程序要标准化。一家公司的商业程序越标准化，它就越容易被人们认可。同时，标准化代表着规范、正规，给人以信誉优良的形象，使人们能放心购买。程序标准化与非标准化的企业，正如路边的小杂货店和沃尔玛的区别。

（2）早些进入市场。一个市场的建立需要很长的时间，企业越早进入市场，就越能更好地和市场沟通，同时获得市场最原始客户的信赖，对于日后的发展极为重要。而当一个市场发展成熟了，人们就习惯于曾经的消费习惯，不愿意去作些新的尝试。而且，人们更愿意相信资质老的企业。

（3）与供应商、消费者的即时沟通。沟通是成功的关键因素。一个市场赖以生存的是供应商和消费者，两者缺一不可，只有同时做好了这两方面的沟通工作，市场才能繁荣。

3. 水平交易市场面对的挑战

水平交易市场可以为许多行业的企业提供服务，因此，交易平台要不停地更新各种信息,提供许多互不相关的服务。水平交易市场追求"全",即行业全、服务全,这样才有竞争力,但恰恰这个"全",使得水平交易市场要冒每一个行业都做不好的风险。如何在"全"与"好"之间找到一个平衡点,是水平交易市场面临的一个需要解决的难题。

(二)垂直交易市场

电子商务垂直交易市场是将特定产业的上、下游厂商聚集在一起,让各层的厂商都能很容易地找到供应商和买主。之所以用"垂直"这一概念,是因为其专业性很强,将自己定位在一个特定的专业领域内,如信息技术、化工、钢铁或农业等。典型代表有东方钢铁在线(www.bsteel.com.cn)。

1. **垂直交易市场的特点**

(1)收入模式稳定。由于垂直交易市场的专业性强,其客户很多都是本行业的,因此潜在购买力比较强,其广告的效用也会比较大。也正因为如此,垂直交易市场的广告费较水平交易市场要高。同水平交易市场一样,垂直交易市场也可以举办一些拍卖会,并向交易成功的卖方收取一定比例的交易费。此外还可以收取客户的信息费,即数据库使用费。

(2)专业性强。这是垂直交易市场的明显特征。一个垂直交易市场面对的是一个特定的行业和特定的专业领域,因此要对这个领域相当熟悉,能够洞察全行业的内外需求,能一针见血地指出各家"进场入市"企业的需要,并向它们提供灵活有效的各种解决方案。

(3)有效的会员机制。垂直交易市场具有聚集性、定向性,吸引着众多专业领域的参与者,尤其是团体会员,易于建立起忠实的用户群体,吸引固定的回头客,且客户也多是有效客户。其结果将形成一个集中化的拥有真正有价值的市场。这种市场一旦形成,就具有极大的竞争优势。

2. **垂直交易市场的要素**

(1)分散的行业(即中间环节多的行业)。垂直交易市场在越是分散的行业中越容易成功。因为垂直交易市场所提供的标准化目录和全面比价的服务,为特定产业的采购部门免去了费时费力地搜寻商品及供应商的痛苦工作。行业越分散,采购人员越愿意在垂直交易市场上购买其所需要的物品。

(2)精湛的专业知识。每个行业有每个行业的特色,只有懂得善用专业领域的知识来建造最符合交易双方的交易平台,才能在众多的竞争对手中成功。专业知识越精湛,越能了解双方对市场功能及服务的需要,越能更好地完善市场。

(3)完善的服务。谁能提供完善的目录内容和搜寻功能,谁成功的概率就大。如果买方只要到一个垂直交易市场,就能一次购足其所需要的产品与服务,买方将对其产生很大的忠诚度。

(4)跨产业的沟通能力。能够与其他垂直交易市场进行沟通的企业,其综合效益也就越大，就越容易成功。当用户在本垂直交易市场上进行交易的同时，能够了解到其他与之相关的交易市场的动态，那么他将会很乐意经常来该市场"逛逛"。

3. 垂直交易市场的问题

垂直交易市场专业性强，需要投入昂贵的人力资本来处理相对狭窄的、专门性的业务，以发挥该市场的商业潜能。此外，垂直交易市场由于其鲜明的行业特征和客户关系，难以转向多元化经营或向其他领域渗透。再者，垂直交易市场受其专业所限，无法拓展更多的有效客户。因此，垂直交易市场在发展专业性基础业务的同时，还需要进一步整合资源，拓展新的市场范围，创造新的营利模式。

（三）不同开放程度的电子市场

可以根据电子市场的开放程度来划分电子市场。如图2-6所示，有箭头的一端代表高度的开放性，任何企业都可以公开地进入市场；在箭头的另一端代表开放程度低，只有被邀请的企业才能进入电子市场。基于这种区别，可以识别3种主要的电子市场：公共电子市场、联合电子市场和私人电子市场。

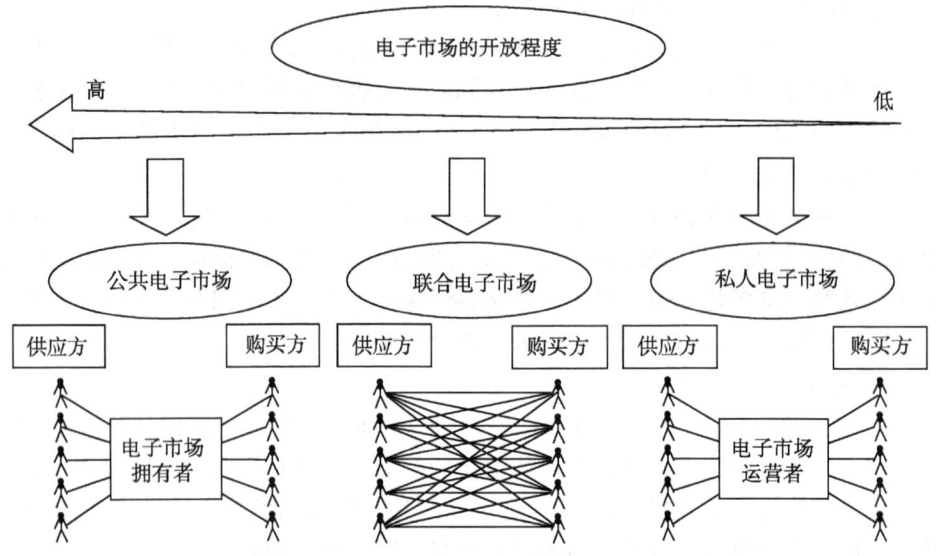

图 2-6 不同的电子市场表现出不同的开放程度

（1）公共电子市场一般由第三方企业所有和经营。公共电子市场对任何想通过电子市场购买或出售产品的企业都是开放的。由于进出电子市场很容易，所以交易程序都是标准的、非私人制定的。在公共电子市场中出售的商品多数都是低个性化或无需个性化的日用品。阿里巴巴就是一个公共电子市场。

（2）联合电子市场一般由参与在线交易的企业共同所有和经营。与公共电子市场相比，它的进入有较多的限制，只有合法的拥有者和选定的交易方才允许进入。由通用汽车、福特汽车以及戴姆勒-克莱斯勒创建的 Covisint 就是一个典型的联合电子市场。

（3）私人电子市场是进入最严格的电子市场。它们一般由单一的公司所有。这些公司通过将供应商与其商业过程密切相连来优化其采购活动。私人电子市场的运营者邀请一些特定的供应商加入到电子市场中，并向它们提供有关销售预测和生产统计等方面的详细信息。为了实现紧密结合，通常需要建立专门的系统来整合买方和卖方的信息系统。其结果是，私人电子市场中企业间的关系比公共电子市场中的企业间关系更趋长久。戴尔与其供应商之间的关系是私人电子市场中最成功的案例。

二、基于互联网络的交易模式

根据电子交易的参与者销售方式的差别，下面分别介绍 3 种交易模式的基本业务流程：网络商品直销、企业间网络交易以及网络商品中介交易。

（一）网络商品直销模式

网络商品直销是指生产厂商借助联机网络、计算机通信和数字交互式媒体，且不通过其他中间商，将网络技术的特点和直销的优势巧妙地结合起来进行商品销售，直接实现营销目标的一系列市场行为。其流程如图 2-7 所示。

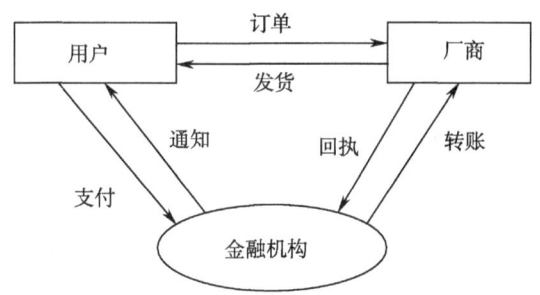

图 2-7 网络商品直销流程

由图 2-7 可以看出，网络商品直销过程的步骤如下：① 用户通过互联网络浏览厂商页面，向商家发出购货订单。② 用户选择支付方式。③ 厂商验证支付信息。④ 用户付款信息得到确认后，厂商通知销售部门给用户送货。⑤ 用户的开户银行将支付款项转账到商家的开户行，并通知消费者。网络商品直销完成。

为保证交易过程中的安全，需要有一个认证机构对在互联网上交易的买卖双方进行认证，以确认他们的真实身份，图 2-7 演变为图 2-8。

这种交易的最大特点是供需直接见面，环节少、速度快、费用低。其不足之处在于：① 购买者只能从网络广告上判断商品的型号、性能、样式和质量，对实物没有直接的感知，在很多情况下可能产生错误的判断，而某些生产者也可能

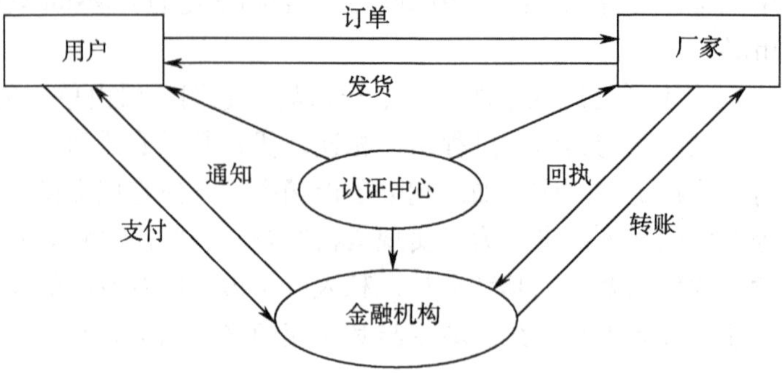

图 2-8 包含认证中心的网络商品直销

进行不实的宣传,甚至可能打出虚假广告欺骗顾客。② 购买者利用信用卡进行网络交易,不可避免地要将个人银行信息输入网络终端,使犯罪分子有可能用各种高新科技的作案手段窃取用户的信用卡信息,进而盗窃用户的钱款,支付过程的安全受到威胁。

(二) 企业间网络交易模式

企业间网络交易是 B2B 电子商务的一种基本形式。企业以信息化的内部管理作为网络交易的起点,交易从寻找和发现客户出发,企业利用自己的门户网站或网络服务商的信息发布平台发布商品供求、合作、招投标等商业信息。借助因特网超越时空的特性,企业可以方便地了解到世界各地其他企业的购买信息,同时也有随时被其他企业发现的可能。通过外部的商业信用平台,买卖双方可以进入信用调查机构申请对方的信用调查;通过产品质量认证平台,可以对卖方的产品质量进行认证;然后在信息交流平台上通过对价格协商,运输与交货环节的确认;签订购物合同后,就可以实施电子支付并委托物流企业给用户发货。用户对产品信息的反馈可以直接进入企业网站。图 2-9 反映了整个 B2B 的电子商务交易流程。

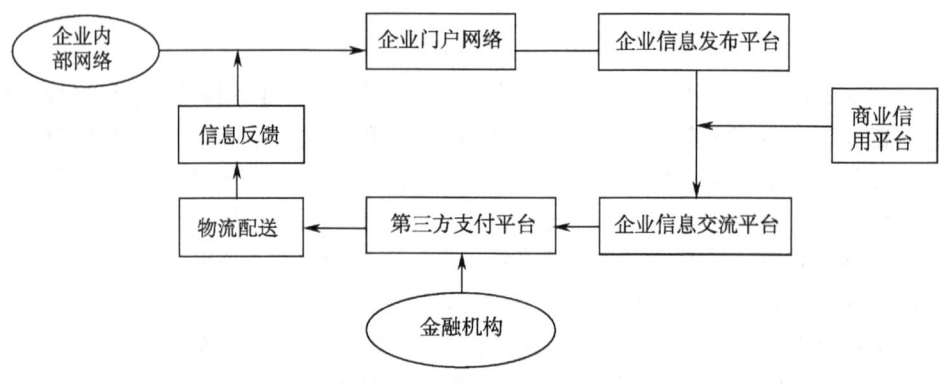

图 2-9 企业间网络交易流程

(三) 网络商品中介交易模式

网络商品中介交易是指交易的双方不发生直接的沟通，而是通过网络商品交易中心，即虚拟网络市场进行的。在整个过程中，交易中心以互联网为基础将商品供应商、采购商和金融机构紧密地联系起来，配合认证中心对交易各方的身份认证，为交易的各方提供市场信息、商品交易、仓储配送、支付结算等全方位服务。其流程图如图2-10所示。

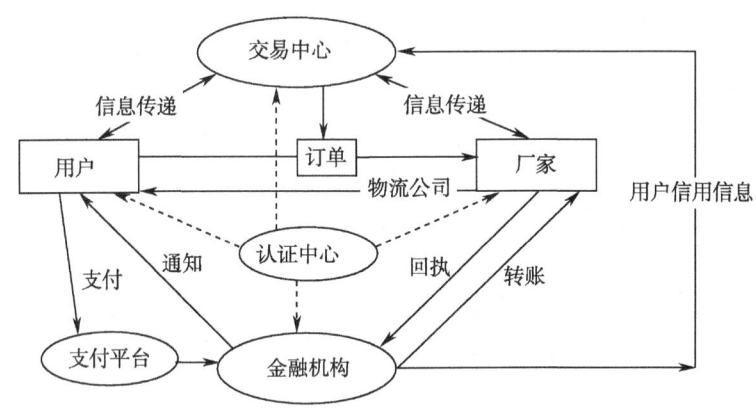

图2-10 网络商品中介交易流程图

网络商品中介交易过程可以分为以下步骤：①交易双方将供需信息通过网络上传给网络商品交易中心，交易中心向参与者发布大量的、详细的交易数据和市场信息。②交易双方根据交易中心提供的信息选择自己的贸易伙伴，交易中心从中撮合，促使交易双方签订合同。③买方在交易中心指定的支付平台办理付款手续。④交易中心委托物流公司将卖方的货物送交买方。⑤金融机构向交易双方发送收、付款信息。⑥交易中心向交易双方发送发货信息。

三、电子商务交易的一般流程

通过电子商务，企业可以更及时、更准确地获取消费者信息，从而确定订货、减少库存，并通过网络促进销售，以提高效率，降低成本，获取更大的利益。

对于商品生产企业来讲，它的传统商务流程大致可以描述为：需求调查→材料采购→生产→商品销售→收款→货币结算→商品交付。

引入电子商务之后，这个流程就变成：以电子查询的方式进行需求调查→以电子单证的形式调查原材料信息并确定采购方案→通过电子广告促进商品销售→以电子货币的形式进行资金接收→通过电子银行进行货币结算→商品交付。

至于处在流通领域的商贸企业，由于没有生产环节，因此对它们而言，电子商务活动就几乎覆盖了全部的企业经营管理活动,主要是通过所获信息进行订货、运输、促销等一系列的经营管理活动。

具体来讲,电子商务流程可以从消费者或从销售商两个方面考虑。从消费者来看,商务流程指出了一个采购者在购买一个产品或服务时所发生的一系列活动。从销售商来说,商务流程定义了订货管理系统为了完成消费者的订单所采取的一切措施。

下面主要考察在引入电子商务前后,一般商贸实物操作所需要的常规步骤,主要包括供求信息发布、贸易磋商和签订合同、结算付款环节3部分。

1. 供求信息发布

供求信息发布过程主要是指买卖双方在交易合同签订之前的准备活动。

传统的做法是:买方根据自己的需要,通过广告等媒体了解所需购买的商品的信息、供货商以及价格等,进行货源市场调查和市场分析,修改购货计划,并按计划确定购买商品的种类、数量、规格、购货地点和交易方式等。整个过程费时费力,加上所能得到的信息有限,很难获得最佳货源和最低价格。卖方则用各种各样的广告、报纸、户外媒体来宣传自己,千方百计地推销自己的产品。从这个意义上讲,传统的交易前的准备实际上就是买卖双方通过广告等传统媒体进行商品信息发布、查询和匹配的过程。

在网络环境下,这些活动演变成卖方利用互联网和各种贸易网络发布商品广告,积极上网推出自己商品的信息资源,寻找贸易伙伴和交易机会,扩大贸易范围和商品所占市场份额;买方则随时上网查询自己所需要的商品信息资源,推拉互动,共同完成商品的供需实现。在电子商务系统中,贸易信息的交流,通常都是通过双方的网址和主页来完成的。电子商务环境下的供需实现方式如图2-11所示。这种信息的沟通方式无论在效率方面还是实践方面,都是传统方法无法比拟的。这个过程以计算机和网络为主要工具,支持信息查询过程的软件系统一般称为支持交易前的系统。支持交易前的系统是电子商务中应用最成功的一部分。

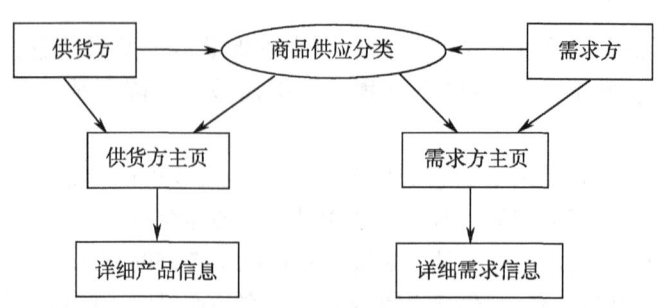

图2-11 电子商务环境下的供需实现方式

2. 交易磋商和签订合同

交易磋商和签订合同主要是指买卖双方对所有交易细节进行磋商,将双方磋商的结果用书面文件形式签订合同。

在商品买卖双方都了解了有关商品的供需信息后,具体商品交易磋商过程就开始了。在传统贸易过程中,常常通过邮寄、电话、传真等方式传递单证,受到时间与空间的限制,安全性也无法得到保证,并且交易成本比较高,特别是交易磋商回合较多时更是这样。

电子商务环境下,整个磋商过程可以在网上完成。原来交易磋商中的单证交换过程,在电子商务环境下演变为记录、文件和报文在网络中的传递过程。各种各样的电子商务系统(如 EDI)和专用数据交换协议自动地保证了网络信息传递过程的确定性和安全可靠性。各类商务单证、文件,如价目表、报价单、询盘、发盘、还盘、订单、订购单应答、订购单变更请求、运输说明、发货通知、付款通知等,在电子商务中都变成了标准的报文形式,提高了整个交易过程的效率,减少了漏洞和失误,规范了整个贸易过程。交易磋商过程如图 2-12 所示。

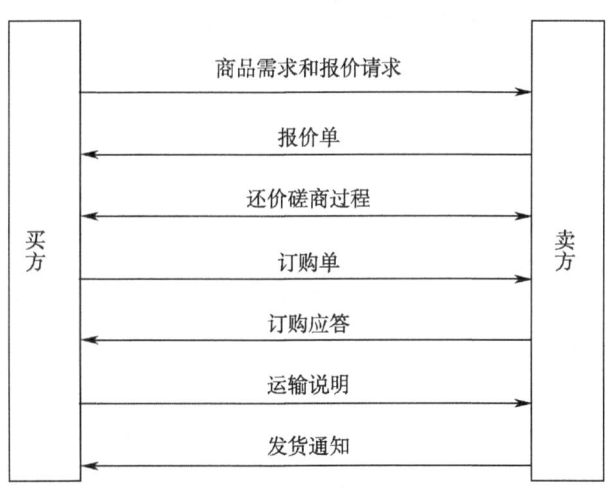

图 2-12 交易磋商程序

在电子商务应用过程中,以计算机和网络为主要工具的交易磋商和签订合同的过程称为支持交易过程中的系统。

3. 结算付款

买卖双方"签订"电子合同后,交易涉及的有关各方如中介方、金融机构、信用卡公司、海关系统、商检系统、保险公司、税务系统、运输公司等将参与到交易过程中来。买卖双方要利用与电子商务有关的各方面进行各种电子票据和电子单证的交换,直到办理完发货手续为止。其间最重要的是电子支付环节。

传统的以现金和支票为基础的付款方式在网络环境下有很大的改变。改变的结果是，原来的支票支付方式被电子支票方式所取代，原来的现金支付方式被信用卡和电子现金所取代。电子商务中的电子支付系统即支持交易后的系统。该系统是在前两者的基础上再进一步，能够完成资金的支付、清算、承运、发/到货管理等。这类系统由于涉及银行、运输等部门，所以运行机制的复杂程度和系统开发的难度会大大增加。

这一阶段是从买卖双方完成所有各种手续之后才开始的，卖方要备货、组货，同时进行保管、保险等，卖方将所卖商品交付给运输公司包装、起运、发货，买卖双方可以通过电子贸易服务器跟踪发出的货物。银行和金融机构按照合同处理双方收付款进行结算，出具相应的银行单据等，直到买方收到自己所购的商品，才完成整个交易过程。索赔是在买卖双方交易过程中出现违约时，需要进行违约处理的工作，由受损方向违约方索赔。电子支付环节的完善是电子商务真正实现的基础，目前只有少数发达国家建立了完善的电子支付体系。

第三节　电子银行系统

一、电子银行概述

1. 银行的电子化

银行的电子化进程主要经历了 4 个阶段：手工操作转为计算机处理，提供自助银行服务，提供金融信息服务和提供网上银行服务。

从 20 世纪中期，人们在还没有电子商务这个概念时，银行就开始了自身的革命。由于当时银行传统办公手段的效率已经无法满足社会对银行服务的需要，人们逐渐将计算机和通信（Computer & Communication，C&C）技术引入银行的业务处理。例如，各种银行卡和电子销售点 POS 的推出，电子资金转账（Electronic Funds Transfer，EFT）等系统的建立和推广应用，使商务中资金支付活动的各方真正有机地联系在一起，形成应用于不同场合的电子支付结算系统。

电子资金转账（EFT）系统用于银行与它的客户进行金融数据通信，是各银行自行开发应用的专用金融系统。它用于传输同金融交易有关的信息，为客户提供基于网络的支付结算服务。通过 EFT 系统，银行把通过它进行的支付服务从银行分支机构的柜台利用网络延伸到零售商店、超级市场、企事业单位以至家庭和个人。

银行为充分发挥电子化处理的效率，开发了大量新型的自助银行服务项目。在实现支付结算服务电子化的基础上，又积极将信息技术融入到银行业务中去。比如，银行利用交易数据的统计和分析结果向客户提供金融信息增值服务，强化银行的经营管理，完善银行的电子监控体系，从而使传统银行进入电子银行时代。

2. 电子银行的概念

在研究电子银行的概念之前，我们先来看一下什么是网络银行。

（1）网络银行。网络银行是一个宽泛的概念，从不同的角度可以有不同的解释。一般来说，网络银行是指银行借助客户的个人计算机、通信终端（包括电话、手机、掌上电脑等）或其他相关设备，通过银行的内部专用通信网络或互联网络，向用户提供金融服务的方式。网络银行业务就是指银行在这种方式下提供的服务。

网络银行的概念可以从服务载体、服务场所和服务内容这三个层次理解。这里的服务载体不局限于互联网，还包括银行的内部计算机网络、专用通信网络或其他公用信息网络；从服务场所来看，网络银行的终端既可以是计算机设备，也可以是电话等通信工具；网络银行业务的服务内容包括了电话银行业务、网上银行业务，还有新兴的手机银行业务和短信银行业务。

（2）电子银行。电子银行就是银行借助各种电子业务系统，利用网络平台，向其客户提供全方位、全天候、高品质又安全的银行服务。根据国际清算组织的定义，电子银行业务泛指银行利用电子化网络通信技术从事与银行业相关的活动，包括电子银行业务和电子货币行为。

电子银行业务是指通过电子化渠道提供的银行业产品和服务，包括商业POS机终端、ATM自动柜员机、电话自动应答服务系统和银行卡等设施。

电子货币行为是与电子货币创造和应用有关的各种活动。电子货币的核心是"价值储存"和预先支付机制。电子货币行为的实现方式包括通过POS机等设备的端对端连接或互联网等开放通信网络来实现支付功能。储值产品即基于各种卡的"电子钱包"和基于网络技术的"数字化现金"。储值卡的功能可能是单一的（如电话卡），也可能是多功能的（如校园卡）。

由此可见，我们目前常用的网上银行业务、电话银行业务、手机银行业务和短信银行业务都属于电子银行业务的范畴，再加上电子货币的功能，使电子银行的业务范畴比网络银行更加宽泛。

二、电子银行的业务渠道

从国际清算组织的定义中可以看出，电子银行业务包括传统银行业务的电子化和在电子货币基础上的银行电子商务。在实际应用中，这两个层次是相互交织的，电子货币行为融合在银行业务中，电子货币基础上的银行业务是网络经济时代对金融服务提出的新要求。图2-13给出了电子银行提供的业务渠道，它主要由网上银行、电话银行、手机银行、商业POS系统、自助银行等组成。

```
                    电子银行
    ┌─────┬─────┬─────┬─────┬─────┐
  网上银行 电话银行 手机银行 商业POS 自助银行
                          系统
```

图 2-13　电子银行业务渠道

1. 网上银行

网上银行，又叫在线银行，是指银行通过互联网络提供金融服务，主要分为个人网上银行和企业网上银行。网上银行可以从服务载体、服务场所和服务内容 3 个层次理解。

网上银行的服务载体脱离了传统银行的分支结构和各种纸介的票据表单，无需与银行的业务人员见面，通过填制电子表格和电子凭证，借助于虚拟的网络空间，就可以享受银行服务。

网上银行的服务场所不再需要交通方便的商业地段和设施齐全的营业柜台，银行只需要设计友好、操作方便的用户界面，借助客户自己的网络终端就可以向客户提供跨地域、没有时间限制的服务。

现在各大银行提供的网上银行服务内容主要有账户管理、查询、转账汇款、投资理财、网上购物（与银行签约的特定商户，但大多是与第三方的支付平台相结合）、缴费支付、收付款、代理行业务等。实际上，由于网上银行的交互性特征，网上银行提供的服务已经不局限于传统的银行服务和由于新技术的引入所带来的新型业务，还跨越了银行业的界限，向证券、保险和其他行业渗透。

世界著名的网络银行咨询公司 Gomez 要求在线银行至少提供以下 5 种业务中的一种才有进入网络银行评价体系的资格：网上支票账户、网上支票异地结算、网上货币数据传输、网上互动服务和网上个人信贷。目前，我国各行网上银行基本能实现网上货币数据传输、网上互动服务和网上个人信贷业务。中国人民银行于 2007 年 6 月 25 日建成全国支票影像交换系统，实现了支票在全国范围的互通使用。企事业单位和个人持任何一家银行的支票均可在境内所有地区办理支付。目前，该系统运行稳定，全国支票使用量逐步增加，相信我国银行业网上支票账户、网上支票异地结算业务的实现也为期不远了。

2. 电话银行

电话银行是利用计算机电话集成技术，采用电话自动语音和人工坐席等服务方式为客户提供金融服务的一种业务系统。电话银行业务产生于 20 世纪 80 年代中期，是指客户通过电话向银行发出交易指令、完成交易的服务方式。它集金融交易、投资理财、咨询投诉等功能于一身，为客户提供全年 365 天、全天 24 小时不间断的综合性金融服务。它具有多通道、个性化和大容量集中服务等时代特征，是现代通信技术与银行金融理财服务的结合。

电话银行业务一般适用于个人银行业务,一般有 3 种主要的电话服务类型。

第一种是语音自动提示系统,要求客户在使用该系统时,用双音频电话把数字化信息传递到银行自动服务系统中,系统通过不断地提出一个又一个问题,引导客户完成交易。

第二种系统完全由接线员为客户服务,而不使用自动语音提示系统。

第三种系统是将与银行自动服务系统联机的个人计算机作为服务载体,再通过电话传输数字式信息的方式完成交易。

3. 手机银行

手机银行主要是通过短信的形式与客户交流并提供金融服务的一种业务系统,同样有为客户提供全年 365 天、全天 24 小时不间断的综合性金融服务的特点。目前手机银行的主要功能有查询、转账汇款、电话缴费、消费支付、提醒通知等。

2003 年 8 月,中国移动、中国银联建立了专门服务于移动支付业务的合资公司——联动优势科技有限公司。它是专业化的移动支付服务商,为移动用户提供"手机钱包"和"银信通"服务,为广大商户提供方便、快捷的支付渠道,为手机银行提供了良好的应用环境。

联动优势的电子支付模式如图 2-14 所示。

4. 商业 POS 系统

POS 是英文 Point of Sales 的缩写,意为销售点终端。销售点终端通过网络与银行主机系统连接,工作时,将信用卡或借记卡在 POS 机上"刷卡"并输入有关业务信息(交易种类、交易金额、密码等),由 POS 机将获得的信息通过网络送给银行主机进行相应处理后,向 POS 机返回处理结果,从而完成一笔交易。商业 POS 系统在各行各业中应

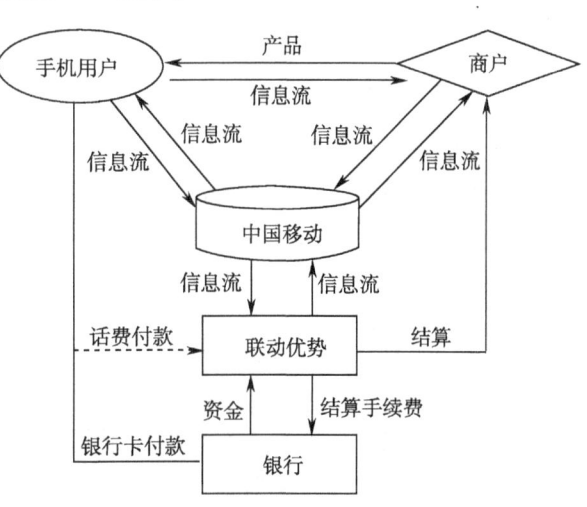

图 2-14 联动优势的电子支付模式

用十分广泛。在 POS 机上刷卡支付给人们带来了安全、便捷和时尚的同时,也给银行带来了稳定的中间收入和存款。目前 POS 机主要有有线 POS 和无线 POS。多年来,有线 POS 一直在我国特约商户中普遍使用。近两年来,无线 POS 开始应用并显示一定的市场前景。

5. 自助银行

自助银行是通过计算机控制的金融自助式终端设备，如现金存取款机、外币兑换机、自助式存折补登折机、客户信息打印设备、多媒体信息服务设备、夜间金库、电子保险箱、找零机等，给持卡人提供 24 小时、自助式服务的银行现代化综合应用管理系统能够使现在的大部分银行柜台业务由持卡人自己办理。其中，ATM（自动柜员机）是自助银行的主要设备之一，在配有不同设施的情况下，具有账户查询、接单打印、存折打印、存折补登、信封存款功能，甚至具有现钞存款功能。除 ATM 外，自助银行还包括 CDM（现金存款机）、CRS（现金循环机）、FEM（外币兑换机）、自助式存折取款机、专用自助式存折补登机、专用自助式接单打印机等。

电子银行提供的网上购物支付有两种形式：一是在各行的网上商城，即实现与银行签约商户的电子支付；二是与第三方的交易市场的支付平台（如淘宝）或第三方的支付平台（如首信易支付）相结合，实现电子支付。电话银行和手机银行除实现账户管理、查询、转账汇款等传统银行业务外，创新点在移动支付上。电话银行和手机银行在运营主体上是有本质区别的。电话银行是银行采用电话自动应答服务系统以及复合一定人工应答服务系统来完成的，运营的主体是银行，而手机银行的运营主体还包括了通信运营商，需要两者的共同合作才能实现完整的业务。

三、电子银行业务系统

在过去的半个多世纪里，人们为银行的电子化付出了巨大的努力，银行业推出各种电子银行系统，这些不同的电子银行系统构成了完整的电子银行体系。随着新技术的不断应用与银行业务的扩大，电子银行系统的结构逐渐从较为简单的形式演变为复杂的体系，并在不断地改进和完善。

1. 电子银行的客户

电子银行是在电子资金转账（EFT）系统的基础上发展起来的。电子银行系统主要用于传输与金融交易有关的电子货币和相关的指令信息，并且借助网络为它的所有客户提供支付结算服务。电子银行及其与客户的联系如图 2-15 所示。

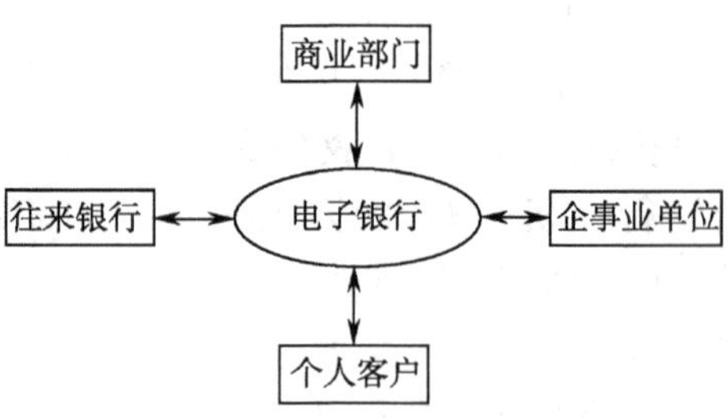

图 2-15 电子银行及其与客户的联系

电子银行系统使银行与 4 种主要的客户之间建立起了统一的数据通道。这 4 种客户分别是企事业单位、往来银行和其他金融机构、商业部门，以及代表普通消费者的个人客户。

2. 电子银行的资金划拨系统

电子银行系统可以分为小额电子资金划拨系统和大额电子资金划拨系统。

(1) 小额电子资金划拨系统。小额电子资金划拨系统的服务对象主要是广大个人客户。这些交易活动的特点是交易发生频繁,但交易金额相对较小。其法律关系主要是银行的个人客户与银行之间的关系。根据小额交易活动的多样化要求及实现交易的便利程度,已经设计了多种小额电子资金划拨系统,如商业部门使用的 POS 机、ATM 服务终端、个人网上银行和自动清算所(ACH)等。2006 年 6 月,中国人民银行清算总中心建成了可以完成批量处理的小额支付系统并将其投入使用。

(2) 大额电子资金划拨系统。大额电子资金划拨系统的服务对象主要是各家往来银行和企事业单位客户,其法律关系除了银行客户与银行之间的关系,还有银行之间的关系、银行与大额电子资金划拨系统的关系。大额电子资金划拨系统主要有:联储 EFT 系统(Fed Wire)、清算所银行间支付系统(CHIPS)、环球同业银行金融电讯协会(SWIFT)等。中国人民银行清算总中心建设的大额支付系统已于 2005 年 6 月建成并投入使用。

(3) 电子银行业务实现。电子银行系统与银行卡系统投入使用以后,客户如果需要进行资金转账或将客户资金从一个账户转汇到不同银行、不同地区的另一个账户,不需要亲自到银行的营业柜台去办理,也不必填写传统的票证,只需利用通用的支付终端,采用电子处理的方法就可以完成。在应用 POS 系统结算时,人们可以方便地使用银行卡在商场就地付账消费,POS 机起到像银行的柜台一样的作用。由于电子银行系统能为客户提供优质服务,一经推出,它就以极快的速度获得发展。随着新技术的不断引入,电子银行系统正逐步发展完善成既能提供电子资金转账又能提供信息增值服务的电子银行系统。

四、电子银行综合业务服务系统的体系结构

电子银行综合业务服务系统是银行对各种客户提供包括支付结算服务在内的各种传统银行业务的系统,是电子银行最重要的组成部分,也是目前国内商业银行正在建设并不断完善的内容。

世界各国都会根据本国的需要,根据经济规模、经济发展水平及公民的电子习惯等诸多不同,建立各种不同的银行电子商务综合业务服务体系,以便从事它们各自的银行网上业务。也就是说,每个综合业务服务体系实际上都是一个庞大而复杂的社会系统。因而,一个符合国情的银行电子商务体系是至关重要的。

电子银行的综合业务服务系统可以分成面向客户、面向往来银行、面向网络银行和面向银行内部管理四大业务子系统。图 2-16 所示的是目前国际银行业普

遍采用的一种典型的电子银行综合业务服务系统的体系结构[1]。

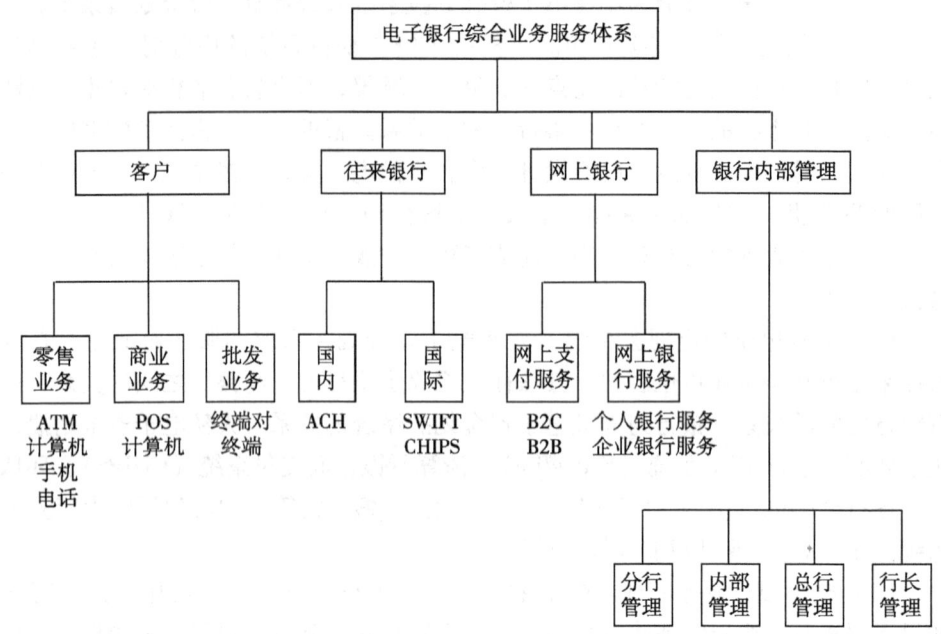

图 2-16 电子银行综合业务服务系统的体系结构图

1. 面向客户的业务系统

面向客户的业务系统又可细分为零售业务系统、商业业务系统和批发业务系统 3 类。银行通过这 3 种面向客户的电子银行系统，借助通信网络把对客户的支付结算服务和金融信息增值服务从银行柜台延伸到相关的企事业单位、商店、消费场所和家庭。

（1）零售业务系统。零售业务系统包括联机柜员系统、自动柜员机（ATM）系统和个人银行系统。银行的客户可以到银行柜台通过联机柜员系统进行金融交易，可以通过街头的 ATM 系统进行存取款和转账交易，也可以在家里或办公室用电话和计算机通过个人银行系统进行金融交易。例如，目前许多大学校园内、大型宾馆、购物中心和商厦内，以及商业银行各网点提供的 ATM 系统就属于这类银行业务。

（2）商业业务系统。面向商业的银行业务系统指的是销售点电子资金转账系统（FET-POS）的应用。消费者在特约商店和其他消费场所的消费和购物，可以通过系统中的 POS 终端、数据终端或微机等设备，在销售点处实现电子转账，完成购物的支付结算。例如，目前许多大型商场使用的各大商业银行的 POS 终

---

[1] 张卓其，史明坤. 网上支付与网上金融服务 [M]. 大连：东北财经大学出版社，2002。

端，都极大地方便了消费者。

（3）批发业务系统。这主要是指企事业单位与银行联机的企业银行系统。这些系统一般处理交易额较大的银行业务。企事业单位通过终端对终端方式或企业的财务服务器与银行主机联机的方式进行金融交易业务处理，完成资金的转账及查询业务。

2．面向往来银行的业务系统

该系统完成国内银行之间的结算业务等金融交易，主要由自动清算系统（ACH）和各种国内电子汇兑系统构成。同国外往来银行的金融交易则通过 SWIFT、CHIPS 网络或其他专用金融网络进行。

3．网上银行系统

这是 20 世纪 90 年代中期基于互联网的普及应用才逐渐开始发展起来的网上金融交易服务系统，主要包括为电子商务提供的网上支付服务和为广大客户提供的网上银行服务。网上支付服务主要包含 B2C 和 B2B 两类支付服务；网上银行服务主要通过互联网为客户提供个人网上银行服务和企业网上银行服务。

4．银行内部管理系统

银行内部管理系统主要包括行长管理系统、总行管理系统、内部管理系统和分行管理系统等。银行业务处理过程实现电子化，银行各项业务的顺利、安全、可靠运转，必须由高效的、科学的、现代化的银行内部管理系统来保证。因此，银行内部管理系统也是现代电子银行的重要组成部分。

思 考 题

1. 电子商务交易通常都有哪些模式？它们各自有什么样的特点？
2. 复述电子交易的一般流程。
3. 说明电子银行的主要业务渠道和工作原理。
4. 电子银行与银行电子化各自的含义是什么？
5. 电子银行的资金划拨系统有哪些？
6. 请说明电子银行的体系结构与综合业务服务体系之间的关系。

第三章
银行电子商务与电子货币

内容提要

1. 网上银行的概念及其与电子商务的关系
2. 银行电子商务的概念、特点及作用
3. 我国银行电子商务建设所面临的挑战和机遇
4. 电子货币的概念及特点
5. 电子货币的类型及含义
6. 各种电子货币的运作机制

本章引导案例：中国民生银行与电子商务

中国民生银行作为一个年轻的银行，其电子商务业务在国内同行业中处于领先地位。在"2005年度财经风云榜"评选活动中，民生银行荣获"2005年度最佳网上银行"称号；在2005年度中国企业信息化500强中，排名第22位；2011年荣获"民生U宝——2011年度最佳网上银行安全产品""2011年度用户满意十大电子金融品牌"称号。

一、民生银行简介

中国民生银行于1996年1月12日在北京正式成立，是中国首家主要由非公有制企业入股的全国性股份制商业银行，同时又是严格按照《中华人民共和国公司法》和《中华人民共和国商业银行法》建立的规范的股份制金融企业。中国民生银行的成立，给中国银行业的发展注入了年轻的活力。

中国民生银行于2001年推出全新的金融服务工具——民生网上个人银行系统，近年来，民生银行网上银行业务获得了健康、快速的发展，客户数和交易量增长迅猛，网上银行知名度和美誉度持续提升，打造了民生银行网上银行强大的品牌形象。目前，民生银行已经基本健全了由个人网银、企业网银、手机银行、电话银行、自助银行、自助缴费、安全提示、网银在线杀毒等电子银行业务,完成了包括民生e投资、民生e生活、民生e服务、民生e眼清的民生e平台建设,共同构成了民生银行的电子商务业务。

二、民生银行电子银行

电子银行包括个人网银、企业网银、手机银行、电话银行、自助银行、自助缴费等业务。

1. 个人网银

民生网上个人银行系统是中国民生银行推出的全新的金融服务工具,实现将银行服务直接送到广大客户家中,客户通过互联网登录民生银行网站(www.cmbc.com.cn),达到足不出户,轻松实现投资理财的需要。个人网银包括个人大众版网银和个人贵宾版网银。个人贵宾版网银包括证书版和U宝版。其服务特点是方便、安全、高效。

2. 企业网银

企业网上银行是中国民生银行顺应现代企业以及企业集团的发展与普遍需求,隆重推出的优质、卓越的网上银行服务。"e眼清"提供方便的信息查询功能;"结算通"提供快捷的转账支付功能;"理财宝"提供增值的综合理财功能;"融资通"提供灵活的网上授信功能;"好帮手"提供强大的集团服务功能。

3. 手机银行

中国移动客户可以通过短信、语音、网上银行、电话银行等多种方式开通该服务,目前实现的主要功能包括用户管理、账户查询、缴纳手机话费、彩票投注等。

4. 电话银行

中国民生银行电话银行服务系统面向个人和企业客户,是集查询、转账、结算于一体的自助业务系统。用户只需拨打"95568"即可享受民生银行电话银行服务系统提供的365天每天24小时不间断服务。

5. 自助银行

自助银行包括自动存款机、自动取款机、自动查询机、销售点终端机、现金循环机、外币兑换机。

6. 自助缴费

自助缴费提供北京、上海、深圳、大连等13个城市的联通固定电话费、移动全球通手机费、自来水费、电信电话费和供暖费以及全国各地的手机话费充值等。

三、民生e平台

1. 民生e投资

民生e投资是指通过民生银行的网站开展理财、保险、证券、基金、外汇、债券等业务。客户可以通过民生银行网上银行进行在线理财，在线购买与民生银行合作的保险公司的保险，在线进行证券交易，在线购买基金，在线买卖外汇以及债券等。

2. 民生 e 生活

（1）网上商城。民生银行建立自己的网上商城平台，方便民生银行的客户以及其他消费者在网上进行商务交易活动。民生银行网上商城商品包括美容护肤、家居、户外运动、生活家电、潮流数码等几大类，用户可采用民生银行借记卡及信用卡支付，也可用其他银联卡进行支付。另外，用户购买商品还可积分，积分可用于购物。

（2）银联在线跨行划款。本业务将方便用户使用他行借记卡为民生信用卡还款或使用本行借记卡还他行信用卡，免去每月账单日用户在银行网点间奔波之苦，且无需支付跨行转账手续费；为保障还款安全，银联在线推出同名还款功能，即用户必须首先通过借记卡和信用卡实名验证，确认为同名卡，才可发起还款。

（3）民生商旅。中国民生银行与各大旅行网合作，提供特价机票推荐、机票查询及订购、旅游推荐及报名预订等服务。

（4）网上缴费。中国民生银行提供北京、上海、深圳、大连等13个城市的联通固定电话费、移动全球通手机费、自来水费、电信电话费和供暖费等缴费功能；中国民生银行与多家手机充值平台合作，提供全国各地的中国移动、中国联通及中国电信的手机缴费服务，用户可以直接用民生卡通过手机充值平台进行手机缴费。

3. 民生 e 服务

（1）咨询与投诉。中国民生银行提供网上咨询与投诉服务，用户只需要通过咨询页面输入所要咨询的问题，将会有专门的人工客服进行解答。

（2）网上通话。用户可以通过中国民生银行网站下载通话客户端软件，通过计算机传声器、耳机等设备与电子座机进行通话。

（3）给我回复。当人工客服不在线时，用户可以进入"给我回复"模块，输入需要询问的问题，并留下电话号码或电子邮件地址，选择通过电话回复、短信回复或者电子邮件回复等方式。客服将会对所提问题进行回复。

（4）自助答疑。"自助答疑"模块是对人工智能的运用，即客户输入一个问题时，将有计算机系统自动给出答案，如果系统中没有该问题的答案时，则系统将会提示一些其他相关问题供客户来选择，然后给出答案。

4. 民生 e 眼清

民生 e 眼清提供了各种业务的资费标准、贷款利率、营业网点、自助设备、企业年金、客户备付金等的在线查询功能。

四、网上支付系统

要使用民生银行的网上支付系统,商家需要在民生银行开立一账户以接受消费者付款,消费者也需申请网上专用账户。用户在网上消费时,只需输入专用账户的号码和密码即可实现在线付款。该系统的安全特点有:

(1) 使用专用账户交易。网上支付专用账户有自己的号码和密码,且密码与一卡通的查询密码和转账密码都不相同。消费者可以在任何时间通过互联网或电话把"一卡通"中的资金转入网上支付专用账户中。

(2) 网上消费金额限制。网上银行大众版日累计限额300元。网上银行贵宾版浏览器证书网上支付最高额单笔5000元,日累计5000元。贵宾版U宝证书单笔限额50万元,日累计50万元,另外,可申请特殊网上支付限额单笔最高50万元,单日最高200万元。

(3) 持卡支付信息直达银行。消费者在民生银行网页输入网上的支付卡信息直接传到银行,不经商家转发,确保了持卡人账户信息的安全保密。

(4) 网上传输采用SSL加密。所有交易数据均加密后传输,确保传输信息不会被窃取。

(5) 错误登录次数限制。消费者在一天内登录错误输入用户信息次数达到一定值,银行当天拒绝为其服务。

(6) 商家只从银行接受客户的订货信息,避免了消费者篡改已被银行确认的订单。

五、安全措施

1. 安全提示

中国民生银行网站上有详细的关于个人网上银行的安全提示、防范假冒网站的安全提示、防范电话诈骗的安全提示、防范不法分子利用快捷支付盗取客户资金风险的安全提示、防范不法分子通过"远程监控"或"交易劫持"盗取客户资金风险的安全提示,以及防范电信诈骗的安全提示,通过这些安全提示指导客户在使用网上银行的过程中有效地避免风险。

2. 安全措施

U宝是中国民生银行推出的新一代个人网上银行移动证书存储器。使用者将U宝插入计算机,即可轻松体验民生银行网上银行的优质服务。U宝采用了国际通行的数字证书认证技术,将个人信息加密存储为数字密文。个人数字证书通过ID号与个人信息进行绑定,具有唯一性,只有使用该U宝方可成功登录网上银行。如果说U宝是民生银行个人网上银行的安全锁的话,那么U宝的硬件卡口令就是守护安全的锁中锁。有了硬件卡口令,才能使用U宝;拥有了U宝,才能登录民生银行网上银行。U宝中存储的个人信息以及在登录和使用网上银行时的身份验证运算仅在U宝中进行,不会在内存及硬盘中留下任何痕迹,有效地防范了客户个人信息泄露的风险。

中国民生银新推出的预制证书版 U 宝实现了即领即用,一步到位,无需下载证书,无需安装驱动程序,省时、省事又省心。用户使用预制证书版 U 宝可以直接登录网上银行,将 U 宝插入计算机 USB 接口,自动弹出选择证书对话框,或打开 www.cmbc.com.cn,点击"个人贵宾版登录"。

3. 网银在线杀毒

中国民生银行现推出中国金融认证中心与国家计算机病毒应急处理中心联合发布的网银在线杀毒工具(江民版),用户应定期使用网银在线杀毒工具进行病毒查杀,以保证网上银行的使用安全。

思考题:

1. 中国民生银行电子银行主要包括哪些业务类型?
2. 中国民生银行是从哪些方面来开展银行电子商务的?
3. 比较完全虚拟的网络银行与中国民生银行的这种方式的优劣。

第一节　网络银行与电子商务

一、网络银行的概述

(一) 网络银行的产生和发展

电子商务是信息时代的必然趋势,它涵盖企业、商户、金融和政府有关部门以及网络服务商,涉及面非常广。而每个电子交易都要经过资金的支付与结算才能完成,因此,资金流负载者——银行的参与至关重要。随着互联网技术以及电子商务的发展,网上银行服务就蓬勃发展起来了。

电子商务的发展,给金融业的发展提供了一个新的契机,能对市场作出更迅速的反应,降低成本,开发新的市场和新的客户,银行由此才能获得新的收入源。为能取得成功,银行必须借助互联网的力量,并使之同现有的计算机与通信技术、信息技术结合起来。这种"C & C + IT + Web"的基础结构,使银行能将互联网、核心业务(支付服务和信息服务)处理和客户信息数据库连接在一起,带来一种崭新的业务模式——网络银行。

现在,世界上各大商业银行纷纷推出网络银行服务,网络银行服务已经成为商业银行竞争手段的新热点。目前,除了纯粹的虚拟网上银行,手机银行、家庭银行和企业银行也是网络银行发展的典型形式,它们借助互联网技术得到了进一步的发展。

2010 年中国网络银行整体交易规模为 549.5 万亿元,同比增速为 49.0%;

预计至 2014 年，中国网络银行的交易规模有望突破 2200 万亿元。从交易规模的结构来说，企业网银是网络银行最主要的组成部分，而与此同时，个人网银交易规模占比超过 17%。由于电子商务的发展，基金、债券购买以及各类生活缴费服务的逐步互联网化，个人网银的成长速度将快于企业网银，因此未来个人网银的交易规模占比将呈现逐步上升趋势。

（二）网络银行的概念

网络银行，也称网上银行，是指银行利用互联网这一公共资源及其相关技术为客户提供各种金融服务的电子银行。也就是说，网络银行是在互联网上建立一个虚拟的银行柜台开展各项金融服务，用户可以不受上网方式和时空的限制办理各种金融业务。例如，用户可以通过个人计算机、掌上电脑、手机或其他数字终端设备，采用拨号连接、专线连接、无线连接等连接方式，登录互联网，只要能够上网，无论在家里、办公室，还是在旅途中都能够安全、便捷地享受全天候的网上金融服务，如查询及转账，申请月结单、支票簿等；可在网上进行证券及外汇买卖，并可查询股价、汇价、金价以及利率等。

理论上，网络银行是通过网络技术手段建立的虚拟银行，它可以提供除面对面的柜台服务和现金传递之外的所有银行的功能。但是按《美国在线银行报告》的要求，标准的网络银行应能提供客户查询账户余额、划拨资金并支付账单等功能；美国的 Gomez 网站认为，真正的网上银行在功能上至少要提供网上支票账户、网上支票异地结算、网上货币数据传输、网上互动服务以及网上个人信贷等中的一种以上业务。

因此，作为一个标准意义上的网络银行，并兼顾它在电子商务活动中的作用，它至少须考虑提供以下几个方面的服务：一是提供网上形式的传统银行业务，包括银行及相关金融信息的电子商务相关业务。这既包括 B2C 模式下的购物、订票、证券买卖等零售业务，也包括 B2B 模式下的网上采购等批发业务的网上结算。二是新的金融创新业务。比如，集团客户通过网上银行查询子公司的账户余额和交易信息，再签订多边协议。这些网上银行的内涵基本上是对现有网上银行实际情况的概括，只是运作起来，侧重点各不相同。

（三）国内外网络银行的发展的差别

由于历史与现实、国情与市场的原因，中国与发达国家之间网络银行的发展还存在着诸多差别。

1. 建设起点及发展速度

从时间和发展速度上看，西方国家在 20 世纪 70 年代就已经利用电子化手段进行广泛的商贸活动；80 年代末银行的电子化已全面发展，进入规范管理的阶段；90 年代初金融电子化网络已开始飞速发展；1995 年 10 月美国第一安全网络银行诞生，标志着网络银行时代的到来。我国金融电子化起步较晚，在 1985 年提出了"七五"规划和远期发展目标,并按照这个总的设想实施。从现实情况来看,我国与美国银行的电子化网络发展相差约 3～5 年,与西欧各国相比也有两年左右差距。但是一些新型业务,如企业银行、电话银行服务中心、网上转账等项技术功能,基本处在同一个起跑线上,只是业务发展情况不同,电子化向网络化发展的程度不同。

2. 经营理念及经营模式

西方国家的银行的经营理念和经营模式和我国有很大的不同。美国商业银行已发展到以服务为中心,而我国银行还是以交易为中心。在以交易为中心的模式中,IT 的应用主要体现在替代手工操作上,竞争力来源于效率、成本控制、投入时间;而在以建立良好客户关系为主的服务模式中,IT 就与金融的创新紧紧连在一起,竞争力来源于对客户的发展和建立新价值。西方国家的银行很早就推出了"从规模效益到浓度效益"的战略模式,实施"关系营销"到"关系银行"的策略;而我们还是旧模式、老办法,没有根本的转变,带有明显的粗放经营的特点。

3. 系统架构

网络银行系统架构有三种模式:第一种是完全在互联网上的银行,如美国安全第一网络银行的系统模式;第二种是原有的银行建立一个独立的机构,经营网上业务,如美国花旗银行的系统模式;第三种是将现有的银行业务扩展到互联网上,建立一个不独立的网上机构,拥有特别的授权突破原有的银行业务。目前我国的网络银行业务还主要局限于第三种,而美国的网络银行大多属于前两种。

4. 业务拓展及网络效益的差别

西方发达国家与我国的金融制度、金融服务体系、经营模式及网络功能不同,业务拓展情况和网络效益也有很大差别。

在业务种类上,西方国家的银行业务种类齐全,如批发业务十分稳定,零售业务和中间业务十分活跃;而我国中间业务还刚刚起步,业务品种有限。

在业务市场方面,西方国家的银行业务市场广阔、业务资源丰富,尤其是优质资源多,企业效益好、信誉高;我国市场虽然广阔,但优质资源不多,企业效益差、资金周转率低、资金收益率低、包袱沉重,直接影响了银行的效益。

在服务方面,特别是在网络银行资源的利用上,由于网络银行业务交易量还很小,利用率较低,加之网络本身的效益还有限,所以,整体效益近期还不佳。

5. 法律环境及系统规范

随着金融电子化网络的发展和交易量的不断增加,需要有一套有形的法律以及道德的约束来对经济活动进行管理和约束,使之安全、有序地进行。发达国家大部分建立了相对完善的法律、法规,而我国网络银行方面的法律,尤其是有关商务方面的探讨,才刚起步。

二、网络银行与电子商务的联系

(一) 电子商务的产生促进了网络银行的发展

狭义的电子商务也称电子交易,主要是指利用 Web 提供的通信手段在网上进行的交易活动。广义的电子商务不仅包括电子交易,还包括利用 Web 进行的全部商业活动,如市场分析、客户联系、物资调配等,这些活动不仅包括企业内部商务活动,如生产、管理、财务等,还包括企业之间的商务活动。广义的电子商务不仅仅是硬件和软件的结合,还是把买家、卖家、厂家和合作伙伴在 Internet、Intranet、Extranet 上利用互联网技术与现有的系统结合起来进行商贸业务的综合系统。

无论从狭义上讲,还是从广义上讲,电子商务活动所涉及的每个交易环节都要经过资金的支付与结算才能完成,因此,要实现电子商务活动中的网上支付,必须通过网络银行才能完成。所以说,电子商务的产生对网络银行的发展起到了巨大的促进作用。

(二) 网络银行服务的出现是进行电子商务活动的必要条件

电子商务活动的开展必须要以网络银行服务为基础,如果没有网络银行的出现,电子交易过程中的电子交易就无法进行,商品交易只能通过线下交易,这样电子商务活动也就不复存在。网络银行服务的开展是在电子商务活动出现的情况下,顺应时代潮流而出现的,它也是在电子商务活动得以进行的条件下必须开展的。

(三) 网络银行和电子商务的发展离不开互联网的普及和信息技术的运用

网络银行,是银行利用互联网这一公共资源及其相关技术为客户提供各种金融服务的电子银行。电子商务是要求在互联网环境下开展的商务活动。此外,网络银行的建设以及电子商务交易平台的建设,都离不开采用相关的信息技术进行系统的开发与维护。因此,无论是网上银行服务的开展还是电子商务的发展都要以互联网的普及和信息技术的运用作为前提条件。

第二节 银行电子商务概述

一、银行电子商务的概念和特点

(一) 银行电子商务的概念

狭义的银行电子商务,也就是电子支付,是指以网络银行为依托,通过电子商务交易平台,完成企业对消费者的电子商务(B2C)、企业间的电子商务(B2B)、消费者对消费者的电子商务(C2C)和企业对政府的电子商务(B2G)

等电子商务运作模式的支付活动，从而实现资金流与物流、商流、信息流的一体化。

广义的银行电子商务，不仅包括电子支付活动，还包括银行通过自己的网络银行开展的诸如投资咨询、证券买卖、在线理财、购买保险等一系列金融信息增值服务，以及开办属于银行自己的网上商城的收入和通过网络银行所获得的中间业务收入。所有这些可以通过网络银行进行的能够为银行取得收益的活动都可以称做银行电子商务活动。下文提到的主要是指狭义的银行电子商务。

（二）银行电子商务的特点

（1）以网络银行为依托。网络银行是开展银行电子商务的必要条件，只有通过网络银行或传统银行的网络银行服务才能完成电子商务交易活动中的电子支付。

（2）电子商务交易平台建设中网上支付流程的标准化。电子商务交易平台就是供商家实现交易的网站，有多个买方和卖方集中在这一平台上进行交易，因此要保证交易平台中的网上支付流程的标准化。

（3）运作模式的多样化。银行电子商务的运作模式，其实就是完成企业对消费者的电子商务（B2C）、企业间的电子商务（B2B）、消费者对消费者的电子商务（C2C）和企业对政府的电子商务（B2G）等各种电子商务运作模式的电子支付，可以视不同的商务模式有不同的支付运作模式。

（4）实现资金流的及时流动，保证资金的安全性。银行电子商务使得电子商务交易过程中的资金流能够伴随着物流、商流及信息流的发生及时流动，并通过网上支付安全技术保证资金在流动过程中的安全性。

二、推进银行电子商务建设的优势及困难

（一）推进银行电子商务建设的优势

电子商务给经济和贸易带来重大影响，银行电子商务建设的优势主要来源于网络银行的建设。网络银行作为电子商务发展的必然产物和发展趋势，与传统银行相比具有很多优势，归纳起来有以下几点：

（1）有利于服务创新，提高服务质量。现代商业银行面临的是质量、技术和管理水平等全方位的竞争。有了网络银行，人们可以直接通过网络足不出户地享受到支付、转账以及金融信息增值等银行服务。网络银行能够提供比电话银行、ATM和早期的企业终端更加生动、灵活、多样的服务。与营业点相比，网络银行提供的服务更加标准化和规范化，更容易满足客户咨询、购买以及交易的需求，避免了由于个人情绪及业务水平不同而带来的服务质量的差别，可以提高银行的服务水平。

（2）降低经营和服务成本，有效提高银行盈利能力。开办网上银行业务，

主要利用公共网络资源，无需设置物理的分支机构或营业网点，减少了人力成本，提高了银行后台系统的效率。据国外统计资料显示，在银行通过各种服务手段完成每笔交易所需费用的对比中，网络银行的业务费用最低，是传统的业务费用的10%甚至更少。世界第一家网络银行——安全第一网络银行SFNB，它没有经营网点，整个银行的员工大大少于传统银行，客户通过互联网与银行建立服务联系，实现了24小时全天候服务，方便、快捷、可靠。

（3）无时空限制，降低客户成本，有利于扩大客户群体。网上银行业务打破了传统银行业务的地域、时间限制，具有3A特点，即能在任何时候（Anytime）、任何地方（Anywhere）、以任何方式（Anyhow）为客户提供金融服务。客户只要接入互联网便可使用银行服务，真正实现了跨越地理和时间限制的客户服务。这既有利于吸引和保留优质客户，又能主动扩大客户群，开辟新的利润来源。

此外，通过网络银行进行电子商务活动，使进行商业活动的企业与企业、企业与个人、个人与个人以及企业与政府之间的交易活动直接在网上交易、网上支付，降低了交易成本，节省了时间，提高商家的服务质量，避免了服务人员的个性化因素对消费者产生影响，实现了消费者购物的时间以及空间的自由，大大提高了商务活动的效率。

（二）我国推进银行电子商务的主要困难

（1）我国网络银行发展模式单一滞后，产品种类匮乏，缺乏差异性服务。一方面，国内网络银行的产品研发以单一产品居多，而综合性产品较少。另一方面，创新产品较少，网络银行推出的产品也摆脱不了传统业务的限制。例如，B2C以及C2C的小额网上交易基本满足了签约客户的网上支付需求，而对于B2B的大额网上交易，仍然存在着"网上订购、网下支付"的普遍现象，目前大多数银行仍不能开展网上存款、贷款的业务。因而导致我国网络银行业务的深度和宽度都有限，需要进一步扩大业务范围。

（2）安全体系不够成熟，法律和法规不够健全，网络银行的安全性得不到认可。由于网络的虚拟性，交易双方不见面，其交易完全通过网络进行。而在信息的真实性、客户身份的合法性、支付信息的完整性、支付信息的不可否认性、网上交易的合法性，特别是安全问题和网上支付的安全性等方面，还不能够完全消除人们的疑虑。网络银行的安全问题已成为银行电子商务发展和普及的重要制约因素。

传统的有关银行的法律和法规，基本上是针对手工操作这种环境制定的。金融电子化后，银行的职能大大扩展了，网络中的数据传输直接反映着资金的转移，电子银行系统中的数据库，存放着所有客户的敏感经济信息和商业秘密。而所有的电子银行系统又都是庞大复杂的开放性系统，存在安全隐患。所有这些新情况，都迫切需要制定有关电子资金转账的法律和法规。例如，要从法律上确认电子签名的合法性和客户资料的隐私性，保护银行及系统中所有客户的合法权益。

除了系统安全问题外，实现金融电子化，特别是开展电子商务和网络银行服务后，还会面临一系列其他问题，如全球化问题、合同与金融问题、知识产权问题、个人隐私问题等。上述各种问题必须有相应的法律作保障，才能建立电子银行的良好运营和管理环境。

（3）人才极度缺乏，人员素质需要有效提高。国外早期建立的 ETF/POS 系统和家庭银行系统，之所以都失败了，除了历史条件外，一个重要原因就是负责开发这种 ETF/POS 系统的计算机和通信专家不懂银行业务。他们只把银行电子化作为技术问题来处理，不了解实现电子化后的社会意义和社会影响，没有把计算机技术看成用以改善商品交易和提高对客户的服务质量的手段，更没有考虑如何用技术去寻找和开发各种新的机会。

国内外开发电子银行系统的成功经验也表明，只有通过既懂技术又懂银行业务的复合型人才，或将精通技术的开发人员同精通技术的银行业务人员二者有机地结合在一起，才能开发出一个好的电子银行应用系统。在金融电子化的初期，特别缺乏这种既懂计算机技术、通信技术和信息技术，又懂银行业务的高层次复合型人才。因此，应该加大对这类人才的培养力度。

当今的银行业务与计算机、网络和信息技术的发展息息相关，要求银行必须以人为本。为适应金融电子化迅速发展的需要，银行既必须高度重视高科技人才的培育，也必须高度重视在职职工的计算机与信息技术基础、现代化管理理论等方面的教育与培训，不断用现代科学技术和管理理论来武装自己的职工队伍，以提高银行在职职工的技术水平和管理水平。

（4）人们的金融习惯和管理习惯需要改变。商品交易由用现金和支票支付转向电子转账，必然要深刻地改变人们的金融习惯和人工管理习惯。从实物货币发展到纸币，人们经历了相当长的一段时间才适应这种变化，很显然，人们也必然要经过相当长的一段时间，才能适应从纸币到电子货币的这种改变。改变人们的金融习惯和管理习惯，需要靠科学与技术的进步，更需要做大量深入细致的银行产品的宣传和推销工作。对于经济不够发达、人们的文化水平还不是很高的发展中国家，要改变人们的各种传统习惯，是相当困难的。这也决定了电子银行服务项目的服务对象，首先应该是那些收入较丰厚、文化程度较高的那一部分消费者，特别是其中的年轻人。

三、银行电子商务的机遇和挑战

（一）我国银行电子商务建设和发展的机遇

（1）政府重视银行电子商务的建设和发展。随着电子商务、电子支付等新兴行业、新兴产业的诞生，我国政府积极关注，主动抓住机遇。迄今为止，从政策法律环境来看，《中华人民共和国电子签名法》《国务院办公厅关于加快电子商务发展的若干意见》等的颁布出台，大大推动了电子商务的健康发展。同时，各地政府通过加快实施电子政务，促进政府、银行与企业、社会公众的沟通，发展政府部门之间的非支付性电子商务，提高政府运作效率。各级政府鼓励企业、银行以及有关单位开展电子商务，采用网上交易来保持和扩大市场，为开展网上交易的企业提供税收、信贷等财政金融优惠政策。

（2）电子银行建设步伐的加快，为发展银行电子商务提供了必备的平台基础。银行的电子化经历了银行的传统业务处理实现电子化、开发出大量新的自助银行服务项目、为客户提供金融信息增值服务等阶段，到今天蓬勃发展的网络银行服务。网络银行的飞速发展，成为在电子商务交易支付过程中必不可少的条件。

（3）电子商务的空前繁荣给银行电子商务的建设和发展带来了巨大的发展空间。特别是随着网络购物的流行以及国内传统行业的电子商务化，我国电子支付市场日趋广阔。自2008年以来，支付宝、财付通、易宝支付等第三方支付组织快速崛起，2003年微信支付正式上线，网络支付在更大范围内渗透进社会生活。

（4）人们收入水平的提高及有效需求的增加，也成为银行电子商务建设和发展的拉动因素。随着人们收入水平的提高，有更多的人加入到互联网当中，进行电子商务交易的也就必然增加；另外，人们收入水平的提高会使得人们对各类商品的有效需求增加，同样也会增加线上购买力，从而拉动银行电子商务活动的开展。

（5）国际化步伐加快的契机，给银行电子商务的发展带来新机遇。国际化步伐的加快，促使国际间商务交易活动的增加，由于电子商务活动的跨越地域和时空的特性，使得这种国际间的交易活动必须通过电子商务活动来实现，从而使得银行电子商务的发展不能仅仅局限于国内，而要走向国际，建立国际上通用的平台。另外，网络银行的建设以及电子商务交易平台、第三方支付平台的建设也可以借鉴国外的经验，学习国际上的先进技术来使得银行电子商务活动的开展更加完善。

（二）银行电子商务发展过程中需要解决的问题

（1）信息基础设施建设的规模。由于网络银行是基于信息网络通信的商务活动，为此需要必要的信息基础设施。中国的信息基础设施正在起步阶段，需要在教育、能源、交通等各种基础设施的建设方面进行大量的投资，因此信息基础设施的资金缺口非常大。

（2）信息终端设备的普及程度。信息基础设施建成后，必须与信息终端设备相连才能实现网络银行。因此，信息终端设备的普及程度，将成为网络银行发展的制约因素。中国还存在经济发展不平衡，中西部地区信息终端设备相对匮乏将成为这些地区发展网络银行的障碍。

（3）需要建立必要的法律框架。这是指银行和客户之间的网上金融服务必须明确和遵守的法律义务和责任，这方面的法律、法规还不完善。

（4）需要制定必要的网络接入标准。由于各国信息技术发展水平不同，采用的网络接入标准不同，使得国际间的网络银行活动遇到网络接入标准问题。采用不同信息技术的用户进行网上服务活动，关键是要建立不同技术间的网络接入标准。

（5）需要政府和企业客户的积极参与和推动。由于信息产业处于政府垄断经营和政府高度管制下，没有政府的积极参与和帮助将很难迅速发展网络银行。

（6）需要解决安全和可靠问题。银行电子商务的发展必须有一套健全的安全管理制度来规范人们的行为，并且还应当有一套安全稽核的方法进行事后监督以便及时发现问题。要建立网络银行，就要建立强大的、动态的、可伸缩的和灵活的系统，让客户享受简易、安全、及时和轻松的电子购物和电子服务。

四、我国银行电子商务发展的新趋势

随着我国金融电子化进程的加快，以及网络银行的不断发展，未来的银行电子商务将不仅仅局限于在第三方支付平台或者直接在电子商务交易平台上通过网络银行进行电子交易的支付活动，银行电子商务将包括通过网络银行进行贷款、在网上进行各种金融理财产品的交易等多种金融信息增值服务以及建立银行自己的网上商城等多种形式。银行电子商务发展的新趋势主要表现在以下几个方面：

1. 发展个人化网上银行

由于电子商务的发展，基金、债券购买以及各类生活缴费服务的逐步互联网化，网上银行业务必将进入全新的发展阶段，即"个人化网上银行"。这一阶段的网上银行会建立以用户为导向的系统、应用结构、程序和策略，用户可实现自助服务、产品选择和决策支持。

2. 优化贷款策略，加强银行网络贷款

中国网上银行贷款业务仍处于起步阶段，加强银行网络贷款是网上银行的必然趋势。在业务流程上，银行首先应在保证资金安全的前提下简化操作流程；其次，在银行体系的改进上，强化自助式网络贷款系统；最后，积极开发网络贷款产品。

3. 专业理财团队，关联式理财服务

理财服务是现今用户关注的主要金融服务。为了更好地满足用户的理财需求，银行需建立专业的网上理财团队，对理财产品进行梳理，以满足每一用户的不同需求。银行通过网络对理财产品进行销售，最为重要的是根据理财用户的基本信息，进行关联式理财服务。

4. 拓展网上商城

网上银行的营销目前只限于银行形象的宣传以及银行产品的宣传，而艾瑞咨询认为，网上银行的营销推广，可以和电子银行的其他渠道密切结合，手机银行、家居银行、电话银行、网上商城都是可以尝试的切入点，达到相互促进、相互发展的目的。

5. 建立完全在互联网上运行的网上银行

我国现有的网上银行局限于将传统银行的业务扩展到互联网上，而将来的趋势是：完全在互联网上的银行或者是原有的银行建立一个独立的机构，经营网上业务。这样的网上银行业务处理速度快、服务质量高、服务范围极广，不设营业网点，完全在互联网上运行。

第三节　电子货币概述

电子货币是电子商务活动的基础。只有在完整认识电子货币和建立可行的电子货币的基础上，才能真正展开电子商务活动。电子货币系统关系到国家金融体制、经济管理以及每一个人的经济活动方式。

一、电子货币的概念

电子货币，简单地讲就是电子（或数字）形式的货币。换而言之，货币的形式不再是纸（纸币）和金属（硬币），而是电子载体中所包含的信息，即人们用计算机来储存货币和进行货币支付。

目前，电子货币还没有一个权威的定义。这里给出两个典型的定义：

（1）电子货币是以金融电子化网络为基础，以商用电子化机具和各类交易卡为媒介，以电子计算机和通信技术为手段，以电子数据（二进制数据）形式存储在银行的计算机系统中，并通过计算机网络系统以电子信息传递形式实现流通和支付功能的货币。

（2）用一定金额的现金或存款从发行者处兑换并获得代表相同金额的数据，通过使用某些电子化方法将该数据直接转移给支付对象，从而能够清偿债务，该数据本身即可称做电子货币。

二、电子货币的职能与特性

（一）电子货币的职能分析

在货币理论中如何给电子货币定位，是电子货币发展中必须解决的理论问题之一。电子货币能否称为通货,主要取决于电子货币能否独立地执行通货的职能。也就是说,电子货币必须能独立地执行通货的 3 个基本职能,即交换媒介、价值尺度和存储手段,才能成为真正的通货。

从流通手段来看,通过银行卡媒体的使用,以及在计算机网络上发生货币信息的传输,实现商品和货币的交换,为持卡人在特约商户购物服务,这种货币信息的不断传输并引起转账划拨活动,正体现了货币电子流的无形运动和商品流通领域中商品与货物的交换媒介作用。

从价值尺度来看,电子货币以一定的货币单位及其倍数通过电子脉冲显示商品的价格及其价格总额。同时,这种显示也广泛地扩展到非商品价值领域,一笔商品价款、一项债权债务、一笔货币结存等项资料,均可简明无误地通过计算机及其他电子设备中显示出来。

从支付手段职能来看,银行卡(尤其是贷记卡)的支付及透支、赊销的清偿,无不体现出电子货币的支付手段职能。

从储藏手段职能来看,作为电子货币运行基础的客户、计算机账户、存款余额,反映了一定货币额的储藏和积累,这种储藏和积累不仅表现在持卡客户的保证金、备用金上,也反映在各种结算收款上,当客户的信用卡账户同普通存款账户能够实现自动转账时,这种储藏手段范围将更为扩大。

从世界货币职能来看,具有外汇支付功能的银行卡,尤其是跨国联网的电子货币可以便捷地通过计算机实现不同货币的兑换,在国际网络上进行跨国收付和结算。

因此,从本质上讲,电子货币仍是商品交换的一般等价物,是真实货币的代表或符号,是传统货币形式的变革,它正以全新的形式完成货币的各项职能。

(二)电子货币的特性

由于电子货币系统将现金同存款有机地结合在一起,通过计算机的信息处理、储存和显示作用,使得电子货币具备了下述显著特性。

(1) **存款特性**。电子货币不仅能以电子信号形式将客户存款记录在银行系统的记录介质上,而且可按照客户指令在不同账户间实现转账划拨,不仅方便快捷,而且安全可靠。

(2) **现金通货特性**。当运用银行卡购物时,实际是一手交货,一手交钱,这种便捷的购物活动无异于使用现金购物。新一代智能卡的这种特性表现得更为突出,它省去了验证、授权等环节,自动减值付款,其流通功能得到充分发挥。

(3) **现金与非现金相互转化的特性**。通过电子货币系统,可实现现金与非现金存款的相互转化。这主要表现在利用银行卡在 ATM 上的存款和取现。但从大多数情况来看,电子货币更多地吸纳和回笼了流通中的现金量,从而加大了非现金流通的比重。

（4）信息显示特性。电子货币以计算机为主要载体，它是信息存储、处理、传输、显示的有效工具，持卡人可以凭卡通过计算机进行账户查询、其他金融信息查询等活动，以便及时作出自己的理财安排。

（5）可分性。虽然目前主要电子货币仍与传统货币保持一定比例的兑换关系，但由于电子货币的存在形式只是数字化的信息，并不需要像传统货币那样分主币和辅币分配发行，因此电子货币具有无限可分性，这又是电子货币的一大特点。

从以上分析不难看出，电子货币同纸币相比，具有巨大的优越性。对国家来说，通过电子货币最大限度地取代现金发行，减免了造币、发行费用；同时，通过计算机集中管理和运行货币，可有效地掌握货币供应量，有计划地实施宏观调控。对于银行来说，可增加银行信贷资金来源并增进其资产运用，有效地实施客户账户的管理监督，快捷地进行转账划拨与清算。对于客户来说，利用银行卡购物付款、提现、存款、转账，方便快捷、安全高效；而且，可以获得咨询和资金融通的便利。

三、电子货币的作用

1. 电子货币是电子商务的核心

电子货币在网上银行、在线电子支付和数据加密、电子签名等电子商务活动中都发挥着重要的、不可或缺的作用。其中，作为支付工具的电子货币的应用深度和广度直接影响到电子商务的发展。通过电子商务的流程可以看到，电子商务不仅包括商品流、信息流、物流，同时也涵盖了资金流的范畴。在支付过程中，不可避免地需要通过网络进行货币支付或资金流转，利用电子货币可以安全、灵活地把货币采用匿名的形式存储在自己的硬盘上，并在支付过程中使用。它将消费者和商家与银行联系在一起，消费者可以在有关银行开立账户，当消费者与商家洽谈好以后，签订订货合同，就可以使用相应的电子货币支付所购买商品的费用。

2. 电子货币促进了经济发展

电子货币活跃和繁荣了商业，为零售业提供了商机。随着电子货币在日常生活领域的普及和作用范围的不断扩大，电子商务蓬勃发展，零售业的经营范围已无地域限制，以往不可涉足的地域的消费者，通过网络即可成为商家的交易对象。

同时，电子货币刺激了消费，扩大了需求。使用电子货币可以在互联网上完成结算，对商家而言，瞬间即可低成本地收回货款，因此可以放心地给顾客发送商品；对顾客而言，省略了烦琐的支付手段，可以轻松地购物，因此刺激了消费欲望，扩大了社会需求。

3. 电子货币降低了银行业的经营成本

电子货币对降低银行业的相关业务成本乃至对整个金融业的经营有着决定性的影响。网络银行与传统银行相比拥有成本竞争优势。据估计，在美国互联网上进行货币结算，每笔账单的成本只需 1 美分，而银行分理机构处理每笔账单的成本高达 1.08 美元。

4. 电子货币促进了零售业的经营创新

首先，电子货币促进了与多媒体相关的信息、软件、计算机行业营销结构的创新。信息或软件销售在接受电子货币的瞬间，通过计算机终端直接授信，即可将信息或软件商品从网上传递给顾客，相当于在网络上进行现货、现金交易。因此，电子货币使商品流通的成本剧减，甚至接近于零，为商家降价促销提供了条件。

其次，电子货币促进了信息商品营销方式的创新，出现了对信息内容销售的新形势，使得可零售的信息内容细分化、计价单位小额化。例如，目前已经出现了一页书、一篇文章、一则消息、一首歌、一段动画等为单位销售的软性销售方式，加剧了竞争，提高了质量。以电子货币为基础的电子商务的发展，为商业企业参与市场竞争提供了便利条件，使企业可以突破传统的营销方式和业务领域，刺激和加剧了同业竞争，从而促使企业为市场提供廉价优质的商品，提高对顾客的服务质量。

四、电子货币与传统货币的区别

电子货币是在传统货币的基础上发展起来的，与传统货币的本质及作用等方面存在着许多共同之处。电子货币与传统货币的本质都是固定充当一般等价物的特殊商品，这种特殊商品体现着一定的社会生产关系。二者同时具有价值尺度、流通手段、支付手段、储藏手段和世界货币五种职能。它们对商品价值都有反映作用，对商品交换都有媒介作用，对商品流通都有调节作用。同时，电子货币与传统货币也存在着很多区别，主要表现在如下几个方面：

1. 占有的空间不同

传统货币面值有限，大量的货币必然要占据较大的空间。而电子货币所占空间很小，其体积几乎可以忽略不计，一个智能卡或者一台计算机可以储存无限数额的电子货币。

2. 传递渠道不同

传统货币传递花费的时间长，风险也较大，需要采取一定的防范措施，尤其是传统货币的大宗传递，甚至需要组织人员押运。而电子货币可以在短时间内进行远距离传递，借助电话线、互联网在瞬间内传递到世界各地，且风险较小。

3. 处理所需时间不同

传统货币的清点、计算需要花费较多的时间和人力，直接影响交易的速度；而电子货币的计算在较短时间内就可以利用计算机完成，大大提高了交易速度。

4. 匿名程度不同

传统货币的匿名程度相对于很多物品来说还比较强，这也是传统货币可以无限制流通的原因。但传统货币都印有钞票号码，同时，传统货币总离不开面对面的交易，这在很大程度上限制了传统货币的匿名性。而电子货币的匿名性要比传统货币强，主要原因是加密技术的采用以及电子货币便利的远距离传输。

第四节 电子货币的分类

一、银行卡

（一）银行卡的产生和发展

随着商品交易规模、交易金额和交易频率的增大，仅用现金现场支付和支票支付等传统支付方式，已经不能适应现代商品交易快速发展的要求。为了解决这个问题，一些商户于 19 世纪末和 20 世纪初，自行设计和使用了各种结算卡，开始了支付手段的变革。

美国西部的一些酒店老板最早推出一种能定点使用的结算卡。持这种卡的客人，可以先用餐，以后定期付款。这种卡的使用，使酒店和客人都很方便。这种支付方式很快就获得了广大公众的欢迎，酒店的生意格外兴隆。于是，零售商、石油公司和旅游娱乐业等纷纷效仿，给其稳定的客户发放各种早期的信用卡，这种卡可以赊购商品，定期付款。由于这种方便买卖双方的支付方式促进了销售，因此这种早期的信用卡获得了快速的发展。

20 世纪 40 年代，一些旅游娱乐信用卡开始跨地区使用，同时，信用卡开始由银行统一发行和管理。银行作为买卖双方之外的第三方发行信用卡，使信用卡由原来仅限于买卖双方的信用工具，发展成为一种银行的信贷方式，这不仅使信用卡使用范围和地区扩大，也使信用卡的信誉得到加强。

20 世纪 60 年代，信用卡在发达国家得到迅速的发展，成为一种普遍的支付方式。据统计，美国 20 世纪 80 年代初，收入一万美元的家庭中 70% 以上持有 Visa 卡或万事达卡（Master Card），总持卡数约为 1.2 亿张，平均每个家庭拥有 1.5 张信用卡。当时，世界上其他国家还有 1.8 亿张信用卡。因此，至 20 世纪 80 年代初，信用卡已经在发达国家得到了普及。

信用卡的实际作用大大超出了传统的银行信贷作用。信用卡的产生和推广应用，大大推动了电子资金转账（EFT）系统的建立和发展，成为被广泛采用的一种全新的电子支付工具。因此,信用卡的发行是银行界的一项重大成就。

在发展信用卡的同时,银行又相继推出借记卡、复合卡、现金卡等新的金融交易卡。这些由银行发行的金融交易卡,统称银行卡。当今的银行卡,已成为启动电子银行系统的一种必备工具,是电子支付系统中的一个重要组成部分。银行卡的推广应用,大大推动了 EFT 系统和后来的电子银行的建立和发展,进而促进了商品经济的发展,促进了社会信息化的进程,也推动了全球经济的一体化和金融一体化的进程。目前,银行卡正在向多功能卡方向发展。

(二) 银行卡的种类

银行卡有多种分类法,可按银行卡的性质、银行卡使用的介质、银行卡发行的对象、银行卡使用的币种等多种方法对银行卡进行分类。其中,最重要的是按性质和按信息载体进行的分类。

1. 按性质分类

从性质上分,银行卡可分为信用卡(Credit Card)、借记卡(Debit Card)、复合卡(Combination Card)和现金卡(Cash Card)4 种。

(1) 信用卡。如前所述,信用卡是最早发行的银行卡。信用卡也称贷记卡,是银行向金融上可信赖的客户提供无抵押的短期周转信贷的一种手段。信用卡的持卡人在消费场所消费或预支现金后,做挂账处理。就是说,将持卡人的消费费用记入发卡行的账目上,待持卡人信用期满时,银行才向持卡人索还部分或全部贷款,或者对持卡人做扣账操作。这样,通过发行信用卡,银行就可根据预先确定的信用限额,从而面向广泛的持卡人提供银行柜台外的延伸信贷。

对持卡人来说,信用卡有如下三种基本用途:从国内外的特约商店购物;从参与该信用卡组织的成员金融机构预支现金;从 ATM 机上预支现金。

用信用卡进行交易后,持卡人就在其开户的金融机构(发卡行)产生一笔尚欠款项,届时发卡行向持卡人收取预定条款的利息。在一般情况下,发卡行从过账(到商户的开户银行)日期起,用平均日余额法计息。而有些国家的发卡行却规定,持卡人在宽限期内偿还贷款时,不收取利息,不少信用卡还向持卡人提供购物保险(保险期有的长达 3 个月),提供 24 小时咨询、医疗、法律服务,还与大型特约商店联合,提供购物优惠等高质量服务。银行之所以向持卡人提供上述多种优惠条件,目的是鼓励持卡人持卡消费,持卡消费额越高,银行从商户收取的手续费也越多。

为了扩大内需、促进我国的信用消费,中国人民银行正式颁布并于 1999 年 3 月开始实施的《银行卡业务管理办法》规定,贷记卡的持卡人进行非现金交易时,可享受如下优惠条件:

• 免息还款待遇。从银行记账日起至发卡银行规定的到期还款日之间为免息还款期。免息还款期最长可为 60 天。持卡人在免息还款期内还款无需向银行支付贷款利息。

- 最低还款额待遇。持卡人在到期还款日前偿还全部银行款项有困难时，可按发卡行规定的最低还款额还款。此时，自银行记账日，未偿还部分需按规定利率计收利息。
- 贷记卡持卡人预支现金和用准贷记卡（复合卡）透支时，不享受上述优惠条件。

中国人民银行还规定，贷记卡透支按月计收复利，准贷记卡透支按月计收单利，透支利率为日利率万分之五。

接受信用卡的商店，要同其开户的金融机构（下称商户银行或签单行）签订商业协议。商户银行对商户与持卡人所进行的信用卡交易提供金融服务，并每月为其每个商业客户提供一个月的全部交易的月结单（对账单）。商户银行办理银行卡收单业务应向商户收取一定的结算手续费用，一般占商品交易费用的1%~5%。最后，商户银行要通过相应的全国银行卡网络同发卡行交换这些交易，并进行清算。对此，商户银行要支付一笔交换费给发卡行和信息交换中心，以承认他们对该笔信用卡交易所作的贡献。中国人民银行规定，从商户所得的结算手续费，按发卡行80%、收单行10%和信息交换中心10%的比例进行分配。

（2）借记卡。在信用卡的基础上，银行后来又推出了借记卡。借记卡的持卡人必须在发卡行有存款。持卡人在特约商店消费后，通过电子银行系统，直接将顾客在银行中的存款划拨到商户的账户上。除了用于消费外，借记卡还可在ATM系统中用于取现，当然也可以在柜台进行取现。依据借记卡的使用功能，借记卡还可以再分为储值卡、转账卡和专用卡等。

信用卡和借记卡是两种性质完全不同的银行卡，用之消费后的账务处理办法也不一样，必须严加区分。信用卡可以在账户没有余额的情况下先消费，然后在一定时间内把钱还给银行；借记卡是持卡人先把钱存进卡里，然后再持卡消费。

（3）复合卡。为方便客户，银行也发行一种兼具信用卡和借记卡性质的银行卡，这种银行卡称为复合卡，我国称之为准贷记卡。复合卡的持卡人必须事先在发卡银行交存一定金额的备用金，持卡人持卡消费或取现后，银行即作扣账操作；同时，发卡银行也可对这种持卡人提供适当的无抵押的周转信贷。因此，持卡人用复合卡消费的过程中，当备用金账户余额不足以支付时，允许在发卡行规定的信用额内透支。

（4）现金卡。现金卡与前述的信用卡、借记卡和复合卡不同。持卡人持卡消费后，商户直接从现金卡内扣除消费金额，这样，现金卡中的现金数也就相应减少了。例如，有些单位给员工作为福利发放的商场或超市的购物卡就属于现金卡的一种。现金卡同现金一样可直接用于支付，不同的是现金卡内的货币是电子货币。

2. 按信息载体分类

银行卡的介质，经历了塑料卡、磁卡、集成电路卡和激光卡四个发展阶段，此外，还有一种在磁卡内藏 IC 芯片的复合介质卡。

（1）塑料卡。20 世纪 50 年代末和 60 年代初，工业发达国家的信用卡公司率先用塑料制成信用卡。顾客消费时，必须出示此卡以示身份，验明无误后，即可享受信用消费。这种塑料卡与计算机无关。

（2）磁卡。磁卡诞生于 1970 年，它是在塑料卡片上粘贴一条磁条而成。磁条里有三道磁条，可记录相关的信息。磁卡记忆容量小，在 100B 以下。磁卡可直接输入终端机进行处理，是一种最简单有效的计算机输入介质。随着计算机的普及，磁卡的应用迅速得到推广。直到现在，磁卡仍然是使用最广的银行卡。没有磁卡，很多电子银行系统就不能启动，银行的许多业务就要停顿。

磁卡的优点是制造成本低。但磁卡有两个严重的缺点：第一，安全性低，磁条中的数据易被破译和仿制；第二，不适合脱机处理。

（3）集成电路（Integrated Circuit，IC）卡。IC 卡是由法国计算机工程师 Roland Moreno 发明的。他于 1974 年在法国申请注册了这项便携式存储器的发明专利。IC 卡是塑料卡中封装一个非常小的 IC 芯片，用以存储记录数据。依据 IC 卡上是否含有 CPU 和其他元件，可将 IC 卡分为存储卡、智能卡和超级智能卡。

IC 卡的优点有如下几个方面：

- 安全性高，很难仿制。IC 卡从设计到生产，采取了一系列严密的技术措施，设置了多级密码，逐级验证，具有独特的不可复制且防外部侵入的存储区。IC 卡可为用户提供多种数据加密方法供用户选择，故安全性很高。
- 存储容量大。
- 具有联机处理和脱机处理双重能力。
- 可作为多功能卡。随着 IC 卡存储容量的扩大，IC 卡不仅可以存储个人的资产信息，可存储指纹、血型、医疗保险、社会福利等其他个人资料，还可存储软件。这样，可用软件来控制持卡人的多样化需求，让多种系统共用一张卡，将现有的各种卡集成到一张 IC 卡上。使用同一张 IC 卡，不仅可进行购物消费，还可用于支付税金和各种公共事业费，如支付房租、水电费、电话费、保险费等，甚至还可用做电子病历等非金融交易卡使用。为安全起见，应在多功能 IC 卡上设定各种特定服务的用户代码和有效使用期限。

IC 卡的缺点是制造比磁卡复杂，成本也较高。随着微电子技术的进步和产量的增加，IC 卡的这一缺点正在被克服。

（4）激光卡。激光卡是在塑料卡片中嵌入激光存储器而制成的，也称光存储卡。它同 IC 卡一样可提供多种功能，安全性高，储存量极大，是 IC 卡存储量的百倍以上。激光卡目前尚在试验阶段，将来可能成为 IC 卡的劲敌。

3. 银行卡的其他分类方法

银行卡除了按性质和按使用介质分类外，还可以有许多其他分类方法。银行卡按使用币种分，可分为本币卡和外币卡；按发行对象分，可分为个人卡、商务卡、政府卡等；按持有者的身份分，可分为主卡和附属卡。此外，银行还与其他合作机构联合发行银行卡，这种银行卡被称为联名卡。

（三）银行卡的应用领域

目前，银行卡正在朝着多功能的方向发展。银行发行的金融交易卡，在金融界主要用于与电子银行系统有关的作业处理，包括无现金购物、启动 ATM 系统、企业银行联机、家庭银行联机、网上交易、银行柜台交易和个人资产管理等。

（1）无现金购物。持卡人使用银行卡，可通过 EFT/POS 系统进行购物。近代的 EFT/POS 系统一般都提供立即转账和信用转账两种方式购物。因此，顾客既可用借记卡购物，并立即转账，也可用信用卡购物，作挂账处理。

（2）启动 ATM/CDM/CRS 系统。ATM（自动取款机）、CDM（自动存款机）、CRS（存取款一体机）通常都处于等待服务状态，当持卡人插入银行卡后，立即启动该系统，使之进入服务状态。持卡人可以用借记卡在 ATM/CDM/CRS 上进行存取款、转账和查询等操作，也可用信用卡预支现金或对信用卡进行还款。

（3）企业银行联机。各事业单位的计算机同银行主机系统联机后，就可用本单位内部的终端同银行进行日常的业务交易。为此，企业要事先申领银行卡，建立相应账户，才能启动联机系统。

（4）家庭银行联机。家庭银行系统是个人在家里通过个人计算机和拨号网络，同银行主机联机，启动交易，并进行查询或转账等交易。进行这些交易前，客户须事先申领银行卡，建立相应的账户。

（5）网上交易。在电子商务活动中，持卡人可通过银行卡账户完成网上支付。持卡人要进行网上支付，必须事先取得从事网上交易的签约许可，然后才可在网上购物时用银行卡账户完成网上支付。

（6）银行柜台交易。持卡人可持卡到银行营业部柜台进行金融交易。

（7）个人资产管理。银行卡用于个人资产管理时，只能用 IC 卡，须在 IC 卡上储存与个人资产有关的各种数据，以便银行能提供有关资产管理方面的咨询服务，协助持卡人对其资产进行有效的管理和有效的投资。

（四）银行卡对银行和社会发展的影响

银行卡的推广和普及，对社会和银行本身产生了许多深远的影响。

（1）大大促进了社会商品的生产和产品的流通。银行卡的推广和普及，使越来越多的商品交易由现金和支票支付转向电子转账。电子转账的速度大大高于各种纸质票据的流通速度，从而对促进社会的商品生产和流通作出了巨大的贡献。

（2）深刻地改变着人们的支付习惯和社会的支付体制。从纸币转向银行卡支付，要求人们的思想观念发生改变。银行卡也深刻地改变着社会的支付体制。以前的支付体制主要是以现金、支票和其他纸质票据作为支付工具；新的支付体制是以电子货币为媒介，进行直接转账或信用挂账处理。这也将促使整个银行以至整个社会进行相应的体制改革。

（3）银行卡推动银行实现电子化，对银行业产生深远影响。银行卡的推出，促使银行建立各种电子资金转账系统，特别是建立使用银行卡的自助银行系统。从银行卡发展起来的现代化电子银行业务，深入到商品生产和流通的各个领域，深入到社会的各个角落。这不仅使银行能开发出大量的新业务，吸引更多的客户，获得新的收益，加强银行系统的信用中介作用，还使现代化的银行肩负起更重要的新作用，即逐步成为整个社会经济信息的搜集、处理和服务中心。这种变化，对银行的职能、体制、业务重点和收入结构已经产生并将继续产生深远的影响，并将大大加强银行在国民经济中的作用和地位。

二、电子支票

（一）电子支票简介

在信用卡和电子现金作为网上支付手段逐渐流行起来的时候，美国金融服务技术联合会（Financial Services Technology Consortium，FSTC）和 CyberCash 公司推出了可以直接使用电子支票进行网上支付的系统。传统的纸质支票主要是向银行发送一个通知，将资金从自己的账户转到别人的账户上。这个通知一般是先给资金的接收者，资金的接收者必须到银行去进行转账。转账以后，注销了的支票会再返回签发者手里，作为支付的凭证。而电子支票是一种利用数字信号将资金从一个账户转到另一个账户的电子支付形式。它的支付指令是在与商户及银行相连的网络上以密码的方式传递的，用公用关键字加密签名或个人身份证号码代替手写签名。采用电子支票支付方式，处理费用较低，而且银行也能为商户提供标准化的资金信息，因此可能会成为最有效率的网上支付手段。

（二）从传统支票到电子支票

传统支票是一种基于纸介质的支票，它作为一种传统的支付方式在企业与企业之间的交易中被广泛采用，通常适用于金额比较大的交易。使用时，客户填写支票，签字盖章后将支票交给收款人，收款人背书后提交给收款人银行，收款人银行和付款人银行通过票据清算中心进行资金清算。可见，传统支票在使用时要涉及付款人、收款人、银行和票据清算中心。传统支票的处理、兑换速度较慢，一般一张支票的处理时间为 2~3 天，且处理成本较高，形成大量的在途资金。而随着高性能彩色复印技术和伪造技术的发展，支票的伪造变得更容易。

随着电子商务的迅猛发展，全球电子商务交易额出现了逐年递增的趋势。而通过电子商务所形成的资金流中，B2B 方式交易额超过 90%，且所占比例呈上升态势。由于 B2B 交易涉及金额较大，需要有一种新的支付模式与之相适应，因而电子支票就成为实现 B2B 网上交易的有效支付手段。

电子支票和传统的支票形式几乎有着同样的功能。比如，内容上同样有支票付款人的姓名、付款人金融机构名称、支付行和账户名、收款人姓名、支票金额等。不同于传统支票的手工签名，电子支票需要经过数字签名。收款人数字签名背书，是由数字凭证确认付款人/收款人身份、支付银行以及账户。从伪造签名意义上说，伪造一个电子支票远远比伪造一个传统的支票的签名难度大，所以电子支票安全度比较高。

广义的电子支票是纸质支票的电子替代物，是客户向收款人签发的、无条件的数字化支付指令。它往往通过金融网传递支票信息，加快支票解付速度，缩短资金的在途时间，降低成本，提高效益。狭义的电子支票是基于互联网络的用于发出支付和处理支付的网上服务工具。这里主要讨论的是狭义的电子支票。目前，典型的电子支票系统有 FSTC 的电子支票系统、BIPS、E-check、NeetBill、NetCheque 等。

（三）美国金融服务技术联合会

美国金融服务技术联合会（Financial Services Technology Consortium，FSTC）是一个非营利性组织，主要任务是在美国倡导电子支票服务，旨在提高美国金融服务业的竞争力。FSTC 特别强调要发挥在线金融服务、支付系统和支付服务等新技术、新方法的优势，以促进金融机构效益的提高，风险和成本的降低，并不断扩展市场领域。由 FSTC 推出的电子支票在很大程度上推动了美国电子货币支付系统的发展。

FSTC 的电子支票使用标准的电子邮件服务，利用电子邮件将支票传递给对方。该系统能够有效提高支付处理的速度，可以将原来传统支票处理所需要的一周甚至更长时间缩短到两天。它使用数字签名和自动验证技术来确定其支付的合法性、保密性、真实性、完整性和不可否认性。其中，为了确保私有密钥的安全性，FSTC 还提供给客户使用智能卡来实现对私有密钥的保护，进一步实现用户的防伪电子签名，以确保网上传递支票的安全。在电子支票服务中不使用加密，但支付信息通常被金融服务机构、电子邮件管理机构、Web 服务商等在实现数据交易之前实行加密。

随着电子商务的进一步发展，客户对金融机构所提供的服务产品的要求越来越高，人们普遍希望银行等金融机构能够提供更快、成本更低、更灵活且兼容的支付系统。为此，FSTC 于 1998 年中期推出了银行网上支付系统（Bank Internet Payment System，BIPS）。

图 3-1 所示的是 BIPS 的运作模式。

BIPS 主要提供以下服务的实施：①通过互联网安全地将支付指令传送给银行。②提供一个处理支付指令的支付服务框架。③提供一个安全、可靠、低成本的支付服务机制。④付款者确认支付期限。⑤付款者可接受各种银行支付系统。⑥付款者可以选择在必要的支付结算效率下最低成本的服务。⑦提供付款者和收款者的在线授权。⑧提供交易处理的在线授权。

（四）电子支票的运作机制

处理电子支票的系统必须具备以下功能：①将当前的账单发送给付款者，使付款者得到一张在线账单。②允许付款者创建一张新的电子支票并输入相关信息。③允许付款人为一笔指定的资金额或在一定范围内的资金额创建一个自动授权支付。④允许付款者调整信息并作必要的修改。⑤提交支付信息。⑥对有网络资金账户的收款人直接作资金转移。⑦对无网络资金账户的收款人签发手工支票并通过邮政汇款方式作资金转移。⑧能与金融管理软件和交易处理软件相连。

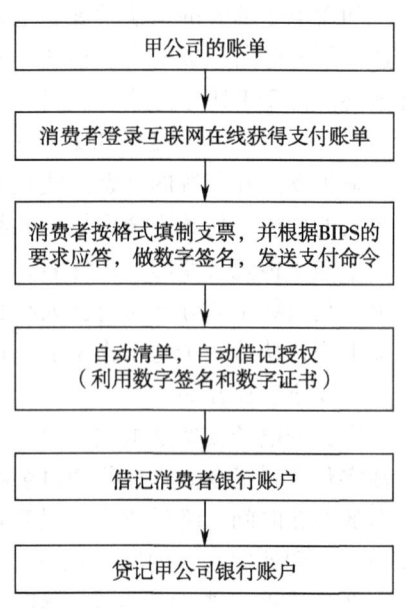

图 3-1　BIPS 的运作模式

可见，电子支票能够减少原有纸质支票的印刷、运输、邮递支票结算报告、处理支票等成本，通过一个软件就能实现资金的及时、安全、方便的转移。

在 FSTC 的电子支票机制中，客户要通过电子支票进行支付，需要在计算机上安装智能卡的读卡器和驱动程序。该读卡器通过一根串行电缆与计算机的串行通信接口相连。在安装驱动程序时，智能卡设备的加密驱动程序被安装在机器上。使用时，Web 服务器首先验证客户端证书的有效性，要求输入智能卡 PIN，在确认证书有效后，Web 服务器发送一串随机数给客户端的浏览器，智能卡使用私有密钥对这串随机数进行数字签名，签名后的随机数串被回送 Web 服务器，并由 Web 服务器验证签名，如果签名验证通过，Web 服务器和浏览器之间使用 SSL 协议规程，建立安全会话通道进行通信，二者之间发送和接收的信息已经过加密，客户可以进行相关的操作。接着，客户可以进行电子支票的使用，这时，计算机上会显示出与纸质的支票形式十分相像的电子支票，客户填制完毕后将电子支票通过电子邮件直接发送给收款人，收款人从电子邮箱中取出电子支票，对电子支票进行解密、认证处理，把收款项存入收款人的账户。

三、电子现金

1. 电子现金的定义及特点

电子现金（Electronic Cash），又称数字现金，是纸币现金的数字化。广义的电子现金是指那些以数字（电子）的形式储存的货币，它可以直接用于电子购物。按照这种定义，前面提到的银行卡、电子支票以及后面要述及的电子钱包的功能都属于这个范畴。在这里我们主要介绍狭义的电子现金。狭义的电子现金通常是指一种以数字（电子）形式储存并流通的货币，它把用户银行账户中的资金转换成为一系列的加密序列数，通过这些序列数来表示现实中的各种金额，用户以这些加密的序列数就可以在互联网上可以接受电子现金的商店购物了。

电子现金兼有纸质现金和数字化的优势，具有安全、可匿名、方便灵活、处理效率高、成本低的特点，具体表现在以下几个方面：

（1）安全性。随着高性能彩色复印技术和仿造技术的发展，纸币的伪造变得更容易了，而电子现金是高科技发展的产物，它融入了现代密码技术，提供了加密、认证、授权等机制，只限于合法人使用，能够避免重复使用，因此，其防伪能力很强。电子现金没有介质，不用携带，在这方面没有遗失、被盗窃的风险。

（2）匿名性。现金交易只具有一定的匿名性和不可跟踪性，而电子现金由于运用了数字签名、认证等技术，也确保了它实现支付交易时的匿名性和不可跟踪性，维护了交易双方的隐私权。

（3）方便性。纸币支付必须定时、定点，而电子现金完全脱离了实物载体，既不用纸张、磁卡，也不用智能卡，使得用户在支付过程中不受时间、地点的限制，使用更加方便。

（4）成本低。纸币的交易费用与交易金额成正比，随着交易量的不断增加，纸币的发行成本、运输成本、交易成本越来越高，而电子现金的发行成本、交易成本都比较低，而且不需要运输成本。

2. 电子现金的分类

目前，电子现金的类型有很多种，不同类型的电子现金都有其自己的协议，用于消费者、销售商和发行者之间交换支付信息。每个协议由后端服务器软件——电子现金支付系统和客户端的"电子钱包"软件执行。

电子现金支付已经有几种典型的实用系统开始使用，如 Netcash、E-cash、Micro Payments 等。

Netcash 是一种可记录的匿名电子现金支付系统，它利用设置分级货币服务器来验证和管理电子现金，以确保电子交易的安全性。

E-cash 是由 DigCash 公司开发的在线交易用的无条件匿名的电子货币系统。

它通过数字形式记录现金、集中控制、管理先进，是一种安全性很强的电子交易系统。

Micro Payments 是由 IBM 公司研制开发的一个专门处理互联网小额交易的微支付系统。在互联网上通过微支付传输协议（Micro Payment Transport Protocol，MPTP），解决了每个商品交易的发送速度与低成本问题。

其他的电子现金应用还有 Millicent、CyberCoin 等。

电子现金以其方便、灵活的特点可以用于互联网上的小额消费结算，如购买互联网上的即时新闻、软件、网上游戏、互联网电话甚至一篇文章、一首歌曲或一张图片等。

3. 电子现金的运作机制

电子现金的产生过程如下：银行的客户拨号进入互联网网上银行，使用密码（Password）和个人识别码（PIN）来验明身份后，就在他的客户端"电子钱包"软件中随机产生一个代表一定货币价值的序列号，然后套上数字信封，发送到他的开户银行，要求制作电子货币。银行接收到客户的信息后，从他的账户中扣除所需价值的货币额，并且用银行的数字签名为他的序列号和数字信封进行加工，在这个过程中银行不记录任何与客户的这个特定的货币或他的数字信封有关的信息，确保客户在用电子货币交易时的匿名性，加工完毕发给客户。客户接收到银行发还的制作好的电子货币后，将电子货币从数字信封中取出放在它的硬盘中，随后就可以随时匿名地使用了。当客户使用该电子货币时，交易商收到以后就将该电子货币发往客户的开户银行请求授权、认证，银行根据自己的数字签名进行确认，交易商账户上的资金额增加一个相等的量，在这个过程中交易商只能看到银行的签字，而无法看到消费者本人的信息。

四、电子钱包

1. 电子钱包的特点

（1）用户使用电子钱包软件。用户可以直接使用与自己银行账号相连接的电子商务系统服务器上的电子钱包软件，也可以通过各种保密方式利用互联网上免费提供的电子钱包软件。整个过程需在电子钱包服务系统中进行。

（2）用户通常要在有关银行开立账户。在使用电子钱包时，通过把电子钱包应用软件安装到电子商务服务器上，利用电子钱包服务系统把自己的各种电子货币或电子金融卡上的数据输入。在发生收款时，如顾客需用电子信用卡如 VISA 和 Mondex 卡等付款时，只要单击一下相应项目（或相应图标）即可完成。这种电子支付方式称为单击式或点击式支付方式。

（3）电子钱包只能装电子货币。也就是说，电子钱包只能装如电子现金、电子零钱、安全零钱、电子信用卡、在线货币、数字货币等，这些电子支付工具都支持单击式支付方式。

2. 电子钱包的运作流程

（1）顾客上网浏览商家 Web 主页上的在线商品目录，选择要购买的商品。

（2）顾客填写订单，包括项目列表、价格、总价、运费、搬运费、税费等。

（3）订单可通过电子化方式来商定，或由顾客的电子购物软件建立。这些在线商场可以让顾客与商店协商物品的价格（如出示自己是老客户的证明，或给出竞争对手的价格信息）。

（4）顾客确认后，选用电子钱包付款，将电子钱包装入系统，单击电子钱包的相应项目或电子钱包图标，电子钱包立即打开，然后输入自己的密码，在确认是自己的电子钱包后，从中取出一张电子信用卡来付款。

（5）电子商务服务器对此信用卡号码采用某种保密算法并加密后送到相应的银行去，同时顾客收到经过加密的购物账单，再转送到电子商务服务器上去。经过电子商务服务器确认这是一位合法顾客后，将其同时送到信用卡公司和商业银行。在信用卡公司和商业银行之间要进行应收款项和账务往来的电子数据交换和结算处理。信用卡公司将处理请求再送到商业银行请求确认并授权，商业银行确认并授权后送回信用卡公司。

（6）如果经商业银行确认后拒绝且不予授权，则说明顾客的这张电子信用卡上的钱数不够、没有钱或者已经透支。遭商业银行拒绝后，顾客可以再打开电子钱包，取出另一张电子信用卡，重复上述操作。

（7）如果经商业银行证明这张信用卡有效并授权后，商店就可以交货。与此同时，商店留下整个交易过程中发生往来的财务数据，并出示一份电子收据发送给顾客。

（8）上述交易完成后，商店按照顾客提供的电子订货单提供的地址，将商品通过物流配送方式交到顾客或其指定人手中。

在上述电子钱包购物全过程中，虽然中间经过了信用卡公司和商业银行等多次进行身份确认、银行授权、各种财务数据交换和账务往来等，好像很复杂，其实这都是在极短的时间内通过很简单的操作来完成的。实际上，从顾客输入订货单到拿到商店出具的电子收据全过程仅用 5~20s 的时间，并且安全可靠。在购物输入过程中，顾客可以用任何一种浏览器进行浏览和查看。有了电子商务服务器的安全保密措施，既可以保证顾客的信用卡上的信息别人看不见，又可以保证顾客去购物的商店是真实的而不是虚假的，从而保证顾客安全可靠地买到称心的商品。

五、网络货币

网络货币，是电子货币发展的高级形式，广义的网络货币包括前面提到的银行卡形式的电子货币、电子支票、电子现金、电子钱包以及我们在下面要简述的一种新形式的网络货币——网络虚拟货币。狭义的网络货币指的就是网络虚拟货币，它是指以公用信息网为基础，以电子数据形式存储在计算机系统中，并通过开放的网络系统以电子信息传递形式实现流通和支付功能的货币。例如，腾讯公司于 2002 年 5 月发行了一种虚拟的网络产品，称为 Q 币，网民可以通过银行卡、电话银行、手机充值、实物 QQ 卡等多种方式购买这种货币，并存入与 QQ 号相对应的个人账户中，公司规定 Q 币与人民币兑换的比例是 1:1；更进一步地，一些消费者可以在淘宝网与其他 Q 币持有者进行交易。这种方式在一定程度上解决了小额支付的麻烦以及对银行账户泄密的担心，因此赢得了不少消费者的青睐，也给公司带来了盈利。

一些网络公司为了推广自己的服务，也加入了发行网络"虚拟货币"的行列，出现了新浪 U 币、网易 POPO 币、百度币、魔兽币、天堂币以及盛大点券等各种各样的网络虚拟货币。除此之外，新的产品还在不断出现。这种货币支付方式突破了原有金融专有封闭型网络体系，建立在开放的互联网上，它是电子商务活动广泛开展的产物。在这种情况下，目前国际金融机构和各国货币当局尚无法在法律上对网络货币做出严格的界定。它目前处于不是很成熟的应用阶段。

思 考 题

1. 什么是网络银行？它与电子商务有怎样的关系？
2. 什么是银行电子商务？它有什么特点？
3. 发展银行电子商务会带来什么好处？我国发展银行电子商务会遇到哪些特殊的困难？
4. 我国发展银行电子商务所面临的机遇与挑战有哪些？
5. 什么是电子货币？它与传统货币有哪些区别？
6. 银行卡的作用是什么？不同种类的银行卡的功能有什么不同？
7. 电子钱包有什么特点？它的运作机制是怎样的？

第四章
电子支付与清算体系

内容提要
1. 电子支付系统的形成和发展
2. 电子支付系统的构成和基本模式
3. 电子支付系统的功能
4. 国内外电子支付应用系统
5. 电子银行清算体系

本章引导案例：网盛生意宝推出旗下 B2B 支付平台——生意通

网盛生意宝股份有限公司（以下简称"网盛生意宝"）于1997年成立，是一家专业从事互联网信息服务、电子商务和企业应用软件开发的高科技企业，是国内垂直专业网站开发商，国内专业 B2B 电子商务发展模式的标志性企业。2006年12月15日，网盛生意宝在深交所正式挂牌上市（股票代码：002095），成为"国内互联网股"，并创造了"A股神话"。

网盛生意宝先后创建并运营中国化工网（www.chemnet.com.cn）、全球化工网（www.chemnet.com）、中国纺织网（www.texnet.com.cn）、国际纺织网（www.texweb.com）、中国医药网（www.pharmnet.com.cn）等多个国内外知名的专业电子商务网站，以及国内专业化工搜索引擎 ChemIndex（www.chemindex.com），在行业网站运营领域具有无可比拟的经验、技术与资源优势。网盛生意宝通过收购、参股的方式运营有中国服装网、中华服装网、中华纺织网、中国农业网、中国机械专家网等高成长性垂直网站，创造性地推出了基于"小门户＋联盟"理念的生意人门户——生意宝（www.toocle.cn），荣获2007年度国家最佳商业模式。

网盛生意宝于2012年9月12日宣布，由该公司投资1亿元人民币研发、建设的 B2B 支付平台"生意通"，将面向全国各类行业网站开放使用，建设"B2B

互联网支付平台"项目，经营非金融机构互联网支付业务，有关银行的合作拓展已提前展开。

"生意通"将主要为各类 B2B 电子商务平台提供支付结算服务，先期主要为网盛生意宝旗下行业电子商务平台的各项采购、批发交易提供支付结算服务；后期不仅面向公司旗下各大行业网站应用，而且全面开放接入"小门户+联盟"体系的全国各类行业网站，使之由原先简单的贸易信息撮合平台向真正的在线交易平台升级。

网盛生意宝表示，通过打造开放型在线交易支付平台，不仅能贯通产业链，有助于自身业务转型、服务深化，而且通过开放应用，还能极大地增强行业网站的服务能力、平台核心竞争力以及公司的盈利能力。

在过去，中国众多的 B2B 行业网站一直仅提供简单旺铺、价格、资讯信息层面的服务，缺乏实质性的在线交易服务，与当前势不可当的网络购物相比，近年来发展相对缓慢，成长空间遇到"天花板"，各类风险投资（Venture Capital，VC）、私募股权投资（Private Equity，PE）对该类项目的融资也相对冷淡。若"生意通"支付能够大规模推广普及，成为 B2B 行业网站一项"标配"，有望像 C2C/B2C 领域的支付宝一样推动行业网站跨入在线交易的"2.0 时代"。

一旦 B2B 网站接入网络支付，企业间庞大的交易规模，不仅将第三方网络支付带向一个新的应用领域，促进网络支付市场快速发展，而且将对 B2B 发展有着重要的推动作用，帮助我国中小企业降低采购、批发、内外贸交易成本。

国务院办公厅于 2012 年 9 月 10 日印发的《国内贸易发展"十二五"规划》指出，要支持发展企业间电子商务，支持电子商务示范企业进行技术创新和模式创新，完善交易结算等配套服务系统，提高电子商务应用水平。网盛生意宝建设的 B2B 支付平台"生意通"，正是迎合了规划的需求，为 B2B 电子商务的支付问题提供了一个完整的解决方案。

思考题：

1. 网盛生意宝自成立以来取得了哪些成就？它主要从事什么业务？
2. 我国 B2B 电子商务的发展与 B2C/C2C 相比存在哪些不足之处？
3. "生意通"旨在解决电子支付方面的哪类问题？

第一节 电子支付系统的形成与发展

随着电子商务的蓬勃发展，传统的支付结算方式在电子商务交易中暴露出运作速度与处理效率等方面的许多弱点，不能满足电子商务的支付结算需要，因此，与电子商务相匹配的电子支付系统应运而生。

一、电子支付系统的形成

电子支付系统的发展是与银行业务的发展密切相关的，电子支付系统的形成经历了以下五个阶段：

（1）银行内部电子管理系统与其他金融机构的电子系统连接起来，如利用计算机处理银行之间的货币汇划、结算等业务。

（2）银行计算机与其他机构的计算机之间进行资金汇划，如代发工资等。

（3）银行通过网络终端向客户提供各项自助银行服务，如 ATM 系统。

（4）银行利用网络技术为普通大众在商户消费时提供自动的扣款服务，如 POS 系统。

（5）网上支付方式出现，电子货币可以随时通过互联网直接转账、结算。

银行基于自身业务发展和客户的需要，引入计算机与通信技术，逐渐推出银行卡和 POS 系统，改变了传统的银行支付结算方式，使支付活动的各方借助于网络联系在一起。

如今，银行为客户提供基于网络的支付结算服务的电子资金转账系统已经发展成一个广泛的电子支付系统，提供多功能、全天候的综合业务服务，为电子商务的发展提供了强大的支持。

二、中国电子支付系统的发展

在互联网电子商务条件下，支付过程对原有的支付系统提出了更高的要求，要求从发出支付信息到最后完成资金转账的全过程都是电子形式，电子货币的种类和形式也相应地有了进一步的发展。

1. 信用卡的广泛应用

1951 年全球第一张银行信用卡在美国的富兰克林国际银行诞生，在此之后短短的几十年时间里，信用卡业务已经得到了迅速的发展，几乎遍及全球各个国家。1996 年亚特兰大奥运会期间，Visa 集团发行了 30 万张信用卡，芬兰银行也于 1997 年 5 月在欧洲开展网络购物付款活动。2005 年第一季度，欧洲 10% 的 Visa 零售支付通过互联网进行，比 2004 年同期增长 50%。Visa（欧洲）称，互联网已经成为增长最快的支付渠道，至 2010 年，欧洲 Visa 网络的互联网支付率已达到 30%。

据麦肯锡预测，中国的零售信贷市场将呈指数增长，信用卡将成为仅次于个人住房贷款的第二大零售信贷产品，成为银行的核心业务和主要利润来源之一。中国银行业协会发布了《2012 年中国信用卡产业发展蓝皮书》，蓝皮书显示 2011 年我国信用卡新增发行量 5500 万张，累计发行量已达 2.85 亿张,交易笔数达到28.5亿笔,交易金额达7.56万亿元,延续了2010年的快速增长⊖。

2. 中国的电子支付

我国的电子支付起步虽晚,但发展非常迅速,艾瑞市场咨询研究报告显示,2001年我国网上支付的市场规模仅为9亿元,2004年增长为75亿元。据中国互联网络信息中心(CNNIC)发布的《第30次中国互联网络发展状况统计报告》显示,在截止到2012年6月的5.38亿网民中,网上购物人数已达2.10亿人。近两年中国网上支付市场规模增长率已超过100%,且拥有着巨大的开发潜力。网上银行和网上支付用户规模在2012年上半年的增速分别达到14.8%和12.3%,截至2012年6月底,两者用户规模分别为1.91亿人和1.87亿人,较2011年年底的用户增量均超过2000万人。

电子支付在中国的发展开始于1998年招商银行推出的网上银行业务,随后,中国工商银行等各大银行的移动银行、网上支付等业务也逐渐发展起来,银联的网关在2002年开始建设,现已覆盖全国各地以及世界许多国家和地区。目前,我国已经建立了同城清算所、全国手工联行系统、全国电子联行系统、电子汇兑系统、银行卡支付系统、邮政储蓄和汇兑系统、中国国家现代化支付系统和各商业银行的网络银行系统八类电子支付结算系统。这些系统的相互配合和应用,不但形成了我国电子支付与电子银行的完整体系,而且为基于互联网的电子商务的发展提供了现代化的支付结算服务工具。

但我国电子支付尚处于初级阶段,还存在着诸多问题,这些问题主要表现为:电子支付的安全可靠性有待加强;网络支付结算体系覆盖面相对较小;网络支付业务的标准性差,数据传输和处理标准不统一;网络银行技术、应用与法律框架亟待健全;很多地方的基础网络通信设施还不是很发达,很多企业的信息化程度较低;社会信用制度不够健全,这些方面的因素都制约了电子支付在我国的发展与应用。

第二节 电子支付系统的构成和基本模式

电子支付系统是电子商务系统的重要组成部分,它指的是消费者、商家和金融机构之间使用安全电子商务手段交换商品或服务,即利用现代化支付手段,将支付信息通过网络安全地传送到银行或相应的处理机构,以实现电子支付。电子支付系统是融购物流程、支付工具、安全技术、认证体系以及现在的金融体系为

⊖ 信用卡发卡量近3亿张 去年交易金额7.56万亿元,http://finance.people.com.cn/bank/GB/17889995.html。

一体的综合大系统。

一、电子支付系统的功能

不同的电子支付系统有不同的安全要求和功能要求，通常电子支付系统要求具备以下功能[1]：

（1）实现对交易各方的认证。为保证交易的安全进行，电子支付系统必须对参与电子交易的各方身份的真实性进行认证，可以通过认证机构向各参与方发放数字证书，使用数字签名和数字证书证实交易各方身份的合法性。

（2）用有效手段对支付信息进行加密。电子支付系统应能够根据对安全级别的要求，采用对称密钥或公开密钥技术对传输的信息加密，并采用数字信封技术来加强数据传输的安全保密性，保证接收方的可靠性，防止被未授权的第三方获取真实信息。

（3）保证支付信息的完整性。为保护传输的数据完整无误地到达接收者，电子支付系统必须能够将原文用数字摘要技术加密后传送给接收者，接收者就可以通过摘要来判断所接收的消息是否被篡改。

（4）保证业务不可否认性。电子支付系统必须在交易的过程中生成或提供充分的证据，当交易出现纠纷时，能防止交易双方否认已发生的业务；能通过使用数字签名技术使发送方不能否认他所发送的信息；能使用数字信封技术使接收方不能否认他所接收的信息。

（5）能够处理网上贸易业务的多边支付问题。网上贸易的支付关系到客户、商家和银行等多方机构，其中传送的购货信息与支付指令必须捆绑在一起。商家只有确认了支付指令后才会继续交易，银行也只有确认了支付指令后才会提供支付。但同时，商家不能读取客户的支付指令，银行也不能读取商家的购货信息，这种多边支付的关系可以通过双重签名等技术来实现。

二、电子支付系统的基本构成

电子支付系统是一个由买卖双方、网络金融服务机构、网络认证中心、电子支付工具和网上银行等各方组成的大系统。网络支付系统应该在安全电子交易SET协议或安全套接层SSL协议等安全控制协议的环境下工作，这些涉及安全的协议构成了网上交易的可靠环境；网上交易与支付环境的外层，则由国家及国际相关法律、法规的支撑来予以实现。

电子支付系统的基本构成如图4-1所示，参与对象主要有客户、商家、银行、支付网关、CA认证体系、支付工具与支付协议。

---

[1] 臧良运. 电子商务支付与安全 [M]. 北京：电子工业出版社，2006：36.

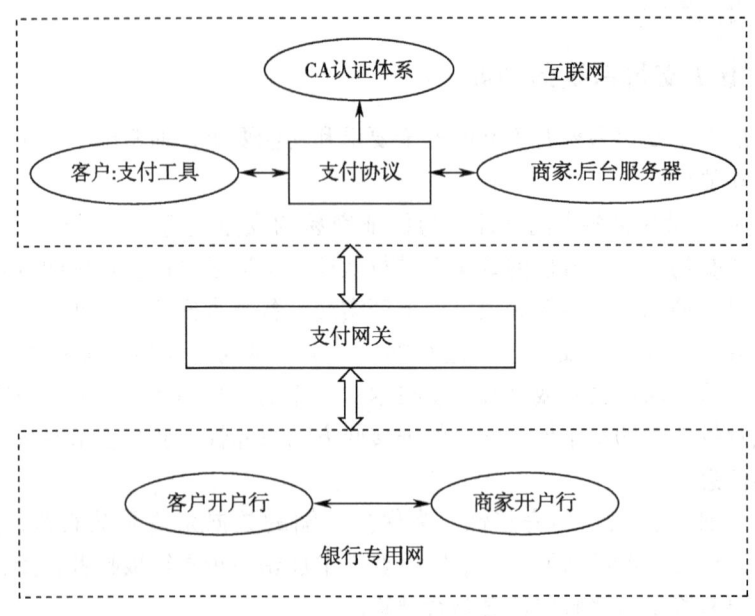

图 4-1　电子支付系统的基本构成

下面我们对电子支付系统的组成部分作简要的说明⊖。

1. 客户

客户一般是指与某商家有交易关系并存在债务的一方。客户用自己拥有的支付工具进行电子支付,是支付系统运作的原因和起点。

2. 商家

商家一般是指交易中拥有债权的一方,它可以根据用户发起的支付指令向银行系统请求货币给付。商家一般准备了专用的后台服务器来处理客户发起的支付过程,包括客户身份的认证和不同支付工具的处理。

3. 银行

电子商务的各种支付工具都要依托于银行信用,没有信用就无法运行。作为参与方的银行方面会涉及客户开户行、商家开户行和银行专用网等方面的问题。

(1) 客户开户行。它是指客户在其中拥有自己账户的银行。客户所拥有的支付工具就是由开户行提供的。客户开户行在提供支付工具的同时也提供了银行信用,即保证支付工具的兑付。在利用银行卡进行支付的体系中,客户开户行即为发卡行。

(2) 商家开户行。它是指商家在其中拥有自己账户的银行。支付过程结束时资金应该转到商家在其开户银行的账户中。商家将客户的支付申请提交给其开

⊖　韩宝明,等. 电子商务安全与支付 [M]. 北京:人民邮电出版社,2001.

户行后，就由商家开户行进行支付授权的请求并完成与客户开户行之间的清算。商家的开户行依据商家提供的合法账单来操作，因此又被称为收单行。

（3）银行专用网。它是银行内部及银行之间进行通信的网络，具有较高的安全性。我国的银行专用网主要包括中国国家现代化支付系统、人民银行电子联行系统、工商银行电子汇兑系统和银行卡授权系统等。

4. 支付网关

支付网关是公共网络和银行专用网之间的接口，支付信息必须通过支付网关才能进入银行支付系统，进而完成支付的授权和支付款项的转移。支付网关的建设关系着支付结算的安全以及银行自身的安全。

电子商务交易中有两种信息在传输：交易信息与支付信息。要保证这两种信息在传输过程中不被无关的第三者阅读，其中也包括商家不能看到客户的支付信息，银行不能看到客户的交易信息。支付网关既起到将互联网络和银行专用网络连接起来，将支付信息从公用网络传递到银行专用网络，保证电子商务安全顺利实施的作用，同时又起到隔离和保护银行专用网络的作用。

5. CA 认证体系

为确认交易各参与方的真实身份，需要由认证机构向参与商务活动的各方发放数字证书，以保证电子商务支付过程的安全性。认证机构必须确认参与方的资信状况（如通过在银行的账户状况，与银行交往的信用历史记录等）。因此认证过程也离不开银行的参与。

6. 支付工具与支付协议

目前经常使用的电子支付工具有银行卡、电子现金、电子支票等。在网上交易中，消费者发出的支付指令，在由商家送到支付网关之前，是在公用网络中传送的。支付协议的作用就是为公用网上支付工具的使用、支付信息的流动制定规则并进行安全保护。目前比较成熟的支付协议主要有 SET 协议、SSL 协议等。

三、电子支付的基本模式

根据电子货币的不同，可以把电子支付的基本模式分为类现金电子货币支付模式和类支票电子货币支付模式两种[一]。

1. 类现金电子货币支付模式

类现金电子货币支付模式与传统纸币的支付模式基本相似，只是在货币表现形式上有所不同。类现金电子货币是一种以数字形式储存流通的货币，它通过把银行账户中的资金转换为一系列加密的序列数，用这些加密序列数来表示现实中的货币量，用户可以使用类现金电子货币在网上直接进行交易支付。类现金电子

[一] 孟祥瑞. 网上支付与电子银行 [M]. 上海：华东理工大学出版社, 2005.

货币支付模式如图 4-2 所示。

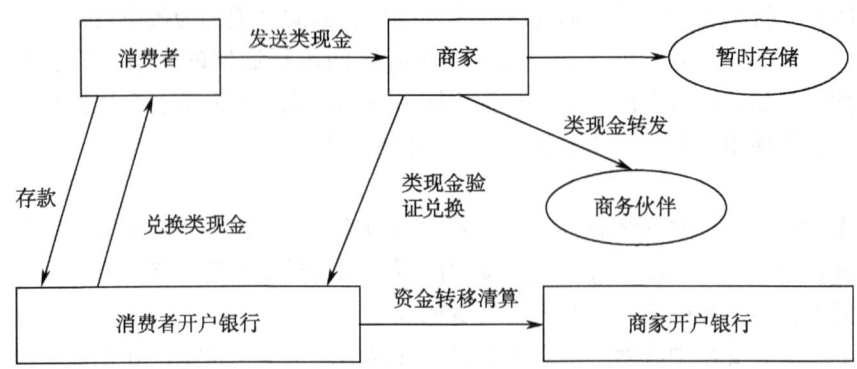

图 4-2　类现金电子货币支付模式示意图

类现金电子货币支付基本过程如下：

（1）消费者在银行开户，存入一定存款。

（2）消费者通过网络请求银行将存款兑换成类现金，就像从银行账户中提取传统纸币一样。

（3）银行根据消费者的请求把相应数量的类现金发送到消费者计算机中，消费者就可以随时使用了。

（4）消费者持类现金进行网上交易，根据商品价格把相应数量的类现金发送给商家，商家验证类现金的有效性后，交易继续。

（5）商家将类现金发送至类现金的发行银行（消费者开户银行），请求兑换成同等金额的存款。

（6）发行类现金的银行验证并收回类现金，同时将等额货币由消费者的银行账户转移到商家的银行账户中；商家也可以选择将类现金暂时存储起来，或发送给别的商务伙伴，作为款项支付。

从以上类现金电子货币支付基本过程中可以看出，它与传统纸币的支付过程非常相似，支付过程并不需要银行参与，银行只是在发行与兑换类现金电子货币时起作用。商家收到类现金后可以灵活支配，可以自由地选择存储、转发或兑换。

2. 类支票电子货币支付模式

类支票电子货币支付模式就是类似传统的纸质票证的支付模式，二者在支付原理上类似。类支票电子货币支付模式是基于电子支票、电子票证汇兑、银行卡和网上银行账户等方式的网上支付模式，其支付模式如图 4-3 所示。

类支票电子货币支付的基本过程如下：

（1）商家和消费者都要在银行开户，并且消费者要在开户银行存有一定数

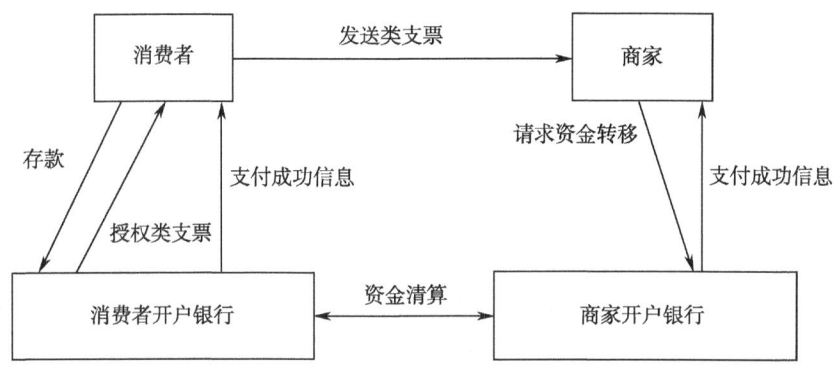

图 4-3 类支票电子货币支付模式示意图

量的存款。

(2) 消费者先从开户银行得到电子支付票证,也就是授权的类支票。

(3) 消费者在网上进行购物,根据选择商品的价格,将授权的类支票通过网络发送给商家,商家验证类支票的有效性后,交易继续。

(4) 商家将收到的类支票发送给自己的开户银行,请求进行资金转账。

(5) 商家的开户银行收到商家发过来的类支票后,进行验证确认,然后即与消费者的开户银行进行资金的清算。

(6) 清算结束后,消费者的开户银行和商家的开户银行分别向消费者和商家发送支付结算成功的信息。

从以上类支票电子货币支付的基本过程中可以看出,作为电子货币载体的类支票、电子支票、银行卡、网络银行账户等就是电子支付的工具,由银行发行和管理,代表着一种信用,如果消费者和商家的开户行不是同一个银行,那么就要通过中国人民银行清算总中心来完成双方资金的划拨。

3. 二者的比较

(1) 类现金电子货币支付不适宜较大数额的资金支付与结算,只适宜小金额资金的支付与结算;类支票电子货币支付则支持大、中、小数额的资金支付与结算。

(2) 类现金电子货币支付中银行只是在发行和兑换时才起作用,不是每个环节都需要银行参与;而类支票电子货币的每次支付结算都需要银行的支持与中介,所以类现金电子货币的支付比类支票电子货币支付的速度要更快、运作成本更低。

(3) 类现金电子货币支付是匿名的、不可追踪的,很好地保护了消费者的隐私;类支票电子货币不是匿名的。

(4) 类现金电子货币支付较为灵活,商家在收到类现金后,自主选择处理方式，可以存储、兑换或者转发给他人；类支票电子货币支付过程中，商家则要通过银行请求资金的划拨转移。

第三节　电子支付应用系统

一、电子汇兑系统

上述以类现金、类支票为支付手段的支付系统的服务对象是广大的消费者，因此这些系统的特点是覆盖面广、响应速度快、交易频繁、每笔交易额度小，属于电子银行中的小额支付系统，也称零售业务服务系统。而面对公司、企事业单位和其他金融机构的是电子银行中的大额支付系统，也叫做批发业务服务系统。大额支付系统虽然批次少，但交易额大，在商业银行处理的项目中，大额业务占交易金额的比重大，占有重要地位。处理行际间大额支付的支付结算系统又被称为电子汇兑系统。

1. 电子汇兑系统概述[1]

电子汇兑系统指的是银行内部和银行之间的各种资金调拨作业系统，包括行际之间的资金调拨业务系统和清算作业系统。电子汇兑系统以银行自身的计算机网络为依托，完成银行之间的资金转账，为客户提供汇兑、托收承付、委托收款、银行承兑汇票、银行汇票等支付结算服务，涉及的金额通常很大，是电子银行系统中的重要系统。

电子汇兑交易由汇出行发出，到汇入行收到为止。根据汇出行和汇入行二者之间的不同关系，可以把汇兑作业分为联行往来汇兑业务和通汇业务。

（1）联行往来汇兑业务。联行往来汇兑业务是指汇出行和汇入行隶属于同一个银行的汇兑业务，属于银行内部账务调拨，必须遵守联行往来约定，办理各项汇入和汇出事宜。

（2）通汇业务。通汇业务是指资金调拨作业需要经过同业多重转手处理才能顺利完成，是一种行际间的资金调拨业务，又可以分为本国通汇和国际通汇。本国通汇中汇出行与汇入行隶属于同一个国家；国际通汇中汇出行与汇入行隶属于不同国家。跨行或跨国的通汇，因为涉及不同银行间的资金调拨，所以参加通汇的成员必须签署通汇协定，才能保证作业系统的正常运行。

2. 电子汇兑系统的类型

国际上有许多著名的电子汇兑系统，根据这些系统所提供功能和作业性质的不同，可以把它们分为如下三类：

---

[1] 张卓其，史明坤. 网上支付与网上金融服务 [M]. 大连：东北财经大学出版社，2002.

（1）通信系统。通信系统主要提供通信服务，为其成员金融机构传送同汇兑有关的各种信息，成员金融机构接收到信息后，若同意处理，则将其转送到相应的资金调拨系统或清算系统内，再由后者进行各种必要的资金转账处理。比如，国际环球同业财务电信系统（SWIFT）就属于通信系统，还有中国国家金融通信网（CNFN）也属于通信系统。

（2）资金调拨系统。资金调拨系统是典型的支付作业系统，有的只提供资金调拨处理，有的还具有清算功能。比如，美国的CHIPS（纽约清算所银行同业支付系统）、Fedwire（美联储转移大额付款的系统），日本的全银系统，还有我国各商业银行的电子汇兑系统、中国人民银行的全国电子联行系统都属于资金调拨系统。

（3）清算系统。清算系统主要提供清算处理，当汇入行和汇出行之间无直接清算能力时，则需要委托另一个适当的清算系统来进行处理。比如，美国的CHIPS，它除了可以做资金调拨外，还可以兼做清算，但对象仅限于纽约地区的银行，纽约以外的银行清算则需要由具有清算能力的Fedwire来进行处理；英国的清算所自动支付体系（CHAPS）、新加坡的结算银行间转账系统（CHITS）和日本的日银系统都是纯粹的行间清算系统；中国人民银行的全国电子联行系统是负责国内异地跨行转汇的清算系统。

3. 电子汇兑系统的作业流程

电子汇兑系统的种类很多，功能不一，但是汇出行和汇入行的基本作业流程和账务处理逻辑基本是相同的，即在一笔电子汇兑交易中，汇兑过程都是从汇出行发出，到汇入行收到为止，无论是点对点的传送，还是通过交换中心来中转，汇出行和汇入行都要经过数据输入、报文的接收、数据控制、处理与传送和数据输出这几个基本的作业处理流程。

（1）当银行作为汇出行时，由内部输入电文，经过有效性检测无误后，可以做些必要的存档处理或账务处理后，通过对外输出接口发送出去。

（2）当银行作为汇入行时，通过外部输入接口接收电文，检测接收的电文无误后，进行必要的处理，然后将数据送往会计系统进行账务处理，同时通知客户。

（3）信息通过边界进入各子系统时，要做相应的检查，防止错误信息进入。各子系统根据相应的指令工作，通过边界控制和处理过程控制这种双重控制机制，可以使交易信息正确地从汇出行传送到汇入行。

二、微支付系统

随着网络和信息技术的发展，信息产品的销售越来越得到人们的关注。信息产品包括的范围比较广，如网上新闻、网上证券、信息查询、资料检索、音乐下载、发送手机短消息服务和小额软件下载等。这些电子交易的共同点就是对客户来讲均属于较小的交易，消费金额一般都很小，如查看一条新闻收费一分钱等，但是消费较频繁。对于一次消费金额不超过几元人民币的电子交易来说，如果利用信用卡等电子支付方式在线支付或去商家当面交付现金，相对来说成本较高，速度较慢，方便性较差，正如人们不会愿意用纸质现金去支付一次0.1元的手机短消息服务费用一样。因此，这种电子交易对电子支付系统有着特殊的要求，在满足一定安全性的前提下，要求有尽量少的信息传输、较低的管理和存储需求，即对速度和效率的要求比较高，于是就产生了一种快捷、简单易用、成本低廉的网络支付方式——微支付（Micropayment）。

1. 微支付概述

目前微支付在国内外还没有统一的定义，通常是指支付金额特别小，类似于零钱应用的电子支付方式。支付数额上，在美国一般指支付金额在5美元以下，中国相应的为5元人民币，但这也不是绝对，视具体情况而定。在微支付系统中，商家可以用比较低的价格出售商品，如信息产品或在线广告点击。通过便捷的网络渠道，微支付可以低成本、迅速地完成大量的交易支付活动。同时微支付也是一个商业概念，它的目标是通过提供付费的网页、网站链接和网络服务来集合"微分（不到一分钱）"。人们用微支付来购买的商品通常包括手机铃声、彩信、图片、新闻、电影、音乐和网络游戏等许多信息产品以及一些价格很低的商品。微支付一般通过电子现金和电子钱包来实现，SSL协议和SET协议不支持微支付，MilliCent, SubScrip和PayWord等都是目前应用较广的微支付系统。

微支付系统之所以逐渐受到重视的原因主要是微支付交易的需求不断增加，消费者开始接受支付少量货币来使用原本免费的网络商品；商家希望降低电子支付系统的交易成本。目前通过信用卡进行网上支付很普遍，但信用卡对介于1分到10元之间的低价商品支付来说，其交易手续费是不经济的。特别是对于那些负责网站开发设计、网站维护管理、网站内容更新及靠广告收入的互联网内容提供商来说，在无法赚得足够利润的情况下，他们更希望消费者使用成本较低的付款机制。微支付的消费者群体庞大，有些商家通过订阅服务来吸引信息商品的购买者，但往往容易忽略一些为数众多的临时消费者。这些消费者不需要商家的定期服务，只是经常通过浏览网站来寻找并购买特定的商品或服务，因而急需一套方便而安全的微支付机制来开发这个潜在的庞大市场。

2. 微支付特点

微支付系统主要是用在特别小的网络交易上面，能够处理任意微小的金额，精确度甚至可以达到0.1美分计算，适合于互联网上"不可触摸的商品"的销售。微支付同其他的电子支付不同，具有其自身的特点。

（1）支付金额小。微支付的首要特征是能够处理任意微小的支付额，一般一次所支付的费用通常在几分到几元之间,不同于一次支付金额比较大的其他电子支付方式。

(2) 安全性需求不高。在电子商务活动中,对于不同的交易类型、不同的客户,需要采取不同的安全支付手段。微支付本身的支付金额一般都很小,在这种情况下即使支付过程中有关的支付信息被非法截获、窃取或者是篡改,对支付双方的损失也不大,所以支付双方对支付安全性的需求就不如其他电子支付那么严格。对于支付额很小的微支付来说,采用昂贵的安全保护是没有必要的,而且在经济上是不可行的。

(3) 效率高。也正因为微支付支付金额小,但次数比较频繁,所以要求微支付系统比其他电子支付的效率要高,使得消费者的支付请求能够得到即时满足。

(4) 成本低。由于小额支付的价值本身就很小,如果采用其他电子支付方式,需要耗费大量的成本,那么商家根本就无法盈利,这就要求微支付系统的支付费用非常低才行。

(5) 实时性。微支付要求商品的发送与支付要几乎同时发生在互联网上,具有极高的实时性。

(6) 匿名性。对于现在采用的大多数支付系统,商家为了抢夺网上消费者,经常在网络上搜索并记录人们的各种网上交易活动,以便于有的放矢地进行广告宣传,这样有可能造成消费者隐私被滥用。微支付系统能够保证在支付过程中不暴露诚实支付者的真实身份,以维护合法支付者的隐私和利益。

(7) 离线性。目前广泛使用的电子支付系统大多为遵从 SET 标准的在线信用卡支付,付款方和收款方在支付过程中必须与第三方(如银行)在线通信,由第三方来检验付款方提供的信息是否正确,进行在线授权和确认。尽管这种在线方式和复杂的密码技术相结合,使得系统的安全性极高,但在线服务的银行网关会成为系统性能的瓶颈。微支付系统不需要第三方在线验证和处理消费者的每笔支付,从而克服了其他电子支付系统中存在的通信和处理瓶颈问题。

3. 微支付系统的分类

微支付系统通常可以分为以下三类:

(1) 基于票据的微支付系统。票据是微支付系统中最为常见的支付工具之一,它是一种面值很小的电子货币,一般由商家或经纪人产生,也可以由经纪人独立产生。在不需要第三方参与的情况下,可以由商家在线验证电子货币的合法性。采用票据作为支付工具的微支付系统一般不使用公钥加密技术,而使用对称密钥加密技术或 Hash 算法。常见的票据形式的微支付系统包括 MilliCent、Subscrip 和 MicroMint 等。

(2) 基于 Hash 链的微支付系统。Hash 链的思想最初由 Lamport 提出,主要用于一次性口令认证，后来被 Ronald L. Rivest 和 Adi Shmir 应用到微支付机制中。对基于 Hash 链的微支付而言，当消费者初次在经纪人处注册时，经纪人会为其颁发一个消费者证书，支付前消费者将 Hash 链的最后结果签名后发送给商家，该签名称为支付承诺。在这种支付模式中，由于消费者在付款之前已获取了商家所提供的信息商品或服务，因而对于消费者的重复花费（同一电子货币在不同商家处使用了多次）和超支消费（所购信息商品或服务的总价值超过其真实账户的余额或信用上限）没有良好的防范措施。基于 Hash 链的微支付机制比较普遍，并出现了多种改版和变形，比较典型的系统有 PayWord、PayTree、Mini-Pay 和 UOBT 等。

(3) 其他微支付系统。在以上两种微支付系统的基础上，一些研究机构和公司还提出了多种新的微支付系统及其扩展形式，并在一些新的领域得到了应用，以满足不同的安全性和效率需求。除了前面介绍的微支付系统外，典型的还包括 u-iKP、ITESET、Jalda 和 IBM 开发的微支付系统等。

4. 微支付系统模型

微支付系统模型一般涉及客户、经纪人和商家这三方。客户是使用微电子货币购买商品的主体。商家为用户提供商品并接收支付。经纪人是作为可信赖的第三方存在的，作用是为客户和商家维护账号、通过数字证书或其他方式认证客户和商家的身份、进行微电子货币的发行和清算，并解决支付过程中可能引起的争端，可以是一些中介机构，也可以是银行。

根据不同的微支付模型，微支付中的电子货币可以由支付票据（Script）或 Hash 链等组成，可以由商家产生，也可以由经纪人和客户产生。由商家或经纪人代理产生的微电子货币一般与特定的商家有关；经纪人作为可信赖的第三方机构，也可以独立产生电子货币，它独立产生的货币一般与特定的商家无关；另外，客户也可以根据经纪人的授权（如通过颁发数字证书）来独立制造货币，它一般是基于 Hash 链形式的，可以与特定的商家有关，也可以无关，并具有灵活的扩展形式。

在进行支付之前，客户一般通过离线方式获取微电子货币或交易中使用的数字证书，客户和经纪人之间建立联系，客户在经纪人处建立账号，并通过在线方式同商家进行联系，浏览选择商品和进行支付。商家一般可以在本地验证电子货币的真伪，但一般不能判断客户是否在重复消费（除非对特定商家的货币）。每隔一定的时间，如一天或一周等，商家会把客户支付的微电子货币发送给经纪人进行兑现，经纪人对电子货币进行验证，以防止商家的欺骗和客户的重复消费，这个步骤一般通过离线方式完成。有些微支付机制更简单，甚至不需要经纪人的参与，整个支付过程中只涉及客户和商家。微支付系统模型如图 4-4 所示。

5. 两种典型的微支付系统

（1）MilliCent。MilliCent 是基于票据的微支付系统，于 1995 年由 Compaq 与 Digital 联合开发，属于离线支付方式（即商家不必与经纪人联系就可以鉴别客户所付票据的真伪）。票据是 MilliCent 支付系统的基础，其基本思想是利用一个密钥控制的单向 Hash 函数来认证和验证支付票据（Scrip）。

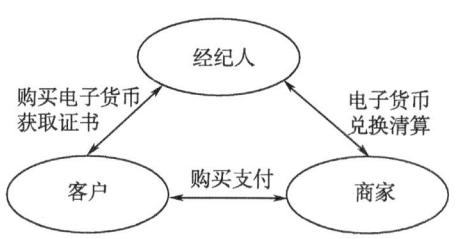

图 4-4　微支付系统模型

每一个支付票据代表客户与某一特定商家所建立的一个资金账户，当客户用其持有的支付票据购物时，商家将费用从客户的支付票据中扣除，并产生一个新的支付票据作为所找回的钱退还给客户，当客户完成了一系列的交易后，还可以将所剩的支付票据兑换成实际的货币，从而撤销与某一商家的账户。

在 MilliCent 支付系统中，存在着三个实体：经纪人（Brokers）、商家（Merchants）以及客户（Customers）。在 MilliCent 中引进经纪人，可以减轻客户和商家之间的负担。因为一个支付票据其实通常是一个很小的金额，而且每个商家的支付票据仅仅在该商家处购买才有效，对其他商家均无效，而客户对不同商家的商品会有不同的需求，有可能在某一个商家处买得很少，因此经纪人可以销售不同商家的支付票据，这样大大减少了客户和商家的任务。客户不需要保存大量的商家支付票据，商家也不必保存每一个客户的账号。经纪人一方面大量购买商家的支付票据，另一方面再把支付票据卖给客户。当然商家给经纪人的是折扣价，这样商家不必储存大量的支付票据。同时，经纪人可以经商家批准代理生产商家的票据，这使得系统的效率更高，减少了大量的票据传输，也减轻了商家的工作量。每个商家仅仅接受自己的支付票据，并且在本地就能够鉴别支付票据的有效性和是否是重复消费，所以 MilliCent 是一种离线支付方式。客户要购买商家的支付票据才能购买商家的信息产品和服务，客户首先通过非微支付的形式购买经纪人的支付票据，然后再用经纪人的支付票据去购买商家的信息产品和服务。

当客户第一次购买某个商家的信息产品和服务时，他必须首先从经纪人处购买该商家的支付票据，此时经纪人和商家并未发生任何联系。客户把支付票据以及购买请求发送给商家，商家检查票据的有效性，如果有效，则将所剩的零头和信息产品传送给客户，否则拒绝交易，从而完成第一次交易支付。当客户下次再使用剩下的商家支付票据进行交易支付时，就不再需要经纪人的参与了，商家在本地就可以检查支付票据的有效性，这就大大减少了支付成本。

MilliCent 支付系统中通常支付的金额都很小，对于攻击者来说其花费的成本远远大于盗取的微支付金额。因此，攻击 MilliCent 是得不偿失的，所以 MilliCent

可以以牺牲部分安全为代价而获取较高效率。在 MilliCent 中，没有使用公钥加密技术，而采用了效率更高的 Hash 函数，部分采用了对称加密算法；单向 Hash 函数中使用的密钥只有支付票据的发行者（经纪人）和要验证并最终接受此支付票据的商家才知道，所以，可以有效防止支付票据的伪造；支付票据中包含了唯一的序列号，对特定的商家，可以杜绝同一支付票据的多次消费；并且 MilliCent 不需要在线或离线的第三方（经纪人）去验证支付票据的合法性，这些都由商家独立完成。

但是在 MilliCent 的信任模型中商家、经纪人和客户之间维持着一个不对称的信任关系，更倾向于防止客户欺骗（伪造支付票据和同一支付票据的二次花费），客户无法检查和防止经纪人和商家的欺诈，无法验证支付票据的真伪；针对每一个新的商家，客户都要申请一个新的商家支付票据，所以 MilliCent 对于经常更换商家的客户效率并不高。

（2）Pay Word。Pay Word 是一个基于信用的微支付系统，也就是说，客户是在购买完商品后的一定日期内（如一天或一个月）才进行实际的支付。它采用数字签名和 Hash 函数进行加密，并通过 Hash 函数减少每次支付过程中公开密钥操作的次数，从而提高了系统的性能。Pay Word 支付系统用 Hash 链值代表客户信用，一个 Hash 链值称为一个 Pay Word 或 Pay Word 值。

在整个 Pay Word 微支付过程中，也涉及商家、经纪人和客户三个方面。经纪人处于客户和商家之间，起联系纽带的作用，负责向客户发送数字证书，使其可以生成 Pay Word 链，同时持有客户和商家双方的账户以备交易结束后划拨账款。商家接收到客户支付给自己的 Pay Word 值且验证无误后，将商品发送给客户，并且保存具有客户签名的支付凭证，将它们连同客户承诺一起发送给经纪人，从而得到实际的银行账户拨款支付。在整个交易过程中，经纪人除了每月一次的证书发放和最终结算外，其余时间都处于离线状态。

在支付实现过程中，客户首先在经纪人处开设一个账户，然后经纪人给客户发送一份数字签名证书，这个证书授权客户可以生成 Pay Word 链，并使用 Pay Word 链作为支付凭证提交给商家，同时经纪人要向商家保证，客户的 Pay Word 值可以兑换成现金货币。在第一次支付请求时，客户需要计算并签署对某一特定 Pay Word 链 $W_1 \cdots W_n$ 的承诺（即一个包含 Pay Word 链的根值 W_0 和其他附加信息的数字签名）。客户通过随机的方式提取一个 Pay Word 值 W_i，并在此基础上通过 Hash 函数以相反的顺序创建 Hash 链：$W_{i-1} = H(W_i)$，$\cdots W_0 = H(W_1)$，其中 $i = 1, 2, \cdots, n$。在这个 Hash 链中，W_0 不能用于 Pay Word 支付，它只是该链的根值。客户把承诺、W_0 和第 i 个支付对 (W_i, i) 一同发送给商家，商家对承诺中的数字签名进行验证，然后利用 W_0 和承诺验证支付对 (W_i, i)。在某一周期的最后，商家把最后的支付对 (W_i, i) 和承诺（所有客户的）提交给经纪人，经纪人验证通过以后，就从客户的账户中扣除价值为 i 的货币，并存储在商家的账户中。至此，完成了整个 Pay Word 的微支付过程。

Pay Word 在向一个新商家支付时，不需要联系第三方经纪人；Pay Word 支付交易中不需要保留过多的记录；系统的很多耗时工作都是离线完成的，如证书签署和货币兑换，这样有利于提高效率；支持可变大小支付，如客户在一次交易中需要支付 5 个单元的 Pay Word 时，首先向商家发送（W_1, 1），然后再发送（W_5, 5）即可；由于采用了强 Hash 函数，从已知花费的 Pay Word 来导出未花费的 Pay Word，在计算上是很困难的，这样可以有效防止 Pay Word 的伪造；在每一次支付中都包含支付承诺和相应的 Pay Word 链，所以，如果要重复花费的话，都要提交相同的支付承诺和 Pay Word 链，而最后一次消费的 Pay Word 和 Pay Word 根值都会被商家和经纪人保留和跟踪，所以，通过数据库形式存储某一支付承诺项及其对应的已花费的 Pay Word，可以有效防止多重花费。

但 Pay Word 系统本身也存在一定缺陷：如消费者必须对他需要支付的商家签署一个承诺，如果商家更换频繁，将会带来很大的计算消耗；采用公钥技术，降低了协议的效率；如果获取经纪人公钥，则可以解密证书，并了解消费者的详细信息，严重破坏消费者的匿名性；除此之外，Pay Word 的基本思想是把多次小额支付累积成为一个大额支付，但实际情况并非如此理想，如果结算时客户只在该周期内花掉了为数不多的 Pay Word，这样处理客户支付的费用就会超过客户的实际支付，从而失去小额支付的意义，而由于不同客户的小额支付又不能累加，因而成为 Pay Word 支付系统的主要缺陷；反过来，如果客户在结算时花掉了大量的 Pay Word，也并非一定有利，因为 Pay Word 支付系统是基于信用的支付方式，当客户的支付额较大时，商家也会承担较大的风险。

同 MilliCent 不同的是，客户在每次使用 Pay Word 进行新的支付时，没有必要更改数字证书或把没有使用的 Pay Word 链返回给经纪人。

三、互联网络开放式转账结算

封闭式网络转账结算主要发生在金融内部网络之间，在封闭式的网络中进行电子资金的转账与结算，而电子信用卡网上支付系统、电子现金网上支付系统和电子支票网上支付系统则是属于通过开放式网络进行电子资金的转账与结算，支付信息在开放的互联网上进行传输，对安全性要求较高。

1. 电子信用卡网上支付系统

所谓电子信用卡，就是传统的信用卡功能在互联网上的延伸，通过各种支持信用卡网上结算的协议实现客户所要求的支付结算。电子信用卡支付系统是美国等发达国家人们进行日常消费的一种常用支付工具，与其他形式的支付相比，它使用非常简单、方便，而且被世界各国的消费者接受，占有很大的市场份额。如今互联网上的电子信用卡支付是最普遍和首选的支付方式。

电子信用卡网上支付系统主要有实时处理和非实时处理两种模式，实时处理的电子信用卡主要采用 SSL 协议或 SET 协议，如招商银行的"一网通"、CyberCash 等；非实时处理的电子信用卡主要通过电子邮件的方式将客户的信用卡信息传送给发卡授权机构，如 First Virtual Holding。

2. 电子现金网上支付系统

电子现金又称数字现金。狭义的电子现金是一种以数字形式储存并流通的货币，把银行账户中的资金转换成一系列加密的序列数，用这些序列数来表示现实中的各种金额，客户用这些加密的序列数就可以在互联网上允许接受电子现金的商店购物了。

按照载体来划分，电子现金主要包括两类：一类是币值存储在 IC 卡上的电子钱包卡形式；另一类则以数据文件的形式存储在计算机的硬盘上。所以，电子现金网上支付系统包括电子钱包卡模式和纯数字现金模式两种。典型的电子现金网上支付系统主要有 NetCash、Mondex、E-cash、CyberCoin 和 MicroPayments 等。

3. 电子支票网上支付系统

电子支票是纸质支票的电子替代物。狭义的电子支票是指基于互联网的，用于发出支付和处理支付的网上服务工具。

电子支票主要通过互联网和金融专用网络，以电子邮件的方式传输，并用数字签名加密，进行资金的划拨和结算。电子支票网上支付系统，可以在收到支票时即验证出票者的签名、资金状况，避免了传统支票常发生的无效或空头支票的现象，既可以满足 B2B 交易方式的支付结算需要，也可以用于 B2C 交易方式的支付结算。电子支票成本低、支付速度快、安全性高、不易伪造。典型的电子支票网上支付系统主要有 FSTC 的电子支票系统、BIPS、E-check、NetBill 和 NetCheque 等。

4. 几种典型的互联网络开放式转账结算系统

（1）CyberCash。CyberCash 是于 1995 年 4 月开始在互联网上为商家和客户提供实时电子信用卡支付服务的网上支付系统，以加密技术和数字签名技术作为基础来实现安全的互联网支付服务。CyberCash 为每位用户建立信用档案，并为每位用户设置公开密钥，可以为用户提供连接多张信用卡的电子支付服务。CyberCash 向客户和商家免费提供客户端软件，用户付款给零售商，零售商再传送给连接到美国银行专用网络的 CyberCash 服务器，在这个过程中，零售商看不到加密支付信息中的信用卡明细。

（2）First Virtual（FV）。First Virtual 仅限于在线信息服务，并且通过邮寄的方式而不是互联网来传送电子信用卡明细账。用户在 FV 上注册为一个客户或商家，得到一个账号 ID 和口令，客户使用 FV 账号 ID 和口令来进行购物，商家与

FV 进行在线验证，并提供商品或服务信息给客户，客户最后通过电子邮件或传真的方式来确认交易，当小额交易累计到适当的数额后，现金从客户的信用卡上支付。其中 FV 通过用电子邮件或传真的方式来确认请求支付，保证了一定程度上的安全。目前 First Virtual 仅应用于 VISA 卡和万事达卡账号和美元，商家从指定的银行账号接收资金。

（3）E-cash。E-cash 是一种实现无条件的匿名电子现金系统，由 1994 年 5 月成立的 DigitCash 公司开发，也是最早的电子现金系统。目前使用该系统发布的 E-cash 的银行有十多家，包括 Eunet、Deutsche、Advance 等世界著名银行。在使用 E-cash 时，客户和商家必须在 E-cash 的银行建立一个账户，银行向他们提供 Purse 软件，用于管理和传送 E-cash，然后，资金从常规账户输入到 Purse 软件上，并且在被支出前存储在客户的内置硬盘上。

（4）Mondex。Mondex 系统是由英国最大的 West Minster 银行和 MidLand 银行为主开发和倡议的以智能卡为存储介质的电子现金系统，它属于电子钱包卡模式的电子现金系统的一种，类似智能卡的应用模式。Mondex 于 1995 年 7 月在英国斯温顿市正式开始使用，可以说是全球唯一国际性的电子现金系统，也是最先进、最完整的智能卡系统。日本 1997 年引入 Mondex，澳大利亚四家银行、新西兰六家银行都准备推广 Mondex，香港汇丰和恒生银行已经发行 40000 余张 Mondex 智能卡。

（5）NetBill。NetBill 是由美国匹兹堡的卡内基美隆大学开发的一种电子支票网络支付系统，该系统参与者包括客户、商家以及为他们保存账户的 NetBill 服务器。这些账户可以与金融机构中的传统账户相连。客户的 NetBill 账户可以从其银行转账注入资金，而商家的 NetBill 账户中的资金可以存入其银行账户。NetBill 通过与客户服务器协作，利用各种文库来提供对交易的支持。客户文库称做"支票簿"，而服务器文库称做"收款机"。支票簿和收款机分别依次地与客户应用和商家应用进行通信。两者之间所有的网络通信均经过加密，以防止入侵者的进入。

第四节　电子银行清算体系

一、支付与支付清算

只要有交易发生，必然引起资金流流动，而资金流的流动具体体现为商务伙伴之间的支付与结算活动，这也是电子商务活动流程中最为关键的组成部分。

1. 支付、清算与结算的含义

支付是指为清偿商品交换或劳务活动引起的债权债务关系，将资金从付款人账户转移到收款人账户的过程。清算是指按一定的规则和制度安排对经济活动中形成的多重债权债务关系结清的过程。结算是将清算过程中产生的待结算债权债务，在收付款人金融机构之间进行账务处理、账簿记录，以完成资金的最终转移的过程。

支付源于交换主体之间的经济交换活动，但由于银行信用中介的介入，最终演化成为银行与客户之间。客户开户行之间的资金收付关系。而银行之间的资金收付交易，又必须通过中央银行的资金清算，清算过程计算出众多收付方的多重债务关系，而结清最终债务关系需要结算。

由于银行处于社会经济活动中资金往来的中心，其中银行与客户之间的支付是银行向客户提供的一种金融服务，是整个支付活动的基础。银行的业务系统要结清经济活动中的各种债权债务关系必然要通过清算制度的安排才可能在最短的时间内进行最终结算，以结清银行客户之间由于收付款产生的复杂债务关系。因此，有时也把银行的支付系统称为清算系统，实际上，对银行来说，支付与支付清算是两个无法完全区分的概念，支付系统与支付清算系统是两个无法分开的系统。

2. 支付与清算的过程

商品交易时的支付与清算过程如图 4-5 所示。

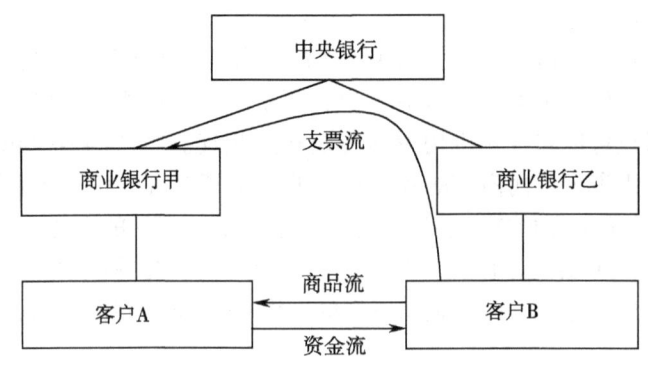

图 4-5　商品交易时的支付过程示意图

如果客户 A 和客户 B 在不同的商业银行开户，客户 A 向客户 B 购买商品，用支票支付。那么，由 A、B 双方进行商品交易而引发的全部支付过程将在两个层次上进行：低层次是面向客户的，银行与客户之间的支付与结算；高层次是面向往来银行的，中央银行与各商业银行之间的支付与清算。整个支付过程始于客户 B 到商业银行 A 的支票流，然后商业银行甲将客户 A 账户中的资金拨付到客户 B 在商业银行乙的账户中，从而完成该笔交易的资金支付。

支付过程的复杂程度，根据支付双方开户银行之间的关系不同而异。如果支付双方开户银行是同一银行，或是同一银行下属的两个分行，则该银行自己就能完成全部支付过程；如果支付双方开户银行是本地的两个不同银行，则需要通过中央银行的同城资金清算才能完成；若是异地的两个银行，则需要通过中央银行的异地资金清算才能完成支付过程；若支付双方银行是隶属于不同国家的银行，则是国际支付，需要经过同业的多重转手才能完成支付过程。

二、中国电子支付模式及发展趋势

1. 中国电子支付的主要运作模式

根据中国目前电子支付运营主体的区别，中国电子支付的运作模式主要有三种方式：银行的电子支付、第三方支付平台、以电信运营商为主体的电子支付。

（1）银行的电子支付。银行实施的电子支付主要有两种形式：网上银行和基于安全电子交易协议用于网上购物的电子支付。由于我国目前没有统一的电子支付协议，使用某一银行网上支付工具的用户只能购买与该银行签约的特约商户的商品和服务，而无法直接实现跨行的电子支付。例如，中国银行的 SET 应用只使用在其网上商城中（中银电子商城），招商银行的一网通同样如此。实现跨行的电子支付要借助于网上银行或者第三方支付平台。

（2）第三方支付平台。目前我国银行网上支付各自为战，自我运营的第三方支付平台通过自身与商户及银行之间的桥接完成支付中介的功能。同时有的支付平台又充当信用中介，为客户提供账号，进行交易资金代管，由其完成客户与商家的支付后，定期统一与银行结算。第三方支付既有以支付宝和财付通为代表的非独立第三方支付平台，也有以快钱以及环讯支付为代表的独立第三方支付平台。目前，第三方支付企业以客户服务为中心，逐渐建立起多样化的支付方式，大大方便了用户的电子支付。

（3）以电信运营商为主体的电子支付。以电信运营商为主体的电子支付模式，除了用于手机缴费以外，也通过手机号与手机用户的银行卡绑定，提供类似于电子钱包的功能，实现电子支付。目前，国内此类电子支付模式提供的业务种类还比较少，主要包括各种 SP 代收费以及购买彩票、保险、水、电等公共事业服务，交易金额相对要小一些，联动优势在这一种支付模式中具有典型的代表性。

2. 各种支付模式的竞争优势和现状

图 4-6 是 2007 年艾瑞咨询对中国三种主要电子支付平台的竞争优势对比，从图中分析可以看出，在目前中国电子商务支付领域，不同的支付平台在不同的领域都有其相对的竞争优势。

（1）C2C 市场基本格局。C2C 市场存在大量的个人买家和卖家，存在严重的支付信用问题，传统的支付方式，像银行汇款、货到付款等方式根本不适合，

	C2C支付	B2C支付	B2B支付
独立的第三方支付平台	◐	◔	◐
非独立的第三方支付平台	●	◕	◕
各大银行网上银行	◕	◐	◐

注：非独立的第三方支付平台指依托于自身的电子商务网站而建立起来的支付平台

竞争优势：高● 中◐ 低○

图4-6 我国三种主要电子支付平台的竞争优势对比（艾瑞市场咨询）

而目前各大银行网上银行又不愿进入这种需要耗费大量资源且利润又薄的支付领域，因此第三方支付平台成为C2C支付最主要的支付方式。由于中国C2C电子商务市场集中度很高，近95%的市场份额集中在淘宝、易趣和拍拍这三大网站，而这些C2C网站都分别有自己的支付平台支付宝、安付通和财付通，因此独立的第三方支付平台很难涉足。随着C2C在中国网络购物市场地位的日益提升，C2C网上支付市场也日益成熟。

（2）B2C网上支付竞争激烈。B2C电子商务的特殊性质和中国网民的传统购物习惯决定了目前中国B2C电子商务支付主要以货到付款为主，其次是邮局和银行汇款。目前B2C网上支付在我国正处于市场开拓阶段，尚未成为广大网民和各大商家认可的支付方式。由于担心利益竞争问题，目前在B2C网上支付领域，各大商家主要选择与独立的第三方支付平台或各大银行的网上银行进行合作。此外B2C支付涉及很多大的商家，而这些商家在很大程度上又是各大银行的客户，银行和第三方支付平台都在努力成为这些大商户的支付首选，未来各大银行与第三方支付平台在B2C支付领域的竞争将日趋激烈。

（3）B2B网上支付尚未成熟。目前B2B电子商务支付主要以传统的银行汇款为主，B2B网上支付在资金安全、信用体系、行业监管、物流等方面还存在很多问题没有解决，B2B网上支付在我国的环境和条件尚未成熟，支付问题已经成为影响B2B电子商务发展的最大瓶颈。而活跃于C2C和B2C领域的第三方支付公司难以对B2B交易进行担保，需要在传统支付环节中的商业银行进入到这一领域来。目前中国银行、中国工商银行、中国农业银行等已经开始尝试与第三支付平台合作来服务于B2B电子商务交易业务。

可以说，目前中国电子商务主要网上支付平台是由非独立第三方支付平台、独立的第三方支付平台和各大银行推出的网上银行支付平台组成的，市场竞争比较激烈。C2C网上支付已经趋于成熟。B2C网上支付正处于市场开拓阶段，而

B2B 网上支付的条件和环境尚未成熟。中国电子商务网上支付发展不均衡，未来中国电子商务支付方式的彻底解决还有很长的路要走。

为适应和促进中国电子商务市场的迅速发展，对各大银行而言，除了大力发展自身的网上银行之外，还要加强与第三方支付公司的合作，以实现互利双赢；对第三方支付公司而言，除了深入挖掘行业需求和用户价值，更要不断创新支付产品和服务，提高自身核心竞争力。

三、中国的支付清算与结算服务

电子支付直接服务于电子商务的交易，但支付的完成则依赖于银行支付清算与结算体系的完善。2005 年 6 月，中国人民银行建成的支付清算网络体系覆盖了所有支付工具的应用，提供了社会资金快速运动的重要渠道，成为中央银行制定货币政策、救助问题金融机构、充当最后贷款人角色的必要支撑。

1. 支付结算体系概述

（1）中国支付结算体系的构成与核心。我国的支付结算体系可分为五个部分，即支付结算法规体系、支付服务组织体系、支付工具体系、支付清算网络体系和支付结算管理体系，这五个组成部分是密不可分的有机整体。支付结算法规和支付结算管理是支付体系正常运行的重要保障，支付服务组织提供的清算服务必须以支付工具和清算系统为依托，结算工具的应用离不开支付清算系统的支撑，五个部分缺一不可。

支付清算系统是支付结算体系的核心，以大额支付系统在全国建成并取代电子联行系统为标志，目前我国已经初步建立以中国人民银行现代化支付系统为核心、银行业务金融机构行内支付系统为基础、票据支付系统和银行卡支付系统为重要组成部分的支付清算网络体系。

（2）中国支付清算系统的内涵。中国目前的支付清算包括央行和国有商业银行两大类系统、三条支付清算渠道，基本上是中国人民银行直接经营、四大国有商业银行垄断的模式。第一条渠道：央行支付清算系统，包括 2000 多家同城清算所、全国手工联行系统和全国电子联行系统（现由大额支付系统取代）；第二条渠道：国有商业银行联行往来系统及其辖内（内部）往来系统，大约 2/3 的异地支付是通过这些系统进行清算的；第三条渠道：商业银行同业之间的异地跨系统资金划转。这种支付清算体系的缺点是支付清算系统与货币经营系统混合，占用了企业的资金，限制了银行的贷款规模和支付清算能力，导致信用膨胀和金融风险在银行体系中不断累积。2010 年 9 月 1 日起施行的《非金融机构支付服务管理办法》，显然是为了打破现行支付清算体系的垄断局面，为支付清算体系引进竞争机制。该办法将极大地促进支付服务市场的健康发展，规范支付清算行为，提高清算效率，防范清算风险，维护我国金融稳定。

2. 中国的支付清算体系

支付清算系统是由提供支付服务的中介机构、管理货币转移的法规以及实现支付的技术手段组成的整体，用以偿清经济活动参与者在获取实物资产或金融资产时所承担的债务和资金的划拨。中国的支付清算体系适应我国现行的银行体制，为市场经济和对外开放条件下的经济及社会活动提供现代化支付清算服务，对加快资金周转、提高支付清算效率、促进国民经济健康、平稳发展发挥着越来越重要的作用。我国目前存在的支付清算系统主要有以下几种类型：

（1）票据交换系统。票据交换系统是我国支付清算体系的重要组成部分。从行政区划上看，我国票据交换所有两种：地市内的票据交换所和跨地市的区域性票据交换所。通常将地市内的票据清算称为同城清算，跨地市的清算称为异地清算。

同城票据交换是指同一城市金融机构同业间在指定的场所交换相互代收的业务结算凭证，并对由此而引起的资金往来进行清算的一种方式。这是适应大中城市金融机构众多、相互之间资金往来频繁而设立的一种交换票据、清算资金的方法。

票据交换所是由中央银行拥有和运行的，目前我国共有区域性票据交换所18个，约300多个城市票据交换所，2000多个县城票据交换所。全部同城跨行支付交易和大部分同城行内支付业务都经由同城清算所在商业银行之间进行跨行清算，而跨地域的支付则由跨地市的票据交换所进行异地清算。

为了提高同城清算的电子化程度，业务量大的票据交换所采用票据清分机；通信发达的地区建立电子资金转账系统，由数据通信网传送支付数据；通信不发达的地区可以采用磁介质交换支付数据。我国第一个票据清分系统于1990年在广州建立，1998年8月北京同城票据自动清分系统投入使用，成为我国最大规模的票据清分中心之一。目前，50%以上的支付业务量（包括行内和跨行支付在内的）都是经过票据交换系统处理的，所以票据交换系统在中国支付体系中的重要性不言而喻。

（2）全国手工联行系统。中国人民银行和四大国有商业银行都有自己的全国手工联行系统，对于异地纸质凭证支付交易的处理采用了所谓"先横后直"（即先跨行后行内）的处理方式。在这种意义上，只存在同城跨行系统和异地行内系统。1996年以后，四大国有商业银行全都用全国电子资金汇兑系统代替了原来的手工联行系统，但是，中国人民银行依然运行着自己的手工联行系统，用以处理跨行纸质凭证异地支付交易，以及中国人民银行分/支行之间的资金划拨。

中国人民银行的全国手工联行系统分中央、省、县三级，是三级联行系统。业务处理内容包括以下三部分：

1）支付凭证的交换。它一般是通过信汇或电汇在发起行和接收行之间直接进行交换。

2）资金结算。发起行和接收行根据支付项目的联行清算范围，将支付总金额记到相应账户。

3）对账监督。每天每个分/支行向其上级机构报告往来账发生额，以便管辖行实施对账监督，并计算联行往来汇差（净额结算金额）。当汇差超过规定金额时，才借记分行头寸。

（3）全国电子联行系统。全国电子联行系统是基于卫星通信网络、覆盖全国范围的电子资金汇划系统，由中国人民银行清算总中心开发，通过中国人民银行联合各商业银行设立的国家金融清算总中心和在各地设立的资金清算分中心运行，是中国人民银行处理异地清算业务的行间处理系统。商业银行受理异地汇划业务后，汇出、汇入资金通过此系统由中国人民银行当即清算。全国电子联行清算系统承担了全国各银行之间支付和清算的重要职能，为异地银行间资金汇划提供了方便、快速的通道。

全国电子联行系统于1989年开始建设，自1991年在7个城市正式运行后，发展到拥有2个卫星主站和646个地面卫星小站，开通运行2000多个电子联行收发站，覆盖全国所有地市级以上城市和1000多个经济发达的县。电子联行的业务量也随着通汇城市、通汇网点的增加而迅速增长。

但由于电子联行系统功能比较单一，汇划速度较慢，已不能适应经济金融发展和新形势的要求，为了更好地发挥中央银行的职能作用，改进金融服务，促进社会主义市场经济的发展，全国电子联行系统于2005年6月底被大额支付系统所取代，但该系统是迄今为止中国人民银行稳定运行时间最长的电子支付系统。

（4）中国现代化支付系统。该项目的总体设计始于1991年，1996年11月进入工程实施阶段，2002年10月8日，该系统正式在中国人民银行清算总中心上线运行。

中国现代化支付系统主要提供跨行、跨地区的金融支付清算服务，能有效支持公开市场操作、债券交易、同业拆借、外汇交易等金融市场的资金清算，并将银行卡信息交换系统、同城票据交换所等其他系统的资金清算统一纳入支付系统处理，是中国人民银行发挥中央银行作为最终清算者和金融市场监督管理者的职能作用的金融交易和信息管理决策系统。中国现代化支付系统由大额实时支付系统和小额批量系统两个系统组成。大额实时支付系统实行逐笔实时处理支付指令，全额清算资金，旨在为各银行和广大企事业单位以及金融市场提供快速、安全、可靠的支付清算服务。小额批量支付系统实行批量发送支付指令，轧差净额清算资金，旨在为社会提供低成本、大业务量的支付清算服务，支撑各种支付业务，满足社会各种经济活动的需求。

目前中国人民银行的大额实时支付系统连接1500多家直接参与者、6万多家间接参与者，日均处理支付清算业务近 60 万笔，日均金额达 1 亿万元。2006年，大额实时支付系统共处理支付清算业务 14181 万笔，金额 2575363 亿元，占支付系统业务量的 3.7% 和 46.6%。2006 年，小额批量支付系统共处理支付清算业务 3336 万笔，金额 21552 亿元。

（5）银行卡支付系统。银行卡支付系统是指全国银行卡跨行信息交换网络系统，全国银行卡信息交换中心于 1998 年年底投入运行。银行卡支付系统通常由客户所持有的系统访问工具即银行卡、ATM 和 POS 网络及其单独的支付清算系统构成。持卡人通过银行卡支付系统，可以实现银行卡全国范围内的联网通用。为了加速我国银行卡事业的发展，2002 年成立了中国银联股份有限公司，负责建设、管理和运行全国银行卡跨行交易处理系统，目前已在全国各地推广普及全国统一的"银联"标志卡，实现各商业银行发行的"银联"标志卡在我国各省主要城市内和城市间跨地区、跨银行通用，极大地推动了我国银行卡的普及和迅速发展。

从表 4-1 中可以看出 2006 年银行业支付清算网络中各子系统的业务分布和银行卡支付业务的状况。

表 4-1　2006 年我国银行业支付清算网络中各子系统业务量统计笔数所占比例

统计项目 \ 子系统	中国人民银行现代化支付系统	票据支付系统	银行业金融机构内支付系统	银行卡支付系统
业务笔数所占比例	4.6%	11.9%	40.0%	43.5%
业务金额所占比例	47.1%	11.8%	40.8%	0.3%

可见，银行卡支付系统面向的是广大消费者，业务笔数占的比例较大（43.5%），但金额数占的比例很小（0.3%）；而中国人民银行现代化支付系统处理的是大额实时支付和小额批量支付，虽然业务笔数占的比例很小（4.6%），但金额数目占总清算金额的比例很大（47.1%）。

（6）中国邮政支付系统。中国邮政支付系统在个人消费者支付汇款中发挥了十分重要的作用。邮政局提供信汇和电报汇款的方式，主要面向消费者个人客户。汇款人通常要携带现金到附近邮政局办理汇款手续，收款邮政局通知收款人到指定邮政局取款。邮政局还开办了邮政储蓄业务，消费者可以从其邮政储蓄账户汇出或汇入资金，各邮政局之间的资金结算是通过开设在中国人民银行的特殊账户来实现的。

思 考 题

1. 试述电子支付系统的主要功能。
2. 电子支付系统有哪些构成要素？

3. 电子支付的基本模式有哪些？各具有什么特点？
4. 封闭式网络转账结算系统的特点是什么？
5. 试述微支付系统的工作原理。
6. 互联网络开放式转账结算有哪些主要的方式？
7. 说明支付与清算的原理与工作过程。

第五章
网上安全支付的技术基础

内容提要

1. 网络支付涉及的安全问题
2. 防火墙的概念、安全策略及分类
3. 对称密钥加密和公开密钥加密算法
4. 数字签名技术
5. 密钥管理的概念和密钥管理技术

本章引导案例：2011年信息泄露事件

在2012年即将到来之际，包括CSDN、天涯社区在内大量网站的用户数据库被黑客攻陷，据不完全统计，大概有5000万用户的数据遭到曝光，一时间，网民人人自危，各网站如临大敌。

2011年12月21日，国内著名程序员网站CSDN上超过600万个用户账户信息被黑客在网上公布。随后，CSDN发表官方道歉称，已向公安机关报案，同时已对现有的2000万注册用户的账号和密码数据库采取了密文保护和备份。

CSDN是中国最大的程序员社区，会员囊括了中国90%以上的优秀程序员。在这600万用户信息未被泄露之前，人们根本不清楚，如此雄厚技术背景的CSDN竟然采用明文方式保存用户密码，这意味着黑客一旦进入数据库，无需解密就可以直接看到用户密码等全部信息。

1. CSDN提醒用户更改密码

用户数据泄密之后，CSDN官方致歉称："我们非常抱歉，近日发生了CSDN部分用户数据泄露事件，您的用户密码可能被公开。我们恳切地请您修改CSDN相关密码，如果您在其他网站也使用同一密码，请一定同时修改相关网站的密码。再次向您致以深深的歉意！此外我们也在第一时间联络了国内主要的互联网网站和邮件提供商,请他们立即提醒自己的相关用户修改账号。在此,我们感谢腾讯、网易、支付宝团队的支持。"

分析人士指出,CSDN 之所以要第一时间联络国内主要的互联网网站和邮件提供商,是因为很多用户习惯于在用相同的用户名和密码登录不同的网站。如果被曝光的 CSDN 的用户数据被别有用心的人用来登录网易、新浪、搜狐等邮箱以及支付宝,由于邮箱绑定了更为大量的个人信息尤其是银行账号,可能会造成巨大的损失。

2. 天涯社区未能幸免于难

紧随 CSDN 之后,著名的天涯社区的用户信息也遭到黑客曝光,而且相比 CSDN 600 万的数字,天涯用户信息泄露的用户数被传高达 4000 万。对此,天涯社区相关负责人接受《证券日报》采访时表示,"4000 万这一数值是黑客提供的下载文件中标明的,就目前核查的情况,实际数据低于这一数字。由于历史原因,天涯社区早期使用过明文密码,此次被盗的数据为 2009 年之前的备份数据。2010 年之后,我们升级改造了天涯社区用户账号管理功能,使用了强加密算法,解决了天涯社区用户账号的各种安全性问题。关于此次数据被盗事件发生的动机、手段及波及的规模,我们会配合公安机关、政府监管部门的调查和取证,调查进展请关注有关部门的通报或说明。"

3. 新浪、人人网等否认数据泄露

在黑客曝光的数据泄露的网站名单中,除了 CSDN、天涯社区外,还有新浪微博、人人网、世纪佳缘、多玩网等。不过,除了 CSDN、天涯社区已承认数据泄露之外,新浪微博、人人网等均否认自己的用户信息遭到泄露。

人人网公司发表声明称,"人人网自建站以来,从未以明文方式存储用户的账号和密码,没有任何用户数据通过人人网对外泄露。对于近日发生的 CSDN 网站大量账号密码被盗事件,人人网立刻采取对用户账户的安全保护措施,利用站内信件通知所有可能存在账户安全隐患的用户立刻修改密码并进行安全升级,防止账户被盗。目前网上可供下载的人人网用户数据经过测试并非人人网账户信息。人人网同时提醒所有与 CSDN 相同账号密码的互联网用户及时修改密码。"

除上述被黑客提及的网站之外,为了防患于未然,大量网站均在首页明显位置要求用户尽快更改密码。据不完全统计,已经有数百家网站提醒用户及时更改密码。更改密码,已然成为 5 亿中国网民迎接 2012 的必选动作。

(资料来源:《证券日报》,2011 年 12 月 28 日,第 D02 版)

思考题:

1. CSDN 用户信息泄露的原因是什么?
2. 明文与密文的区别是什么?

第一节 网上支付的安全问题与需求

一、网上支付的安全问题

从广义上讲,网上支付是发生在购买者和消费者之间的金融交易,而这种交易的手段通常是银行所支持的某种数字金融工具,如信用卡、电子支票或电子现金等。因此网上支付系统是消费者、交易商和金融机构之间使用安全电子手段交换商品和服务,即把新型支付手段(包括电子现金、电子信用卡、借记卡、智能卡等)的支付信息通过网络安全传送到银行或相应的处理机构来实现电子支付。

网上支付是电子商务的关键环节,用户的资金账号、密码,交易信息等商业机密信息均要通过网络传输。由于电子商务以开放的互联网络为基础,因此电子支付给人们带来交易便利的同时,随着网上交易额的与日俱增,不可避免地面临一系列的安全问题。网络技术方面本身存在的漏洞和使用权限也带来了许多安全隐患,为不法分子开展不法行为提供了便利条件。这些安全问题直接影响了电子支付各方的经济利益,不利于电子商务的顺利开展。

目前,网上支付面临的安全问题主要有:

1. 身份欺诈

网上支付过程中涉及的各方身份信息均需要验证,攻击者可能假冒支付中某一方的身份,从而盗取被假冒一方的信誉或财产等。例如,一个攻击者可能假冒某个合法用户生成虚拟订单,利用合法用户账号中的电子货币付款并收到货物。

2. 支付数据的篡改

由于互联网的开放性,支付的数据信息在互联网上传送时,有可能被篡改、破解或者伪造。如攻击者可以修改支付账号或密码、修改支付金额、修改收款人账号等,这将给被攻击人带来损失。这是人们对电子支付安全的主要顾虑。

3. 支付信息泄漏

目前,带有键盘操作记录功能的木马比比皆是,这种木马进入系统后,会记录下用户输入的密码口令,然后将它们发送给木马制作者,于是黑客可以轻易地冒充持卡人通过互联网进行消费,给持卡人带来损失。

4. 支付中断

网上支付等在线业务的使用,必然会使相关金融信息系统与国内外公共互联网进行互联,那么,来自公共互联网的各类攻击、病毒及入侵将对金融信息系统的可用性带来巨大威胁和侵害,可能导致正常的计算机处理被破坏、延迟或完全拒绝服务。这种支付过程被中断的攻击往往会导致灾难性的后果。

5. 支付信息的抵赖

网上支付是一个通过商业银行提供的网上结算服务将资金从付款人账户划拨到收款人账户的过程。对于资金划出操作，若付款人否认发出资金划出指令，商业银行将处于被动局面；对于资金划入操作，若商业银行否认资金划入操作，收款人将处于不利境地。在电子支付过程的各个环节中都必须是不可否认的，即支付一旦达成，发送方就不能否认其发送的信息，接收方则不能否认其接收到的信息。

二、网上支付的安全需求

从上述可知，网上支付面临各种威胁，要安全地进行网上支付，就必须建立起一定的安全基础设施，能为不同的用户按不同的安全需求提供各种安全服务。这些安全服务主要包括以下几个方面：

1. 身份认证

在电子支付的过程中，首先需要在交易之前，确定交易各方的身份，要求参与支付的各方提供可靠性标志，交易各方的身份不能被假冒或伪装。例如，要保证支付过程中支付人的身份是真实的，同时支付人也要认证支付平台的真实性。

2. 信息的机密性

信息机密性是指在电子支付的过程中必须保证敏感信息不会被泄密，如客户个人信息、银行账号信息、支付密码等。网络支付工具必须保证支付信息在输入、传输、输出和存储等过程中对其进行加密，这样即使别人截获或窃取了数据，也无法识别信息的真实内容。

3. 信息的完整性

信息的完整性是指信息在存储或传输时不被人为故意修改、破坏或者在数据传输过程中出现信息丢失、信息重复等差错。

4. 信息的抗抵赖性

在电子交易中，支付行为和其他业务环节都是不可抵赖的。如交易一旦达成，发送方不能否认已发送的信息，接受方不能否认已收到的信息。当网络支付双方出现纠纷，能依照一些技术行为，明确支付双方的具体责任，解决纠纷。

5. 信息的有效性

信息的有效性是指要保证信息在确定的时刻、确定的地点是有效的，应能对网络故障、硬件故障、错误操作、应用程序错误及计算机病毒所产生的潜在威胁加以控制和预防。

要想真正实现网上支付，就必须满足上述的安全需求，为用户提供一个安全的支付环境。目前保障网上支付安全的技术主要有：防火墙技术、数据加密技术、数据完整性技术、安全认证技术。这些技术将在本章后部分和第六章作详细介绍。

第二节 防火墙技术

一、防火墙的概念及特征

防火墙指的是在内部网和外部网之间、专用网与公共网之间的界面上构造的保护屏障。它是一种获取安全性方法的形象说法，可以由软件构成也可以由硬件组成，是一种计算机硬件和软件的结合。

防火墙具有如下属性：
(1) 所有从内到外的通信流量，都必须通过它。
(2) 仅仅被本地安全策略定义的且被授权的通信量允许通过。
(3) 系统对外部攻击具有高抵抗力。

二、防火墙的工作原理及功能

防火墙的工作原理是：在内部网和外部网之间建立起一条隔离墙，检查进入内部网络的信息是否合法，或者是否允许用户的服务请求，从而阻止对内部网络的非法访问和非授权用户的进入，同时防火墙也可以禁止特定的协议通过相应的网络。图 5-1 为最简单的防火墙设置方式。

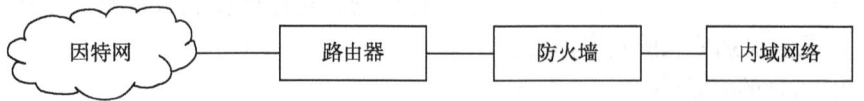

图 5-1 防火墙的基本原理

防火墙是网络安全策略的有机组成部分，它通过控制和监测网络之间的信息交换和访问行为来实现对网络安全的有效管理。总的来说，防火墙应能实现以下六大基本功能：

(1) 网络安全的控制，保护那些易受攻击的服务。防火墙能过滤掉那些不安全的服务和请求而降低网络安全的风险，能够监测、限制信息流从一个安全控制点进入或离开。只有预先被允许的服务才能通过防火墙，这样就降低了网络受到非法攻击的风险，大大提高了网络的安全性。

(2) 屏蔽内部信息。使用防火墙就是要使内部网络与外部网络隔断，让外部网络的用户在未经授权的情况下不能访问内部网络，并尽可能地隐藏内部信息、结构、运行情况；通过防火墙对内部网络的划分，还可以实现对重点网络的隔离。

（3）控制对特殊站点的访问。防火墙能控制对特殊站点的访问。例如，有些主机能被外部网络访问，而有些则要被保护起来，防止不必要的访问。通常会有这样一种情况，在内部网中只有电子邮件服务器、FTP服务器和WWW服务器能被外部网访问，而其他访问则被主机禁止。

（4）集中化的安全管理。对于一个公司来说，使用防火墙比不使用防火墙可能更经济一些。这是因为如果使用了防火墙，就可以将所有修改过的软件和附加的安全软件都放在防火墙上。而不使用防火墙，就必须将所有软件分到各个主机上。

（5）提供日志和审计功能，对网络存取访问进行记录和统计。由于所有对互联网的访问都经过防火墙，防火墙就能将所有访问都记录到日志文件中，同时也能提供网络流量及网络使用情况的统计数据。当发生可疑动作时，防火墙能进行适当的告警，并提供网络是否受到监测和攻击的详细信息。

（6）提供报警服务。当有潜在威胁的访问或请求经过防火墙时，防火墙不仅应该记录其动作，还应及时向系统管理员报警。

三、防火墙的分类

根据防火墙所采用的技术不同，我们可以将它分为三种基本类型：包过滤型、代理服务器型和监测型。

1. 包过滤型防火墙

包过滤型防火墙是防火墙的初级产品，其技术依据是网络中的分包传输技术。网络上的数据都是以"包"为单位进行传输的，数据被分割成为一定大小的数据包，每一个数据包中都会包含一些特定信息，如数据的源地址、目标地址、TCP/UDP源端口和目标端口等。防火墙通过读取数据包中的地址信息来判断这些"包"是否来自可信任的安全网站，一旦发现来自危险网站的数据包，防火墙便会将这些数据拒之门外。系统管理员也可以根据实际情况灵活制定判断规则。包过滤型防火墙工作原理示意图如图5-2所示。

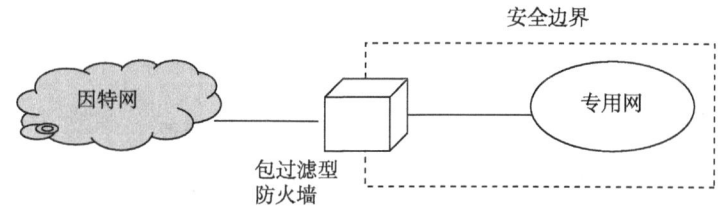

图5-2　包过滤型防火墙工作原理示意图

包过滤技术的优点是简单实用，实现成本较低，在应用环境比较简单的情况下，能够以较小的代价在一定程度上保证系统的安全。但包过滤技术的缺陷也是明显的。包过滤技术是一种完全基于网络层的安全技术，只能根据数据包的来源、目标和端口等网络信息进行判断，无法识别基于应用层的恶意侵入，如恶意的 Java 小程序以及电子邮件中附带的病毒。有经验的黑客很容易伪造 IP 地址，骗过包过滤型防火墙。

2. 代理服务器型防火墙

代理服务器型防火墙也可以称为应用网关，是当前防火墙产品的主流趋势。代理服务器型防火墙的工作原理如图 5-3 所示。代理服务器型防火墙通常运行在两个网络之间，它对于客户来说类似一台服务器，对于外界的服务器来说又是一台客户机。当代理服务器接收到用户对某网站的访问请求后会检查该请求是否符合规定，如果规则允许用户访问该网站，则代理服务器会像一个客户一样向服务器索取所需信息再转发给客户。它就像挡在内部用户和外界之间的一堵墙，从外部只能看到该代理服务器而无法获知任何的内部资源，使外部的恶意侵害很难伤害到企业内部的网络系统。并且代理服务是在应用层中实现的，所以能对应用层的协议进行过滤，如 WWW、HTTP、FTP、Telnet、SMTP、POP 等，除此以外，代理服务器还能对应用层的协议进行转换。

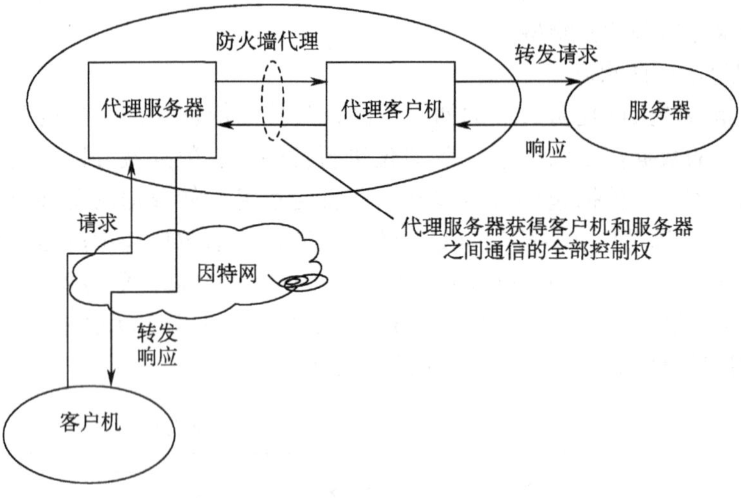

图 5-3 代理服务器型防火墙的工作原理

代理服务器型防火墙的优点是安全性较高，可以针对应用层进行侦测和扫描，对付基于应用层的侵入和病毒都十分有效。其缺点是对系统的整体性能有较大的影响，而且代理服务器必须针对客户机可能产生的所有应用类型逐一进行设置，大大增加了系统管理的复杂性。

3. 监测型防火墙

监测型防火墙是新一代的产品,其技术实际已经超越了最初的防火墙定义。监测型防火墙能够对各层的数据进行主动的、实时的监测,在对这些数据加以分析的基础上,监测型防火墙能够有效地判断出各层中的非法侵入。

虽然监测型防火墙安全性上已超越了包过滤型和代理服务器型防火墙,但由于监测型防火墙技术的实现成本较高,也不易管理,所以目前在实用中的防火墙产品仍然以第二代代理型产品为主,但在某些方面也已经开始使用监测型防火墙。

四、防火墙遵循的基本准则

从理论上来说,防火墙可以遵循如下两个准则:

1. 一切未被允许的都是禁止的

基于以上准则,防火墙应封锁所有信息流,然后对希望提供的服务逐项开放。这是一种非常实用的方法,可以创造一种十分安全的环境,因为只有经过仔细挑选的服务才被允许使用。其弊端是,安全性高于用户使用的方便性,用户所能使用的服务范围受限制。

2. 一切未被禁止的都是允许的

基于以上准则,防火墙应转发所有信息流,然后逐项屏蔽可能有害的服务。这种方法构成了一种更为灵活的应用环境,可为用户提供更多的服务。其弊病是,在日益增多的网络服务面前,网络管理人员疲于奔命,特别是受保护的网络范围增大时,很难提供可靠的安全防护。如果网络中某成员绕过防火墙向外提供已被防火墙外所禁止的服务,网络管理员就很难发现。因此,采取第二种模型的防火墙不仅要防止外部人员的攻击,还要防止内部成员不管是有意还是无意的攻击。

总之,从安全性的角度考虑,第一种准则更可取一些,而从灵活和使用方便性的角度考虑,第二种准则更适合。

五、防火墙的局限性

防火墙是保护内部网免受外部攻击的极有效方式,是整体网络安全计划中的重要组成部分,但同时必须注意到防火墙并非是万能的,防火墙具有以下局限性:

1. 防火墙不能阻止来自内部的破坏

只要简单地断开网络连接,防火墙便可以阻止系统的用户通过网络向外部发送信息。但如果攻击者已在防火墙内,那么防火墙实际上不起任何作用。

2. 防火墙不能保护绕过它的连接

防火墙可以有效地控制通过它的通信，但对不通过它的通信毫无办法。例如，某处允许通过拨号方式访问内部系统，那么防火墙对其访问无法监控。

3. 防火墙无法完全防止新出现的网络威胁

防火墙是为防止已知威胁而设计的。虽然精心设计的防火墙也可以防止新的威胁，但没有一种防火墙能自动抵抗所出现的任何一种新威胁。

4. 防火墙不能防止病毒

尽管许多防火墙检查所有外来通信以确定其是否可以通过内部网络，但这种检查大多数是对源目的地址及端口号进行的，而不是对其中所含数据进行的。即使可以对通信内容进行检查，由于病毒的种类太多且病毒在数据中的隐藏方式也太多，所以，病毒防护不能依赖于防火墙。

此外防火墙只是针对 TCP/IP 协议族，并不能防范所有的潜在危险。综上所述，防火墙并不是网络安全的全部保证，需要结合其他的安全措施，共同保证网络的安全。

第三节　数据加密技术

在网上支付中，数据加密技术是其他安全技术的基础，也是最主要的安全措施，在支付的各个阶段都可能使用到。数据加密的基本过程（见图 5-4），就是对原来的文件或数据（通常称为"明文"）按某种算法进行处理，使其成为不可读的一段代码，通常称为"密文"，使其只能在输入相应的算法之后才能显示出本来内容，通过这样的途径来达到保护数据不被非法人为窃取、阅读的目的。该过程的逆过程为解密，即将该编码信息转化为其原来数据的过程。

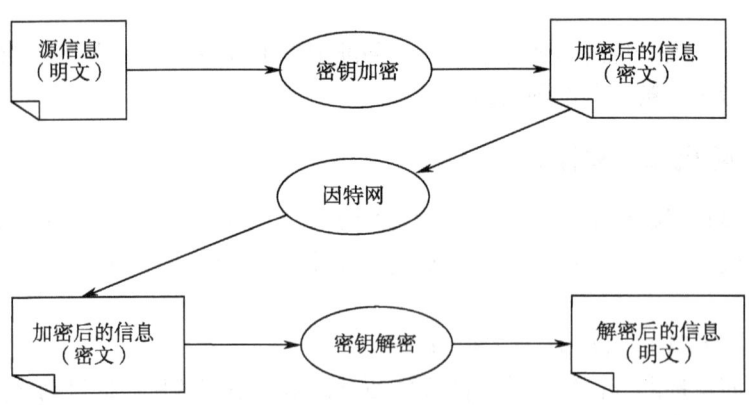

图 5-4　数据加密的基本过程

根据密钥类型不同将现代密码技术分为两类,即对称加密技术(秘密密钥加密)和非对称加密技术(公开密钥加密)。

一、对称密钥加密技术

(一)对称加密

对称加密,又称私钥加密,是指加密过程和解密过程都使用同一密钥,或者虽不相同,但可以由其中一个密钥推导出另一个密钥。对称密钥加密原理是发送方用自己的私有密钥对要发送的信息进行加密,然后将密文发送给接收方,接收方收到密文后用同一私有密钥对其解密,得到信息原文。对称密钥系统如图5-5所示。

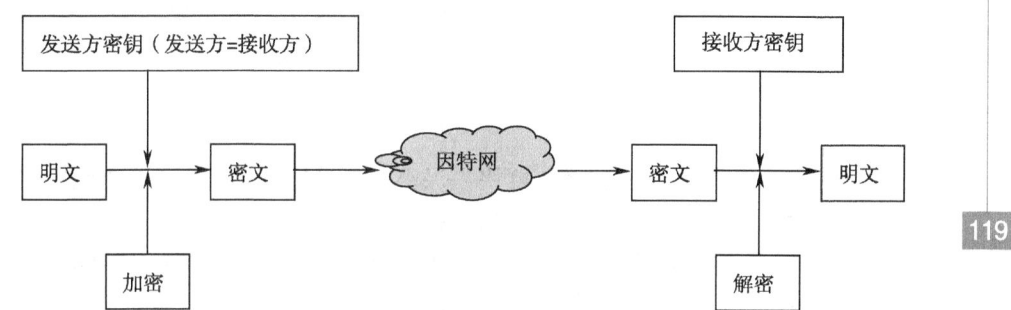

图 5-5　对称密钥系统

(二)对称加密算法

对称密钥根据加密模式又可分为分组密码和序列密码。分组密码的典型算法有 DES、3DES、IDEA、AES。目前它是商业领域使用较多的密码算法,广泛用于信息的保密传输和加密存储。序列密码的典型算法有 RC4、SEAL 等,多用于流式数据的加密,特别是对实时性要求比较高的语音和视频流的加密传输。安全网上支付涉及的都是分组密码。

1. DES 加密算法

数据加密标准(Data Encryption Standard,DES)是一种经典的对称加密算法。由 IBM 公司在 20 世纪 70 年代研制的,并于 1997 年被美国政府定为联邦信息标准,1981 年成为金融行业标准。

DES 加密算法是一种分组加密算法,其的基本思路是,将数据分成长度为 64 位的数据块,然后采用 56 位密钥对这 64 位数据块进行加密操作,经过 16 轮迭代运算后,再进行逆置换即可得到密文输出。

2. AES 加密算法

随着计算机技术的迅猛发展和新的有效攻击算法的不断提出,DES 算法已经不再安全,因此,1997年,为替代即将退役的DES算法,NIST公开征集数据加密标准,即高级加密标准(Advanced Encryption Standard,AES)。2000年10月由比利时密码专家Joan Daemen和Vincent Rijmen共同设计的Rijndael算法被确定为最终算法。

AES也是一种分组密码体制,与DES不同的是,AES中明文或密文分组长度以及密钥长度不是固定的,而是可变的,它们的长度可分别为128、129和256位。因此AES具有一定的灵活性,可以根据不同的安全需求选择不同长度的密钥。AES加密过程也须经过多轮迭代,迭代次数取决于选择的密钥长度和分组长度。

除了DES算法和AES算法,还有许多著名的对称加密算法,如3DES算法和IDEA算法。3DES算法是DES的一个更安全的变形,被指定为DES算法到AES算法的一种过渡标准。IDEA算法与AES算法一样是用来替代DES的算法之一,且已经被PGP采用。

3. 对称密钥的优缺点

对称密钥加密技术具有加密速度快、保密度高等优点,适合于在专线网络中对数据量较大的文件的加密传送。其缺点有:

(1)密钥是保密通信安全的关键,发信方必须安全、妥善地把钥匙护送到收信方,不能泄露其内容。如何才能把密钥安全地送到收信方,是对称密钥加密技术的突出问题。

(2)多人通信时密钥组合的数量会出现爆炸性的膨胀,使密钥分发更加复杂化,n个人进行两两通信,总需要的密钥数为$n(n-1)/2$。

(3)通信双方必须统一密钥,才能发送保密的信息。如果发信者与收信人素不相识,就无法向对方发送秘密信息。

(4)对称密钥体制难以解决电子商务系统中的数字签名认证问题。开放的计算机网络存在着安全隐患,对称密钥体制不适合网络环境信息加密的需要。

二、非对称密钥加密技术

(一)公开密钥加密

为了克服对称密钥分配问题和对数字签名的需求,1976年斯坦福大学的两名学者Whitfield Diffie和Martin Hellman提出了公开密钥加密的概念。

公开密钥加密是指加密过程和解密过程使用不同的密钥,又称为非对称加密。与对称加密不同,它采用一对密钥,一个用于加密,一个用来解密。密钥对是与相应的系统联系在一起的,其中私有密钥由系统所保密持有,而公开密钥则公之于众,但根据公开密钥并不能推导出私有密钥。

公开密钥系统不仅可以用私有密钥加密再用公开密钥解密,同样可以用公开密钥加密而用私有密钥解密。据此公开密钥系统有两种基本模式：加密模式和验证模式。

1. 加密模式

加密模式是信息发送方利用接收方的公开密钥加密，接收方利用自己的私有密钥进行解密。该模式可用于保证信息的机密性。其加密过程如图5-6所示。

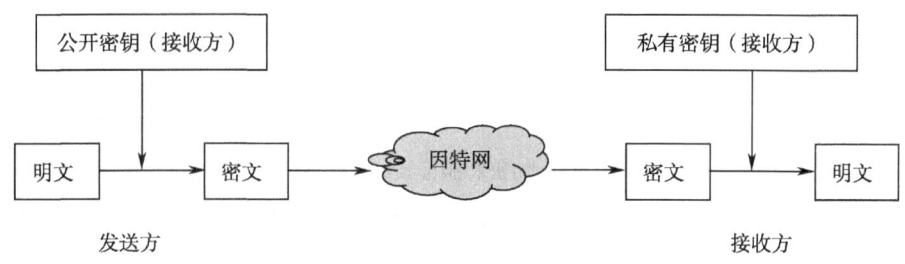

图5-6　公开密钥系统的加密模式

2. 验证模式

验证模式与加密模式正好相反，它是信息发送方使用自己的私有密钥对信息进行加密，接收方使用发送方的公开密钥进行解密。该模式可以验证发送者的身份，经常被用于数字签名。其加密过程如图5-7所示。

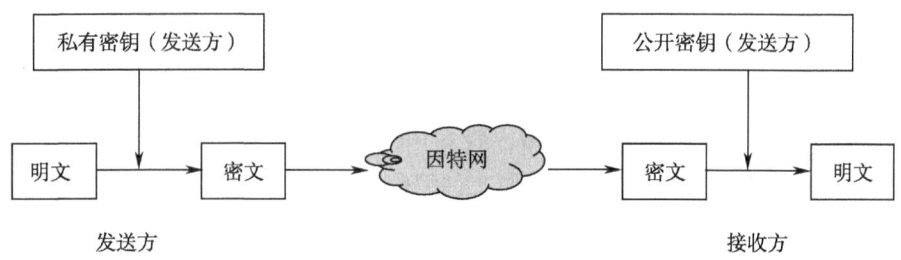

图5-7　公开密钥系统的验证模式

3. 加密与验证模式的结合

对于公开密钥加密系统的两种模式来说，如果只单独使用其中的一种模式，那就无法既保障信息的机密性又验证发送方的身份。但网上支付需要同时满足这两个要求，这时就可以将两种模式结合起来使用。其过程如5-8图所示。

（1）发送方用自己的私有密钥对要发送的信息进行加密，得到一次加密信息。

（2）发送方再用对方的公开密钥对已加密的信息再次加密。

（3）发送方将两次加密后的信息通过网络发送给接收方。

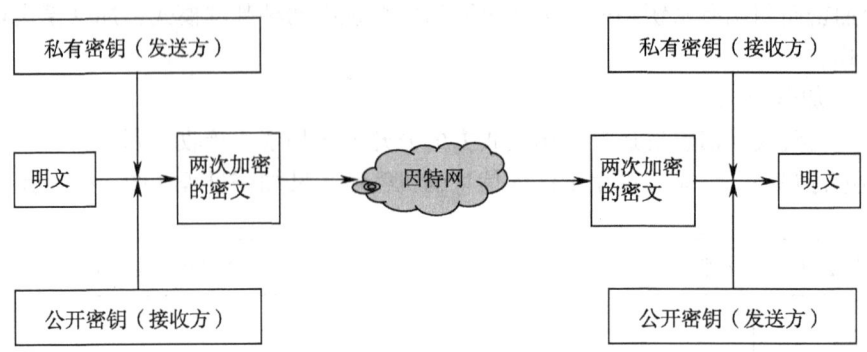

图 5-8　加密和验证模式的结合

（4）接收方用自己的私有密钥对收到的加密信息进行解密，得到一次加密的信息。

（5）接收方再用发送方的公开密钥对加密信息进行解密，得到信息明文。

（二）公开密钥加密算法

公开密钥加密的典型算法有：RSA，Elgamal，Rabin，D-H，ECC，背包算法等，它常用于数据加密、密钥分发、数字签名、身份认证、信息的完整性认证、信息的非否认性认证。

1. RSA 算法

RSA 算法是公开加密算法的典型代表，出现于 1978 年，因其创始人 Rivest，Shamir 和 Adleman 而得名。RSA 算法是一个既能用于数据加密，也能用于数字签名的算法。

RSA 的安全性依赖于大数分解。它利用两个很大的质数相乘产生的乘积来加密。这两个质数无论哪一个先与原文件编码相乘，对文件加密，均可由另一个质数再相乘来解密。但要用一个质数来求出另一个质数，则是十分困难的。这一对质数称为密钥对，一个作为公钥向公众开放，一个作为私钥不告诉任何人。

2. ECC 算法

椭圆曲线加密（ECC）算法是基于椭圆曲线数学的一种公开密钥算法。ECC 算法是在 1985 年由 Neal Koblitz 和 V. S. Miller 提出的，它的安全性依赖于解决椭圆曲线离散对数问题的困难性。与 RSA 算法相比，ECC 算法具有安全性更高、计算量小、处理速度快、存储空间占用小、带宽要求低等优点。密码界普遍认为它将取代 RSA 算法成为通用的公开密钥算法，而且安全电子交易（SET）协议的制定者已将其作为下一代 SET 协议中默认的公开密钥加密算法。

3. 公开密钥加密的优缺点

公开密钥加密与对称密钥加密相比具有身份认证较为方便、密钥分配简单等优势，能很好地支持数字签名以解决数据的否认与抵赖问题。但其加解密速度慢，RSA 算法最快的情况也比 DES 慢上 100 倍，因此，一般适用于少量数据加密，如向客户传送信用卡或网络银行的密码。

三、两种加密方法的联合使用——数字信封

公开密钥加密必须要有两个密钥的配合才能完成加密和解密的全过程，因此它比对称密钥加密具有更高的安全性。但是公开密钥加密速度比对称密钥加密慢得多，在加密数据量大的信息时须花费很长的时间，而对称密钥加密在加密速度方面具有明显优势。两种加密技术的优缺点正好互补，所以在实际运用中，往往将两种加密算法结合使用，扬长避短。

数字信封技术就是一种公开密钥加密技术和对称密钥加密技术混合使用的加密方案。在数字信封中，信息发送方自动生成对称密钥，用它加密原文，再利用接收方的公开密钥对该对称密钥加密，被加密的密钥称为数字信封。数字信封的工作过程如图 5-9 所示。

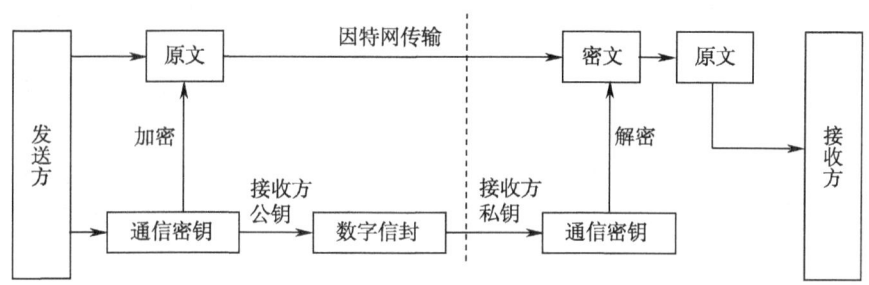

图 5-9　数字信封工作过程

（1）发送方生成一个私钥，并对要发送的信息用自己的私钥进行加密。

（2）发送方再把对文件加密时使用的通信密钥用接收方的公钥进行加密，即生成数字信封。

（3）发送方把加密后的信息和数字信封通过网络传送到接收方。

（4）接收方收到发送方传来的经过加密的通信密钥后，用自己的私钥对其进行解密，从而得到发送方的通信密钥。

（5）接收方再用发送方的通信密钥对加密文件进行解密，从而得到文件的原文。这样，数字信封就保证了在网上传输的文件信息的保密性和安全性。即便加密文件被他人非法截获，因为截获者无法得到发送方的通信密钥，所以不可能对文件进行解密。

四、密钥的管理

对于对称密钥加密和非对称密钥加密系统来说，加密算法都是公开的，加密

的安全性主要依赖于算法本身的安全性和对密钥的保护。从技术上讲,密钥管理包括密钥的产生、存储、分配、使用和销毁等一系列技术问题,其中密钥的分配最为重要。密钥管理技术的任务是如何在公共数据网上安全地传递密钥而不被窃取。

1. 对称密钥管理

对称密钥管理是靠共同保守秘密来实现的。采用对称加密技术的通信双方必须要保证采用的是相同的密钥,要保证彼此密钥的交换是安全可靠的,同时还要设定防止密钥泄露和更改密钥的程序。这样,对称密钥的管理和分发工作将变成一件具有潜在危险、烦琐的过程。

通过公开密钥加密技术实现对称密钥的管理使相应的管理变得更加简单和安全,同时还解决了纯对称密钥模式中存在的可靠性问题和鉴别问题。这也是最常用的一种方法。通信双方可以为每次交换的信息生成唯一一把对称密钥并用公钥对该密钥进行加密,然后再将加密后的密钥和用该密钥加密的信息一起发送给相应的通信方。由于对每次信息交换都对应生成了唯一一把密钥,因此各通信方就不再需要对密钥进行维护和担心密钥泄露或过期。这种方式的另一优点是即使泄露了一把密钥也只将影响一次通信,而不会影响到双方之间的所有通信。这种方式还提供了贸易伙伴间发布对称密钥的一种安全途径。

另一种是方法是通信双方通过某个值来形成对称加密密钥。它是由 Diffie 和 Hellman 提出的,这一创造性的技术就是 Diffie-Hellman 密钥协议。其操作如下:系统 A 和系统 B 各自生成一个随机的秘密值 x 和 y,根据这个秘密值,各个系统各自计算出相应的公开值 X 和 Y。这两个系统交换公开值。然后每个系统根据各自的秘密值和对方公开值可以计算出相同的密钥,也就是说,A 可以从 x 和 Y 计算出密钥,B 可以从 y 和 X 计算出相同的密钥。窃听者可能知道公开值,但不知任一秘密值,所以不能计算出密钥。

2. 公钥管理

公钥加密系统对密钥管理的要求与对称加密系统本质是完全不同的。在公开密钥加密系统中,一方必须持有一把对其他任何方都是保密的密钥(私钥),同时,还要让想要与私钥的持有者进行安全通信的其他方知道另一把相应的密钥(公钥),也就是将公钥发布出去。公钥发布,顾名思义,就是公钥系统中的公钥是公开的,它通过各种公开的手段和方式,或由公开权威机构实现公钥分发和传送。

无论网络上有多少人,每个人只有一个公钥。获取一个人的公钥有如下四种途径:

(1) 公开宣布。公开密钥加密的关键就是公钥是公开的。任何参与者都可以将他的公钥发送给另外任何一个参与者,或者广播给相关人群。但它有个致命的漏洞,就是任何人都可以伪造一个公开的告示,冒充其他人,发送一个公钥给另一个参与者或者广播这样一个公钥。

(2)公开可用目录。由一个可信任的系统或组织负责维护和分配一个可以得到的公钥动态目录。该目录为每个参与者维护一个目录项{标志,公钥},当然每个目录项的信息都必须经过某种安全的认证。任何其他方都可以从这里获得所需要通信方的公钥。

(3)公钥管理机构。通过更严格地控制公钥从目录中分配出去的过程就可以使得公钥的分配更安全。它比公开可用目录多了公钥管理机构和通信方的认证以及通信双方的认证。在公钥管理机构方式中,有一个中心权威机构维持着一个有所有参与者的公钥信息的公开目录,而且每个参与者都有一个安全渠道得到该中心权威机构的公钥,而其对应的私钥只有该中心权威机构才持有。

这样任何通信方都可以向该机构申请获得他想要得到的其他任何一个通信方的公钥,通过该机构的公钥便可判断它所获得的其他通信方的公钥的可信度。

(4)公钥证书。公钥管理机构往往会成为通信网络中的瓶颈。如果不与公钥管理机构通信就能证明其他通信方的公钥的可信度,那么既可以解决公开宣布和公开可用目录的安全问题,又可以解决通信的瓶颈问题,这可以通过公钥证书来实现。公钥证书即数字证书是由证书授权中心 CA 颁发的。

目前,公钥的管理主要有两种方式:一种是公钥基础设施(PKI)的证书方式;另一种是 PGP 的通过信赖关系来实现的方式。这两种方式将在第六章详细介绍。

第四节 数据完整性技术

数据的完整性是指接收到的信息与原信息是完全一致的,在传输过程中没有被修改。它包括数据的正确性、一致性和有效性。

一、数字摘要

网上支付过程中保证数据的完整性十分重要,数字摘要是最常用一种的方法。它是唯一对应一个信息的值,是由单向 Hash 加密函数对一个信息作用而生成的,并且有固定的长度(一般是 160 位字节或 128 字节)。信息和摘要是一一对应的,不同的信息其摘要不同,相同的信息其摘要也相同,因此摘要也被称为信息的"指纹"。

数字摘要的基本思想是发送方利用 Hash 函数对需要发送的信息生成摘要,然后将摘要和原信息一同发送,接收方收到后,用 Hash 函数对收到的信息生成一个摘要,将其与收到的摘要对比,若相同,说明收到的信息在传输过程中未被修改,是原信息;否则,就说明信息被修改过,完整性被破坏了。数字摘要过程如图 5-10 所示。

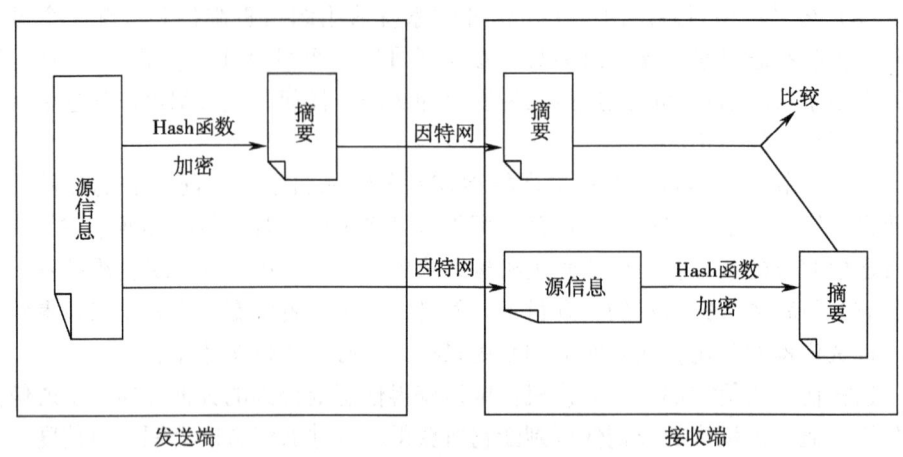

图 5-10　数字摘要过程示意图

从数字摘要的基本思想中可以看出 Hash 函数需要满足以下要求:

(1) 固定长度的输出。对于不同大小的数据都能产生固定长度的结果。

(2) 同一数据用同一 Hash 函数产生的结果是相同的,即对同一文件采用同样的"全息处理"过程,形成的"全息照片"应该是一样的。

(3) 结果的不可预见性。这也就是说无法从源文件的变化推算出结果的变化,即使是源文件的微小变化都可能使结果发生巨大的变化。

(4) 单向性。这是指操作方向的不可逆性,就是只能通过该算法从源文件得到摘要,而无法从摘要推算出源文件。

通过 Hash 函数的以上性质可以发现,要修改数据而使摘要不变在计算上是不可能的。所以数字摘要能够很好地验证数据的完整性。目前常用的 HASH 函数主要有两个系列,MD 系列和 SHA 系列。MD 系列主要包括 MD2,MD4,MD5,然而这一系列的 Hash 函数都已经被证实是不够安全的。因此产生了 SHA 系列,其包含 SHA1 和 SHA2(SHA224,SAH256,SHA384,SHA512)。

二、数字签名技术

(一) 数字签名的概述

网上支付过程中,许多重要信息我们不仅希望它在传输过程中未被修改,同时还希望能够确认发信者的身份,这时就需要用到另一种手段,即数字签名。它是附加在数据单元上的一些数据,或是对数据单元所作的密码变换。这种数据或变换允许数据单元的接收者用以确认数据单元的来源和数据单元的完整性并保护数据，防止被他人伪造。数字签名是对电子信息签名的一种方法，与传统签名具有相同的效果。采用数字签名，能够确认以下三点：

（1）信息是由签名者发送的。

（2）信息自签发后到收到为止未曾有过任何修改。

（3）若签名者否认对信息的签名，可以通过仲裁解决争议。

（二）数字签名的使用原理及过程

数字签名技术是结合数字摘要算法和公开加密算法的一种典型应用，被广泛用于数字证书和交易通信中。数字签名的原理是：利用 Hash 算法对须签名的信息加密得到数字摘要，用于验证信息的完整性；再使用签名者的私钥对得到的摘要加密即可得到数字签名，而验证时使用签名者的公钥解密，也就是公钥的验证模式的应用。具体签名过程如图 5-11 所示。

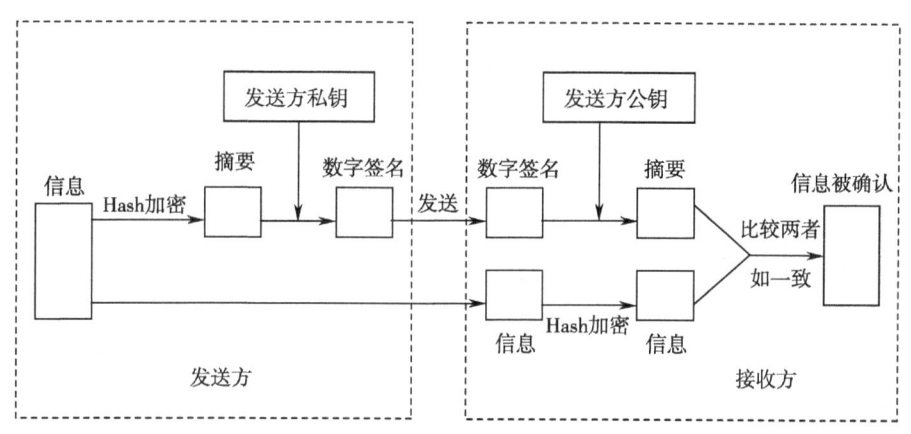

图 5-11　数字签名过程示意图

（1）发送方首先使用 Hash 函数将需要传送的内容加密产生数字摘要。

（2）发送方采用自己的私钥对摘要进行加密，形成数字签名。

（3）发送方把原文和加密的摘要同时传递给接收方。

（4）接收方使用发送方的公钥对数字签名进行解密，得到发送方的数字摘要。

（5）接收方用 Hash 函数接收到的信息转换成数字摘要，与发送方形成的数字摘要相比较，若相同，说明文件在传输过程中没有被破坏。

（三）常用的数字签名方法

目前的数字签名是建立在公共密钥体制基础上的，它是公钥加密技术的另一类应用，已经具有大量的数字签名算法，如 RSA 数字签名体制、ElGamal 数字签名算法、FiatShamir 数字签名算法、Guillou-Quisquarter 数字签名算法、Schnorr 数字签名算法、DSS 数字签名体制、椭圆曲线数字签名算法（ECDSA）和有限自动机数字签名算法等。

下面介绍三个典型的数字签名算法。

1. RSA 数字签名体制

1978 年发表的 RSA 是公钥密码体制中最具代表性的算法,到目前为止它仍然是安全的。该算法的安全性基于"大整数的因数分解困难性问题"。RSA 签名算法描述如下:

(1)参数构造。

① 选取两个大素数 p,q。

② 计算出公开的模数:$n = pq$。

③ 计算:$\psi(n) = (p-1)(q-1)$,其中 ψ 为 Euler 函数。

④ 随机选取 e,满足 $1 < e < \psi(n)$ 且 $\gcd(e, \psi(n)) = 1$,得到验证密钥 (e, n)。

⑤ 生成签名私钥 (d, n),d 满足 $ed = 1 \mod (\psi(n))$,销毁 $p, q, \psi(n)$。

(2)签名和认证过程。

① 签名:$s = (H(M))^d \mod(n)$,其中,s 为签名,私钥为 (d, n)。

② 发送方 A 发送附加了签名的消息给 B:A→B:$M//s$。

③ 认证:B 收到消息后,计算 $h = s^e \mod(n)$,其中 (e, n) 为发送方 A 的公钥;计算 $h1 = h(M)$;比较,如果 $h = h1$,则表示签名有效,否则无效。

2. DSS 数字签名体制

数字签名标准(Digital Signature Standard,DSS)是美国国家标准技术研究所(NIST)于 1991 年 8 月提出的,于 1994 年年底正式成为美国联邦信息处理标准(FIPS PDU186)。它适合于签名方计算能力较低且计算时间短、而验证方计算能力较强的场合。

DSA(Digital Signature Algorithm)是该标准使用的签名算法。它的安全性是基于离散对数问题的。与公钥密码算法 RSA 不同,它是专门用于数字签名的(RSA 算法不仅用于数字签名,还可以用于信息的加密)。

3. 椭圆曲线数字签名算法

近年来,椭圆曲线密码技术是密码学界研究的热点之一,自从 1985 年 N. Kblitz 和 Miller 提出将椭圆曲线用于密码算法,分别利用有限域上椭圆曲线的点构成的群实现了离散对数密码算法。椭圆曲线密码技术现在已经应用于基本数字签名系统和加解密系统。椭圆曲线数字签名算法与 RSA 和 DSA 的功能相同,并且数字签名的产生与认证速度更快。

三、数字时间戳

商务交易中,文件签署的日期与签名同样十分重要,是防止文件被伪造和篡改的关键性内容。在网上支付过程中，同样需要对支付的日期和时间信息采取安全措施，而数字时间戳服务则能提供关于支付信息的日期和时间信息的安全保护。

1. 数字时间戳服务

数字时间戳服务（Digital Time-stamp Service，DTS）是在经过数字签名的支付信息上打上一个可信赖的时间戳，为支付的时间提供一个佐证，从而解决一系列的商务和法律问题。时间戳必须由值得信赖的一方产生，通常由专门的机构提供该服务。

2. 数字时间戳的基本要求

数字时间戳要实现对文件时间的安全保护，具有以下性质：

（1）数据文件所加的时间戳与存储物理载体没有任何关系，即时间戳与物理载体的独立性。

（2）充分保证文件的完整性，即时间戳的加入不会改变文件数据。

（3）时间戳一旦生成后，任何试图改变时间戳的行为都是非法的，不被允许的，也能轻易地被发觉。

3. 获得数字时间戳的过程

数字时间戳的实现大体可以归纳为以下的四个步骤：

（1）发送方对需要发送的文件运用 Hash 函数对数据进行运算产生数字摘要，由摘要不能被更改。

（2）发送方将产生的数字摘要发给 DTS 机构。

（3）DTS 机构在加入了收到文件摘要的日期和时间信息后，对其进行数字签名，用私钥加密。

（4）DTS 机构将形成的数字时间戳的文件送回给发送方。这样，一次时间戳的赋予过程就完成了。

获得数字时间戳的过程具体如图 5-12 所示。

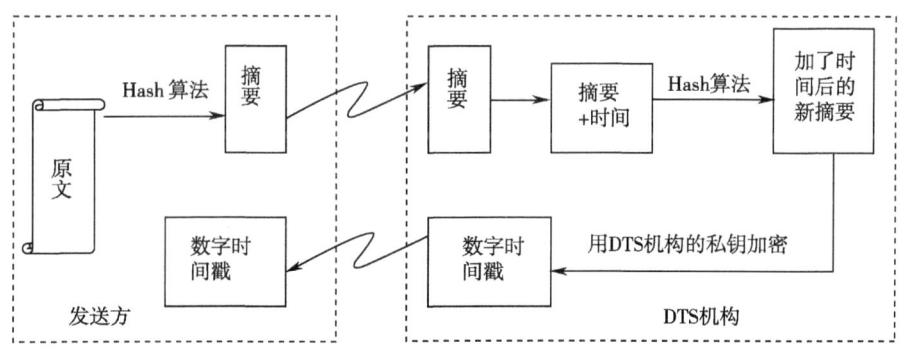

图 5-12　获得数字时间戳的过程

从上述过程可以看出，数字时间戳的时间是由认证单位 DTS 机构来加的，以 DTS 机构收到文件的时间为依据。它可以为任何电子文件或网上交易提供准确的时间证明，并且可以检验出文件或交易的内容自加上时间戳后是否曾被人修改过。数字时间戳就如一个值得信赖的第三者或公证人，为交易双方提供可靠的时间确认服务。数字时间戳技术是数字签名技术的一种变种的应用，通过有效的第三方所出示的时间来证明文件的真实性。

思 考 题

1. 网上支付存在哪些安全威胁？
2. 防火墙有哪些作用？它存在哪些局限性？
3. 什么是对称密钥加密？对称密钥加密是如何进行的？
4. 试述公开密钥加密的两种模式。
5. 公开密钥获取的方式有哪些？
6. 简述数字签名的过程。

第六章
电子商务安全认证

内容提要

1. 身份验证技术
2. CA 的功能、组成和体系结构
3. 数字证书的功能、内容和数字证书的管理
4. PKI 的组成，PGP 密钥管理技术
5. SSL 协议和 SET 协议的工作原理及应用

本章引导案例：支付宝安全策略

一、发展背景

支付宝（Alipay）的发展之始，是淘宝网为了解决网络交易安全所设的一个功能，使用"第三方担保交易模式"，买家将货款通过支付宝账户，向卖家通知发货，确认收到商品后指令支付宝放款，完成网络交易。作为一个方便使用的网上购物交易支付方式，支付宝已被千万人所接受和使用。

2003 年 10 月，阿里巴巴创办的支付宝网站首先在淘宝网推出，就迅速成为会员网上交易通用的支付方式。2004 年，支付宝实现了独立运营，从其母公司独立出来成立了支付宝公司。2005 年支付宝公司"用支付宝，网上无贼"等安全服务概念频繁出现在众人面前，并捧走了由《电子商务世界》杂志主办的"2005 年网上支付高峰论坛"的"最佳人气奖"。支付宝一直致力于为中国电子商务提供各种安全、方便、个性化的在线支付解决方案。目前，支付宝是中国最大的第三方支付平台。

二、新推出的安全服务

1. 快捷支付

快捷支付是支付宝最新推出的网上支付服务。通过支付宝快捷支付，用户网

上支付不需要开通网银，只要根据提示输入卡号等必要信息就可以非常简单、安全地完成网上支付，并且额度以信用卡本身的额度为准，不受网银额度下调等限制。消费者使用快捷支付付款无需任何手续费。"在给用户提供便捷的同时，支付宝其实和银行联手启动了包括短信动态口令、信用卡资料匹配在内的多重安全认证规则为用户保驾护航。快捷支付的整个过程虽然操作简单，但其实是以支付宝和银行一整套的风险管理体系为基础的。快捷支付的过程中，既需要用户的信用卡信息匹配、又要求支付宝密码和手机短信随机口令确认，多重保险确保了用户身份的真实性。"

2. 安全网购浏览器

目前，搜狗浏览器与支付宝开始跨界合作，推出业界第一款安全网购浏览器。与之前的安全浏览器不同的是，该款产品特别针对网购安全做了有关钓鱼木马、页面安全漏洞等方面的优化，并与淘宝、支付宝的安全数据库进行实时对接，确保对恶意网站的精准拦截，保障交易支付的安全。

该产品最大的特点是通过深度的技术合作，针对淘宝、支付宝进行特别优化；除此之外，淘宝和支付宝通过庞大用户群获取了在最新钓鱼网址、网购木马等方面的大量样本与数据资料。这甚至比安全软件还能"近水楼台先得月"，与这一数据库同步可大大提升对恶意网站的拦截效率；并且，搜狗还独家推出了安全网址认证系统，这相当于"白名单"，对处于该名单中的正规交易、支付平台，将予以"绿灯"通行。

三、支付宝的安全措施

（1）数字证书。为了保证支付宝的安全性，支付宝技术团队还自发研制了数字证书，其安全性能得到各银行的认可。相对于目前国内第三方认证公司采用的认证形式，支付宝的数字证书从技术上摆脱了普通6位密码验证，改以1024位加密的数字签名技术，因而更为安全。而数字密码的唯一性，也更有助于客户身份的识别。

（2）支付宝网站采用了先进的128位SSL加密技术（参照国内银行网站的普遍做法），确保用户在支付宝页面上输入的任何信息可以安全传送到支付宝，而不用担心有人会通过网络窃取用户的敏感信息。

（3）支付宝账户有两个密码，一个是登录密码，用于登录账户、查看账目等一般性操作；另一个是支付密码，凡是牵涉到资金流转的过程，都需要使用支付密码。缺少任何一个密码，都不能使资金发生流转。同时，同一天内系统只允许密码输入出错两次，第三次密码输入出错，系统将自动锁定该账户，三个小时后才会自动解除锁定。

（4）支付宝账户设置有密码保护问题。用户可以设置密码保护问题及答案，在用注册邮箱找回支付宝账户密码时，如果密码保护问题及答案错误，将无法找回密码，从而减少了邮箱被盗从而泄漏支付宝账户密码的危险。

（5）用户从支付宝账户提现时，系统将检查用户登记的银行账户姓名是否与用户的认证姓名一致，否则不予提现。

（6）支付宝账户设置变动手机短信通知功能。在有修改密码、使用支付宝账户余额付款、申请提现、取回密码、更新登记的银行账号、修改电子邮件地址等操作的时候，用户会收到手机短信通知。如果用户收到的操作提示短信非本人的操作，可以及时检查账户并联系支付宝，以保护账户安全。

支付宝被认为是在目前中国金融服务及网络安全并不十分完善的环境下，最大限度地保证了网上交易的安全，大大促进了中国电子商务健康发展的网上交易支付方式。

思考题：

1. 数字证书的作用是什么？
2. SSL 协议是如何保证信息在安全的通道中进行传输的？

第一节　身份认证与身份认证体系

认证技术是保证电子商务安全的重要技术之一。认证分为信息认证和实体认证。信息认证是指对信息体进行认证，以决定该信息的合法性。信息认证发生在信息接收者接收到信息后，使用相关技术对信息进行认证，以确认信息的发送者是谁，信息在传输的过程中是否被修改、替换等，即验证信息的完整性，这部分内容已在上一章作了详细介绍。实体认证是指对这些参与通信实体的身份认证。这里的实体是指个人、客户程序或服务程序等参与通信的实体。

一、身份认证

1. 身份认证的概念

传统的交易方式双方可以面对面地谈判交涉，很容易识别对方的身份，而通过电子网络交易却不同，交易双方并不见面，通过普通的电子传输信息很难确认对方的身份。因此，电子商务中的身份识别问题显得尤为突出。只有采取一定身份识别技术才能使交易双方可以确认对方的身份，放心地开展电子商务。

身份认证又称身份识别，它是通信和数据系统正确识别通信用户或终端的个人身份的重要途径。比如，银行的自动取款机（ATM）可将现款发放给经它正确识别的持卡人；对计算机的访问和使用、安全地区的出入和放行、出入境等都是以准确的身份识别为基础。

2. 身份认证技术

身份认证是实现网络安全的重要机制之一，它是安全系统中最基本的安全服务，其他的安全服务都是建立在身份认证基础之上的。一旦身份认证系统被识破，那么其他设施将如同虚设。身份认证的基本思想是通过验证被认证对象的属性来达到确认被认证对象是否真实有效的目的。被认证对象的属性可以是口令、数字签名，或者像指纹、声音、视网膜这样的生理特征。常用的身份识别方法有以下几种：

（1）基于人体生物学特征的鉴别。生物特征识别是一种典型的模式识别，它以生物技术为基础，以信息技术为手段，通过计算机技术利用人的生理特征或行为特征进行身份鉴别。常用的生物特征识别技术有：指纹识别、声音识别、书写识别、面容识别、视网膜扫描、手型识别等。这种身份鉴定技术具有不易遗忘或丢失、防伪性能好、不易伪造或被盗、"随身携带"、随时随地可用等优点。但这种方式一般造价也比较高，适用于保密程度很高的场合。

（2）基于口令的鉴别。口令是应用最广的一种身份识别方式，如现代通信网的接入协议等，几乎所有的个人验证机制都在一定程度上依赖口令。但口令方式比较简单，存在很多安全隐患，通过一些措施可以有效地改进口令鉴别的安全性。例如，通过增加口令的强度，提高抗穷举攻击和字典攻击的能力；将口令加密防止在传输中被窃听；采用动态的一次性口令系统防止口令的重放等。

（3）基于标记的鉴别。标记是一种用户所持有的某个秘密信息，标记上记录着用于机器识别的个人信息。它的作用类似于钥匙，用于启动电子设备。访问系统资源时，用户必须持有合法的随身携带的物理介质（如智能卡）。智能卡的原理是在卡内安装计算机芯片以取代原来的磁介质，这样就克服了磁卡易受环境影响，而且也易被修改和转录的缺陷，使身份识别更有效、更安全。但智能卡仅仅为身份识别提供了一个硬件基础，要想得到安全的识别，还需要与安全协议配套使用。

（4）基于密码算法的鉴别。基于密码的鉴别机制的基本原理是：因为声称者知道某一秘密密钥，从而使验证者相信，声称者正是其所声称的实体。对称密码技术和非对称密码技术都可以被用来实现鉴别。例如，数字证明机制就是利用公开密钥来进行验证的。

二、身份认证体系

（一）数字证书

在电子商务活动中，买卖双方在交易过程中是互不照面的，因此就需要有一种机制来验证活动中各方的真实身份。目前最有效的认证方式是由权威的认证机构为参与电子商务的各方发放证书。证书的发放涉及信息加密、证书标准、证书验证、相关信息发布等技术要求，也要求法律规范上的保障。

1. 数字证书的概念

数字证书又称数字凭证，就是将某方的身份与某个公开密钥值安全地联系在一起的数据结构，用电子手段来证实一个用户的身份及用户对网络资源的访问权限。它是用来唯一确认安全电子商务交易双方身份的工具。由于数字证书由证书管理中心做了数字签名，因此任何第三方都无法修改证书的内容。信用卡持有人只有申请到相应的数字证书，才能参加安全电子商务的网上交易。目前，最常用的数字证书是 X.509 证书。

2. 数字证书的内部格式

国际电信联盟（ITU）在 X.509 标准中对数字证书作了详细规定。X.509 版本 3 数字证书格式如图 6-1 所示。一个标准的 X.509 数字证书包含如下主要内容：

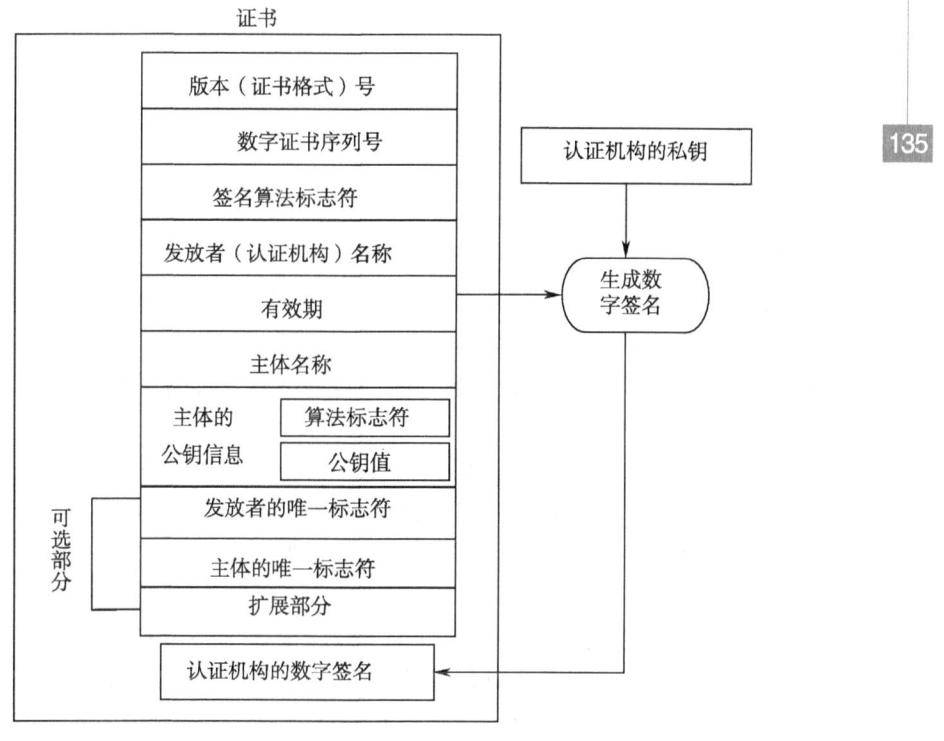

图 6-1　X.509 版本 3 数字证书格式

（1）版本号：代表数字证书的版本格式是版本 1、版本 2 或版本 3。

（2）数字证书序列号：由认证机构发放的代表该数字证书的唯一标志号。

（3）签名算法标志符：认证机构用来对数字证书进行签名所使用的数字签

名算法的算法标志符。

（4）数字证书发放者：发行数字证书的认证机构的名称，命名规则一般采用 X.500 格式。

（5）有效期：数字证书的起始和终止的日期和时间。

（6）主体名称：与相应的被验证公钥所对应的私钥持有者的名称，命名规则一般采用 X.500 格式。

（7）主体的公钥信息：主体的公钥值以及该公钥被使用时所用的算法标志符。

（8）数字证书发放者的唯一标志符：这是一个可选项，当不同的实体具有相同的名称时，利用该标志符可使发放数字证书的认证机构的 X.500 名称不具有二义性。

（9）主体的唯一标志符：这是一个可选项，当不同的实体具有同样的名称时，利用该标志符可使主体的 X.500 名称不具有二义性。

3. 数字证书的类型

数字证书可以从以下多个角度来划分。

（1）从电子商务交易参与方来看，数字证书可以分为个人数字证书、机构或企业身份证书和设备数字证书。

个人数字证书中包含个人身份信息和个人的公钥，它为某一个用户提供凭证，以帮助该用户在网上进行安全交易操作。个人身份的数字证书通常是安装在客户端的浏览器内的，并通过安全的电子邮件来进行交易操作。

机构或企业身份证书中包含企业信息和企业的公钥，用于标志证书持有企业的身份。可以用于企业在电子商务方面的对外活动，如合同签订、网上证券交易、交易支付信息等方面。

设备数字证书中包含服务器信息和服务器的公钥，在网络通信中用于标志和验证服务器的身份。服务器软件利用证书机制保证了与其他服务器或客户端通信时双方身份的真实性、安全性、可信任度等，如服务器证书、VPN 证书、安全电子邮件证书。

（2）从技术角度来看，数字证书可分为 SSL 证书和 SET 证书。一般来说，SSL 证书是服务于银行对企业或企业对企业的电子商务活动；而 SET 证书则服务于持卡人消费、网上购物等活动。虽然它们都是用于识别身份和数字签名的数字证书，但它们的信任体系完全不同，而且符合的标准也不一样。SSL 证书是通过公开密钥证明持证人的身份，而 SET 证书是通过公开密钥证明持卡人在指定银行确实拥有信用卡账号，同时也证明了持卡人的身份。

（3）从证书的用户来看，数字证书可分为签名证书和加密证书。签名证书主要用于对用户信息进行签名，以保证信息的不可否认性。加密证书主要用于对用户传送信息进行加密，以保证信息的真实性和完整性。

(二) 认证中心

1. 认证中心概述

认证中心（Certificate Authority，CA）又称认证机构，是承担网上认证服务，签发数字证书并确认用户身份的受各方信任的第三方机构。认证中心通常是企业性的服务机构，其主要任务是受理数字证书的申请、签发及对数字证书进行管理。

认证中心对含有公开密钥的证书进行数字签名，使证书无法伪造。每个用户都可以获得认证中心的公开密钥，验证任何一张数字证书的数字签名，确定证书是否由某个认证机构签发、该数字签名是否合法。数字证书与驾驶执照一样，用来表示个人的身份，且有一定的有效期，有效期结束后必须重新申请。认证中心作为证书的发行机构具有一定的权威性，因而数字证书被社会所承认和接受。有了数字证书和认证中心，用户就不再需要通过验证来信任每一个想要交换信息的用户的公钥，而只需要验证和信任颁发证书的认证中心的公钥就可以了。

认证中心主要负责数字证书的发放和管理，具体如下：

（1）数字证书的颁发。认证中心接收、验证用户的数字证书的申请，将申请的内容进行备案，并根据申请的内容确定是否受理该数字证书的申请。数字证书颁发的具体步骤如下：

1）数字证书申请人将数字证书内容信息提供给认证机构。
2）认证机构确认信息的正确性。
3）由认证中心给数字证书加上数字签名。
4）认证中心将数字证书的一个副本传送给用户。
5）认证中心将数字证书的一个副本传送到数字证书数据库，以便公布。
6）数字证书的一个副本可以由认证中心或其他实体存档。
7）认证中心将数字证书生成及发放过程中的细节记录在审计日志中。

（2）数字证书的更新。每个数字证书的生命周期都是有限的。在数字证书期满后需要更换数字证书。另外，密钥对也需要定期更换，而一旦更换了密钥对，那就需要用新的数字证书。认证中心可以定期更新所有用户的证书，或者根据用户的请求更新用户的数字证书。

（3）数字证书的查询及验证。数字证书的查询可以分为两类：其一是数字证书申请查询。认证中心根据用户的查询请求返回当前用户数字证书申请的处理过程。其二是用户数字证书查询。这类查询由目录服务器来完成，目录服务器根据用户的请求返回适当的数字证书。

验证数字证书时，如果用户甲、乙使用相同的认证中心，事情就很简单，甲只需验证乙数字证书上认证中心的签名；如果他们使用不同的认证中心，问题就复杂了，甲必须从认证中心的树形结构底部开始，从底层认证中心往上层认证中心查询，一直追踪到找到共同信任的认证中心为止。数字证书验证需要确定以下内容：

1）一个可信的认证中心已经在数字证书上签名。
2）数字证书有良好的完整性。
3）数字证书处于有效期内。
4）数字证书没有被吊销。
5）数字证书的使用方式与任何声明的策略和使用限制相一致。

（4）数字证书的作废。数字证书的作废有两种情况：一是证书的撤销导致数字证书作废。在已知或怀疑相应的私钥被泄露、名称变更或者主体与认证机构的关系发生变化等情况下，用户不得不在数字证书期满前终止该数字证书。数字证书的撤销必须由用户向认证中心提出数字证书作废申请，认证中心根据用户的请求确定是否将该数字证书作废。另一种情况是，数字证书已经过了有效期，认证中心自动将数字证书作废。认证中心通过维护数字证书作废列表（Certificate Revocation List，CRL）来完成上述功能。

（5）数字证书的归档。数字证书作废后，不能将作废的数字证书简单的丢弃，因为有时需要验证以前的某个交易过程中产生的数字证书，需要查询作废的数字证书。基于此类考虑，认证中心还具备管理作废数字证书的管理功能。

2. 认证中心的组成

认证中心为了实现上述功能，主要由以下三部分组成：

（1）Web 服务器。认证中心通过 Web 服务器建立网站，可为客户提供每日 24 小时的服务。客户可在自己方便的时候在网上提出数字证书申请和填写相应的数字证书申请表，免去了排队、等候等烦恼。

（2）数字证书申请受理和审核机构。认证中心负责数字证书的申请和审核。它的主要功能是接受客户数字证书的申请并进行审核。

（3）认证中心服务器。它是数字证书生成、发放的运行实体，同时提供发放证书的管理、证书废止列表（CRL）的生成和处理等服务。

3. 认证体系

完整的认证系统并不是只有一个认证中心，它是由多个认证中心共同组成的，各个认证中心形成层次关系，如图 6-2 所示。它由根 CA、品牌 CA、地方 CA 以及持卡人 CA、商家 CA、支付网关 CA 等不同层次构成，上一级 CA 负责下一级 CA 数字证书的申请、签发及管理工作。通过一个完整的 CA 认证体系，可以有效地实现对数字证书的验证。每一份数字证书都与上一级的签名证书相关联，最终通过安全认证链追溯到一个已知的可信赖的机构，由此便可以对各级数字证书的有效性进行验证。根 CA 的密钥由一个自签证书分配，根证书的公钥对所有各方公开，它是 CA 体系中的最高层。

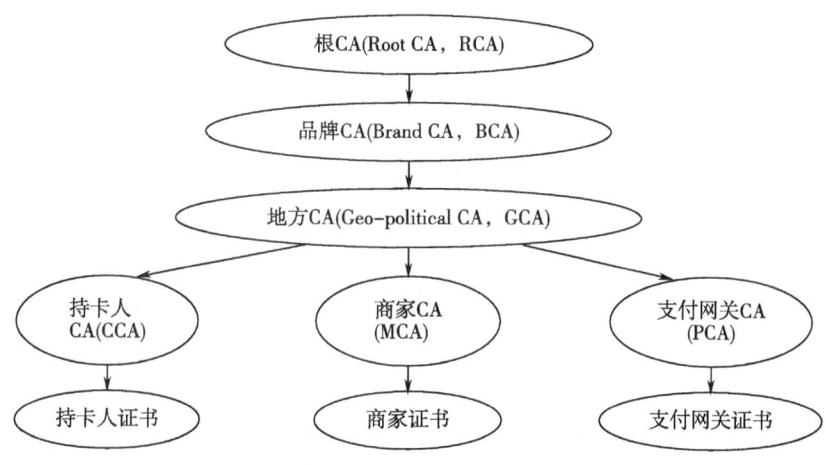

图 6-2 认证系统层次结构

（1）SET CA。1997 年 2 月 19 日，由 MasterCard 和 Visa 发起成立 SET 公司，被授权作为 SET 根认证中心（Root CA）。从 SET 协议中可以看出，由于采用公钥加密算法，认证中心（CA）就成为整个系统的安全核心。在 SET 中，认证中心所颁发的数字证书主要有持卡人证书、商户证书和支付网关证书。在证书中，利用 X.500 识别名来确定 SET 交易中所涉及的各参与方。SET CA 是一套严密的认证体系，可保证 B2C 类型的电子商务安全、顺利地进行。但 SET 认证结构适用于卡支付，对其他支付方式是有所限制的。

在网上购物中，持卡人的证书与发卡机构的证书关联，发卡机构证书通过不同的品牌证书连接到 Root CA，而 Root CA 的公钥对所有的 SET 软件都是已知的，可以校验每一个证书。

（2）PKI CA。PKI（Public Key Infrastructure，公钥基础设施）是提供公钥加密和数字签字服务的安全基础平台，目的是管理密钥和证书。PKI CA 是创建、颁发、管理、撤销公钥证书所涉及的所有软件、硬件的集合体，它将公开密钥技术、数字证书、证书发放机构（CA）和安全策略等安全措施整合起来，成为目前公认的在大型开放网络环境下解决信息安全问题最可行、最有效的方法。

PKI CA 是电子商务安全保障的重要基础设施之一。它具有多种功能，能够提供全方位的电子商务安全服务。一个典型的 PKI CA 应用系统包括五个部分：密钥管理系统、证书受理系统、证书签发系统、证书发布系统、目录服务（证书查询验证）系统。

4. 我国的主要认证中心

从认证中心建设的背景来分，我国的认证中心大致可以分为以下三类：

（1）大行业或政府部门建立的认证中心。在由大行业或政府部门建立的认证中心中，成立较早发展较成熟的是中国金融认证中心，此外中国电信的 CA 安全认证系统、中国国际电子商务中心国富安全认证中心的安全认证体系也比较知名。

中国金融认证中心（CFCA）是由中国人民银行牵头，中国工商银行、中国银行、中国农业银行、中国建设银行及交通银行等 13 家商业银行联合建设，由银行卡信息交换总中心承建，专门负责为金融业的各种认证需求提供证书服务的认证机构。中国金融认证中心采用 PKI 技术，建立了 SET 和 Non-SET 两套系统，提供多种证书支持各成员行有关电子商务的应用开发以及证书的使用，为参与网上交易的各方提供安全基础，建立信任机制。此外，中国金融认证中心还积极组织参与有关网上交易规则的制定，以及确立相应的技术标准等。

中国电信安全认证系统（CTCA）于 1999 年 8 月 3 日通过国家信息产品安全认证中心认证，成为首家在公网上运营的 CA 安全认证系统，该系统是适用于大型网络环境和大量用户使用的 CA 系统。中国电信安全认证系统采用通过国家密码管理委员会办公室鉴定的加密设备和加密算法，并且所有加解密运算均由硬件实现。该系统遵循国际标准，签发的数字证书遵循的是 X.509 V3 标准。另外，根据不同情况，系统还可签发标准的 SSL 证书、S/MIME 证书，与标准的浏览器、Web 服务器实现互通。

（2）地方政府授权建立的认证中心。在地方政府授权建立的认证中心中，成立较早且较成功的有上海市电子商务安全证书管理有限公司、北京数字证书认证中心、广东省电子商务认证中心及海南省电子商务认证中心等。

上海市电子商务安全证书管理有限公司（简称上海市认证中心，SHECA），是经国家密码委员会批准，于 1998 年 12 月 31 日在上海市政府揭牌成立的。SHECA 是由上海市信息投资股份有限公司、上海邮电、上海市银行卡网络服务中心及上海联和投资公司联合出资组建，经上海市政府批准，上海市唯一从事数字证书的签发和管理业务的权威性认证中心。该公司提供各类安全网上交易和作业的解决方案及网上身份认证、证书目录查询、电子公证、网络安全、认证中心建设和运行咨询等相关服务。

广东省电子商务认证中心（CNCA）是经广东省人民政府批准成立的认证机构，其前身是中国电信南方电子商务中心，创立于 1998 年，是广东省政府唯一认可的安全认证机构。该中心提供的电子商务应用方案包括针对网络安全、应用系统安全的产品和系统，同时还提供行业解决方案。认证中心提供的数字证书分为个人证书、单位证书、服务器证书、安全电子邮件证书及代码签名证书。

(3) 商业性认证中心。在商业性认证中心中，成立较早且经营比较成功的应首推北京天威诚信电子商务服务有限公司（Trust）。该公司成立于 2000 年 9 月，是中华人民共和国工业和信息化部（以下简称"工信部"）批准的首家开展商业 PKI/CA 试点工作的企业。天威诚信致力于在中国建立能够同国际接轨的商业 PKI/CA 认证体系，通过 CA 托管服务、签发数字证书、为各种应用系统提供基于证书的网络安全解决方案等形式，为网上交易系统的安全以及网上交易参与各方的相互信任提供安全机制。

第二节 公钥体系结构

一、公钥基础设施（PKI）简介

1. PKI 概述

公钥基础设施（Public Key Infrastructure，PKI）是一种遵循标准的利用公钥加密技术为网络上信息的应用和交易开展提供的一套安全基础平台的技术和规范，是目前应用最为广泛的一种加密体制。这种技术可以很好地保证信息的机密，同时还保证了信息具有不可抵赖性。

PKI 技术采用数字证书机制进行公钥管理，通过可信任的第三方即认证中心（CA）把用户的公钥和其他的标志信息捆绑在一起，如用户名和电子邮件地址等，以便在网络上进行用户的身份验证。我们可以这样理解 PKI，它是人员、硬件、软件、策略和操作规程的总和，它们要完成创建、管理、保存、发放和废止数字证书的功能。PKI 利用基于公钥的加密算法来保证网络通信的安全可靠。所以，PKI 主要是通过自动管理密钥和数字证书，为用户建立一个安全的网络运行环境，使用户可以在多种应用环境下方便地使用加密技术和数字签名技术，从而保证网上数据的完整性、保密性和有效性。

2. PKI 提供的服务

PKI 提供的常用服务有生成数字证书，注销数字证书，产生并发布数字证书和数字证书作废列表（CRL），存储和检索数字证书及 CRL，以及数字证书的更新；现在还出现了一些附加的功能，如时间戳等。

（1）生成数字证书。认证中心负责签发数字证书，所以认证中心需要验证数字证书申请者的身份，并且认证中心在签发数字证书时附有时间标志，标明数字证书何时过期。认证中心可以把数字证书发给申请者，也可以把数字证书发送到证书发布中心。

（2）注销数字证书。数字证书可能由于超出有效期而变得无效。但如果用户密钥泄露，或数字证书持有者更改姓名，在这些情况下，就需要注销数字证书。认证中心通过在下一 CRL 中包括证书序列号来注销数字证书。

（3）存储和检索数字证书及 CRL。最常用的存储和检索数字证书及 CRL 的方法是通过目录服务，也可利用 HTTP、电子邮件。

（4）提供信任。用户的主要信任来源于对数字证书的验证，而这种信任是基于对颁发数字证书的认证中心的信任，而对不同管理域的数字证书的信任还要依靠证书链，或直接交叉认证来实现。

（5）证书链处理。用户由认证中心颁发数字证书，而认证中心又由高一层认证中心颁发数字证书，如此归结到根上。例如，用户需要验证一份数字证书，他需要先判别数字证书是否过期，还要判别签发此数字证书的认证中心是否被信任，如不被信任，则需查询签发此数字证书的认证中心是否被信任。如此直到找到被信任的认证中心，如找不到被信任的认证中心，则此证书可被认为不可信。

（6）交叉认证。一个认证中心可以为另一认证中心签发证书，这样使得后者所签发的证书能为第一个认证中心所认可。交叉认证不需要第三方。

（7）时间戳。在交易中，除了交易内容和真实性外，时间也是很重要的。联合签名和时间戳可以解决这类问题。

（8）密钥管理。PKI 响应当前的用户请求来产生数字证书或 CRL。但像密钥更新、密钥归档、密钥备份是认证中心的日常业务。手工管理密钥会限制 PKI 的规模，对一个大型 PKI 来说，密钥自动管理是非常重要的。

3. PKI 体系的基本组成

PKI 体系主要由认证机构、数字证书库、密钥备份及恢复系统、证书作废系统、应用接口系统五部分组成，其结构如图 6-3 所示。

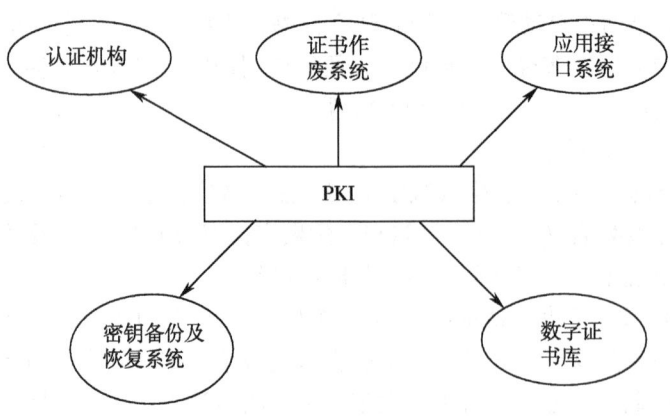

图 6-3　PKI 体系的基本组成部分

（1）认证机构（CA）。认证机构是数字证书的申请及签发机关，它必须具备权威性的特征。

（2）数字证书库。数字证书库用于存储已签发的数字证书及公钥，用户可由此获得所需的其他用户的证书及公钥。

（3）密钥备份及恢复系统。如果用户丢失了用于解密数据的密钥，则数据将无法被解密，这将造成合法数据丢失。为避免这种情况，PKI体系应提供备份与恢复密钥的机制。但须注意，密钥的备份与恢复必须由可信的机构来完成。并且，密钥备份与恢复只能针对解密密钥，签名私钥为确保其唯一性不能够作备份。

（4）证书作废系统。证书作废系统是PKI体系的一个必备的组件。与日常生活中的各种身份证件一样，证书有效期以内也可能需要作废，原因可能是密钥介质丢失或用户身份变更等。为实现这一点，PKI体系必须提供作废证书的一系列机制。

（5）应用接口系统（API）。PKI体系的价值在于使用户能够方便地使用加密、数字签名等安全服务，因此一个完整的PKI体系必须提供良好的应用接口系统，使得各种各样的应用能够以安全、一致、可信的方式与PKI交互，确保安全网络环境的完整性和易用性。

通常来说，认证中心是数字证书的签发机构，它是PKI的核心。众所周知，构建密码服务系统的核心内容是如何实现密钥管理。公钥体制涉及一对密钥（即私钥和公钥），私钥只由用户独立掌握，无需在网上传输，而公钥则是公开的，需要在网上传送，故公钥体制的密钥管理主要是针对公钥的管理问题，目前较好的解决方案是数字证书机制。整个PKI系统中，只有认证中心会和普通用户发生联系，其他所有部分对用户来说都是透明的。

二、PGP密钥管理技术

1. PGP概述

PGP（Pretty Good Privacy）是Philip R. Zimmermann提出的一个基于RSA公钥加密体系的邮件加密方案，它的功能强大，并且速度快，3G移动通信中就采用了该技术。

PGP将公钥密码体制和对称密码体制结合起来使用，公钥密码体制用来传输密钥和对文档签名，对称密码体制对大量的数据进行加密。因此，PGP采用的是一种混合的加密体系，它是由一个对称的加密算法（IDEA）、一个非对称的加密算法（RSA）、一个单向散列算法（MD5）、一个随机数产生器组成的。PGP之所以成为一种大众化的加密算法，关键在于它继承了RSA加密算法和IDEA加密算法的优点，使它们彼此互补。

2. PGP公钥管理系统

PGP用两个文件分开存储用户的密钥，一个存储该用户的公钥和私钥，称为私钥环;另一个用来存储其他用户的公钥,称为公钥环。为了确保只有用户本人可以访问私钥环,PGP 采用了比较简洁和有效的算法。当用户使用 RSA 生成一个新的密钥对时,输入一个口令短语对私钥加密,存储在私钥环中。当用户访问私钥时,必须提供相应的口令短语才能取得。通过这种方式就保证了系统的安全性依赖于口令的安全性。

对于公钥的获取,PGP 并没有建立认证中心而是采用一种公钥介绍机制。举例来说,如果 A 和 B 有一个共同的朋友 C,而 C 知道他手中的 B 的公钥是正确的,这样 C 可以用他自己的私钥在 B 的公钥上数字签名,表示他担保这个公钥属于 B。当然 A 需要用 C 的公钥来校验 C 给 A 的 B 的公钥,同样 C 也可以向 B 认证 A 的公钥,这样 C 就成为 A 和 B 之间的"介绍人"。这样 B 或 C 就可以放心地把 C 签过字的 B 的公钥放到网上让 A 去拿。

公钥环上的每个实体都有一个密钥合法性字段,用来标志信任程度。信任级别包括完全信任、少量信任、不可信任和不认识的信任等。当新来一个公钥时,根据上面附加的签名来计算信任值的权重和确定信任程度。

第三节 网上支付的安全技术协议

要保证网上交易过程中数据来源可靠、传输安全、不被篡改并且能为交易各方的行为提供无可抵赖的证据,当前成熟的做法是,通过数字证书和安全检查技术解决各方身份的交叉确认,通过数字签名技术验证数据的完整性、来源的可靠性,并为交易各方行为提供不可抵赖的证据,通过加密技术确保数据在传递过程中的保密性。

针对这些技术的具体应用,国内外有许多不同的安全协议和整体解决方案,其中公钥体系结构(PKI)是目前国际上公认的技术最成熟、使用最广泛的电子商务安全问题的完整解决方案。在其体系结构中,PKI 集成上述技术,并作了具体规定,从而为互联网应用提供了公钥加密和数字签名服务的平台。与 OSI 七层模型相似,PKI 仅仅提出了一种解决问题的安全框架模式。在实际应用中,许多集成商针对不同的网络应用提出了不同的商业实现标准,其中比较有名的就是由 VISA、万事达卡国际信用卡公司、IBM 等联合推出的安全电子交易协议(SET)和由 Netscape、Verisign 等推出的安全套接层(SSL)协议。

一、安全套接层协议

(一)SSL 协议简介

安全套接层(Secure Socket Layer,SSL)协议是 Netscape 公司于 1994 年开发的对互联网上计算机间对话进行加密的一种网络安全协议,它能把浏览器和服务器之间传输的数据加密。这种加密措施能够防止资料在传输过程中被窃取。因此，采用 SSL 协议传输密码和信用卡号等敏感信息以及身份认证信息是一种比较理想的选择。SSL 协议可以被理解成一条受密码保护的通道。通道的安全性取决于协议中采用的加密算法。目前，SSL 协议标准已经成为网络上保密通信的一种工业标准，在 C/S 和 B/S 的构架下都有广泛的应用。

SSL 协议将对称密码技术和公开密码技术相结合，可以提供以下三种基本的安全服务：

（1）信息保密。SSL 协议通过使用公开密钥和对称密钥技术来加密数据。SSL 客户机和 SSL 服务器之间的所有业务使用在 SSL 握手过程中建立的密钥和算法进行加密。这样就防止了某些用户非法窃听，他们即使捕捉到通信的内容，也无法破译。

（2）信息完整。SSL 利用机密共享和 Hash 函数组提供信息完整性验证服务。

（3）相互认证。这是客户机和服务器相互识别的过程。它们的识别号用公开密钥编码，并在 SSL 握手时交换各自的识别号。为了认证用户是否合法，SSL 协议要求在握手交换数据前进行数字认证，来确保用户的合法性。

SSL 协议的安全性服务对客户尽可能透明。一般情况下，用户只需单击屏幕上的一个按钮或连接就可以与 SSL 的主机相连。当客户机连接 SSL 主机时，首先初始化握手协议，以建立一个 SSL 对话时段。握手结束后，将对通信加密，并检查信息完整性，直到这个对话时段结束为止。当前，大多数 Web 服务器均可以提供对 SSL 协议的支持。

（二）SSL 协议的体系结构

SSL 协议位于 TCP/IP 协议模型的网络层和应用层之间，提供一种可靠的端到端的安全服务。它使客户/服务器应用之间的通信不被攻击窃听，并且始终对服务器进行认证，还可以选择对客户进行认证。SSL 协议在应用层通信之前就已经完成加密算法、通信密钥的协商以及服务器认证工作，在此之后，应用层协议所传送的数据都被加密。SSL 协议实际上是共同工作的两层协议组成，如图 6-4 所示。从体系结构图可以看出 SSL 安全协议实际是 SSL 握手协议、SSL 更改密文协议、SSL 告警协议和 SSL 记录协议组成的一个协议族。

应用层		
SSL 握手协议	SSL 更改密文协议	SSL 告警协议
SSL 记录协议		
TCP		
IP		

图 6-4　SSL 协议的体系结构

（1）SSL 记录协议。SSL 记录协议为 SSL 连接提供了两方面的服务：一是机密性；二是消息完整性。为了实现这两种服务，SSL 记录协议接收将要进行传输的应用报文，将数据分割成可管理的块，进行数据压缩（可选），应用 MAC，接着利用 IDEA、DES、3DES 或其他加密算法进行数据加密，最后增加由内容类型、主要版本、次要版本和压缩长度组成的首部。接收到的数据依次被解密、验证、解压缩和重新装配，然后交给更高级用户。

（2）SSL 更改密文协议。SSL 更改密文协议是使用 SSL 记录协议服务的 SSL 高层协议的 3 个特定协议之一，也是其中最简单的一个。协议由单个消息组成，该消息只包含一个值为 1 的单个字节。该消息的唯一作用就是使未决状态复制为当前状态，更新用于当前连接的密码组。为了保障 SSL 传输过程的安全性，双方应该每隔一段时间改变加密规范。

（3）SSL 告警协议。SSL 告警协议是用来为对等实体传递 SSL 的相关警告。如果在通信过程中某一方发现任何异常，就需要给对方发送一条警示消息通告。警示消息有两种：一种是 Fatal 错误。例如，传递数据过程中，发现错误的 MAC，双方就需要立即中断会话，同时消除自己缓冲区相应的会话记录。第二种是 Warning 消息。这种情况，通信双方通常都只是记录日志，而对通信过程不造成任何影响。SSL 握手协议可以使得服务器和客户能够相互鉴别对方，协商具体的加密算法和 MAC 算法以及保密密钥，用来保护在 SSL 记录中发送的数据。

（4）SSL 握手协议。SSL 握手协议允许通信实体在交换应用数据之前协商密钥的算法、加密密钥和对客户端进行认证（可选）的协议，为下一步记录协议要使用的密钥信息进行协商，使客户端和服务器建立并保持安全通信的状态。SSL 握手协议是在所有应用程序进行数据传输之前使用的，是在客户机和服务器之间交换消息强化安全性的协议。它的工作过程一般分成五个阶段。

1）接通阶段。客户通过网络向服务器发出问候，服务器回应。客户端用 CLIENT_HELLO 消息向服务器发送客户 SSL 版本号、加密算法设置、随机数（32 位时间戳和 28 字节随机序列）、会话 ID、客户支持的密码算法列表（Cipher Suite）和客户支持的压缩算法列表；服务器用 SERVER_HELLO 消息向客户端发送服务器的 SSL 版本号、从客户信息中选择的加密算法和压缩算法、随机产生的数据和其他客户需要用于和服务器通信的数据。另外，服务器还要发送自己的证书证明身份，可以包括整个证书链，直到某个根证书认证机构，如果客户端正在请求需要认证的信息，那么服务器同时也要请求获得客户的证书。

2）服务器鉴别和密钥交换阶段。客户用服务器发送来的数字证书验证服务器身份。如果认证不成功，用户将被提示加密连接无法建立。如果成功，则客户用握手过程产生的所有数据，创建连接所用的 pre-master-secret 随机密码串，用服务器的公钥对其加密，并将加密后的信息发送给服务器。然后，客户根据 pre-master-secret 以及客户端与服务器的随机数值计算出 master_secret。最后，客户发送一个 certificate_verify 消息，其中包含一个签名，对从第一条消息以来的所有握手消息的 HMAC 值（用 master_secret）进行签名。

3）客户鉴别和密钥交换阶段。如果服务器请求验证客户的证书，则客户首先发送一个 certificate 消息，若客户没有证书，则发送一个 no_certificate 警告，连接将被中止。如果服务器成功认证客户证书，则服务器用自己的私钥解密收到的信息得到 pre-master-secret，然后执行一系列步骤产生 master_secret。

4）会谈密钥阶段。客户与服务器之间产生彼此会话的会话密钥 session key，并相互发送消息说明以后的所有信息都将用 session key 加密。

5）结束阶段。客户发送一个 change_cipher_spec 消息，并且把协商得到的密码算法列表（Cipher Suite）复制到当前连接的状态之中；然后，客户用新的算法、密钥参数发送一个 finished 消息，这条消息可以检查密钥交换和鉴别过程是否已经成功，其中包括一个校验值，对接收到的消息进行校验。服务器同样发送 change_cipher_spec 消息和 finished 消息。

至此，握手过程完成，客户和服务器之间建立起一个安全的连接，可用此连接传输应用数据了。

（三）SSL 协议的安全措施

SSL 采用对称密码技术和公开密码技术相结合，采用密码和证书实现通信数据完整性、认证性等安全服务，其措施如下：

1. 加密算法和会话密钥

加密算法和会话密钥是在握手协议中协商并由 CIPHER-CHOICE 指定的。现有的 SSL 版本中所有用到的加密算法包括 RC4、RC2、IDEA 和 DES，而加密算法所用的密钥由 Hash 函数 MD5 产生。RC4、RC2 是由 RSA 定义的，其中 RC2 适用于块加密，RC4 适用于流加密。

2. 认证算法

认证算法采用 X.509 电子证书标准，通过使用 RSA 算法进行数字签名来实现。SSL 认证包括服务器的认证和客户的认证两种。

（1）服务器的认证。客户从服务器传送来的 X.509 格式数字证书中获得相关信息，判断当天的时间是否在证书的合法期限内；签发证书的机关是否被客户所信任；签发证书的公钥是否符合签发者的数字签名（只有用正确的服务器私钥加密 client-hello 信息形成的数字签名才能被客户正确的解密，从而验证服务器的身份）；证书中的服务器域名是否符合服务器自己真正的域名。如果服务器被验证成功，客户将继续进行握手过程；否则加密连接无法建立。

（2）客户的认证。服务器认证客户身份的步骤是可选的，服务器从客户传送的 X.509 格式数字证书中获得相关信息，判断客户的公钥是否符合客户的数字签名（只有用正确的客户方私有密钥加密的内容才能被服务器方用其公钥正确地解开）、当天的时间是否在证书的合法期限内、签发证书的机关是否被服务器所信任、客户的证书是否被列在服务器的 LDAP 里客户的信息中、得到验证的客户是否仍然有权限访问请求的服务器资源。

（四）基于 SSL 协议的银行卡支付过程

基于 SSL 协议的银行卡支付系统采用 RSA 加密算法、数字签名和防火墙等技术保证交易的安全。系统的参与者有持卡人、商户、支付网关和发卡银行。通常，基于 SSL 协议的银行卡支付流程包括如下步骤：

(1) 持卡人登录网站，验证商户身份。

(2) 持卡人决定购买，向商户发出购买请求。

(3) 商户返回同意支付等信息。

(4) 持卡人验证支付网关的身份，填写支付信息，将订购信息和支付信息通过 SSL 协议传给商户，但支付信息被支付网关的公开密钥加密过，对商户来说是不可读的。

(5) 商户用支付网关的公开密钥加密支付信息等，传给支付网关，要求支付。

(6) 支付网关解密商户传来的信息，通过传统的银行网络到发卡行验证持卡人的支付信息是否有效，并即时划账。

(7) 支付网关用它的私有密钥加密结果，把结果返回给商户。

(8) 商户用支付网关的公开密钥解密后返回信息给持卡人，送货，交易结束。

由于 SSL 协议提供了两台机器间的安全连接，支付系统经常通过在 SSL 协议连接上传输银行卡卡号的方式来构建。而且 SSL 协议的成本低、速度快、使用简单，不要求对现有网络系统进行大的修改，因而取得了广泛的应用。但是 SSL 协议也有缺点，首先，客户的信息可能先到商家，被商家阅读，这样客户资料的安全性就得不到保证；其次，SSL 协议只能保证资料信息传递的安全，而传递过程是否有人截取就无法保证了。所以，SSL 协议并没有实现电子支付所要求的保密性、完整性，而且多方互相认证也是很困难的。

二、安全电子交易（SET）协议

（一）SET 协议简介

安全电子交易（Secure Electronic Transaction，SET）协议是由 Visa 和 MasterCard 公司在 1996 年底开发的，主要为在网上在线交易时保证使用信用卡进行支付时的安全而设立的一个开放的协议。它是面向网上交易，针对利用信用卡进行支付而设计的电子支付规范。SET 协议提供了消费者、商家和银行之间的认证，确保交易的保密性、可靠性和不可否认性，从而保证在开放网络环境下使用信用卡进行在线购物的安全。目前，SET 协议已得到 IBM、Microsoft、VeriSign 等著名公司的参与和支持，是国际上所公认的互联网电子商务的安全标准。

SET 协议主要实现以下目标：

（1）保证电子商务参与者信息的相互隔离。持卡人的资料加密或打包后到达银行，商家看不到持卡人的账户和密码信息，银行看不到持卡人的购物信息。

（2）保证信息在互联网上安全传输，防止数据被第三方窃取。

（3）解决多方认证问题。SET 协议不仅要对消费者的信用卡进行认证，而且要对在线商店的信誉进行认证，同时还要进行消费者、在线商店与银行间的认证，以保证付款的安全。

（4）保证网上交易的实时性，使所有的支付过程都是在线的。

（5）提供一个开放式的标准，规范协议和消息格式，促使不同厂家开发的软件具有兼容性和互操作功能，并且可运行在不同的硬件和操作系统平台上。

（二）SET 协议的体系结构

SET 协议主要由三个文件组成，分别是 SET 业务描述、SET 程序员指南和 SET 协议描述。SET 规范涉及：加密算法的应用（如 RSA 和 DES），证书信息和对象格式，购买信息和对象格式，确认信息和对象格式，划账信息和对象格式，对话实体之间信息的传输协议。

SET 支付系统主要由以下六个部分组成：

（1）持卡人。这是指由发卡银行所发行的支付卡的授权持有者。

（2）商家。这是指出售商品或服务的个人或机构。商家必须与收单银行建立业务联系，以接受支付卡这种付款方式。

（3）发卡银行。这是指为持卡人提供支付卡的金融机构。

（4）收单银行。这是指与商家建立业务联系的金融机构。

（5）支付网关。它实现对支付信息从互联网到银行内部网络的转换，并对商家和持卡人进行认证。

（6）认证中心（CA）。它在基于 SET 协议的电子商务体系中起着重要作用，可以为持卡人、商家和支付网关签发 X.509V3 数字证书，让持卡人、商家和支付网关通过数字证书进行认证。

（三）SET 协议的工作流程

图 6-5 是 SET 协议的工作原理。

（1）消费者使用浏览器在商家的网页上查看在线商品目录，浏览商品。

（2）消费者选择要购买的商品。

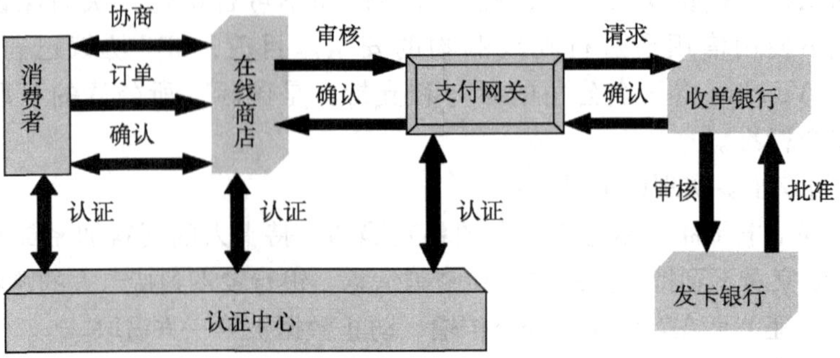

图 6-5 SET 协议的工作原理

（3）消费者填写订单，包括项目列表、价格、总价、运费、搬运费、税费。订单可通过电子化方式从商家传过来，或由消费者的电子购物软件建立。

（4）消费者选择付款方式。此时 SET 开始介入。

（5）消费者发送给商家一个完整的订单及要求付款的指令。在 SET 中，订单和付款指令由消费者进行数字签名；同时，利用双重签名技术保证商家看不到消费者的账号信息。

（6）商家接受订单后，向消费者的金融机构请求支付认可。

（7）支付信息通过支付网关到银行，再到发卡机构确认，批准交易；然后返回确认信息给商家。

（8）商家发送订单确认信息给顾客。顾客端软件可记录交易日志，以备将来查询。

（9）商家给顾客装运货物或完成订购的服务。到此为止，一个购买过程已经结束。商家可以立即请求银行将钱从购物者的账号转移到商家账号，也可以等到某一时间，请求成批划账处理。

（10）商家从消费者的金融机构请求支付。在认证操作和支付操作中间一般会有一个时间间隔。例如，在每天的下班前请求银行结一天的账。

前三步与 SET 无关，从第四步开始 SET 起作用，一直到第九步，在处理过程中，通信协议、请求信息的格式、数据类型的定义等，SET 都有明确的规定。在操作的每一步，消费者、商家、网关都通过认证中心来验证通信主体的身份，以确保通信的对方不是冒名顶替。

（四）SET 协议的核心技术

SET 协议中用到的核心技术均是上一章介绍过的。

（1）用 DES 算法的对称密钥技术。对称密钥加密技术是 SET 加密协议的基础。银行常采用 DES 算法来加密持卡人的个人识别号码。

（2）采用 RSA 算法的非对称密钥技术。公开密钥技术是 SET 协议的核心。公开密钥技术解决了密钥的发布和管理问题，商户可以公开其公开密钥，而保留私有密钥。购物者可以用人人皆知的公开密钥对发布的信息进行加密，安全地传给商户，然后由商户用自己的私有密钥进行解密。

（3）采用数字签名。签名技术在 SET 协议中有以下两种应用形式，一个最重要的革新就是双重签名。

1）数字签名。在 SET 协议中，数字签名采用 RSA 算法，按双方约定的 Hash 算法产生报文摘要值，用发送者的私人密钥加密产生数字签名，而接收方用发送方的公钥解密来验证签名。由于私钥和公钥之间的严格对应性，因此使用其中一个只能用另一个来解密，保证了发送方不能抵赖发送过数据，完全模拟了现实生活中的签名。

2）双重签名。数字签名在 SET 协议中一个重要的应用就是双重签名。在交易中，持卡人发往银行的支付指令是通过商家转发的，为了避免在交易的过程中商家窃取持卡人的信用卡信息，以及避免银行跟踪持卡人的行为，侵犯消费者的隐私，但同时又不能影响商家和银行对持卡人所发信息的合理的验证，只有当商家同意持卡人的购买请求后，才会让银行给商家付费。SET 协议采用双重签名来解决这一问题。

（4）采用数字信封。发送者自动生成对称密钥，用它加密原文，将生成的密文连同密钥本身一起再用公开密钥手段传送出去，以解决每次传送更换密钥的问题。

SET 协议的信息加密传送过程综合了上述四种常见手段，因此能从诸多方面保证网上支付的安全，具有较高的安全性。但 SET 协议要求在银行网络、商户服务器、顾客的个人计算机上安装相应的软件，这给顾客、商家和银行增加了许多附加的费用。另外，SET 协议还要求必须向各方发放证书，也导致使用 SET 协议要比使用 SSL 协议增加更多的成本。高成本成为 SET 协议被广泛接受的障碍。

三、SET 协议与 SSL 协议的比较

SET 协议是一个多方面的消息报文协议，它定义了银行、商家、客户之间必须符合的报文规范。SSL 协议只是简单地在客户端与服务器之间建立了一个安全传输通道，在涉及多方的电子交易中，只能提供交易中客户端与服务器间的认证，其并不具备商务性、服务性和集成性。SET 报文能够在银行内部网络或其他网络传输，而 SSL 之上的支付系统只能与 Web 浏览器捆绑在一起。表 6-1 给出了 SSL 协议与 SET 协议的一些参数比较。

表 6-1　SSL 协议与 SET 协议的一些参数比较

项　　目	SET 协议	SSL 协议
工作层次	应用层	传输层与应用层之间
基础	信用卡	传输通信协议
采用技术	对称密钥加密和公钥加密技术（RSA 和 DES 算法）	公钥加密技术（DES 算法）
是否透明	不透明	透明
过程	复杂	简单
效率	低	高
安全性	消费者信息对商家保密	商家掌握消费者信息
认证机制	多方认证	双方认证
实质	安全电子付款协议	网络安全协议

（1）用户接口。SSL 协议已被浏览器和 Web 服务器内置，不需要安装专门软件；SET 协议中客户端需安装专门的电子钱包软件，在商家服务器和银行网络上也需安装相应的软件。

（2）处理速度。SET 协议非常复杂，处理速度慢；而 SSL 协议则简单得多，处理速度比 SET 协议快。

（3）认证要求。SSL 协议中只有商家服务器的认证是必需的，客户端认证是可选的；而 SET 协议中所有参与 SET 交易的成员都必须申请数字证书，并且解决了客户与银行、客户与商家、商家与银行之间的多方认证问题。

（4）安全性。SET 协议的安全性远比 SSL 协议高。SET 协议采用了公钥加密、信息摘要和数字签名技术可以确保信息的保密性、可鉴别性、完整性和不可否认性，商家只能看到持卡人的订购数据，而银行只能取得持卡人的信用卡信息；而 SSL 协议虽也采用了公钥加密、信息摘要和 MAC 检测技术，但缺乏一套完整的认证体系，不能提供完备的防抵赖功能。

（5）协议层次和功能。SSL 协议属于传输层的安全技术规范，不具备电子商务的商务性、协调性和集成性功能；而 SET 协议位于应用层，它不仅规范了整个商务活动的流程，而且制定了严格的加密和认证标准，具备商务性、协调性和集成性功能。

总的来讲，由于 SSL 协议的成本低、速度快、使用简单，对现有网络系统无需进行大的修改，因而其应用也相对较广泛。目前我国已有多家银行采用 SSL 协议，开展网上银行业务。SET 协议比较复杂，它还要求在银行网络、商家服务器、客户端的个人计算机上安装相应的软件，此外还要求必须向各方发放数字证书。这些都阻碍了 SET 的广泛应用。但从安全性角度来看，SSL 协议不如 SET 协议安全，对于使用信用卡支付的系统来说，SET 协议是最好的选择。

思 考 题

1. 身份认证可以根据哪些因素来进行?
2. 什么是数字证书?它有什么用处?
3. 一个典型、完整、有效的 PKI 应用系统至少包括哪几个部分?
4. 在支持安全通信方面,SSL 协议有哪些基本功能?
5. 什么是 SET 协议?SET 协议的核心技术有哪些?
6. 简述 SET 购物流程。
7. 简述 PKI 与 PGP 的密钥管理的区别。

第七章
第三方支付与移动支付

内容提要
1. 第三方支付的产生背景与意义
2. 第三方支付系统构成与运营模式
3. 中国第三方支付平台的建设和应用现状
4. 中国第三方支付发展面临的困难与应对措施
5. PayPal 的运作模式
6. 移动支付原理与产业链构成
7. Paybox 的几种在线支付系统和工作原理

据《互联网周刊》关于 2006 年电子支付产业的调查报告显示，中国在线交易业务结算中，使用电子支付企业的比例已超过了 60%。网民对网上支付的接受程度大幅提高，网上购物者中使用网上支付的比例从 2002 年的 30.7% 上升到 2005 年的 48.4%；据 2007 年上半年的统计，这一比例已经达到 61.7%，而到 2012 年，这一比例已经上升到 89%，网上支付逐渐成为消费者网上购物的首选付款方式。

除了网上支付，银行卡产品的发展也有力地推动了销售点终端交易和自动柜员机交易的增长。随着中小商户支付需求的不断增加和多样化，特别是手机用户的大量增加，在现代网络技术、信息处理技术和通信技术的支持下，支付手段的创新模式不断推出，第三方支付平台和移动支付平台开始介入电子支付领域，充当客户、商家和金融机构之间支付与清算的桥梁。本章主要介绍第三方支付和移动支付，并分别介绍两个典型案例：美国的 PayPal 与德国的 Paybox。

第一节 第三方支付体系

一、第三方支付的产生与发展

1. 第三方支付的产生背景

传统的网上支付主要是借助网上银行的支付平台,使用银行卡(信用卡、借记卡)、电子支票和电子现金等作为支付工具,其中最常用的还是银行卡支付。网上银行一般采用 SSL 协议或 SET 协议,对银行卡信息进行加密认证处理,降低用户的银行卡号和密码泄露的风险,实现资金的安全传递。但是,随着网站商户和网上银行数量、规模的发展,这种模式变得不太适应网商的需要,因为要实现网上支付,网商就得和各家银行逐个签订接入协议、安装各个银行的认证软件,非常烦琐,对于中小型商家尤其不经济。因此,在银行和网站之间作为支付中介的第三方支付平台应运而生。

2. 第三方支付的内涵

所谓第三方支付平台,就是指由非银行的第三方机构投资运营的网上支付平台。第三方支付平台通过提供通信、计算机和信息安全技术,在商家和银行之间建立连接,起到信用担保和技术保障的作用,从而实现从消费者到金融机构以及商家之间的货币支付、现金流转、资金清算和查询统计。

基于第三方(非银行)支付模式,消费者和商家之间的支付业务由第三方支付平台来完成。它是目前发展最为迅速的新型支付模式,如:为美国著名拍卖网站 ebay 提供支付服务的 Paypal,中国淘宝网的支付工具支付宝等。第三方支付的运作流程如图 7-1 所示。

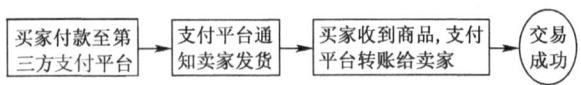

图 7-1 第三方支付的运作流程

实际上,第三方支付是"信用缺位"条件下的"补位产物"。尽管它增加了电子商务交易过程的一些手续,使交易的快捷性打了折扣,但采用第三方支付,既可以约束买卖双方的交易行为,保证交易过程中资金流和物流的正常双向流动,增加网上交易的可信度,同时还可以为交易提供技术支持和其他增值服务。

3. 第三方支付模式的发展

目前第三方支付公司、银行、企业已经形成了一个复杂的电子支付产业链。第三方支付处于整个产业链的中间位置,是电子支付产业链的重要纽带,一方面连接银行,处理资金结算、客户服务、差错处理等一系列工作,另一方面又连接着众多的客户,使客户的支付交易能顺利接入。第三方支付的一站式接入服务使银行与商家双方都避免了一对一接入的高昂成本,同时也为卖家和买家提供了一个信用担保机构,在相当长的时期内都有存在的必要性与必然性。

随着电子商务对网上支付的需求增强,第三方支付平台的市场规模迅速增长。2001年,中国第三方网上支付平台市场规模为1.6亿元,2004年增长为23亿元,2007年已超过200亿元。根据艾瑞咨询推出的《2010—2011年中国网上支付行业发展报告》的统计数据显示,2010年中国第三方网上支付交易规模已达到101105亿元。

4. 第三方支付的特征

与普通的网上支付比较,第三方支付平台所提供的服务具有以下几点特征:

(1) 第三方支付平台采用了与众多银行合作的方式,同时提供多种银行卡的网关接口,从而大大地方便了网上交易的进行。对于商家来说,不用安装各个银行的认证软件,一定程度上降低了费用,简化了操作。

(2) 第三方支付平台作为中介方,可以促成商家和银行的合作。对于商家来说,第三方支付平台可以降低企业运营成本;而对于银行来说,可以直接利用第三方的服务系统向它的个人和企业客户提供服务,帮助银行节省网关开发成本。

(3) 第三方支付平台能够提供增值服务,帮助商家网站解决实时交易查询和交易系统分析问题,提供方便、及时的退款和停止支付服务。

(4) 第三方支付平台可以对交易双方的交易进行详细记录,从而防止交易双方对交易的抵赖行为,并对后续交易中可能出现的纠纷问题提供相应的证据。

总之,第三方支付是当前所有可能突破支付安全和交易信用双重问题的方案中较理想的解决方案。

二、第三方支付系统的构成与运营模式

(一) 第三方支付系统的组成

一个完整的C2C或B2C交易支付的完成涉及多个部门,包括认证中心(CA)、支付网关、银行网络等。其中,认证中心、支付网关和银行网络是构成电子交易与支付的基础平台。第三方支付系统的组成如图7-2所示。

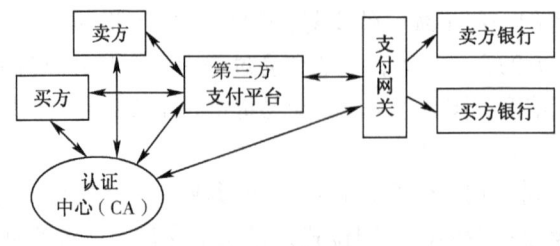

图7-2 第三方支付系统的组成

第三方支付平台是通过与国内外各大银行签约，由一定实力和信誉保障的第三方独立机构投资建立的交易支付平台。由独立的第三方平台作为中介，在网上交易的商家和消费者之间作一个信用的中转，通过改造支付流程来约束双方的行为，可以在一定程度上缓解交易双方对对方信用的猜疑，增强对网上购物的信任程度。

除了信用中介，第三方支付平台还承担安全保障和技术支持的作用，与银行的交易接口直接对接，支持多家银行和多卡种支付，采用 SSL 协议和 128 位加密模式，在银行、消费者和商家之间传输和存储资料。同时，第三方支付平台还根据不同用户的需要对界面、功能等进行调整，具有个性化和人性化的服务特征。

（二）第三方支付运营模式

我们可以将目前市场上第三方支付平台的运营模式分为 3 种类型：一类是独立的第三方网关模式；一类是由电子商务平台支持的第三方支付网关模式；还有一类是有电子交易平台且具备担保功能的第三方支付网关模式。下面分别介绍。

1. 独立的第三方网关模式

独立的第三方网关是指完全独立于电子商务网站，由第三方投资机构为网上签约商户提供围绕订单和支付等多种增值服务的共享平台。这类平台仅仅提供支付产品和支付系统解决方案，平台前端联系着各种支付方法供网上商户和消费者选择，平台后端连着众多的银行。由平台负责与各银行之间的账户清算，同时提供商户的订单管理及账户查询等功能。

此类独立网关发展相对成熟，灵活性大，一般都有行业背景或者政府背景，主要的盈利方式是根据客户的不同规模和特点提供不同的产品，收取不同组合的服务费和交易手续费。成熟的运营管理经验和网络平台技术是此类第三方支付平台发展制胜的关键。

但是，这类网关的增值业务相对较少；进入门槛比较低，技术含量也不大；往往没有完善的信用评价体系，抵御信用风险的能力不高。这些不足也妨碍了这类系统的发展。

2. 由电子商务平台支持的第三方支付网关模式

这种类型的平台是由电子商务平台建立起来的，不同于第一种模式，这里的电子商务平台往往是指独立经营且提供特定产品（虚拟产品或实体产品）的商务网站。支付网站最初是为了满足自身实时支付而研发搭建的，逐步扩展到提供专业化的支付产品服务。这种类型的在线支付系统应用的时间较早，又依附于成熟的电子商务企业，拥有可靠的后方和雄厚的资金，占有了一大部分在网上进行买卖的客户资源，其盈利主要来源于年费和手续费。

其优势在于它们更加贴近消费终端，并提供一些类似担保的增值服务。但是由于此类平台往往依附于某个电子商务企业，其发展受所在的企业限制。

随着电子银行的发展，银行开始涉足更广泛的支付领域。目前，由电子商务平台支持的第三方支付网关公司主要集中在 B2C 和 C2C 领域。一旦银行开始向 B2C 甚至 C2C 领域扩展，对该类支付平台无疑是个很大的威胁。

3. 有电子交易平台且具备担保功能的第三方支付网关模式

这种类型的第三方支付平台，是指由电子交易平台独立或者合作开发，同各大银行建立合作关系，凭借其公司的实力和信誉承担买卖双方中间担保的第三方支付平台。它利用自身的电子商务平台和中介担保支付平台吸引商家开展经营业务。

买方选购商品后，使用该第三方支付平台提供的账户进行货款支付，并由第三方通知卖方货款到达，进行发货；买方检验物品后，就可以通知付款给卖家；第三方再将款项转至卖方账户。它的盈利主要来源于店铺费、商品登录费、交易服务费等。但是目前此类平台大多还处于扩大规模和积聚人气的阶段，因此普遍实行免费提供交易支付的政策。

这类支付平台基本都拥有自己的客户资源，承担中介担保职能，按照交易记录建立个人信用评价体系，可信性相对较高。但是由于用户都集中于各自的电子商务平台，因此平台间竞争激烈，认证程序复杂，交易纠纷取证困难，中介账户的资金滞留具有吸储嫌疑，有悖于企业的经营性质。

第二节 第三方支付平台在中国的发展

一、中国第三方支付产业的整体情况

2005 年被业界称为中国的"网上支付年"。第三方支付平台成为投资热点，得到迅速成长。根据赛迪顾问的分析，包括网上支付和移动支付的第三方支付平台交易规模达到 179 亿元，比 2004 年增长 79.9%。第三方支付服务提供商达到 50 多家，比较知名的有浙江支付宝网络科技有限公司、首都信息发展股份有限公司、上海环迅电子商务有限公司、北京云网无限网络技术有限公司、易达信动科技发展有限公司等。

2010 年中国第三方网上支付行业强劲增长，整体交易规模达到 10105 亿元，突破万亿元大关。细分市场方面，支付宝以 50.02% 的市场份额大幅领先于其他支付企业，财付通和快钱分列第二、第三位。艾瑞咨询预计，至 2014 年，中国第三方网上支付交易整体市场将有望突破 4 万亿元大关，达到 41000 亿元。

二、中国第三方支付平台应用情况

下面是互联网周刊《2006 电子支付产业调查》（以下简称《调查》）显示的

结果和分析。

1. 与商户合作的情况

《调查》显示，在选择支付模式时，有56%的商户表示愿意与银行直连，只有38%的商户选择与第三方支付平台合作。这是因为，无论与银行直连还是与第三方支付平台合作，商户都需要开放业务平台的接口。一些第三方支付平台在为商户提供支付服务的同时，也在运作与之相同的业务交易，当商户开放平台接口，在这一平台上的客户数据就有可能流失，因此他们更愿意与银行合作。所以对第三方支付平台而言，如果希望吸引更多的商户，如何处理好与商户的竞合关系是一大难题。

2. 第三方支付平台的结算周期

《调查》显示，只有25%的第三方支付平台为商户提供了小于或等于3天的结算周期，38.7%的第三方支付平台与商户之间的结算周期在一周左右，另有36.3%的第三方支付平台提供了两周或两周以上的结算周期。在结算周期偏长的情况下，自家资金的安全如何保证也是一些商户不小的顾虑。

3. 收费标准

《调查》显示，56%的商户与第三方支付平台的收费是协议商定的，27%的商户是按结算金额的1%缴纳，11%的商户是按结算金额的2%缴纳。

4. 商户选择第三方支付平台的原因

《调查》显示，在选择第三方支付平台的诸多考虑因素中，64.5%的商户首选安全因素，39.8%的商户很关注电子支付是否快捷和方便。其实从技术角度来看，中国电子支付的安全系数远远高于国外，但从支付安全管理而言，与国外还有一定距离。如何让商户更安全地完成支付，同时又能保证这一过程快捷、方便，这是第三方支付平台面临的很大挑战。

三、我国第三方支付发展面临的困难

1. **市场竞争激烈，利润空间狭窄**

（1）第三方支付平台之间的竞争。由于前几年第三方支付服务无进入门槛限制，也没有严格的资质审查，大量的小型支付公司不断涌现。2005年，中国第三方支付服务提供商达到50多家，但这些提供商产品单一，服务模式一致。为了获得用户和流量，第三方支付行业出现了明显的价格战、互相攻击等竞争压力，从直接的低价、免费到服务费折扣等。当然出现这种情况的责任不在商户，而是表现出支付服务只限于在低层次上的竞争，服务创新动力不足。

（2）第三方支付平台与银行的竞争。在网上银行不断发展的情况下，第三方支付平台与银行之间的竞争加剧，而在这种竞争中第三方支付平台处于明显的不利地位。其发展受到的限制表现在以下三个方面：

1）在 B2C 领域，商家也可以不通过第三方支付平台直接连接网上银行进行支付。

2）第三方支付平台主要利用其技术优势，通过提供多家银行的支付通道获得业务，银行为保证自身的市场，可能会限制第三方支付平台的接入。

3）2006 年年底中国银行业开放之后，央行批准了 15 家外资银行准许在中国开办网上银行，这势必会对国内第三方支付平台造成冲击。

（3）第三方支付平台盈利模式。在盈利模式上，第三方支付平台主要靠收取支付手续费。第三方支付平台与银行确定一个基本的手续费率，缴给银行。然后，第三方支付平台在这个费率上加上自己的毛利润，再向客户收取费用。由于行业竞争，现在第三方支付平台得到的手续费较低，最低到交易额的 0.5%。在 C2C 领域，单笔交易利润很低，而且很多第三方支付平台为了与其他竞争对手争取客户不收取任何费用。还有一个利润来源就是第三方支付平台的客户暂存资金的利息收入，但目前有人对暂存资金利息收入的合法性表示了质疑。

2. 安全与诚信问题

鉴于我国目前信用状况不良的特点，在虚拟空间内完成物权和资金的转移，信用问题就显得尤为突出，因此，买卖双方的行为有必要受到约束和控制。目前支付宝在 C2C 平台建立了买卖双方的信用，大大促进了业务量和交易金额的上升。但是在 B2C 领域，第三方支付机构也只是以自己的信用承担中介担保的责任，而这种信用还纯粹属于商业信用范畴，其能力和作用很有限也很脆弱。不管是 C2C 还是 B2C，由于缺乏对第三方支付机构的信用约束，信用风险都很大。

虽然第三方支付模式在一定程度上缓解了安全与诚信危机，但是频频出现的对网络消费投诉事件以及账号被盗事件等，使得人们对网上购物仍然心存疑虑。现在网络病毒种类繁多，传播方式和途径多样化，也时刻威胁着支付平台的安全。

3. 政策监管的压力

第三方支付结算属于支付清算组织提供的非银行类金融业务。《非金融机构支付服务管理办法》中曾规定：申请人拟在全国范围内从事支付业务的，其注册资本最低限额为 1 亿元人民币；拟在省（自治区、直辖市）范围内从事支付业务的，其注册资本最低限额为 3000 万元人民币。这些规定无疑将使第三方支付行业面临重新调整。

另外，中央银行将以牌照的形式进一步提高门槛。对于已经存在的企业，第一批牌照发放后如果不能成功持有牌照，就有可能被整合或收购。政策风险将成为这个行业最大的风险，严重影响资本对这个行业的投入。没有资本的强大支持，这个行业靠自己的积累和原始投资是很难发展起来的。现在国家制定相关法律、法规，准备在注册资本、保证金、风险能力上对这个行业进行监管，采取经营资格牌照的政策来提高门槛。因此,对于那些从事金融业务的第三方支付公司来说,面临的挑战不仅仅是如何盈利,更重要的是能否拿到由央行发出的第三方支付业务牌照。

四、第三方支付平台健康发展的措施

随着第三方支付市场的迅速成长,第三方支付市场的竞争日益激烈,与银行直接的竞争和合作关系也日益复杂,在这种情况下,第三方支付机构必须在传统的资金支付结算基础上,加大业务创新的力度,提供相应的增值服务,以获得更广阔的生存和发展空间。《非金融机构支付服务管理办法》的颁布,使内对第三方支付机构信用中介的地位及其支付服务的合法性有了明确的规定,对第三方支付行业的市场准入和行业行为制定了相应的规范,并且明确了第三方支付市场和机构的监管主体。法律、法规的建立与监管的加强均有利于第三方支付市场的发展与规范,建立和不断完善第三方支付的监管体系是我国第三方支付平台健康发展的保证。

1. 加强内控机制和风险管理

加强内控机制和风险管理主要包括对第三方支付机构设置最低资本金限制,强化安全技术、建立保险与保证金等。

关于资本金的限制,在已经出台的《非金融机构支付服务管理办法》中已列出,并已按照操作细则进行了实施。在安全技术要求方面,除准入控制外,建立完备的基础设施以确保客户交易活动安全性和交易记录的真实性很有必要。目前,我国在内控机制和风险管理方面还没有相应的法律规定,可以考虑借鉴欧盟的一些做法,在我国《电子银行安全评估指引》基础上对电子支付进行规范。

2. 完善业务范围监管

完善业务范围监管主要包括业务运营风险监管,对董事会和经理层的监管,对内部操作人员的管理,对客户的管理。

该项措施可借鉴《网上银行业务管理办法》制订电子支付业务管理办法:对单位管理层,可设立技术总监,董事会制定监管政策并适时审查,使监督运作合法化;对第三方支付机构市场退出应考虑合并、兼并或收购等方式,类似于金融机构的做法;对客户的管理要利用法律手段约束,通过建立保证金和准备金机制减少风险,保证客户资料和客户资产的安全;在业务范围监管方面还要设法促进第三方支付的健康发展,保证公平竞争等。

3. 建立健全监管法律体系

建立健全监管法律体系主要包括加强技术监管和业务监管,加强内控,防范违规与计算机犯罪,实施适时与定期监控,加强市场退出监管,加强国际合作等。目前我国监管机构采用的是银监会+工信部+公安部+新闻出版署的方式。

第三方支付平台虽然从事着与金融相关的业务，但它不是金融机构，其特性也有许多与金融机构不一致之处。因此，支付机构依法接受中国人民银行的监督管理，并为其明确监管办法。关于国际合作，我国要积极借鉴国外成功经验，加强国际合作，第三方支付跨国境非常方便，要防止跨国风险，对外国竞争者实行严格监管，并积极扶植本国第三方支付企业发展。

4. 建立第三方支付保证金制度

网络的开放性使得第三方支付面临着严重的安全风险，第三方支付机构本身的道德风险也难以控制，第三方支付机构也存在大小、实力强弱的差别。在这种情况下，我国可考虑建立第三方支付保证金制度，要求第三方支付机构缴纳一定比例的保证金。保证金制度的存在可以使得交易双方的利益得到一定程度的保护，在发生风险的时候不致因第三方支付机构的倒闭破产而蒙受过大的损失。这样做既能提高第三方支付机构作为信用中介的可信度，还能淡化第三方支付机构实力不同的差别，促进第三方支付市场的公平竞争，并约束第三方支付机构的经营行为，在一定程度上降低第三方支付机构本身的道德风险。这样一来，第三方支付过程中的各种风险都会得到一定的降低，有助于保持整个支付系统的稳定，并促进第三方支付市场的发展。

5. 加强对在途资金的监管和管理

在途资金是第三方支付过程中风险的重要来源之一，其安全与效率对第三方支付市场的规范和发展起着至关重要的作用。为此，我国应建立完善的在途资金的监管制度，明确规定在途资金的存放位置，是置于银行还是其他公正机构，相关的利息如何处理？还可以考虑给第三方支付的结算周期规定一定的上限，以提高整个支付体系的运行效率。如果由第三方支付机构持有这些资金，那么应对资金的来源和运用进行有效的监督和控制，降低其中的金融风险，一方面可以保障第三方支付体系的正常、安全运转，另一方面也能有效防范在途资金不恰当运用对金融市场和金融体系产生的不良影响。

第三节　案例分析：PayPal 的建设与运作

1. PayPal 与 eBay

PayPal 是全球最早建立的第三方支付平台。通过为 eBay 上的个人卖家以及小型商户提供支付受理服务，PayPal 得到了迅速发展。eBay 交易是 PayPal 最主要的业务领域，PayPal 支付业务的 70% 来自 eBay 交易。在网上拍卖交易领域，PayPal 拥有明显的竞争优势，68% 的 eBay 交易都使用 PayPal 付款。

PayPal 在业务发展初期投入了超过 1 亿美元的资金，使用侵略性的财务奖励计划以及"病毒式"的营销模式打开市场。在建立了一定的市场知名度以后，

PayPal 逐渐通过成熟的支付模式和市场策略建立了在该领域的主导地位。对拍卖交易的买家（付款人）而言，使用 PayPal，可以选择银行账户、信用卡等多种付款方式，PayPal 还与 GE 合作向买家提供信用额度。在信用卡付款、PayPal 账户付款、买家信用付款，以及银行账户"直接支付"方式下，资金都能立即到达卖方的 PayPal 账户中，支付十分快捷。此外，通过 PayPal 付款，买方还可以享受到交易保护条款。因此，与私下转账交易相比，PayPal 付款方式更加受到买家的欢迎。对卖家而言，使用 PayPal 不仅更加方便、快捷、安全，关键在于，许多小型商家无法取得信用卡收单商户资格，PayPal 能使他们以低成本的方式实现信用卡的受理。PayPal 还以低廉的价格作为卖点，月交易额超过 10 万美元的商家可享受超低费率，而大型的商家还可以与 PayPal 就收费问题单独进行协商。

除了支付模式与价格的优势外，由于 eBay 与 PayPal 的密切关系，使得 PayPal 支付与 eBay 网站紧密地融合起来，其他主体，如银行很难介入这一领域。但近年来，一些银行开始推出免费资金转账服务，也给 PayPal 造成了一定的竞争威胁。

2. 网上在线商户

PayPal 在拍卖交易业务领域取得极大的成功后，开始积极向在线商户领域拓展。一些销售电子和家庭产品、旅游等在线服务、数字产品等的商户也接受 PayPal 支付。PayPal 在网上商户的市场接受度与交易量迅速增长。

（1）PayPal 对网上小型商户的吸引力。在小型商户中，PayPal 具有很大的竞争优势。这主要也是由于 PayPal 帮助这些小型商户以低成本的方式实现了信用卡的受理。同时，PayPal 拥有 5000 万个用户的庞大基础，对这些小商户很具有吸引力。PayPal 推出的买家信用政策很受消费者欢迎，从而使小商户具备了与大商户竞争的条件。PayPal 建立了专门针对小商户的销售队伍，不断为其提供更加先进、便捷的支付服务。2004 年，PayPal 宣布与 Paymentech 合作，Paymentech 服务的上万家在线商户都把 PayPal 作为支付选项之一。

（2）PayPal 面临的问题。在中大型商户中，PayPal 的接受程度和使用程度都比较有限，主要作为一种辅助的支付方式。在美国，经过多年发展，信用卡已经成为在线支付的主流方式，为人们所常用。PayPal 作为新兴支付方式进入这一领域，很难撼动主流。其次，PayPal 支付对大商户来说，并无明显的价格优势。PayPal 支付也需要建立在现有支付网络的基础上，每笔信用卡交易要向卡组织支付交换费、清算费等共约 1.9% +0.15 美元。而商家直接采用信用卡支付，Visa 的交换费率为 1.85% +0.1 美元，PayPal 并无太大的空间利用成本优势。再次，很多大商户，如亚马逊，为了促进销售，致力于提供更加简单的支付步骤，如"一键式"订单功能，因此它们需要与自身网站紧密集成的支付工具，而 PayPal 支付最终将引导用户离开商户页面，这是一些网商所不愿意看到的。

(3) PayPal 的竞争优势。PayPal 在中大型商户领域，仍有一定的发展潜力。

1) PayPal 支付能为商户带来新的客户和销售增长，这是很多大商户愿意将 PayPal 作为一种支付选择的重要原因。

2) PayPal 支付在交易费用、争议管理成本、欺诈损失等方面，确实比直接受理 Visa 和 Master 卡或美国运通卡更有效率。

3) PayPal 与 GE 合作，推出买家信用；与支付网关 CyberSource 合作，将 PayPal 支付集成到商家系统中，都提升了 PayPal 支付的接受度。

4) 对消费者来说，PayPal 支付的最大优势是安全和隐密。消费者支付时无需再输入卡号和密码，只要输入邮件地址及对应密码；支付页面由 PayPal 提供，没有第三方能够接触到用户的信用卡、银行账户等个人资料。

3. 其他业务

PayPal 还在网上汇款（不基于交易的个人资金转移）、国际汇款、B2B 业务以及移动支付领域积极拓展业务。

(1) 对于网上汇款业务，由于 PayPal 对接收者收取 2.9% +0.3 美元的手续费，因此相比其他各种更加便宜或免费的个人转账方式而言，PayPal 并不具有特别的吸引力。

(2) 国际汇款领域，西联汇款是其主要的竞争对手，但 PayPal 试图通过价格优势来获得市场。

(3) 在小型 B2B 市场上，PayPal 通过与 Quickbook 产品制造商 Intuit 的联盟，使 300 多万使用 Quickbook 产品的小型商户直接绑定 PayPal 支付系统。

(4) PayPal 还与美国无线网络服务开发商 ViaFone 建立战略伙伴关系，用户可以通过使用任何移动设备接受 PayPal 的安全移动支付服务。

4. PayPal 的基本运作流程

PayPal 的基本运作流程如图 7-3 所示。

从图 7-3 的流程可以看出，如果收款人已经是 PayPal 的用户，那么该笔款项就汇入他拥有的 PayPal 账户；若收款人没有 PayPal 账户，网站就会发出一封通知电子邮件，引导收款者到 PayPal 网站注册一个新的账户。所以，也有人称 PayPal 的这种销售模式是一种"邮件病毒式"的商业拓展方式，从而使得 PayPal 占有越来越多的市场。

从表面上看，这种付款方式很像是资金通过电子邮件方式汇入（fund-in）、汇出（fund-out）的，付款人和收款人之间利用电子邮件完成了付款过程。事实上，通过 PayPal 发出的电子邮件仅扮演"通知"的角色，而 PayPal 服务也只是对用户的信用卡账户进行借、贷记录而已。

其运转离不开银行账户、电子资金转账以及信用卡等传统支付工具。当然对没有注册 PayPal 账户的收款人来说，发出电子邮件给收款人对于 PayPal 来说还

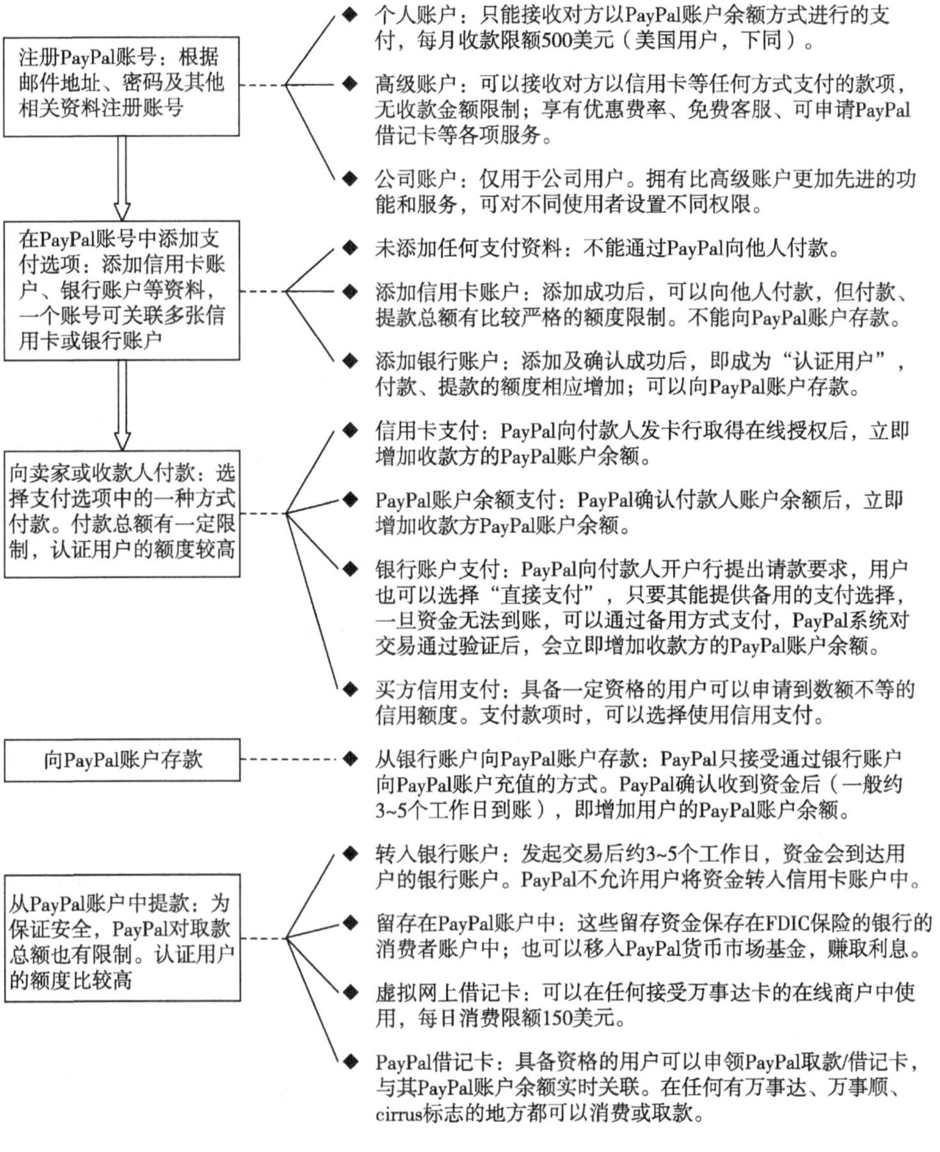

```
注册PayPal账号：根据        ◆ 个人账户：只能接收对方以PayPal账户余额方式进行的支
邮件地址、密码及其他          付，每月收款限额500美元（美国用户，下同）。
相关资料注册账号
                          ◆ 高级账户：可以接收对方以信用卡等任何方式支付的款项，
        ↓                   无收款金额限制；享有优惠费率、免费客服、可申请PayPal
                            借记卡等各项服务。

                          ◆ 公司账户：仅用于公司用户。拥有比高级账户更加先进的功
                            能和服务，可对不同使用者设置不同权限。

在PayPal账号中添加支       ◆ 未添加任何支付资料：不能通过PayPal向他人付款。
付选项：添加信用卡账
户、银行账户等资料，        ◆ 添加信用卡账户：添加成功后，可以向他人付款，但付款、
一个账号可关联多张信          提款总额有比较严格的额度限制。不能向PayPal账户存款。
用卡或银行账户
                          ◆ 添加银行账户：添加及确认成功后，即成为"认证用户"，
        ↓                   付款、提款的额度相应增加；可以向PayPal账户存款。

                          ◆ 信用卡支付：PayPal向付款人发卡行取得在线授权后，立即
向卖家或收款人付款：选         增加收款方的PayPal账户余额。
择支付选项中的一种方式
付款。付总额有一定限        ◆ PayPal账户余额支付：PayPal确认付款人账户余额后，立即
制，认证用户的额度较高         增加收款方PayPal账户余额。

                          ◆ 银行账户支付：PayPal向付款人开户行提出请款要求，用户
                            也可以选择"直接支付"，只要其能提供备用的支付选择，
                            一旦资金无法到账，可以通过备用方式支付，PayPal系统对
                            交易通过验证后，会立即增加收款方的PayPal账户余额。

                          ◆ 买方信用支付：具备一定资格的用户可以申请到数额不等的
                            信用额度。支付款项时，可以选择使用信用支付。

向PayPal账户存款          ◆ 从银行账户向PayPal账户存款：PayPal只接受通过银行账户
                            向PayPal账户充值的方式。PayPal确认收到资金后（一般约
                            3~5个工作日到账），即增加用户的PayPal账户余额。

                          ◆ 转入银行账户：发起交易后约3~5个工作日，资金会到达用
从PayPal账户中提款：为       户的银行账户。PayPal不允许用户将资金转入信用卡账户中。
保证安全，PayPal对取款
总额也有限制。认证用户      ◆ 留存在PayPal账户中：这些留存资金保存在FDIC保险的银行的
的额度比较高                消费者账户中；也可以移入PayPal货币市场基金，赚取利息。

                          ◆ 虚拟网上借记卡：可以在任何接受万事达卡的在线商户中使
                            用，每日消费限额150美元。

                          ◆ PayPal借记卡：具备资格的用户可以申领PayPal取款/借记卡，
                            与其PayPal账户余额实时关联。在任何有万事达、万事顺、
                            cirrus标志的地方都可以消费或取款。
```

图 7-3 PayPal 的基本运作流程

有一个市场推销的作用。

  这种模式的特点在于，网络交易的收款人（卖家）只要告诉付款人（买家）自身的电子邮件地址，即在 PayPal 上的用户名，那么付款人就可以通过 PayPal 完成付款。PayPal 的用户发出的金额和收到的金额首先都是对其 PayPal 账面的增减，用户可以通过 PayPal 账户的指令支付、提现或者变为银行的存款。用户还可以发出指令，让 PayPal 寄出支票，或者通过转账将资金划至用户指定的银

行账户中。付款人和收款人可以在两个不同的银行开户,也可以是两个相距甚远的国家或者地区的银行开户,但是只要他们都是 PayPal 的用户,就可以减少跨行之间、跨国和跨地区之间烦琐的转账手续。无疑,这种一站式的便利以及以电子邮件地址作为 PayPal 账户的方式,大大有别于传统的依赖于金融系统上的交易和转账模式。

此外,对于支付安全来说,PayPal 的作用和防火墙有些相同,在收款人和付款人的信用卡资料间筑起了一道安全屏障。以前用信用卡购物,需要在网上商店提供的付款页面上输入卡号,这么做当然很方便。但是如果网站没有实现加密传输信息,或者有些仿冒网站(spoof site)恶意骗取交易信息,安全性就要大打折扣——信用卡资料会被网站工作人员或者别的什么人获取。现在就不同了,通过 PayPal 进行转账或者付款给商家,只要输入 PayPal 账号和密码——这就多了一层密码保护,而且支付页面由 PayPal 提供,而不是由网上商店提供;最终在 PayPal 站上完成加密的支付过程,没有第三方(包括网上商店)能够接触到用户的银行账户或者信用卡持卡人的个人资料。

第四节 移动支付概述

移动支付是指交易双方为了某种交易,通过移动设备,采用无线方式所进行的银行转账、缴费和购物等商业交易活动。通常移动支付所使用的移动终端是手机、掌上电脑、个人商务助理(PDA)和笔记本电脑。这里指的移动支付,主要是指在交易活动中用手机作为支付手段。简单的移动支付是将支付款项直接计入移动电话账单中,这样的支付通常用在支付费用比较低的情况下。目前比较完善的移动支付业务则是将手机与信用卡号码绑定,每次交易实质上是通过手机代替信用卡来支付费用。

作为新兴的电子支付方式,移动支付拥有随时随地和方便、快捷、安全等诸多特点,消费者只要拥有一部手机,就可以完成理财或交易,享受移动支付带来的便利。移动支付的应用领域一般包括充值、缴费、小商品购买、银证业务、商场购物和网上服务等。

1. 移动支付业务分类

移动支付业务从交易结算的即时性来划分,可分为非现场支付和现场支付。

(1)非现场支付。非现场支付是指通过远程数据传输实现的支付,通常通过终端浏览器或者基于 SMS/MMS 等移动网络系统,采用操作订单进行处理。

(2)现场支付。现场支付是指现场近距离交易支付行为,使用近距离无线通信技术,如蓝牙、红外线、射频识别等在商场广泛应用的支付技术。现场支付包括接触性支付和非接触性支付。

以上两者的区别是：一般大额支付采用现场支付方式，对支付的安全级别要求较高，有必要通过可靠的金融机构进行交易鉴权；而对于小额支付来说，可以采用非现场支付，使用移动网络本身的 SIM 卡鉴权机制就足够了。

2. 移动支付的产业链成员

移动支付业务的产业链由标准的制定者、移动设备制造商、移动运营商、银行、移动支付服务提供商、商家、用户等多个环节组成。其中移动支付标准的制定者是指国家独立机构、国际组织和政府，它们负责标准的制定和统一，来协调各个环节的利益。

（1）用户。用户即移动支付者。支付者必须首先注册成为某个移动支付网络的手机支付业务用户，获得经支付网络认可的数字证书，将手机或其他移动终端通过移动网络与商家或支付网关相连，就可以利用手机完成方便、快捷的在线支付。用户的需求是推进移动支付系统发展的主要原动力。

（2）商家。参与移动支付的商家在商场和零售店安装移动支付系统，能为客户提供移动支付服务。对商家来说，移动支付能在一定程度上减少支付的中间环节，降低经营、服务和管理成本，提高支付的效率，获得更高的用户满意度。

（3）移动运营商。移动运营商的主要任务是搭建移动支付平台，为移动支付提供安全的通信渠道，它们是连接用户、金融机构和服务提供商的重要桥梁，在推动移动支付业务的发展中起着关键性的作用。目前，移动运营商能提供语音、SMS、WAP 等多种通信手段，并能为不同级别的支付业务提供不同等级的安全服务。

（4）金融机构。移动支付系统中的金融机构包括银行、信用卡发卡行等组织，主要为移动支付平台建立一套完整、灵活的安全体系，从而保证用户支付过程的安全通畅。显然，与移动运营商相比，银行不仅拥有以现金、信用卡及支票为基础的支付系统，还拥有个人用户、商家资源。

（5）移动支付服务提供商。移动支付服务提供商也叫做移动支付平台运营商，它作为银行和运营商之间的衔接环节，在移动支付业务的发展进程中发挥着十分重要的作用。独立的第三方移动支付服务提供商具有整合移动运营商和银行等各方面资源并协调各方面关系的能力，能为手机用户提供丰富的移动支付业务，吸引用户为应用支付各种费用。

（6）移动设备制造商。移动设备制造商在向移动运营商提供移动通信系统设备的同时，还推出了包括移动支付业务在内的数据业务平台和业务解决方案，这为移动运营商提供移动支付业务奠定了基础。从终端的角度来看，支持各种移动数据业务的手机不断推向市场，这为移动支付业务的不断发展创造了条件。

3. 移动支付的商业模式

正确的商业模式才有可能推动移动支付产业的成熟和发展。一个成功的移动支付商业模式，至少必须能为用户、商家、移动运营商和金融机构的利益共赢提供保证。

（1）按移动商务的参与方划分。基于对移动支付参与方的角色和需求，可将移动支付分为如图7-4所示的四种。

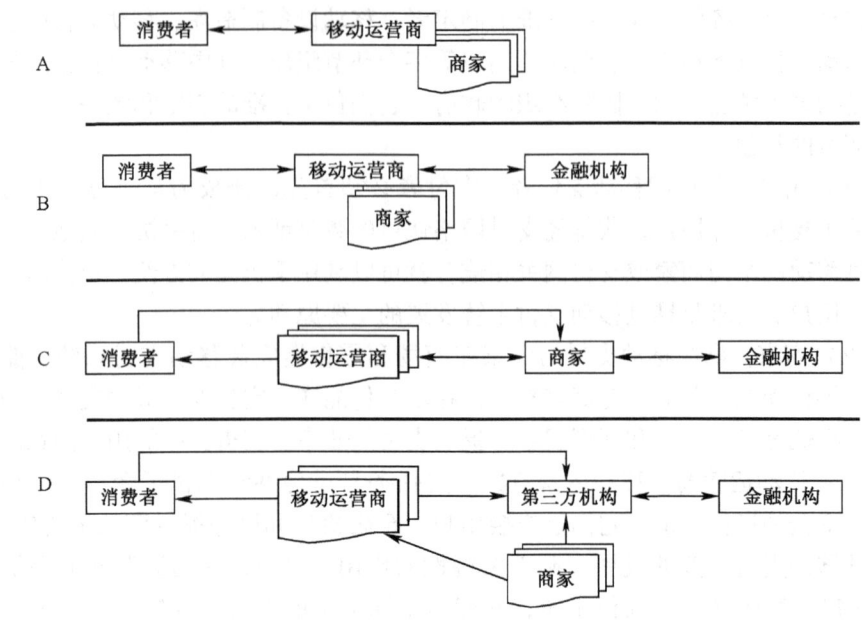

图7-4　移动支付的四种商业模式

1）简单的封闭支付模式。模式A代表了最简单的封闭模式，被大多数移动运营商所接受。此模式下，用户直接从移动运营商或以移动运营商作为前台的商家购买交易额不大的内容服务（通常是数字内容，如铃声下载、小游戏、天气预报、小额点卡等）。移动运营商会以用户的手机费账户或专门的小额账户作为移动支付账户，用户所发生的移动支付交易费用全部从用户的手机费账户或小额账户中扣减。这种模式不需要银行参与，技术实现简便。移动运营商需要承担部分金融机构的责任，如果发生大额交易则不符合国家的有关政策，因为它无法对正规的交易业务出具发票，税务处理复杂等。

2）有银行参与的移动支付。模式B中的移动运营商可以提供非数字内容业务，且交易额可以较大。在这种方式下，移动运营商需要与银行合作，支付通过传统的银行账号（如银行卡），而不是移动话费账单来进行，典型的应用如缴纳水、电、煤气费。虽然这种模式下，为用户提供了更多的支付选择，但是移动运营商需要考虑用户的支付注册问题，并且要建立和金融机构的关系和支付业务接口。模式B可以被认为是模式A的自然扩展，模式B移动支付的内容比较受限，目前主要集中于缴费业务领域。

3）直接购买的移动支付方式。模式 C 类似于基于 PC 的在线商店支付，可以称之为"直接购买"的支付方式。该模式下，用户与商家直接联系，由商家来处理和多个银行之间的支付接口。商家为向更多的用户提供服务，须能够经过多个移动运营商接入。如果采用这种模式，运营商将不能从支付中取得任何收益，就如同固定电话网的运营商在基于 PC 的互联网支付中扮演的角色一样。当然，随着参与的移动运营商和可能的支付选项的增加，这种模式也缺乏灵活性。

4）第三方机构参与的移动支付方式。模式 D 提供了一种由第三方机构参与的移动支付方式，可以称之为"中介"模式。移动支付平台提供商是独立于银行和移动运营商的第三方经济实体（同样也可以是由移动运营商、银行或移动运营商同银行合作创立的移动支付平台），同时也是连接移动运营商、银行和商家的桥梁和纽带。通过移动支付平台提供商，用户可以轻松实现跨银行的移动支付服务。最典型的例子是欧洲的 Paybox，不论为用户提供服务的移动运营商是哪家，也不论用户的个人银行账号属于哪家银行，只要在 Paybox 登记注册后，就可以在该平台上得到丰富的移动支付服务。

该模式具有如下特点：各参与方之间分工明确、责任到位；平台提供商发挥着中介的作用，将各利益群体之间错综复杂的关系简单化；用户有了多种选择；在市场推广、技术研发、资金运作能力等方面，要求平台提供商有很强的行业号召力。

（2）以移动支付的运营主体划分。按照移动支付的运营主体不同，可以将移动支付分为以下四类商业模式。

1）以移动运营商为运营主体的移动支付业务。
2）以银行为运营主体的移动支付业务。
3）以运营商和银行或卡组织合作成立公司为运营主体的移动支付业务。
4）以独立的第三方为运营主体的移动支付业务。

这四类模式各有优缺点，以移动运营商为运营主体的移动支付可以说是移动支付的早期模式，类似于上述的封闭支付模式，只局限于小额支付；目前，以银行为运营主体的移动支付业务大量推出，各家银行都借助于各自的银行网络优势提供手机银行业务服务，并采取优惠措施，鼓励用户采用手机支付。

事实上，在移动支付业务产业价值链中，移动运营商、银行、第三方服务提供商拥有各自不同的资源优势，只有彼此合理分工、密切合作，建立科学合理的移动支付业务的运作模式，才能推动移动支付业务的健康发展，实现各个环节之间的共赢。因此，以移动运营商和银行或卡组织合作成立公司为运营主体的移动支付业务和以独立的第三方为运营主体的移动支付业务将是未来移动支付业务的发展方向。

第五节 国内外移动支付的发展

移动支付业务于20世纪90年代初期始于美国，随后在日本和韩国出现并得到了迅速发展，如移动钱包、移动信用卡的正式商用都最早出现在日本和韩国，现在它们已经成为了世界上移动支付领域的领跑者，如NTT DoCoMo、SK Telecom等。截至2006年年底，全球移动用户达到27亿人。那时，美国研究咨询公司Celent提供的一份报告称，移动银行将成为未来金融财政服务的主要通道之一，到2010年，全球使用移动银行服务的用户将占到在线银行用户的35%。移动银行具备的新功能使其超出在线银行业务，从而吸引了大量客户。比如，移动银行可支持用户进行POS支付。艾瑞市场咨询整理Gartner最新调查数据发现，2012年全球移动支付交易规模预计将达到1715亿美元，较2011年的1059亿美元增长61.9%；同时，2012年全球移动支付用户数量将达到2.1亿人，同比增长31.3%。

一、国外的移动支付

（一）日本的移动支付

日本在移动电子商务和移动支付发展方面处于全球领先地位。移动钱包应用面向六大领域，包括购物、交通支付、票务、公司卡、身份识别、在线金融等，主要合作伙伴包括连锁便利店AM/PM、全日空、东日本铁路公司、票务公司PIA等。

日本移动支付市场发展的首要推动者是NTT DoCoMo。早在1999年，NTT DoCoMo即推出i-mode手机互联网服务，并获得巨大成功。i-mode手机互联网服务使得日本消费者逐渐转变观念，不再将手机仅仅作为一种通信工具，而是一种"生活方式"工具。截至2005年NTT DoCoMo所有的3G手机都配备了红外线装置用于手机支付。据统计60%的手机用户每周都会至少使用一次支付功能。

日本的移动支付完全是以移动运营商主导、传统金融机构扮演辅助角色的经营运作模式，采用的主要技术是基于红外线的非接触式芯片技术。

（二）韩国移动支付的发展

在韩国，电视购物、网络购物、移动购物等日益成为流行的消费及购物方式，这导致了传统的银行业务不能满足消费者对消费自由度、便利以及节约时间的需求。目前在韩国，每月有超过30万人在购买新手机时会选择具备能储存银行交易资料并进行交易信息加密功能的手机，移动支付业务使手机变为传统支付工具的替代品。

韩国的三大移动运营商——鲜京（SK Telecom）、KTF和LG电信，均提供手机信用卡服务。移动运营商是驱动新系统发展的主要力量，但银行与信用卡公司也扮演着重要角色，负责信用卡业务的信贷和运营。移动支付在韩国的渗透率甚至高过日本。

同日本完全由移动运营商主导、传统金融机构至多扮演辅助性角色的商业模式略有不同，韩国的移动支付特色在于移动运营商同银行通力合作，共同促进移动支付的发展。而在使用的技术上两国基本相同，使用基于红外线的非接触式芯片技术。

（三）美国的移动支付

美国在移动电子商务与移动支付方面，虽然发起较早，但进步不快。1999年，PayPal 成立之初，本来计划开发用于手机支付的软件，但很快发现，eBay 的客户更喜欢使用基于互联网的支付方式进行结算，于是放弃了移动支付，不过最终还是推出了 PayPal Mobile 手机短信支付服务。

2007年4月由 Jupiter Research 公布的一份报告显示，美国拥有移动电话的网络消费者只有8%对利用移动浏览器进行查账感兴趣。2007年5月，花旗银行和美洲银行都推出了各自的手机银行业务，允许客户在手机上完成很多网络银行任务。使用手机银行，客户可以实现检查自己的账户余额、支付账单或者转账等功能。这种技术有两点问题：一是手机的访问速度问题。由于移动运营商的网络质量在一定的区域存在不同，因此速度可能有所不同。二是移动无线网络的流量费用问题。这使得这项业务局限在使用无线上网的用户群中。

虽然美国的移动通信运营商与一些大银行和信用卡组织也合作推出了多种手机支付的试点项目，但距离日本或韩国式的全国性大规模商业应用还很遥远。

（四）欧洲的移动支付

欧洲早期的移动银行业务主要采用的是 WAP 方式，但是早期的 WAP 并没有达到相应的技术水平。而很早就开始在欧洲实行移动支付业务的德国的 Paybox 公司主要采用的却是手机短信技术。

同时，在欧洲，各大企业也开始注重近距离的非接触式支付技术的开发和推广。多家公司、大学和用户组织共同成立泛欧联盟，旨在开发开放式架构，以进一步开发和部署近距离无线通信（NFC）技术，并推动其在手机中的应用。法国移动通信运营商和公交经营公司曾表示，将共同探讨用手机作为公交付费工具的操作方法。法国最主要的三家移动通信运营商都将参与这一系统的研制工作，其目标是实现用手机作为付费工具乘坐各种公共交通工具，包括公共汽车、地铁、有轨电车及郊区列车等。当手机用户乘坐公交工具时，用手机在公交工具的数据读取器前进行扫描，相关信息即可记录到读取器上。

欧洲的移动支付目前还是主要以手机短信技术的应用为主，不过由于各大移动运营商对于近距离非接触式支付技术的重视，相信近距离非接触式支付技术今后会在欧洲有着不错的发展。

二、中国移动支付的发展

(一) 中国移动支付的特点

1. 移动用户规模大

据三大移动运营商披露的最新数字，到2012年2月底，中国手机用户数已经达到10亿规模。中国电信手机用户数量升至1.323亿户，包括4115万的3G用户；中国移动用户规模达到6.614亿户，包括5658万的3G用户。而中国联通公司拥有1.601亿的2G手机用户以及4590万的3G用户。中国互联网络信息中心（CNNIC）发布的《第30次中国互联网络发展状况统计报告》显示，截至2012年6月底，中国网民数量达到5.38亿人，通过手机接入互联网的网民数量达到3.88亿人，手机首次超越台式计算机成为第一大上网终端。

2. 手机支付份额少

据《2012年第一季度中国第三方电子支付市场监测报告》的数据显示，中国第三方电子支付市场交易额总规模在2011年第四季度已达到7562.9亿元，其中互联网支付交易规模7385.8亿元，占整个第三方电子支付市场的97.7%。该报告还显示，2011年第四季度第三方手机支付和电话支付的规模分别达到170亿元和7.1亿元，其中手机支付仅占整个电子支付市场2.2%的份额，互联网支付仍是第三方支付市场的主流。

(二) 中国移动支付业务的特点

1. 以短消息为主的移动支付

到目前为止，可能手机用户感受最深也离我们生活最近的一个就要属基于短消息（SMS）技术的移动支付业务，如日常生活中的新闻、天气预报等信息的订阅，彩铃的下载等都是采用短信的方式。捷银是国内一家移动支付解决方案的供应商，主要业务为移动支付提供相关技术的咨询、各种支付应用的开发、市场营销的策划以及客户关系管理等方面的服务。捷银的移动支付平台主要基于移动短信服务通道，利用短信完成移动小额支付。

2. 银联手机支付

银联手机支付是将手机与银行卡合二为一的新兴支付方式，手机相当于支付信息处理终端，手机中的金融智能卡则可用来绑定支付账户。以当前应用较广的SD卡模式为例，用户只需将符合银联标准的金融智能SD卡置入手机，就可一站式享受多种远程支付服务。而在支持近距离无线通信功能的手机终端上使用银联SD卡，更可同时实现现场和远程支付。

在中国银联与产业相关各方的共同努力下，多款符合银联标准的SD卡已投向市场，可在成都、深圳、上海、宁波、重庆、哈尔滨、南京、长沙、广州等地的银联手机支付办理点咨询办理。

银联手机支付的远程和现场支付商圈建设正在加快推进。目前，不同场景、更多行业的远程支付应用正日益增多，如可进行公共事业缴费、信用卡还款、余额查询、电影票及游戏点卡、彩票购买等。2012年8月31日，国内最大的网络零售商之一京东商城也正式加入银联手机支付商圈，用户登录银联手机支付客户端，就可在京东商城购物。同时，银联手机支付的现场使用环境也正在不断完善。未来，带上NFC-SD银联移动支付智能手机，轻松一刷、随心支付，将成为老百姓的日常支付方式。

（三）移动运营商的大力推动

1. 中国移动

早在2000年，中国移动就与中国银行、中国工商银行、招商银行等金融部门开展合作，推出了基于STK方式的手机银行服务。然而，当时用户申办手机银行业务需要将原有的SIM卡换为STK卡，这成为制约手机银行发展的一道门槛。从2003年开始，中国移动通过加强产业合作，全面加快了手机钱包业务的开发和市场推广步伐。

手机支付业务是中国移动面向广大用户提供的一项综合性移动支付服务。用户只需开通手机支付账户并向账户充入资金，即可通过该账户进行互联网购物、缴话费、生活缴费、手机订票、手机投注等各种远程消费。同时，手机支付还为用户提供提现、查询、收付款、账户管理等多种丰富便捷的使用功能，为移动手机支付开创了全新的业务体验。

2. 中国联通

中国联通也积极开展与金融部门的合作，积极推动移动支付业务的发展。2004年12月，中国联通以中国建设银行"e路通"电子银行平台为依托，推出了基于CDMA1X网络和BREW技术的手机银行服务。目前，中国联通手机银行业务能够为用户提供转账、账务查询、汇款、外汇买卖等多项服务，支持在线手机金融交易服务，具有全国开通、全国漫游、24小时在线、全功能支持等特点，手机成为"随身携带的银行"。

2012年5月，"联通支付有限公司"正式挂牌成立，其用户只需要使用和银行绑定的手机号码，就可使用手机完成在线支付。

联通支付有限公司已与20多家银行及银联、万事达卡和多家第三方支付机构在网银网关支付、协议支付、快捷支付、银行托收、公共事业缴费等方面开展合作。

联通方面表示，联通支付正式推出了网银网关支付产品、沃账户余额支付产品，用户可以使用个人网银或者沃账户内的余额购买联通通信产品及其他第三方商户的商品。

联通支付还提供手机号和银行卡绑定的快捷支付业务,用户只需输入手机号和支付密码即可完成银行卡的扣款支付。

(四)中国移动支付应用模式的发展趋势

1. 近距离非接触式技术的应用

进入2007年,随着全社会对IC卡的应用需求进一步加大,无线射频识别技术(RFID)作为21世纪最有发展前途的信息技术之一,已得到全球业界的高度重视。研究显示,2006年中国无线射频识别技术的市场规模为16.6亿元人民币。2007年RFID市场全面启动,国内市场规模达到26亿元,并进入快速增长阶段。RFID市场全面启动的动力来自于RFID的成熟、政府对电子标签标准化的支持、电子标签芯片及相关设备的降价以及最终用户的广泛接受。随着金卡工程建设和IC卡应用的发展,RFID已经得到实际应用,如采用RFID制作我国第二代居民身份证,就是最成功的应用范例。

2. 第二代手机电子钱包支付

手机庞大的用户群和IC卡持卡人有较大重叠,手机固有的无线通信方式是IC卡应用的渠道之一。如果将IC卡应用加载在手机上,可以实现原来用卡片实现不了或者不方便实现的功能。2006年6月,诺基亚与中国移动厦门公司、易通卡公司和飞利浦合作在厦门启动中国首个近距离通信手机支付商用试验。诺基亚应用了近距离无线通信(Near Field Communication,NFC)技术的手机3220,其电子钱包可以用在超市结账、餐饮娱乐付费等方面。使用的时候,用户只需要把手机靠近终端POS机,立即结账,由于不需要输入密码,结账时间不到1s。重庆移动和重庆市商业银行展开合作,到2008年1月,手机电子钱包支付在搭建的8000多台终端POS机上都可使用,包括主城区各大超市如重百、重客隆,餐饮企业如乡村集市和一些火锅店,还有不少娱乐场所。

3. 联动优势业务模式

2003年8月,中国移动、中国银联建立了专门服务于移动支付业务的合资公司——联动优势科技有限公司(以下简称"联动优势")。作为专业化的移动支付服务商,联动优势旨在为中国移动用户提供"手机钱包"和"银信通"服务,为广大商户提供方便、快捷的支付渠道,扩大中国的银行卡使用环境。联动优势的诞生,既推动了移动通信运营商和金融机构核心业务的发展,又为其服务创新带来了新的发展机会,更为广大商户带来了更多的支付渠道和方式,从而在竞争中形成差异化优势。

联动优势主要提供"手机钱包"业务和"银信通"业务。

(1)"手机钱包"业务。客户以短信、语音、K-JAVA、WAP、USSD等形式发出操作指令,通过"手机钱包"服务提供商转到与"手机钱包"服务提供商签约的银行卡发卡银行,根据客户所发的指令进行操作,为客户提供消费支付、自助转账、自助缴费、账户查询等服务。

"手机钱包"业务使用的前提是机主须是中国移动用户，该用户手机号码须先与该用户的银行卡完成绑定，依据发卡行的规定，限定每次最大交易金额和每日最大交易金额。

（2）"银信通"业务。"银信通"是中国移动为银行业提供的行业解决方案，基于移动终端、利用中国移动的应用网关（短信、彩信等功能）、移动代理服务器等网络资源和服务能力，让银行及银行的个人客户、企业客户能随时随地、经济快捷地享受金融信息服务。中国移动为银行业提供安全可靠、一点接入全网服务的电信级通信平台，通过移动代理服务器与银行现有的办公自动化、电子银行、信用卡等应用系统进行耦合。系统提供提醒、沟通、通知、催告等业务功能，有利于银行业构建新型管理系统和客户服务体系，增加产品功能并拓宽服务领域，以便进一步提高金融机构的核心竞争力。

作为最早进入支付领域的企业之一，联动优势的主营业务包括支付类业务、信息服务类业务以及与支付相关的电子商务业务。

通过联动优势平台处理的 B2B、B2C 业务累加资金总额每年大概有几百亿元。在用户规模方面，手机支付、网银支付的用户有几千万，其业务范围包括缴话费、公共事业缴费、电子票务、互联网购物等；金融信息服务用户的规模则超过 1 亿人，规模相当庞大。

第六节 案例分析：Paybox 的移动在线支付系统

2000 年 5 月，Paybox 在德国开始实施它的移动支付服务。2002 年 4 月，Paybox.net 在欧洲已拥有 75 万客户，并成功地在澳大利亚、西班牙、瑞典和英国运作。共有 1 万多个商家接受了 Paybox 的支付服务。Paybox 和德国银行合作，由德国银行处理它的"后台"账务，以及 Paybox.net 的资金转账操作。Paybox 的目标是为移动电话支付建立国际性的标准。

下面介绍 Paybox 公司为用户提供的多样化在线支付模式。

1. 互联网到 Paybox（I2P）

这种类型的交易是为所有的在线购买设计的。和其他支付系统一样，消费者先在在线商店选择商品，但在结账的时候他们选择"使用 Paybox 支付"而不是其他常规付款方法（如信用卡）；然后会被要求输入他们的包括国际接入号在内的移动电话号码；几秒钟后，消费者的移动电话会收到自动呼叫让他们确认当前交易；为了批准交易，消费者要输入他们的 Paybox PIN 码。交易指令将被存储，然后银行通过直接转账完成。图 7-5 描述了互联网到 Paybox 的支付过程。

对消费者来说，Paybox 的最大优势是超过常规信用卡交易的安全程度。在

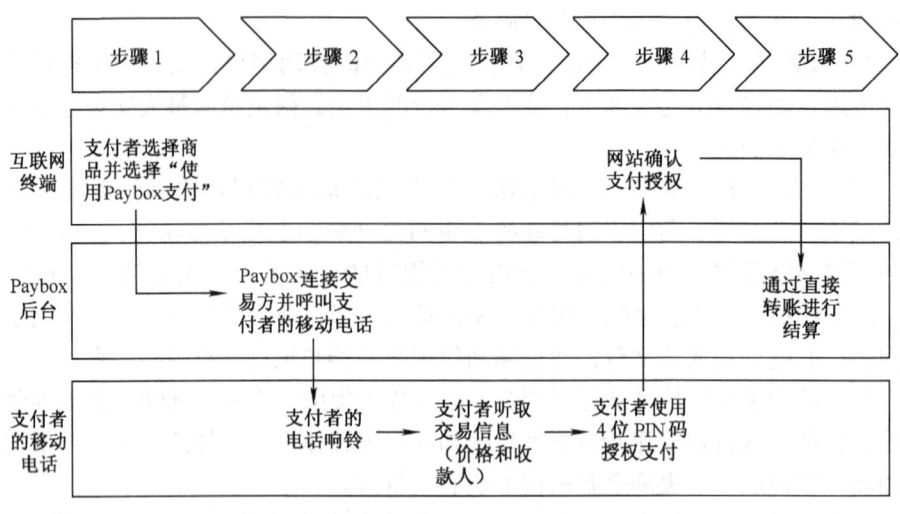

图 7-5　互联网到 Paybox 的支付过程

互联网上传输的信息不是信用卡的号码,而是支付者的移动电话号码。盗取信息的罪犯只有在有权使用消费者的移动电话并知道消费者的 Paybox PIN 码的时候才有可能对消费者造成实际损失。人们相信这比在传统的商店使用信用卡还要安全,毕竟,许多人好几天才使用一次信用卡,被窃取的信用卡一段时间内是不会引起注意的。但他们丢失移动电话时每个人都会立即注意到,因为移动电话被看做是个人隐私。

2. Paybox 到 Paybox(P2P)

Paybox 用户之间可以互相转账。支付者通过移动电话呼叫 Paybox 服务器。系统自动要求他们输入 Caller-ID 进行验证。支付者输入收款人的 Paybox 号码和支付金额。为了确认交易,Paybox 会要求支付者输入 PIN 码。几秒钟后,收款人会通过 SMS(短信息)收到交易信息。和信用卡不同,Paybox 到 Paybox 是对等服务。另外,用户还可以对没有 Paybox 服务的移动电话转账。那个电话的拥有者会将账户信息留给 Paybox 或成为 Paybox 客户,然后钱就会转到该用户的账户中。Paybox 到 Paybox 支付过程如图 7-6 所示。从 2001 年 10 月开始,对于 eBay.de 的许多拍卖者来说,Paybox 到 Paybox 模式已经成为首选支付方法。

3. 移动电话到 Paybox(M2P)

收款人先拨叫 Paybox 的交易电话号码并通过 Caller-ID 验证,这是通过主叫电话自动传输的;收款人再输入支付者的电话号码和支付金额;交互语音响应系统将这个信息传输到 Paybox 的服务器;服务器立即呼叫指定的支付者;支付者将被要求输入 PIN 码进行确认;然后服务器向收款者确认已支付,完成交易过程;最后,Paybox 将资金从支付者账户划到收款人账户。图 7-7 为移动电话到

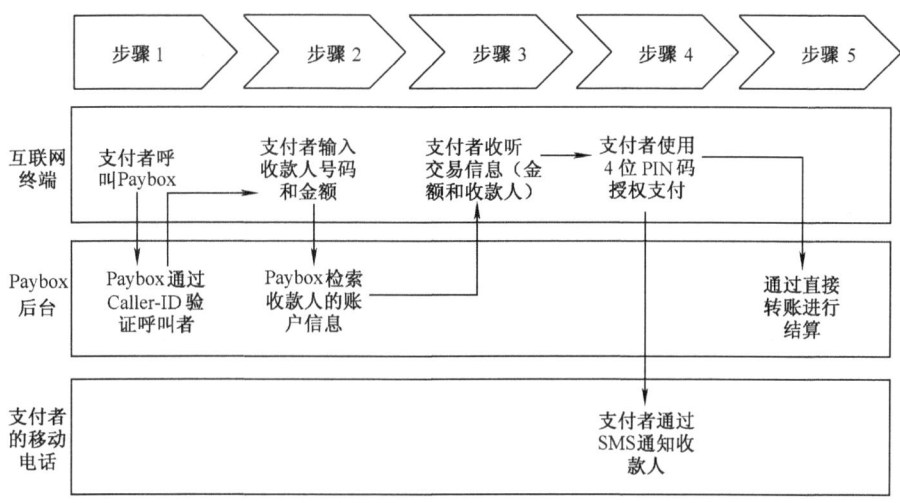

Paybox 的支付过程。

这是 Paybox 对移动商务保留的一种交易方法，因为对收款人来说这是一个有保证的实时确认。这在付款者和收款人互不了解的商业交易中很重要。

图 7-6　Paybox 到 Paybox 支付过程

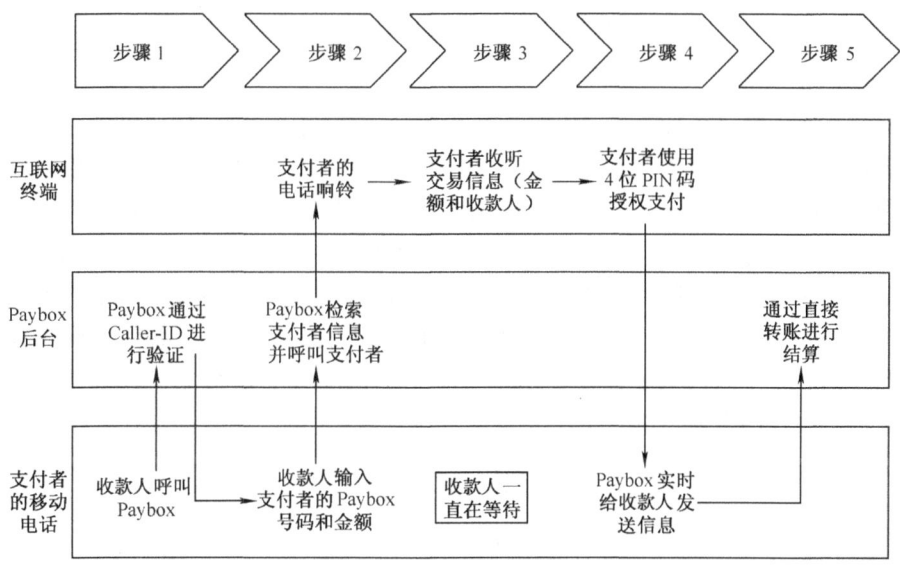

图 7-7　移动电话到 Paybox 的支付过程

4. 网络转账

Paybox 用户也可以登录公司的网站进行转账。除了他们的移动电话号码外，他们还要输入收款人的电话号码或者银行信息（账号和机构代码）。在输入付款金额后，付款者会被呼叫确认交易。这样，不必使用在线银行现行复杂的标准交易过程就可以在互联网上转账了。使用 Paybox 转账的过程如图 7-8 所示。

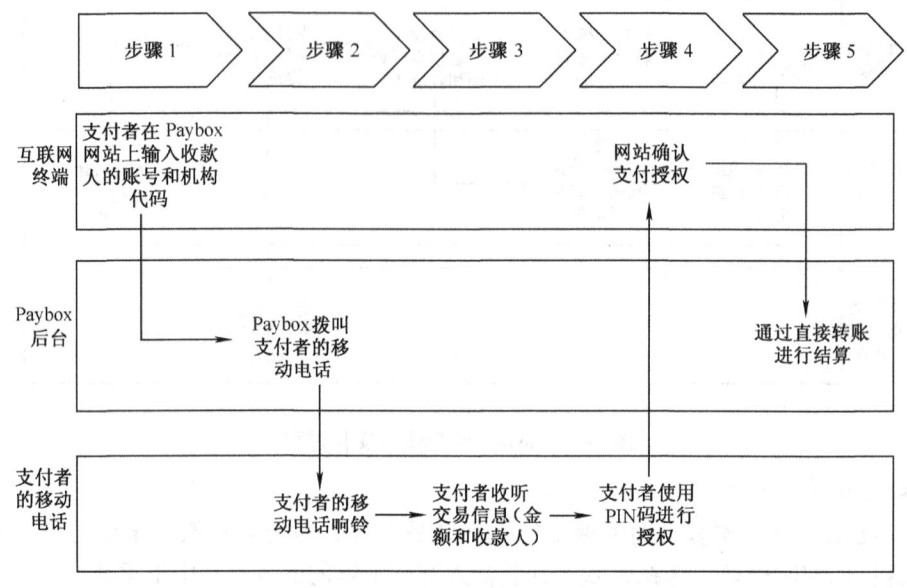

图 7-8 使用 Paybox 转账的过程

5. 附加服务

关心他们隐私的 Paybox 用户可以在网站上得到一个 Paybox 别名。在任何 Paybox 交易时都可以输入这个数码以替代使用者的电话号码。Paybox 数据库会将别名和电话号码相匹配。并且，Paybox 用户可以访问"myPaybox"的个人网站，它包含了每个客户交易的历史数据和个人信息。和其他个人网站不同，这个网站不是通过密码访问的。相反，用户是通过移动电话被授权的：他们在网站上输入他们的电话号码，Paybox 服务器会立即呼叫他们。在移动电话上输入他们的 PIN 码后，个人网页才会显示出来。利用手机配合登录网上资金账户，有效地保护了用户网上账户的安全。

思 考 题

1. 建设第三方支付平台有何意义？
2. 简述第三方支付系统的构成与运营模式。
3. 说明我国第三方支付平台的建设与发展现状。
4. 我国第三方支付发展面临的问题及应对措施。
5. 说明 PayPal 的运作过程。

6. PayPal 的本质是一种什么样的交易模式?
7. 请说明 PayPal 支付的优缺点。
8. 简述 Paybox 的几种在线支付模式和工作原理。
9. 调查与叙述我国移动支付的发展现状。

第八章
我国银行电子商务网上支付系统的建设

内容提要

1. 中国目前网络支付的现状
2. 中国目前的支付系统结构
3. 中国国家金融通信的网络结构
4. 中国现代化支付系统的子系统及其各自的功能
5. 中国金融认证中心的结构

本章引导案例：金融@家个人网上银行[一]

金融@家（Banking@Home）是中国工商银行新版个人网上银行的品牌。"金融"指代广泛的银行服务，代表了新版个人网上银行集银行、投资、理财于一体的丰富功能，"家"的含义有两种：一为"家庭"，体现了个人网上银行可以在家中、在任何地方，为个人或家庭提供温馨周到服务的特点；二为"专家"，寓意着中国工商银行个人网上银行的专业服务水平。

一、金融@家的特点与优势

金融@家为广大客户提供的是一种多层次、全方位、个性化、高度安全的在线个人金融服务。其独树一帜的优势在于：

1. 功能强大的一体化服务

金融@家共有12项大功能、60余项子功能，集银行、投资、理财服务于一体，无论何时何地，客户都可以享受到中国工商银行的网上金融服务。

2. 独具特色的高安全服务

中国工商银行与微软等国际知名公司合作，共同开发并应用了达到企业安全级别的网上身份认证和智能芯片（USB Key，IC）信息加密技术，令网上金融服

[一] 本案例选自 http://www.icbc.com.cn/detail.jsp? infoid=1118109367100&infotype=CMS.STD.

务更加安全可靠，客户即使在网上进行大额资金转账和汇款，亦可高枕无忧。

3. **面向客户的多层次服务**

中国工商银行的各类卡都可以享受到金融@家的服务且无需办理任何手续，就可直接上网查询存折账户信息或缴纳各种费用。如果需要享受网上购物、证券投资、外汇买卖等更多的服务，可以随时登录网站（www.icbc.com.cn）注册。如果还需要享受对外转账、大额转账服务，只要到营业网点办理一次注册手续，或者申请一个自己的安全证书，就可享受金融@家的全部服务。

4. **方便友好的个性化服务**

金融@家所有的业务频道和功能单元，均可按需选择，并可以进行个人导航条设置和主页定制，客户可对自己的"金融@家"进行个性化的综合功能配置。

二、全面的个人网上服务

1. **我的账户**

"我的账户"为客户提供管理网上银行注册卡、下挂卡/账户，查询网上银行所有账户的余额、交易明细、对账单，使用网上转账汇款及批量转账，开立通知存款，查询企业年金个人信息等服务。

2. **缴费站**

"缴费站"为客户提供在线主动缴纳手机费、市话费、小灵通费、寻呼机费、网费、数据业务费、车船使用税、平安保费、燃气费、学费等费用。为客户提供缴费通业务，即由网上银行按时替用户扣缴电话费。它为客户提供在线委托代扣业务，客户可以通过"缴费站"签定理财协议，通过委托代扣方式向代理委托单位缴纳费用。

3. **网上汇市**

"网上汇市"为客户提供网上银行外汇市场交易以及各类委托交易（包括止损、获利及双向委托），查询外汇买卖交易明细、汇率等服务，客户还可以查看全球外汇市场即时信息，以做投资参考。

4. **网上证券**

"网上证券"为客户提供在线进行深沪两市股票买卖、基金买卖、记账式国债买卖、网上期货交易、查看全方位证券信息和最新财金要闻等服务。

5. **网上保险**

"网上保险"为客户提供投保、查询保单信息、查询保险资讯、查看国内各大保险公司及其产品介绍、保险信息，以及国内、国际经济动态等服务。

6. **网上贷款**

"网上贷款"为客户提供在线申请个人质押贷款、查询各类贷款（包括个人汽车消费贷款、个人短期信用贷款、个人综合消费贷款、个人住房贷款、个人助学贷款、个人综合授信）的基本信息等服务。

7. e 卡

"e 卡"是为客户提供的用于 B2C 网上支付的无实物虚拟卡,客户可以在线查询 e 卡余额、购物明细,设置 e 卡支付最高限额,全面防范支付风险。

8. 工行信使

"工行信使"通过手机短信或电子邮件的方式为客户提供各种信息服务,包括:证券、汇市信息,基金净值、国债收益率,理财金卡、信用卡、贷记卡对账单,定期存款到期提醒,卡透支提醒,密码连续输错提醒,工行重要信息通知。

思考题:

1. 中国工商银行个人网上银行主要通过什么来进行网上支付?
2. 中国工商银行的个人网上银行与招商银行的一网通相比,有什么优势与不足?
3. 中国工商银行的个人网上银行的发展前景如何?

第一节 中国支付系统概况

一、中国目前网上支付的现状分析

广义地讲,网上支付是发生在购买者和销售者之间的金融交换,而这种交换的内容是银行所支持的某种数字金融工具,如信用卡、电子支票或电子现金等。目前,国内的电子商务及网上支付现状,仍让人担忧。互联网的推广,中国比美国只晚四年,电子商务仅晚两年八个月,然而实际情况却已有天壤之别。无疑,作为电子商务的重要环节,网上支付的滞后是最大的瓶颈。从技术上看,它涉及用户与银行等金融机构的交互和接口;从交易上看,它连接着支付方、收款方、银行以及电子支付服务商等众多电子商务主体。制约网上支付发展的因素有很多,如:支付系统发展晚,不完善;银行之间缺乏合作;网上支付的安全问题;技术标准的统一问题;信用机制以及相关法律、法规的不健全等。支付系统是金融机构为了解决由支付这种行为所引起的债权、债务关系的清偿而提供的一系列金融服务,包括清算和结算。因此,现行支付系统是实现网上支付的基础。

中国支付清算系统发展迅速,中国现代化支付系统(CNAPS)建设已经取得了很大的进展,各家国有商业银行都已建设了各自的行内电子汇兑系统和银行卡授权系统。中国人民银行的电子联行系统、同城清算所系统在全国大中城市得到普及;全国银行卡信息、交换网络建设也已经建立,以各发卡行的行内授权系统为基础,全国银行卡信息交换总中心和各个城市银行卡中心的建立为银行的跨行信息交换和跨行交易创造了条件。

二、中国目前的支付系统

受多层次管理和高度分散式中央银行账户的影响，中国的支付系统从概念上可以分为以下六个相对独立的分系统：①全国手工联行系统；②全国电子联行系统；③同城清算所；④全国电子资金汇兑系统（指四大国有商业银行的行内系统）；⑤银行卡授权系统；⑥邮政汇兑系统。

虽然每个分系统所使用的支付工具不相同，但是它们（除了邮政汇兑系统以外）都有一个共同特点，即在中国目前的银行管理体制下，这些系统都是跨分行的系统，既不是真正意义的跨行系统，也不是发达国家中所指的行内系统。对于手工联行业务，在同城和异地清算之间存在着密切的衔接关系。所有的异地纸质凭证支付，都先在同城范围内的各商业银行之间进行跨行结算，然后由商业银行办理异地行内清算。这种所谓"先横（跨行）后直"（行内）的处理方式，在中国人民银行的全国电子联行系统出现以前，曾经是异地支付业务处理的唯一方式。但是，由于这种"先横后直"的处理方式不仅把一笔支付交易至少变成了两笔支付交易，而且使处理程序复杂化了。中国人民银行的电子联行系统（EIS）正是为了解决这种问题而建立的异地跨行电子资金转账系统。

（一）全国电子联行系统（EIS）

电子联行系统是中国人民银行在支付系统现代化建设中的第一次尝试，其主要设计思想是要克服由于纸质票据传递迟缓和清算流程过分烦琐造成的大量在途资金，从而加速资金周转，降低支付风险。中国人民银行于1989年开始建设全国电子联行系统，于1991年正式投入运营。该系统对于加快我国的资金周转、提高社会资金的运用效益、促进国民经济的发展，发挥了重要作用，是我国银行异地资金划汇的主渠道。

1. 运行规则

电子联行系统采用VSAT卫星通信技术，在位于北京的全国总中心主站和各地人民银行分/支行的小站之间传递支付指令。该系统的设计可以处理跨行和行内、贷记和借记的异地支付业务，但目前主要处理跨行贷记支付交易。

2. 系统的参与者

所有在中国人民银行分/支行开设有账户的商业银行分行，以及中国人民银行各分/支行，都可以参加电子联行系统，办理自己或代表其客户发出的支付指令。

3. 处理的交易类型

目前，全国电子联行系统只办理该系统参与者之间的贷记转账，这包括全部异地跨行支付、商业银行行内大额支付，以及中国人民银行各分支机构之间的资金划拨。

4. 交易处理环境

全国电子联行系统是一个分散式处理系统,所有账务活动(账户的贷记和借记)都发生在中国人民银行分/支行,即发报行和收报行。全国总中心主要作为报文信息交换站。全国电子联行系统的设计是针对当时中国通信设施的特殊情况,采用了 VSAT 卫星通信技术。

5. 转账系统的运行

电子联行业务的处理流程如图 8-1 所示。电子联行系统的客户,是各商业银行和其他能办理联行业务的金融机构。电子联行系统的客户中,办理异地汇划业务(汇出款项)的金融机构称为汇出行,即业务发生行;收到划汇业务(接收汇款)的金融机构称为汇入行,或称解汇行,即业务结束行。由中国人民银行总行清算总中心给出汇出(入)行行号标志,其联行划汇业务交由所在清算分中心办理入网,办理的划汇款项当即在人民银行清算。

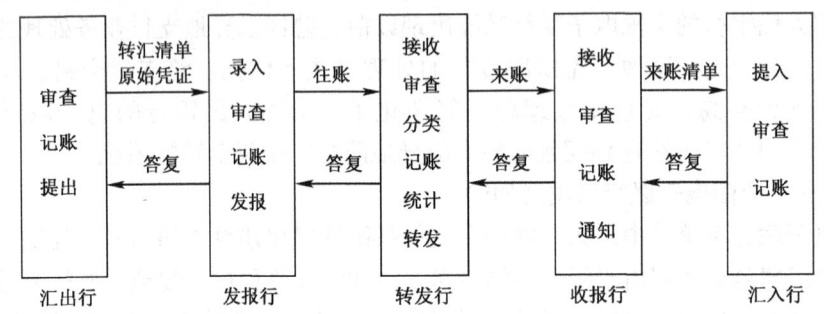

图 8-1 电子联行业务的处理流程

6. 系统组成

全国电子联行系统构成如图 8-2 所示。

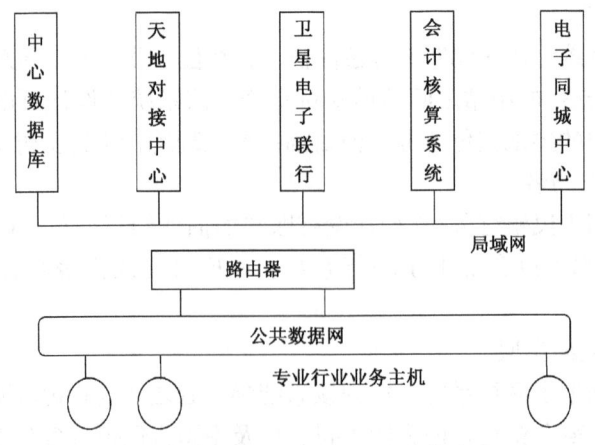

图 8-2 全国电子联行系统的构成

7. 信用和流动风险

根据《全国电子联行制度》，所有的资金转账指令必须在账户余额足以支付的情况下才能被执行。在支付指令发送全国总中心之前，首先借记汇出行账户。如果账户余额不足，支付指令只好排队等待资金。

8. 电子联行存在的问题

（1）电子联行业务品种不全，人工环节多。一是由于目前人民银行电子联行系统仅开通了贷记业务，所有借记业务均未开通，借记业务仍然采用手工操作，造成汇出汇款卡片销账不及时，对账迟缓，存在很大风险隐患。二是现行联行清算体制下，通过其电子汇兑系统，资金可在一天之内到账。而跨行资金清算必须通过中国人民银行转汇，在没有实现"天地对接"的情况下，所需时间长。

（2）电子联行往账的抗风险能力较差。正确无误办理联行资金汇划业务是确保中国人民银行联行资金的关键所在。如果正在发送的电子联行往账的会计人员不能正确判断它们的发送状态，就会有重发往账或漏发往账的误操作。重发往账就意味着对方多收了一倍的资金，而漏发往账等于应该属对方收存的资金而没有收存。有时发生的重发与漏发的"误操作"，潜藏着巨大的资金风险隐患。更有甚者，如果操作人员主观上有窃取资金的想法，那么防范利用电子联行往账作案的难度就更大。

（3）岗位兼职多，一手包办风险大。现行的联行操作是手工联行与电子联行并存，而手工联行是一种管理要求高、风险性较大的业务。它所要求设置的岗位繁多细致，包括了联行印章、编押机、联行报单的管理人员、联行信电收发人员、联行对账人员、联行经办人员及处理人员等，而电子联行则要求设置会计主管、密押要素录入员、经办员、复核员等。

（4）电子联行查询、查复业务不规范。一是使用范围不统一。哪些应使用普通包，哪些应使用查询、查复包不明确，使用较乱。发报行使用查询包查询，而收报行有的使用普通包查复，有的却使用查复包，实际操作与《支付结算办法》规定不吻合。二是格式不规范。虽然电子联行系统规定了查询、查复包的格式，但不符合实际操作的需要。例如，需要查询的有些事项未在系统规定格式之内，如查询"收款人是否收到此款"时，没有固定格式；再如，由于机器自动编、核押不需要查询密押是否正确，而系统中却存在该查询格式；另外，在办理查询时，应正确输入哪些要素，没有明确规定。三是控制不严密。对发出的查询、查复包虽然要求复核，但系统对是否换人复核不加控制；对普通包则根本不需要复核，只要编辑即可发出，造成了信息包不严肃。

（5）电子联行系统程序设计不够完善。一是电子联行系统程序设计的收款人及事由栏的字节长度不够。当收款单位名称及事由文字较多时，数据操作不能按客户要求完整录入其内容。这样往往会造成该笔汇款业务汇出后，还要经过查询查复才能收妥入账，甚至造成误发，引发资金风险。二是由于现在启用的新磁盘时常会出现物理损坏，即使对数据和环境都做了双备份，在账务恢复时，也会因磁盘物理损坏导致数据和环境恢复失败。

（6）现行电子联行对账处理不够科学。目前，电子联行对账采用的计算机当日自动对账和月后手工对账两套对账方式。这种对账方式简化了对账手续，加快了对账速度，对确保联行资金安全起到了良好的作用。但是，由于目前电子联行的事后监督普遍乏力，有作案动机的内部人员很容易利用这一弱点。

（二）全国手工联行系统

1. 运行规则

中国人民银行和四大国有商业银行都有自己的全国手工联行系统，对于异地纸质凭证支付交易的处理采用了所谓"先横后直"（即先跨行后行内）的处理方式。在这种意义上，只存在同城跨行系统和异地行内系统，所以，这些行内清算系统非常类似于发达国家的跨行清算系统。了解手工联行系统在很大程度上有助于我们更好地了解目前中国支付系统的结构。

2. 系统的参与者

如前所述，手工联行是一家银行内的转账系统，所以其系统参与者是同一家银行的各分/支行。并不是所有分支机构都有资格参加全国联行清算。

3. 处理的交易类型

对于商业银行的系统，贷记和借记支付业务都可以办理。对于中国人民银行的系统，办理的支付业务包括：中国人民银行各分/支行间资金划拨，国库款项的上缴、下拨及划转，以及商业银行内大额资金（50万元以上）转账。

4. 转账系统的运行

按照地域覆盖范围，手工系统分为全国、省辖和县辖三级联行。一般采用电汇或信汇方式在发起行和接收行之间直接交换。

发起行和接收行根据支付项目的联行清算范围，把支付总金额过账到相应账户。

5. 信用和流动风险

四大国有商业银行的联行清算系统对其每一家分行计算出净额结算头寸，定期经中国人民银行联行系统进行资金结算。

由于某一系统的参加者是一家商业银行的各分行，所以通常不存在信用风险。但是，参加者确实面临流动风险。尽管采用了多联报单来验证和核对支付交易，但系统不能保证每一笔支付指令都有足够的清偿资金。

6. 收费

全国手工联行系统对于系统的参加者不收手续费。但各银行机构必须支付信汇或电汇的邮电费。

手工联行的票据传递和处理较慢，造成大量的在途资金，最终为电子联行系统所取代。

（三）同城清算所

1. 概述

同城清算所是由中央银行拥有和运行的。其主要职责是负责同城支付交易的资金清算。全国共有约 2500 家同城清算所，分布在中心城市和县城/镇。全部同城跨行支付交易和大部分同城行内支付业务，都经由同城清算所在商业银行之间进行跨行清算后，再交行内系统进行异地处理。

2. 系统参与者

在同城清算所辖区内的绝大多数银行分支机构都直接参加同城清算和结算处理。

3. 处理的交易类型

贷记和借记支付项目都可以交换和结算，其中支票占多数。依据《票据法》，支票只允许在同城范围内使用。

4. 系统运行

中国人民银行分/支行拥有和运行当地的同城清算所，对清算所成员进行监管和提供结算服务。票据在成员之间进行交换，每一成员根据提交和收到的全部贷记和借记支付交易计算出自己的净额结算金额。

在支付业务量大的城市和较大的县城，清算所每天上、下午各进行一次交换，小城市和大多数县城清算所只在每天上午进行一次票据交换。

5. 交易处理环境

一般情况下，参与行把事先清分好的票据提交到清算所。随着支付业务量的增加，许多清算所利用计算机进行轧差处理。在一些大城市，如上海、广州、天津等，已安装了票据清分机，以提高纸质票据处理速度。许多城市已经计划采用通信网络交换支付信息。

6. 信用和流动风险

只有当所有参加者的净额轧差等于零时，中国人民银行才接受资金结算。不允许透支，即在贷记收款行账户之前，首先借记付款行账户（或在人民银行账簿上同时进行贷记和借记）。一旦收款行账户被贷记，则认为支付最终完成。因此，从原则上讲，支付的处理不引起信用或流动风险。

7. 收费

同城清算所不以营利为目的，但参与者必须共同分担运行成本，费用根据业务量大小按比例分担。

可以期望，同城清算所的自动化程度将会有很大提高，其在中国支付体系中的重要性显而易见。目前，支付业务（包括行内和跨行支付在内）量中差不多有一半是经同城清算所处理的。将来，清分机设施、磁介质交换以及数据通信网等技术都将会用来改善同城清算所系统。

(四) 电子资金汇兑系统

各商业银行的电子资金汇兑系统具有大致相同的框架结构，业务处理流程也基本相同。与原来的手工联行相比，电子支付指令经各级处理中心进行交换，取代了在发起行和接收行之间直接交换纸质票据，因而支付清算速度大大提高。对于跨行交易，还需要通过中央银行的系统才能完成资金的最终清算。

1. 运行规则

一般情况下，电子资金汇兑系统有全国处理中心、几十个省级处理中心、数百个城市处理中心和上千个县级处理中心。一家分行必须在每一级处理中心开设单独的账户，各级分行接受纸质凭证支付项目，将纸质票据截留后以电子方式发往相应的处理中心。处理中心在当天或第二天营业前将净额结算头寸通告分支机构。

2. 系统的参与者

一家银行所有的分/支行都是其系统内电子汇兑系统的合法参与者。当然，这取决于这家分支机构是否连接入网。中国银行的电子汇兑系统还为其他机构提供支付服务。

3. 处理的支付类型

这些电子汇兑系统既办理贷记也办理借记支付业务。

4. 交易处理环境

所有的电子汇兑系统都具有树形网络结构，这些网络大都采用 X.25 公共数据网或租用专线。截至1996年年底，中国工商银行的网络已连接了5000多个分支机构入网，中国农业银行的网络连接了20000个分支机构。在各级处理中心，一般都安装大型计算机系统。

5. 转账系统的运行

多数电子汇兑系统都采用净额批处理方式，一般在日终或夜间进行批处理，在下一个营业日早晨营业开始之前把净额结算头寸通知各分支机构。

6. 信用和流动风险

电子汇兑系统可能出现流动风险，要求每一分支机构要实行自我约束，对其面临的风险要有清醒的认识。

(五) 银行卡授权系统

为促进银行卡的跨行信息交换网络的建立，推动跨行和跨地区的 ATM 交易和 POS 交易，从1993年起，全国"金卡工程"12个试点城市开始了跨行的银行卡信息交换中心的建设，并于1997年9月全部开通运行。全国银行卡信息交换中心也于1998年年底投入使用。全国性和地区性的银行卡信息交换中心的建立和推广应用，将推动中国自助银行系统的发展。

（六）邮政储蓄和汇兑系统

除了银行外，中国的邮政系统也建立了自己的邮政储蓄和汇兑系统，为客户提供相应的金融服务。

（七）各支付系统的结算程序

支付交易的结算是通过商业银行分行开设在中央银行分行的账户之间的资金转账来完成的。因此，每一家银行内的联行清算（包括手工和电子两种方式）系统实际上都是跨分行的支付系统。中央银行运行的支付系统（同城清算所、手工联行和电子联行系统）处理和结算银行分行之间的支付交易。这些分行既可以属于不同的银行，也可以是同一家银行的分支机构。各商业银行运行的电子汇兑系统对该银行各分支机构间的支付交易进行清算处理，但必须借助中央银行的系统结算分行之间的债务。

三、对目前中国支付系统的评述

中国目前支付系统的显著特点之一是同城支付清算和结算的高效率和安全性。分布在全国城市和县城的 2500 家同城清算所，处理了全部支付业务量的 2/3。目前，支付系统的另一个显著特点是支付系统的综合性。当然，这种综合性产生了许多过分复杂的支付工具。

支付系统自动化进程在迅速加快。近几年来，无论是中央银行还是商业银行，都对银行电子化进行了大量投资，取得了显著效果。中央银行和各大商业银行都基本上建立起了全国范围的通信网络和各级支付清算中心。当然，目前对信息技术的采用仍然表现为原来手工处理流程的自动化，这也是发达国家支付系统建设走过的道路。

特别值得注意的是，中国人民银行全国电子联行系统的设计和建设。作为中国现代化支付系统的先驱，它不仅注意到了自动化直接提高效率的作用，而且看到了信息技术基础设施所具有的改变人们处理事情方式的潜在能力，即信息技术不仅可以加快原来的手工处理，而且还能够使业务处理流程合理化，从而用新的处理流程和方式取代原来的方式。中国现代化支付系统（CNAPS）的设计把这种认识推进了一大步，它标志着中国支付系统现代化进程已经由技术导向型向"技术＆业务"混合型阶段迈进。

第二节　中国国家金融通信网

中国国家金融通信网（China National Financial Network，CNFN）是使中央银行、各商业银行和其他金融机构有机连接在一起的全国性的计算机网络系统。中国的金融机构通过该系统可以连接全国各领域成千上万个企事业单位的信息系统，从而为广大的客户提供全面的支付服务和金融信息服务。

CNFN 通过文件和报文传输向应用系统提供服务。CNFN 的目标是向金融系统用户提供专用的公用数据通信网络。其网络结构和集成的网络管理系统，不仅能使其具有普通公用网的高可靠性和强稳定性，还具备专用网的封闭性和高效率等特点。它采用开放的系统结构和选用符合开放系统标准的设备为基础，使大量用户的各类计算机处理系统能方便地接入 CNFN。CNFN 以提供网络基础设施为目标，以开放的系统结构使用户的各类计算机处理系统能够通过网络的连接运行公共的应用程序。在提供数据通信服务的基础上，CNFN 能够开展金融专用的电子邮件、存储转发传真、EDI 等增值业务，为中国金融领域办公自动化提供方便、快捷的服务。

一、CNFN 的模块式结构设计

CNFN 以两级管理层次覆盖中国人民银行的分行、支行。CNFN 的网管中心设立在承担通信和支付应用处理两项任务的国家处理中心（NPC）。基于可靠性要求，在国内两地设置两个有能力承担 CNFN 全部工作负荷的互为灾难备份的 NPC，构成 CNFN 的两个网络汇接节点。CNFN 的网络节点将设立在中国人民银行的 400 个城市分行处理中心（CCPC）内，每个 CCPC 不仅为本区域各商业银行分行的处理中心提供跨行、跨区域支付业务的交易处理服务，而且提供本区域金融分支机构的分组交换数据通信服务。

CNFN 采用五种网络接口的模块式设计，以及 NPC、CCPC 和 CLB 三种模块式处理体系结构，使 CNFN 能够随着中国通信基础设施的快速发展而获益于设施的更新，并能够迅速吸取当今世界最先进的通信技术。CNFN 网络设计灵活，具备能够在混合式通信媒体线路运行的能力。

二、CNFN 的网络结构

CNFN 网络是一个基于开放系统结构的、支持国家级金融应用系统的中国金融界公用数据通信网络。CNFN 的网络层以 X.25 分组交换技术为基础，并引入帧中继技术，使 CNFN 网络减少传输延迟时间，并通过动态带宽分配技术，充分利用物理网络资源，提高传输效率，降低租用物理线路的费用。

（一）CNFN 的物理网络结构

要充分发挥金融通信网的投资效益，应该实现一网多用。为此，在规划网络建设的同时，采用将通信子网与资源子系统分离的方式，建设独立于应用的全国金融通信网络——CNFN。其网络拓扑结构如图 8-3 所示。

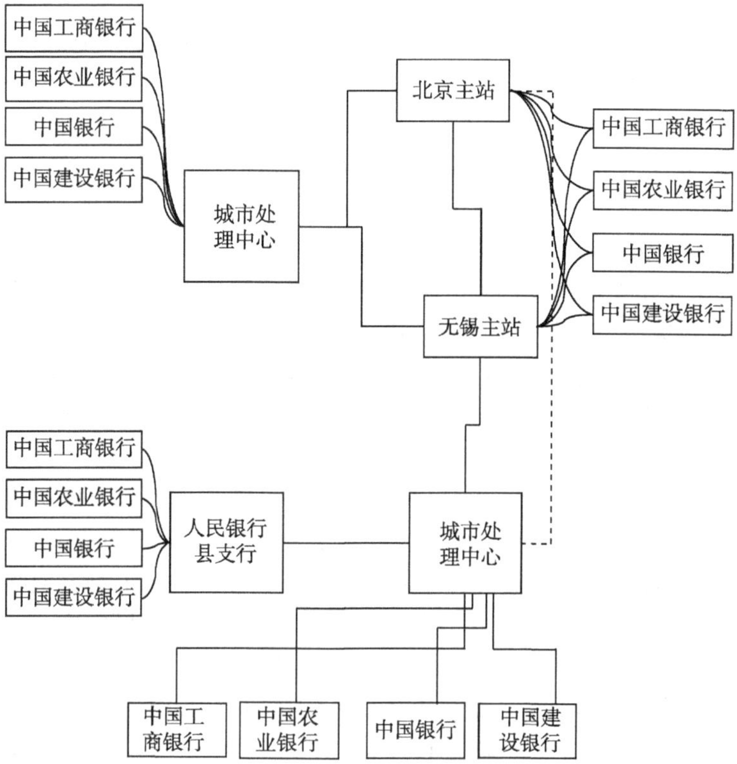

第八章 我国银行电子商务网上支付系统的建设

图 8-3 CNFN 的网络拓扑结构

1. CNFN 物理层网络

CNFN 网络汇接点（NPC）与普通节点（CCPC）之间的物理线路，目前采用以卫星网络为主干线路，以 ChinaDDN 地面网络为备份线路的方式。主干线路的拓扑结构，是利用两个星形卫星网络，把 20 个 CCPC 分别连接到两个 NPC。卫星网络将利用卫星 KU 波段的空间资源运行，并采用美国休斯公司的 UMOK 设备，大大节约了网络的投资和运行费用，也为 CNFN 开展帧中继技术打下了基础。

区域子网是以 CCPC 为中心点的星形网络，它将 CCPC 与本区域的 CLB 处理中心和商业银行及金融分/支机构处理中心进行连接。区域子网的物理线路将利用 ChinaDDN、PSPDN 和 PSTN 等构成。

2. CNFN 传输网络（网络层网络）

CNFN 传输网络是以 X.25 协议为基础的公共载体。它由美国 Global One 公司的 TP4900 系列产品组成。其中 NPC 节点采用 TP4977 分组交换机，CCPC 节点采用 TP4944 分组交换机。当 CCPC/CLB 与 NPC 之间的 X.25 虚拟线路建立时，支付应用系统采用开放系统标准的应用层协议 TPC/IP 的 FTP 交换信息。国际标准网络服务运行在国际标准载体上,是建设 CNFN 网络的核心问题。

3. CNFN 的网络接口

(1) CNFN 1 级网络接口。CNFN 1 级网络接口分为 1-a 级和 1-b 级两类。1-a 级接口提供 NPC 与所有 CCPC 和与 1-b 级远程应用系统(RAS)的连接。1-b 级远程应用系统接口(RAS)用于将非核心的金融应用系统集成到 CNFN。该接口还用于与各商业银行总行和金融机构处理总中心的连接。

(2) CNFN 2 级网络接口。CNFN 2 级网络接口依靠共用的 CCPC 网络节点(TP4944),将区域子网的业务交换到国家主干网上。该交换机既作为区域业务的集中器,又作为国家网和区域网之间的网桥。该接口通过一组 10 Base-T 双 LAN,把 CCPC 支付应用系统与 CNFN 集成。它与 1-a 级、3 级、4-a 级等网络接口互连。

(3) CNFN 3 级网络接口。CNFN 3 级网络接口依靠具有交换功能的广域网接入设备,执行与 4-b 级网络接口的分组数据交换,从而构成 CLB 与本地区 CCPC 的连接。商业银行县级处理中心通过 4-b 级接口访问 CNFN 网络。接口通过 10 Base-T 局域网,把 CLB 支付应用系统与 CNFN 区域子网集成。

(4) CNFN 4 级网络接口。CNFN 4 级网络接口是 CCPC 和 CLB 为本地区的商业银行分、支行的处理中心提供电子访问的接口(其中 4-a 级对应城市级,4-b 级对应县级)。该接口支持采用 TCP/IPover X.25 和 SNAover X.25 协议的处理系统的电子访问。

(5) CNFN 5 级灾难恢复网络接口。CNFN 5 级灾难恢复网络接口是支持两个 NPC 进行灾难恢复信息传输的互连线路接口。该接口采用加拿大新桥公司的多路复用器 MUX,支持 ChinaDDN 的 E1 专用线,作为灾难备份主干线路和卫星 UMOD 提供的 E1 专用备份线路。

(二) CNFN 的三级节点的处理功能

在 CNFN 的三级节点中,NPC 负责整个系统的控制和管理,负责应用处理;CPC 和 CLB 主要完成信息采集、传输、转发及必要的应用处理。

1. NPC 的功能

(1) 负责系统管理和网络管理。

(2) 管理数据库,负责保持整个支付系统账户数据库的完整。

(3) 完成交易处理。所有从发起行提出的支付信息都首先传输到 NPC,在依据应用系统的要求进行处理后,转发到接收行。

(4) 实现灾难恢复。发生灾难时,该功能保证将事务处理从在用 NPC 切换到备用 NPC。

2. CPC 的功能

对 CNFN 来说，CPC 是国家主干网络与区域网络的交汇节点，是区域网络内终端用户访问主干网和 NPC 的登录、分发节点。它的功能主要有：提供金融业务处理纸质票据截留服务；各种传输信息的登录和分发；区域内一级和三级节点的信息转发；必要的业务、会计财务处理，区域通信网的控制和管理等。

3. CLB 的功能

CLB 的主要功能包括：提供金融业务处理纸质票据截留服务；各种传输信息的登录和分发；县内金融信息向二级处理节点转发，必要的业务和会计财务处理，必要的通信控制和管理。

三、CNFN 的网络管理系统和灾难恢复

CNFN 的网络管理系统分别设在两个 NPC 的相同配置的网络控制中心（NCC）运行、控制和管理。每个 NCC 是通过局域网 LAN，将日本日立公司提供的集成网管（I-NMS）工作站、美国 Global One 公司提供的分组交换网管（PS-NMS）系统、加拿大新桥公司提供的多路复用网管（NUX-NMS）多余站进行连接的运行系统。NCC 运行的规程是 TCP/IP 的 UDP 和 SNMP。CNFN 的网络管理系统对网络及节点进行结构管理、故障管理、记账管理、运行管理及安全管理。

在正常运行情况下，备用 NPC 必须时刻跟踪在用 NPC 的运行情况，一旦检测到在用 NPC 出现灾难，网络管理系统将使用备份 NPC 全部接管灾难 NPC 的网络管理和应用系统的控制、处理工作。由此，网络管理系统必须周期性地进行自动检测，通告已经发现的问题，并迅速作出选择，切换站点，以便在最短的时间内完成灾难的恢复过程。

四、CNFN 网络应用服务

CNFN 能够与应用系统独立分离，是因为采用了一系列标准的网络服务。标准的文件服务使金融各分支处理机构能直接向总系统提交业务。CNFN 采用的网络服务还有真伪鉴别服务、通用信息服务、用户目录服务、用户访问的安全控制服务等。

中国国家金融网络 CNFN 的建设，将是一项跨世纪工程。CNFN 的试点阶段采用世界银行的贷款，由通过国际竞争性招标选择，由日本 NTT 公司承建，并由多家公司提供网络设备。CNFN 传输网络将是中国最大的分组交换与帧中继网络之一。

五、中国国家金融网的性能指标

NPC 处理小额批量电子支付系统（BEPS）的设计能力指标为：每天能处理的业务量为 1000 万笔，小时峰值为 500 万笔，日峰值为 2000 万笔。

NPC 处理大额实时支付系统（HVPS）的设计能力指标为：每天能处理的业务量为 100 万笔，小时峰值为 20 万笔，日峰值为 200 万笔。

第三节　中国现代化支付系统

一、支付系统基本情况概述

（一）建设现代化支付系统的背景

为满足商业银行的异地跨行资金清算需求，中国人民银行从 20 世纪 80 年代末期开始建立基于金融卫星通信网的全国电子联行系统，并先后推广了"网络到县"和"天地对接"工程。到目前为止，电子联行系统已经基本覆盖全国所有县级（含）以上城市，并实现了与同城清算系统及中国人民银行会计核算系统的对接，跨行支付业务的资金在途时间大大缩短，社会资金的使用效率明显提高。

但是，随着中国改革开放的深入和社会主义市场经济的发展，特别是各类新型金融市场的蓬勃兴起，跨行支付业务，尤其是大额支付业务的安全性和时效性问题已日益引起各方的重视，金融业对建立快速、高效、安全、可靠的现代化支付系统提出了迫切要求。一是要有利于增强中央银行的支付清算服务职能。现代化支付系统主要为跨行支付提供快速、高效、安全的清算服务，既要支撑现有支付工具的运用，又要适应新的支付清算业务的发展，满足社会各种支付结算活动的需要。二是现代化支付系统要能够有效地支持中央银行货币政策的实施和金融监管，要能支持公开市场操作、债券交易、同业拆借、外汇交易等金融市场的资金清算；同时，要充分利用支付系统蕴藏的大量支付业务信息资源，为金融监管提供信息和手段。三是现代化支付系统要有利于防范支付风险，提高流动性，并确保支付的最终清算。四是要通过现代化支付系统的建设，逐步形成一个以现代化支付系统为核心、商业银行行内系统为基础，各地同城票据交换所为补充的中国支付清算体系。

这就需要中央银行建立快速、高效、安全、可靠的现代化支付系统，更好地为商业银行和金融市场提供优质的支付清算服务。为适应此种社会需求，中国人民银行在参照其他国家中央银行清算体系先进经验的基础上，认真分析研究中国的实际情况，于 20 世纪 90 年代开始着手建立更为先进的中央银行跨行支付清算系统——中国现代化支付系统（China National Advanced Payment System，CNAPS）。

（二）中国现代化支付系统的发展动态

经过数年的艰辛工作，支付系统建设工作取得了突破性进展。2002年10月8日，大额实时支付系统在北京、武汉成功投产试运行，成为中国现代化支付系统建设的重要里程碑。

2003年4月，上海等11个城市大额支付系统成功推广上线运行；2003年12月1日，石家庄等19个城市大额支付系统切换上线取得了圆满的成功。至此，大额支付系统已成功推广覆盖到所有省会（首府）城市和深圳市，并与电子联行系统混合运行。香港清算行也于2004年2月接入支付系统办理人民币汇款业务。

目前，大额支付系统已经连接到32个城市的近2万个银行机构网点，提供快速、高效、安全的跨行实时支付清算服务，日均处理支付业务达30万笔，金额近4000亿元，每笔支付业务在1分钟之内即可到账。为确保大额支付系统的安全、稳定运行，中国人民银行发布了系统运行管理和清算风险管理的一系列制度规定，加大了对商业银行流动性情况的监测力度，加强了对清算账户头寸的监视和管理，有效地防范了支付清算风险。从运行情况来看，大额支付系统业务处理正确，资金清算无误，系统运行稳定。

2005年，中国人民银行继续稳步推进支付系统建设，已确定了全国建设32个支付系统CCPC的布局。下一步将抓紧研究和实施支付系统运行维护机制和灾难备份方案，确保大额支付系统的安全、稳定运行；实现大额支付系统与债券市场的连接，支持券款对付（DVP清算）和货币政策的实施；开通大额支付系统与城市商业银行汇票处理系统的连接，以畅通中小金融机构的汇路；继续积极做好各银行地市级（含）以下机构及地市ABS、TBS接入大额实时支付系统的工作，取代电子联行，同步开发建设小额批量支付系统，充分发挥金融基础设施的作用，更好地履行中央银行支付清算职能。

（三）现代化支付系统与电子联行系统的差别

我们提中国现代化支付系统，就不能不讲到全国电子联行系统。中国现代化支付系统是中国人民银行在现有全国电子联行系统（简称EIS系统）基础上建立的一套更为先进、更适应社会经济发展需要的跨行支付清算系统，它的建成将解决现有电子联行系统存在的一些问题。

1. 业务处理范围

在业务处理范围上，EIS系统支持异地贷记业务处理；而CNAPS系统，支持处理同城及异地范围内的贷记业务和借记业务。在第一阶段所开发的大额实时支付系统（简称HVPS系统）当中，商业银行之间只能够互相发送贷记性质的业务，如汇兑、同业拆借等业务；但是其他类型的支付系统参与者，包括人民银行、债券系统等，则可以向商业银行发起借记性质的业务，如错账冲正、即时转账业务等。

2. 系统完整性及业务处理速度

EIS 系统的"天地对接"工程没有完全实施到位，跨行资金汇划仍较慢。而 CNAPS 系统在设计过程中已作了统一规划，各商业银行的前置机系统将直接与当地处理中心相连，从而提高了支付信息传输及资金汇划的速度。

3. 对其他金融市场的业务支持

EIS 系统未与其他金融市场直接相连，不利于消除金融市场的交易风险。而 CNAPS 系统通过系统对接的方式与其他金融市场的交易系统相连，当这些金融市场发生业务并需要进行人民币资金清算时，可以将资金清算指令通过系统接口传送给支付系统，由支付系统负责完成此项工作并实时反馈处理结果，金融市场交易系统再根据处理结果确定是否完成相应金融产品的清算交割。

4. 业务统计与监管

EIS 系统实行的是清算账户分散，支付数据信息不集中，不利于金融监管。而在 CNAPS 系统中，商业银行将在当地人民银行开立清算账户进行业务资金清算，但具体账务处理工作将由目前的各地人民银行统一集中至 CNAPS 系统的国家处理中心负责完成。而以国家处理中心统一处理支付业务为基础，数据统计、业务监测、金融监管等各项工作质量将得到极大提高。

（四）现代化支付系统与电子联行系统的过渡

为了建设现代化支付系统，支付系统将按照"先大后小，边建边用"的原则分批在全国各个城市推广运行，逐步替代现有的电子联行系统。

当一个城市开始运行支付系统后，该城市的电子联行系统将立即停用，原先通过电子联行系统处理的支付业务改由支付系统负责处理。因此，在相当一段时间内将出现支付系统与电子联行系统并存的局面。为解决两个系统之间的支付业务往来，确保电子联行系统向支付系统的平滑过渡，支付系统设立了一个专门的处理机构——电子联行转换中心（简称 TRCS），专门负责完成支付系统与电子联行之间的往来业务格式转换和转发。

二、支付系统子系统及其功能

（一）现代化支付系统的参与者

CNAPS 的参与者分直接参与者和间接参与者两类。

直接参与者：中国人民银行各级机构、在中国人民银行开设有资金清算账户的商业银行与非银行金融机构的各级分支机构。

间接参与者：没有在中国人民银行开设资金清算账户，而委托直接参与者代理其进行支付清算业务的单位和个人。间接参与者可以是银行、非银行金融机构、在商业银行或非银行金融机构开设有账户的广大银行客户，包括工商企业、政府机关、公共事业部门和个人。

汇款客户委托的商业银行（或其他金融机构）的基层单位，是支付系统中的业务发起行；收到划汇业务（接收汇款）的商业银行（或其他金融机构）的基层单位（受益人的开户行）称接收行，接收行是支付系统中的业务结束行。发起行和接收行必须是 CNAPS 的直接参与者。发起行所在的 CNFN 处理中心称为发报行，接收行所在的 CNFN 处理中心称为收报行。国家处理中心是 CNAPS 的全国处理中心，它控制 CNAPS 的运行，是管理 CNFN 通信、接收、结算、清算支付业务的国家处理中心。

（二）支付系统业务的处理模式

中国现代化支付系统（CNAPS）主要包含有大额实时电子支付系统（HVPS）、小额批量电子支付系统（BEPS）、银行卡授权系统、政府证券簿记支付系统、金融管理信息系统、国际支付系统（IPS）等业务系统。

根据所处理业务的不同特点，CNAPS 系统提供了以下两种业务处理模式，并根据这两种模式分别建设两种子系统。

首先是大额实时支付系统（High Value Payment System，HVPS），它是指以实时、全额的方式处理异地、同城每笔金额在规定起点以上的贷记支付和紧急的金额在规定起点以下的贷记支付的应用系统。

一般情况下，凡是交易金额大，安全性、时效性要求很高的支付业务（如大额贷款支付、外汇交易、债券交易等业务）都采用 HVPS 模式进行处理，即每笔业务指令由支付系统逐笔清算，进行资金划转，并在（且只在）清算完成后再将该业务转发至接收方。接收方在接收到该笔支付指令时即可认为相应资金已转入本行清算账户。

其次是小额批量支付系统（Bulk Electronic Payment System，BEPS），它是指以批量、净额的方式处理异地、同城纸张截留的借记支付，以及每笔金额在规定起点以下的小额贷记支付业务的应用系统。

一般情况下，大批量、小金额、时效性较低的支付业务（如小额贷款支付、代发工资、代收水电费等业务）均采用 BEPS 模式进行处理。大量支付指令由支付系统定时进行轧差清算，然后再转发至相应接收行。

在上述两种业务处理模式中，需要强调的是借记业务均属于小额业务，贷记业务则以"规定金额起点"参数来区分大额/小额业务，这一参数由 NPC 统一设置，对所有系统参与者均有效。

三、支付系统体系结构

下面从体系结构的角度来介绍支付系统的基本情况。

与现有电子联行系统相类似，支付系统也采用了如图 8-4 所示的三级节点的体系结构，与电子联行系统的 EIS 总站、各地电子联行小站、汇出行（汇入行）相对应，支付系统分别建立了国家处理中心（NPC）、城市处理中心（CCPC）、发起行（接收行）。

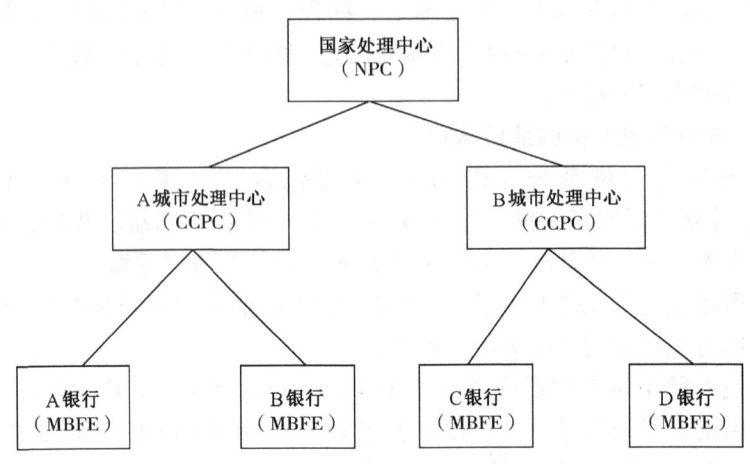

图 8-4 支付系统三级节点示意图

位于结构图最高端的是国家处理中心（NPC），它是整个支付系统的核心处理机构，负责完成所有支付业务资金清算、信息存储、指令转发、系统运行状态管理等工作。该中心将存储所有支付系统参与单位的清算账户（Settlement Account，即经过中国人民银行批准经营支付结算业务的政策性银行、商业银行和城市信用合作社、农村信用合作社在当地人民银行开设的准备金存款账户）信息。在支付系统投产运行以后，各地人民银行负责处理当地金融机构清算账户的开立、撤销、信息修改等管理工作。但凡是涉及清算账户余额变动的情况（也就是某金融机构发生支付业务），则均需统一由 NPC 负责处理，在每一工作日结束以后，NPC 负责将当日各机构清算账户变动情况下发至各地人民银行，并通过调整清算账户余额完成跨行业务资金清算。

位于结构图中间层的是城市处理中心（City Clearing Processing Center，CCPC），它是支付系统在各个城市的业务处理和运营单位，主要负责对当地支付系统参与者的管理及支付业务的接收和转发。

位于结构图底层的是当地商业银行（包括其他金融机构），它们是支付业务的发起者和接收者。图 8-4 显示的商业银行均指当地分/总行。这些机构通过安放在本网点的商业银行前置机系统（MBFE）与当地CCPC相连，同时依托本身在当地人民银行开立的清算账户进行资金清算。

除了连接各家银行以外，各个城市CCPC还将同时与当地的人民银行会计核算系统（ABS）、国库综合业务系统（TBS）相对接。ABS、TBS将作为支付系统参与者与其他参与单位发生业务往来。

支付系统将通过接口对接的方式连接其他金融市场交易系统，目前已包括了城市商业银行汇票系统（CBDC）、外汇系统（FETS）、债券系统（CBGS）。其中，汇票系统、外汇系统将作为支付系统特许参与者与上海CCPC相连，而债券系统比较特殊，它将和支付系统国家处理中心（NPC）直接对接。

为正常处理支付系统与电子联行系统往来业务所设立的专门机构——电子联行转换中心（TRCS），将分别连接NPC和EIS系统，从而实现两大系统的对接。

下面我们来看一下补充了上述内容的系统体系结构，如图8-5所示。

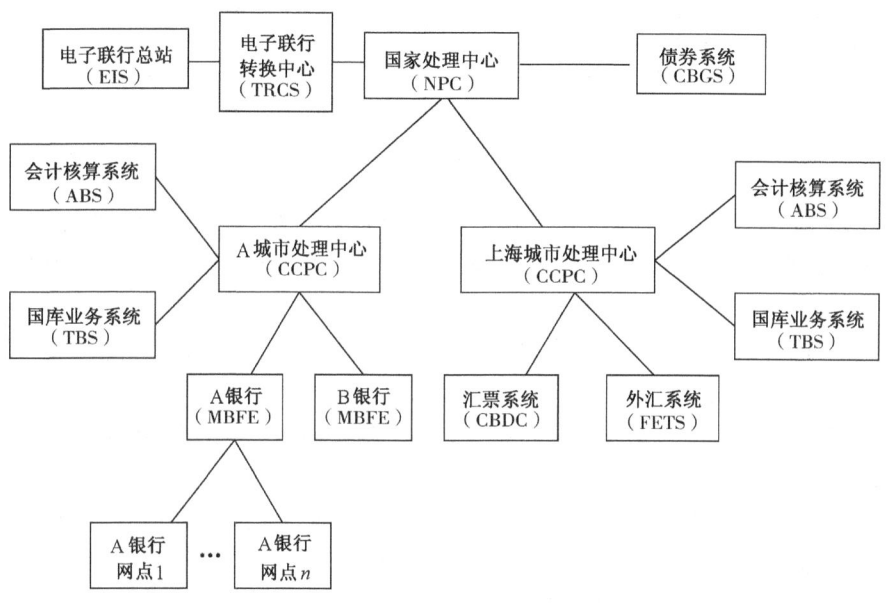

图8-5 支付系统体系结构示意图

四、支付系统的主要业务流程

前面已经介绍了支付系统的总体结构，下面将以此为基础来了解支付系统业务的处理流程。支付系统业务主要包括以下几类：支付系统异地业务，支付系统同城业务，电子联行业务，债券系统业务，其他金融市场业务，净额轧差业务。

（一）支付系统异地业务流程

异地业务包含了支付系统业务的完整处理流程，因此我们将对其作详细的说明。图 8-6 展示了支付系统异地业务的基本流程。

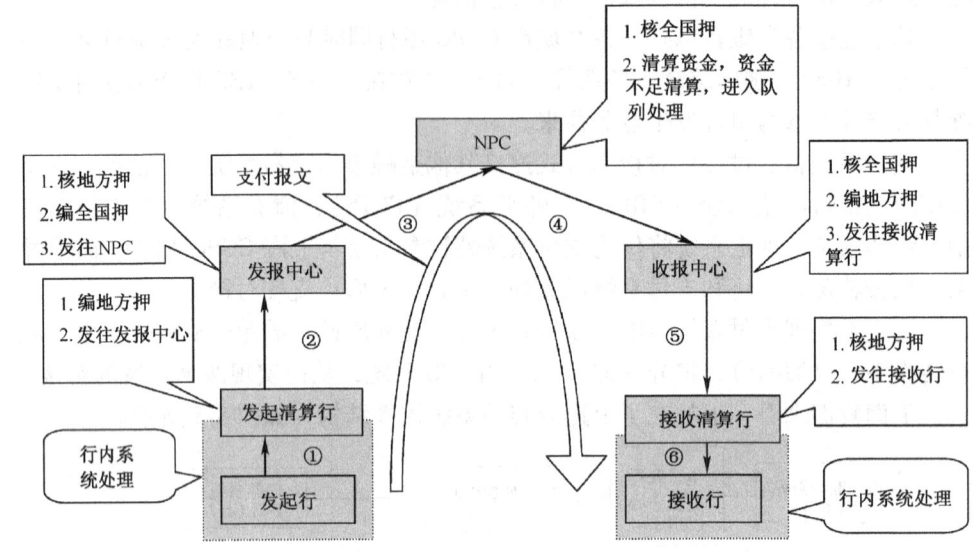

图 8-6 支付系统异地业务流程图

（1）发起行通过行内系统操作界面（前置机直联模式）或前置机客户端（前置机间联模式）录入支付业务指令，并将其传送至所属清算行的前置机系统当中（称该清算行为发起清算行）。

（2）前置机系统对该笔指令进行检查，对其加编地方押后发送至当地 CCPC（称该 CCPC 为发报中心）。

（3）发报中心对该笔指令进行检查，核对其地方押，再加编全国押后发送至 NPC。

（4）NPC 对该笔指令进行检查，核对其全国押，完成清算后转发至接收方所在地 CCPC（称该 CCPC 为收报中心）。如果发起清算行可用头寸不足支付该笔款项，则对该笔指令作排队处理，待头寸补足后重新清算。

（5）收报中心对该笔指令进行检查，核对其全国押，再加编地方押后发送至接收方所属清算行的前置机系统（称该清算行为接收清算行）。

（6）接收清算行再将该笔指令转发至接收行，支付交易完成。

（二）**支付系统同城业务流程**

图 8-7 描述了支付系统同城业务的流程。

通过将同城业务与异地业务的流程图进行对比，可以发现此类业务的特点在于：同城业务仅涉及了同一 CPCC 所辖范围内的不同参与者，因此此类业务的发报中心和收报中心是同一单位。

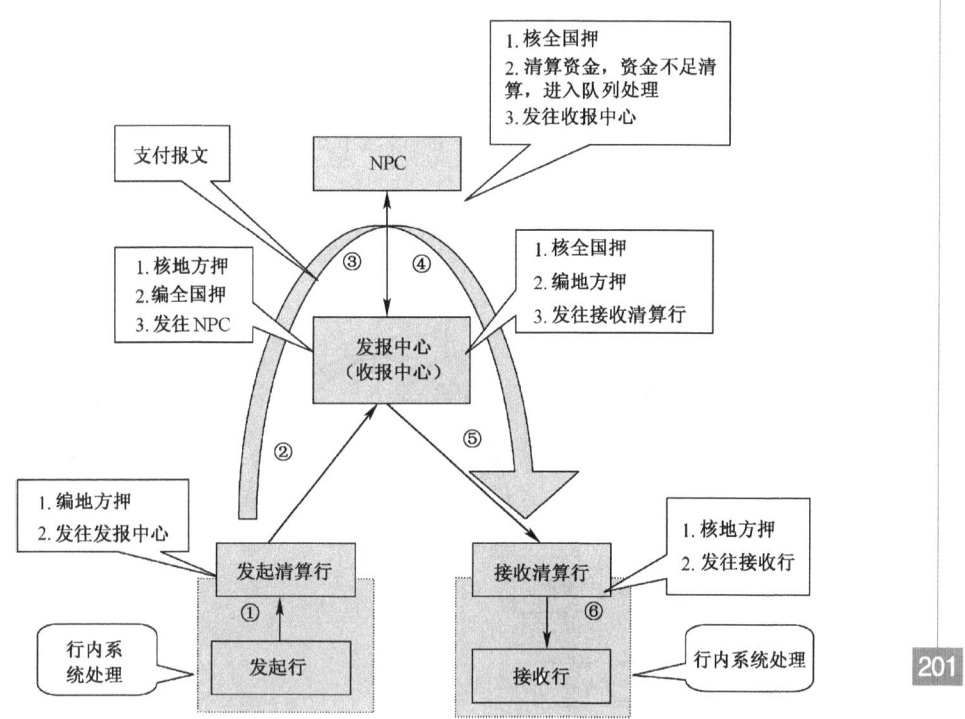

图 8-7 支付系统同城业务流程图

关于这种业务，需要特别注意一点：即使同城业务的收发单位均在同一 CCPC 所辖范围内，但业务指令仍需传送至 NPC 完成清算，因为所有清算账户信息均统一存放在 NPC 系统中。

（三）电子联行业务流程

前面介绍的两类业务是指已经参加了支付系统的两个参与者之间的往来业务。事实上，在支付系统初期推广阶段，大部分业务都将发生在支付系统参与者和电子联行参与者之间。对于这种业务，支付系统将建立一个中间机构——电子联行转换中心（TRCS），负责实现两大系统间的互连互通，平稳过渡。

如图 8-8 所示，当支付系统参与者向电子联行参与者发送一笔支付业务的时候，这笔业务在被 NPC 完成清算以前的处理流程都等同于普通的支付系统业务，而在清算成功以后，该笔业务将发送至 TRCS，由其负责进行指令格式转换，然后再依次发送至 EIS 总站、收报行、汇入行。反向业务的处理流程则正好相反。

事实上，TRCS 在整个业务处理流程中扮演了两个角色。站在支付系统的角度，它是一个收报中心（或发报中心）；而在电子联行系统的角度，它是一个汇出行（或汇入行）。

关于此类业务，需要特别注意，业务中所包含的行号信息是电子联行行号，

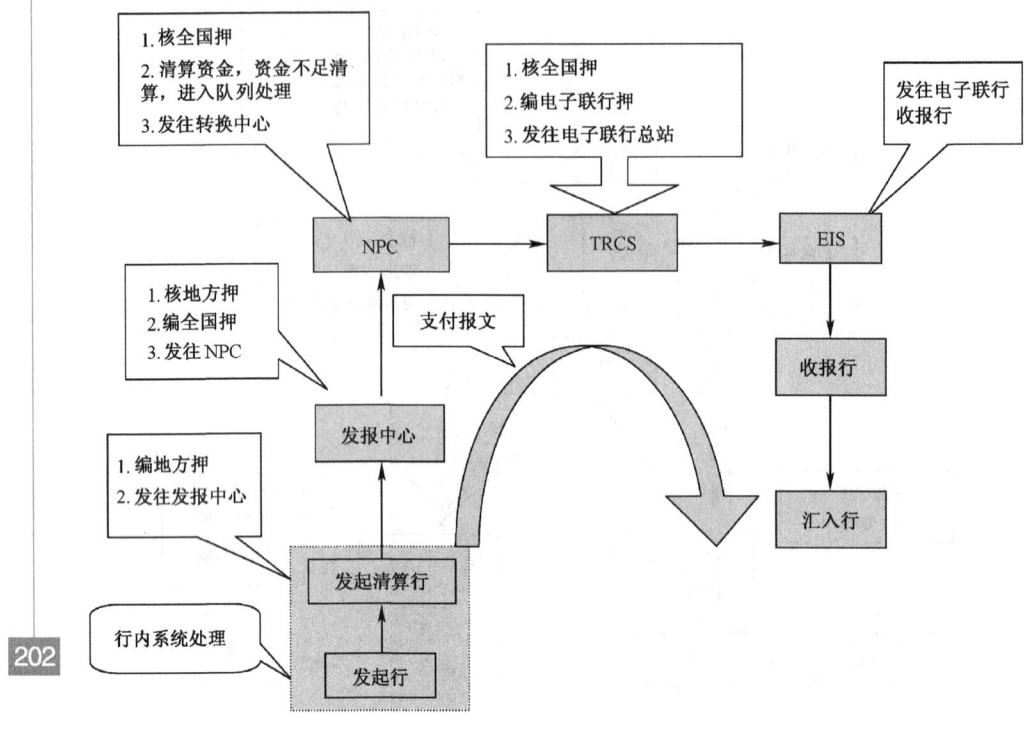

图 8-8 电子联行业务流程图

而不是支付系统行号,因为对于电子联行系统参与者来说,支付系统行号是不可识别的。

(四)债券系统业务流程

首先简单介绍有关债券业务的背景知识。

目前债券系统所处理业务(包括公开市场业务、债券发行、兑付、银行间债券交易等)的债券结算和资金结算是相互脱节的。其中,债券结算全部集中在债券系统完成,而对应的资金清算则由交易各方通过电子联行系统和商业银行汇划系统完成。这种不同步清算的交易安排产生了潜在的交易风险。

在支付系统建成投产并与债券系统实现对接以后,债券业务将开始实行一种新的交易安排——券款对付机制(DVP),首先由债券交易双方通过债券系统达成买卖协议,然后在交易清算日由债券系统自动向支付系统发出买卖双方资金清算指令,并在后者完成资金清算的基础上再完成债券清算。这种清算安排实现了债券和资金的同步清算,从制度上消除了债券交易的潜在风险。其具体过程如下:

(1)债券交易双方通过债券系统达成债券买卖协议。

(2)债券系统在交易清算日自动向支付系统发送资金清算指令(即时转账

指令)。

(3) 支付系统根据指令内容将资金从债券买方（被借记行）划转至债券卖方（被贷记行）的清算账户，并在清算成功后向债券系统反馈信息，债券系统则相应完成债券清算处理。

(4) 若当时被借记行清算账户头寸不足，支付系统则将该指令放入被借记行的排队队列中，待头寸增加后再行清算。若当日日终结束前头寸仍然不足，则支付系统将向债券系统退回该笔指令，债券系统相应地取消此笔债券交易。

(5) 在步骤（3）清算成功的基础上，支付系统将向债券买卖双方分别发送记账通知（即时转账借记通知和即时转账贷记通知），银行在接收到此类通知时应将其视为有效的支付凭证，因为它意味着清算账户的头寸已相应改变。

(6) 在步骤（4）清算不成功的基础上，支付系统将向被借记行发送头寸不足支付的通知（即时转账业务排队通知），被借记行应设法筹措资金，完成清算。

（五）其他金融市场业务

除了前述的债券业务以外，支付系统还将支持其他金融市场业务的资金清算，就现阶段而言，主要是指城市商业银行汇票业务和外汇业务。这两类业务的相应处理单位——城市商业银行汇票处理中心和外汇交易中心将作为支付系统参与者与上海 CCPC 连接，同时在 NPC 开设独立的清算账户，按照常规业务流程完成支付业务处理。

城市商业银行汇票业务是指各地城市商业银行依托支付系统进行的签发和兑付汇票的业务，它将解决目前城市商业银行不能自行签发和兑付银行汇票、结算功能欠缺的问题。

其中，签发汇票是指城市商业银行向客户签发本行汇票，同时通过支付系统向汇票处理中心汇划汇票资金及传递汇票信息。而兑付汇票是指城市商业银行（也可以是签订了代理兑付协议的非城市商业银行）收到客户提交的汇票后，根据票面内容通过支付系统向汇票处理中心提出兑付申请，由后者确定汇票的真实性后通过支付系统将汇票资金划拨至兑付行，由其向客户交付资金。

在汇票签发及兑付过程中，支付系统还提供一些配套业务处理，包括：签发行有权要求汇票处理中心退回已签发但尚未兑付的汇票；如已签发的汇票未在有效期内兑付，汇票处理中心将主动将汇票退回签发行；如已签发的汇票在有效期内全额兑付（按照汇票票面金额兑付），汇票处理中心将主动向签发行发出通知（汇票全额兑付通知）；如已签发的汇票在有效期内部分兑付（按照低于汇票票面金额兑付），汇票处理中心将主动向签发行退回多余资金。

支付系统与外汇系统的对接将把外汇交易人民币资金清算从现有的两级清算（交易会员—当地分中心，当地分中心—交易中心）简化为一级清算（交易会员—交易中心），从而为未来外汇交易的对等支付奠定基础。

（六）净额轧差业务

支付系统作为整个支付体系的核心处理部分，除了支持前述支付系统参与者直接发起的各类支付业务以外，同时也能够满足其他清算系统的资金清算需求。

从系统分工来说，其他清算系统（如银行卡清算系统、同城清算系统、同城票据交换系统等）负责收集交易信息，进行轧差处理，生成净额清算文件；而支付系统则负责接收净额清算文件并完成相应资金清算处理。

从业务流程来说，人民银行会计核算系统（ABS）负责把其他清算系统生成的净额清算文件提交支付系统，由后者完成最终清算。与支付系统参与者自身发起的支付业务有所不同，净额清算文件一旦提交以后，就无法退回，必须在当日完成清算，因此如被借记行头寸始终不足，则将由人民银行提供高额罚息贷款来完成清算。净额轧差业务的交易流程如图8-9所示。

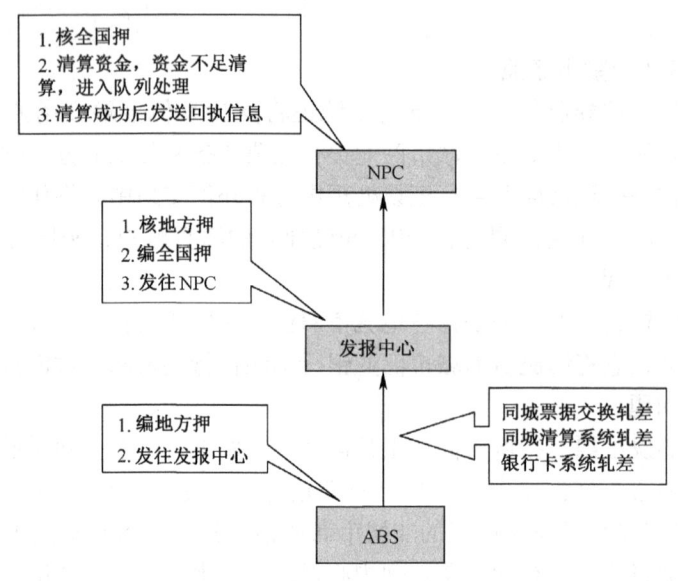

图8-9　净额轧差业务的交易流程图

五、支付系统的安全控制与管理

正在建设中的支付系统充分考虑了系统安全的重要性，对支付业务的安全传输、账务和支付信息的准确处理，以及系统可能发生的故障和灾难等，分别提出了相应的处理机制和应急对策。

（1）系统具有保障支付业务信息安全传输处理的措施。系统对直接连接的银行机构办理的各种支付业务进行准入控制。支付业务进入系统各节点均要进行合法性检查，如业务准入、信息格式要素、行名行号及其对应关系等项检查。支付业务信息的传输要进行通信加密和业务加押,业务处理在有关业务处理系统与支付系统城市处理中心之间编核地方密押,在城市处理中心之间传输编核全国密押。同时,系统实行权限管理制度,建立日志记录,并对有疑问的支付指令及时查询、查复,建立相应的登记簿进行管理,防止非法侵入和篡改数据,防范欺诈风险和操作风险。

(2)系统具有自身平衡检查和数据核对功能。支付系统国家处理中心每日日终和年终要自动对处理的账务进行试算平衡,防止账务处理差错,保证支付系统自身处理账务的正确性。每日日终,国家处理中心要自动与各城市处理中心及其直连的特许参与者进行业务数据的汇总和明细核对。核对无误后,各城市处理中心自动与其相连的各业务系统进行业务数据的汇总和明细核对,防止业务处理的差错,保障资金汇划的安全。

(3)对系统设计了故障和灾难的应急处理对策。在系统设计中,以系统不间断运行为目标,保证系统达到高可用性,当非常情况下出现系统中断时,争取在最短时间内恢复系统的正常运行。但在考虑系统安全的同时,也应考虑到投资成本和建设周期。鉴于此,对国家处理中心和城市处理中心的故障对策是:在国家处理中心和大中城市处理中心采用双机热备份方案,不采用双机热备份的中小城市处理中心采取备份设备方案。对国家处理中心和城市处理中心的灾难对策是:国家处理中心在无锡建立灾难备份中心,备份中心与运行中心实行远程实时备份;在大城市建立同城备份中心;中小城市可不建立备份中心,而采用紧急救援机制,在全国统一准备紧急救援设备。CNFN 物理网络的主干采用相同载频的两个星形卫星 UMOD 网络,使两个 NPC 分别与 CCPC 连接,两个星形卫星网络以主、备交替工作方式,共同享用一个卫星转发器资源。当 NPC 切换时,CNFN 主干线路做相应的切换,该切换是通过星形卫星 UMOD 网络的切换完成。

六、支付系统建设运行的保障措施

(1)建立支付管理信息系统,对公共数据信息进行集中控制和管理。设计的支付管理信息系统作为支付系统的辅助系统,能够对支付系统运行的时间、查询查复和业务撤销退回的登记情况、小额轧差的时间和次数、行名行号等公共数据信息进行集中控制和管理。行名、行号作为支付系统的重要基础数据,通过支付管理信息系统建立行名、行号数据库,使新旧行号对照、确定支付系统的间接参与者与直接参与者行号的对应关系和行号变更的生效日期,实行统一下载、统一维护、统一管理。通过上述措施,保障支付系统的稳定运行和支付业务的不错不乱。

(2)建立转换中心,实现电子联行系统向支付系统的平滑过渡。设计的支付系统与目前运行的电子联行在功能、做法和业务处理上均有较大差别。但在支付系统的建设推广中，为保证两个系统之间相互通汇，实现电子联行系统向支付系统的平滑过渡，要在支付系统全国处理中心与电子联行主站之间开发转换接口，实现电子联行系统与支付系统处理的业务信息相互转换。

（3）开发各相关系统的接口软件，保证系统的相互连接。现代化支付系统只建设到地市级（含）以上城市，不再延伸到各银行的营业网点。中国人民银行和各商业银行的县级机构不直接与支付系统城市处理中心连接。支付系统所到城市覆盖范围内的人民银行县支行不再办理县级商业银行和农村信用联社的支付业务。人民银行县支行的自身支付业务通过地市中心支行的会计集中核算系统县级工作站处理；各商业银行县支行的支付业务由其管辖行处理。

七、中国支付系统现代化所面临的主要问题

为了顺利建成中国现代化支付系统，中国的金融部门必须对所面临的几个重大问题达成共识。

（一）中央银行在国家支付系统中的作用

明确中央银行在国家支付系统中的作用与地位，正确处理好中央银行和商业银行在支付系统建设中的合理分工，具有重要意义。这是由于中国目前的银行体制刚刚形成不久，关于把人民银行办成"真正"的中央银行、把国有商业银行办成"真正"的商业银行、把合作银行办成"真正"的合作银行的讨论似乎并没有因为《中央银行法》和《商业银行法》的出台而结束。在支付系统建设中，中央银行如何发挥其作用就成了必须解决的重要问题。一方面，关于中央银行在国家支付系统中的地位与作用，并没有成熟的、达成共识的理论依据；另一方面，发达国家中央银行在本国支付系统扮演的角色又千差万别，相距甚远，中国只能从总体上借鉴国际上的经验，结合中国国情摸索出自己的途径。

（二）中国支付系统的总体结构

参照发达国家的经验，一个国家的支付体系由商业银行内支付系统和跨行资金转账系统组成。前者的参与者是广大客户（包括企业和个人），后者的直接参与者是商业银行和其他在中央银行开立账户的金融机构（如证券公司等）。中国人民银行对各商业银行的管理方式有着自己明显的特点，就是人民银行的分/支行直接管理自己辖区内的各商业银行的分支机构。与发达国家相比，中国目前并不存在真正意义上的跨行支付系统，所谓的跨行系统其实是跨分行的系统。商业银行是以分/支行为单位跟中央银行进行支付资金结算的。在人民银行运行的同城清算所和全国电子联行系统（EIS）中是这样，即使对于各商业银行的手工三级联行或电子资金汇兑系统中，最终余额还是要跟人民银行进行结算，这种方式类似净额结算。从账户管理方式来看，跨分/支行的支付实际上应属跨行支付，中央银行为这些中央银行账户持有者提供支付结算服务，显然责无旁贷。而另一方

面，这些分/支行又冠之以某某银行，它们之间的支付交易似又属于行内。

这样一种交叉特点在设计 CNAPS 的整个过程中一直是专家们争论的中心议题。CNAPS 设计方案中把各商业银行的分/支行视为系统的一个独立的参与者来对待。从支付业务量的分布来看，这样似乎是更合理的。根据统计，全部跨分/支行的支付金额只占全部支付金额的 45%。如果按发达国家定义跨行支付的话，目前在中国这类支付还不足 15%。而在发达国家，跨行支付占 80% 甚至 90% 以上。中央银行拥有和运行这样的大额跨行支付系统就可以保证国家支付体系的正常运行，对于稳定经济、稳定金融意义十分重大。中国两层结构的银行体制是从计划经济下的单一银行衍变而来的，而不像别的国家先有商业银行后有中央银行。发达国家的经验证明两层结构的银行体制更能适应市场经济的发展，中国应该加强中央银行的作用，促进中国银行体制的健康发展。

确立了行内和跨行支付系统的划分，中国支付系统的总体结构就比较容易解决了，中央银行和商业银行在中国支付系统建设中的作用和恰当分工也就相对明确了。中央银行应该拥有和运行对社会经济和金融市场发展至关重要的跨行大额资金转账系统。发达国家的经验表明，跨行大额支付业务量在 10% 以下，而支付金额却高达 80% 或 90% 以上。对于业务量占 90%（或以上）的小额支付服务，则可在明确法规的前提下由市场决定取舍。在中国目前的情况下，各商业银行建立的电子资金汇兑系统只能被看做小额支付系统的组成部分，而不能取代 CNAPS 设计中的大额支付系统。

（三）改进储备金管理制度

跟发达国家相比，中国法定储备金的比例较高，而且是不得用于跨行支付的封存资金。这对于提高资金利用率是不利的。随着现代化支付系统的建立以及金融市场的开发和完善，中国将降低法定储备金比例，从把储备金作为实施货币政策的一项主要手段逐渐向公开市场操作等间接手段过渡。

（四）建立有效的管理机制

支付系统在社会经济和金融市场中处于基础地位，并涉及银行业务许多方面，因此要求中央银行各部门、中央银行和各商业银行、银行系统和其他工业部门多方面的密切合作。在中国现代化支付系统建设过程中，中国的银行系统成立了以中央银行副行长为主席、由中央银行有关部门和各商业银行有关负责人参加的支付系统决策委员会，下设协调小组，负责制定有关支付系统建设的大政方针，协调各部门之间的关系。工程总指挥部负责 CNAPS 项目的具体工程实施的领导工作。

中国正在努力完善中国支付系统建设的管理机制。中国的支付系统正在随着中国银行体制改革的深入和继续而逐步完善。

第四节 中国国家中央核算系统 CCPC

中国现代化支付系统主要提供商业银行之间跨行的支付清算服务,发挥中央银行作为最终清算者的职能作用,为参与者和特许参与者提供大额实时支付系统(HVPS)、小额批量支付系统(BEPS)、清算账户处理系统(SAPS)以及支付管理信息系统(PMIS)等服务,并实现与各行行内系统、中央会计核算系统、国库系统的连接。

现代化支付系统在物理结构上建有国家处理中心(NPC)和城市处理中心(CCPC)两级处理中心。国家处理中心分别与各城市处理中心连接,城市处理中心与各商业银行连接,形成一个庞大的网络整体,涵盖所有银行营业网点。其通信网络采用专用网络,以地面通信为主,卫星通信备份。

中国现代化支付系统目前已建成了北京国家处理中心(NPC)、北京城市处理中心(北京 CCPC)和武汉城市处理中心(武汉 CCPC)。

一、支付系统的网络平台

支付系统网络是指中国现代化支付系统的网络平台,具有支付系统的数据采集与传输功能。按照原定的现代化支付系统推广运行计划,支付系统网络划分为两大部分。

第一部分为支付系统骨干网,包括 NPC 内部(核心)局域网、CCPC 内部局域网、NPC 与 CCPC 之间的广域专网三部分,共同形成一个由一个总中心、一个备份总中心、337 个城市中心构成的覆盖全国的支付系统骨干网,完成中国现代支付系统的数据传输功能。

第二部分为 337 个独立的 CCPC 网络,包括 CCPC 内部局域网、CCPC 所在城市城域网。CCPC 城域网通过与所在城市各个商业银行和其他金融机构的连接,完成中国现代支付系统的数据采集功能。

骨干网和 CCPC 网络通过 CCPC 局域网有机结合起来,相辅相成,共同构成中国现代化支付系统网络平台。但是,随着通信网络的飞速发展,以往那种需要中间站点进行中转、续发信息的传递和交换方式突然变得不必要,多环节的链路关系只需通过电信部门的专用网络一步到位,数据集中处理已成为当前信息处理的发展趋势。为此,中国人民银行审时度势,将原定的布局计划调整为只在省会(首府)城市和深圳市建设 CCPC,地市级城市不再建设 CCPC。目前已顺利投产运行大额实时支付系统的省会(首府)城市 CCPC,将集中处理各省的支付系统往来业务(深圳市的 CCPC 处理深圳和香港地区的支付系统往来业务),起到全省各个城市的支付系统参与者连入 NPC 的中转作用。这无疑是充分利用现代化

二、中国国家中央核算系统的原则

CCPC 的网络结构是支撑 CCPC 各类应用的系统基础平台,因此在总体设计思想上应该与现有 CCPC 的应用体系相适应,同时,采用先进的技术和设备实现。

在 CCPC 的网络建设中,采用基于 IP 协议的技术方案,保证了系统的灵活性和可扩展性。在保证开放性和实用性的基础上,保证在相当长一段时间内网络整体处于比较先进的水准。经过多年的建设,中国人民银行已具有较好的网络基础环境,支付系统网络建设要尽可能利用这些现有的资源。如现有资源不能满足支付业务的要求,就要进行必要的升级改造。在系统的可管理性方面,通过网络管理系统,及时、方便地了解网络的运行状况,提高网络运行效率,及时发现各种网络故障并迅速排除,以保障网络系统正常、高效地运行。在系统的可扩展性方面,中国国家中央核算系统要兼顾目前的支付业务需求和今后支付业务的发展需要,设计时必须留有恰如其分的余量,确保在今后需求变化时,结构上无需改动或只需很小的改动。CCPC 网络利用了现有同城网的资源,因此在网络设计上应采用 QoS(Quality of Service)策略和技术保证支付业务的服务质量。CCPC 提供了高可靠性保证:通过线路、设备的冗余,保证全网无单点故障,实现网络平台的高可靠性。CCPC 系统需考虑多级安全防范措施,包括路由器过滤、防火墙隔离、加密传输、身份认证等多种方法组合防护,最大限度地保护整个网络系统的安全。

三、中国国家中央核算系统的发展模式

按照支付系统原有设计,中心支库以上的国库是支付系统的直接参与者,通过当地的 CCPC 与 NPC 相连,可直接通过支付系统汇划和清算资金。县支库是支付系统的间接参与者,通过其管辖行中心支库与支付系统间接相连。2002 年,为满足国库部门参加支付系统的需要,中国人民银行国库局制定了新的国库会计管理规定和核算流程,并据此开发了国库会计核算系统 2.0 版(简称 TBS),于 2003 年在全国推广。TBS 完全是以 CCPC 为基础运行的直连系统,依托 CCPC 与 NPC 交换信息和清算资金,也就是说,337 个中心城市的 TBS 按计划应该与其所在地的 CCPC 直接连入支付系统。显然,原定的国库连接支付系统的方式发生了变化,国库部门不能再"简单"地以"点"对"点"的方式接入支付系统了,进而现行的国库会计核算模式需要重新调整。

(一)第一种模式:城市 TBS 远程接入省会(首府)城市 CCPC

在这种模式下,城市中心支库(包括大连、青岛、宁波、厦门,下同)作

为直接参与者,远程接入省会(首府)城市 CCPC。

1. 模式一的优点

(1) 不改变现行各级国库的身份,地市中心支库仍然是支付系统直接参与者,地市中心支库 TBS 直接接入省会(首府)城市 CCPC,改造简单易行。

(2) CCPC、TBS、ABS 计算机程序改变不大,现行的制度、核算流程基本保持不变,只需微调即可,其后续的培训费用也相对较少。

2. 模式一的缺点

(1) 网络风险加大。随着通信距离的增加,通信线路的稳定性和信号质量下降,途中黑客搭线入侵的可能性增大,风险加剧。

(2) 网络维护跨地域进行,管理难度加大。由于属地管理的原因,跨地域的网络故障可能得不到快速响应和有效解决,影响业务的顺畅进行。

(3) 接入省会(首府)城市 CCPC 的直接参与者成倍增加,致使省会(首府)城市 CCPC 的通信带宽、存储容量、反应能力显得十分不够用,尤其是容错性能将面临严峻挑战。

(4) 远程接入导致通信线路租用费和网络运营费剧增。

(5) 目前,TBS 缺乏远程网络监控功能,通信的稳定性不够高,需要进一步优化。

(二) 第二种模式:地市 TBS 通过省分库 TBS 一点接入省会(首府)城市 CCPC

省内各中心支库作为支付系统的间接参与者,通过国库内部往来与省分库 TBS 连接,由省分库 TBS 转发支付往来业务,一点接入省会(首府)城市 CCPC。

1. 模式二的优点

(1) 它适应现代信息产业,尤其是银行业数据集中的发展趋势。

(2) 它减少了支付系统的直接参与者,增加了间接参与者,便于国库系统内部自成体系、自上而下的垂直管理;有利于规范全省国库的资金清算业务,便于省分库监督和管理全省国库的资金汇划情况,对风险实行集中和整体防范。

(3) 它将中心支库变为间接参与者,减少与支付系统的直接入口,降低中心支库网络风险。可以在不影响现已建成的 32 个 CCPC 的情况下,完成 TBS 系统自下而上的改造。

2. 模式二的缺点

(1) 中心支库通过省分库 TBS 接入 CCPC,增加了中间环节,资金汇划和清算速度受到影响。

(2) 省分库作为全省各级国库的资金清算的交汇点,业务量剧增,且多集中在某一特定时段,主观差错风险过于集中。

（3）它需要大幅修改现行会计管理制度和核算流程，如扩大国库内部往来的使用范围等，相应地需要对 TBS 系统进行升级。

（4）国库系统内部的资金风险增大。由于扩大了国库内部往来使用范围，相当于启用了国库系统内的省辖联行，加之若沿用目前国库内部往来的手工编押方式，更将加剧资金汇划风险。同时，不可避免地会带来全省内部往来对账及处理对账不符问题的工作量和投入，乃至产生连带风险。

（5）不利于现行同城票据清算业务的正常开展。省内各地同城票据交换的清算方式、时间、场次不尽相同，对省分库 TBS 与 CCPC 的连接要求各不相同，各地通过省分库 TBS 与 CCPC 的连接可能无法兼顾省内各地的同城票据清算的不同需要。

（6）它增大了省分库与 CCPC 对账的难度，尤其是中心支库通过省分库 TBS 中转的大量支付系统对往来款项的核对。

四、中国国家中央核算系统的发展经验

CCPC 城域网通过与所在城市各个商业银行和其他金融机构的连接，完成中国现代化支付系统的数据采集功能，所以，对于系统的建立发展，重要的一点是要注意备份和扩容。

CCPC 通过支付系统骨干网与 NPC 相连，在链路上使用了 DDN、卫星和 ISDN/PSTN 线路。在正常情况下，主要通过 DDN 线路进行连接，卫星和 ISDN/PSTN 线路提供备份手段。CCPC 需要利用同城网络实现与当地商业银行之间的连接。在 CCPC 局域网和局域网与广域网连接设备方面，均为双机热备份，并通过 HSRP 等技术实现物理设备级的冗余。

按照总体设计思想和原则，CCPC 网络在逻辑上应与人民银行现有非支付业务的网络分开，形成一个相对独立的网络。因此，利用金融城域网中原有的设备实现与当地商业银行的互联，要通过适当的安全保证体系，确保 CCPC 网络的安全。商业银行前置系统（MBFE）所在局域网应该独立，不能与其他系统共处于一个局域网网段。

为了保证支付系统顺利运行，业务量大的商业银行网络线路必须双线备份。各城市的网络通信情况、前期投资情况差别很大，城域网的网络设计有多种模式。下面以济南为例，介绍城域网的网络扩容及备份方案。

济南 CCPC 与市内各商业银行的网络连接主干线路采用 DDN 线路。济南市金融区域网目前与 18 家银行连接。其中，1 家银行采用帧中继连接、2 家银行采用 X.25 线路、其他银行全部采用 DDN 线路与中心连接。各家银行全部采用 64Kb/s 以上带宽的通信线路。网络接口协议全部为 TCP/IP。

尽管商业银行到 CPCC 的网络带宽满足支付系统的最低要求，但考虑到网上

还运行"同城资金清算系统"等其他业务，分配到支付业务的带宽，将难以保证支付系统的要求。另外，在支付系统压力测试阶段，大流量的数据在网上传输，也极有可能对网上原有业务产生影响。针对济南处理中心的网络状况，采用双线、双路由的网络扩展和备份方案。即在原有线路的基础上，各商业银行再增加一条专线到处理中心。为了均衡负载，原有业务继续在原有线路上运行，支付业务在新增加的线路上运行，两条线路互为备份，其中一条线路发生故障，所有业务都自动转移到另一条线路上运行。这样既扩展了网络带宽又进行了线路备份。

中国现代化支付系统城市处理中心是国家现代化支付系统上的一个重要节点，通过与所在城市各个商业银行和其他金融机构的连接，完成中国现代化支付系统的数据采集功能，其设计与建设情况直接影响到整个支付系统的质量。当前各大重点城市 CCPC 的建设，将极大地加快所在城市银行业的支付结算速度，为下一步支付系统更大规模的推广取得宝贵经验。

第五节 中国金融认证中心

一、中国金融认证中心的概况

中国金融认证中心（China Financial Certification Authority，CFCA），是由中国人民银行牵头，联合中国工商银行、中国农业银行、中国银行、中国建设银行、交通银行、中信银行、光大银行、招商银行、华夏银行、广发银行、深圳发展银行、民生银行、兴业银行、浦发银行14家全国性商业银行共同建立的国家级权威金融认证机构，是国内唯一一家能够全面支持电子商务安全支付业务的第三方网上专业信任服务机构。

中国金融认证中心专门负责为电子商务的各种认证需求提供数字证书服务，为参与网上交易的各方提供信息安全保障，建立彼此信任的机制，实现互联网上电子交易的保密性、真实性、完整性和不可否认性；同时参与制定有关网上安全交易规则，确立相应技术规范和运作规范，提供网上支付，特别是网上跨行支付的相互认证等服务。

中国金融认证中心认证系统采用基于 PKI（公钥基础设施）技术的双密钥机制，在保证核心加密模块国产化的前提下，通过国际招标建立了具有世界先进水平的认证系统，并通过了国家信息安全产品测评认证中心的安全评测。CFCA 认证系统具有完善的证书管理功能，提供证书申请、审核、生成、颁发、存储、查询、废止等全程自动审计服务。目前，CFCA 具有覆盖全国的认证服务体系，提供多种用途的证书和信息安全服务，支持金融领域及其他各界用户的应用需求，包括网上购物、网上银行、网上证券、网上保险、网上申报缴税、网上购销和其他安全业务（OA、MIS）等。CFCA证书全面支持电子商务的各种业务运作模式。

中国金融认证中心的突出特点是其金融特色，CFCA证书发放前须经过金融机构审批以规避交易中可能发生的支付风险，证书申请者必须具备合格的金融资信和支付能力才能获得CFCA证书。此外，CFCA证书实现了不同银行之间、银行与客户之间信任关系的连接与传递，为全面解决网上安全支付提供了有力支持。目前，CFCA证书已实现了网上银行业务的跨行身份认证，用户只需持有一张CFCA证书，即可在多个银行的网银系统中进行身份鉴别。不久的将来，在CFCA与联合共建银行的努力下，使用一张CFCA证书即可进行网上跨行查询、转账、支付等业务，这将极大地促进网上银行和电子商务支付业务的蓬勃发展。

中国金融认证中心的建立是中国电子商务走向成熟的重要里程碑，尤其是对中国网上银行、电子商务的深入发展起着巨大的推动作用。中国金融认证中心在立足于技术、市场、管理、服务创新的基础上，积极为用户营造与国际接轨的安全、高效的网络信任平台。

二、中国金融认证中心的目标

CFCA要建立SET CA及Non-SET CA两大体系，发放SET和Non-SET两大类各种电子证书，以金融行业的权威性、可信赖性及公正性支持中国电子商务的应用、网上银行业务的应用，以及其他安全管理业务的应用。

CFCA工程建设具有相当规模，年发证量可达近百万张。Non-SET证书包括普通个人证书、Web证书、SSL证书及高级证书（高级个人证书、高级企业证书）等。SET证书支持SET 1.0扩充版功能，即支持借记卡及PIN的处理。

CFCA二期工程将扩大其应用范围，可发放WAP、S/MIME、VPN等证书。

CFCA颁发的所有证书都遵循ITU-TX.509证书标准。

CFCA颁发的证书适应电子商务业务各种应用模式，无论是网上银行或是网上购物都支持B2C、B2B以及B2G（Government）模式。

三、中国金融认证中心的结构

CFCA建立了两大CA体系，即SET CA及Non-SET CA系统。其结构如下：

(1) SET CA系统。SET CA系统是为在网上购物时用银行卡进行结算的卡基业务建立的。系统为三层结构，第一层为根CA，第二层为品牌ICA，第三层根据证书使用者的不同分为持卡人CA（CCA）、商户CA（MCA）、网关CA（PCA）。根据以后的发展，可在第二层CA和第三层CA之间扩展出GCA（地区

ICA)。SET CA 系统如图 8-10 所示。

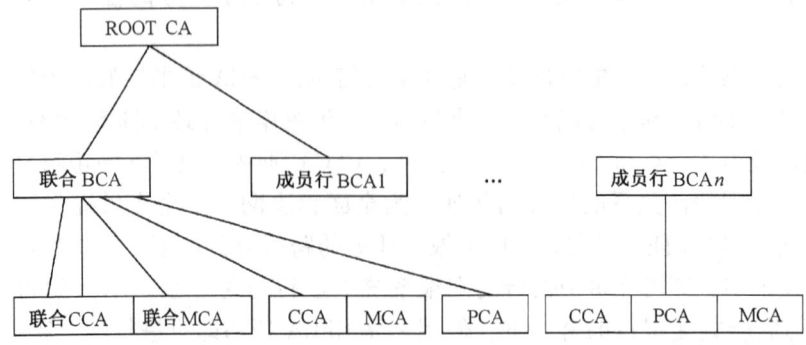

图 8-10　SET CA 系统

（2）Non-SET 系统。Non-SET 系统对于应用的范围没有严格定义，结合电子商务具体的、实际的应用，根据每个应用的风险程度不同可分为低风险值和高风险值这两类证书（即个人/普通证书及高级/企业证书），以支持 B2C、B2B 模式的应用。

Non-SET CA 系统分为三层结构，第一层为根 CA，第二层为政策 CA，第三层为运营 CA。Non-SET CA 系统架构如图 8-11 所示。

其中，第三层运营 CA 直接为各商业用户发证并与 RA 连接。

（3）RA 系统。RA（Registration Authority）是 CA 的延伸，是 CA 的组成部分。RA 分为本地 RA 和远程 RA。本地 RA 审批有关 CA 一级的证书，接受远程 RA 提交的已审批的资料。

远程 RA 根据商业银行的管理体系可分为三级结构，即总行—分行—受理点，如图 8-12 所示。

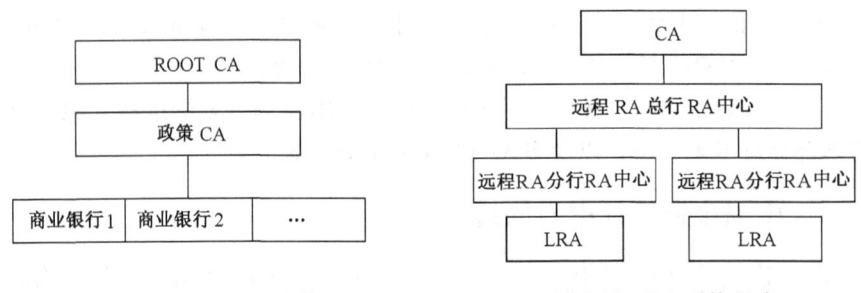

图 8-11　Non-SET CA 系统　　　　图 8-12　RA 系统组成

其中，受理点 LRA 接受用户的证书申请，并进行审批，具有录入、审核、管理及制证等功能。RA 集中各受理点的申请数据，上传给 CA 签发证书。

四、中国金融认证中心的功能与证书种类

（1）CFCA 采用目前国内外先进技术，按国际通用标准开发建设。它具有对 CA 系统的管理功能和对 CA 自身密钥的管理功能，还具有接受证书申请、证书审批、证书签发、证书下载、证书归档与注销、证书更新等证书管理功能。CFCA 签发的证书符合 ITU 的 X.509 国际标准，提供具有世界先进水平的认证中心的全部需求。

（2）CFCA 证书产品是定位于互联网之上的应用类安全产品。证书应用在与用户各自业务系统无缝结合的基础上，能为用户提供身份识别、数据加密、访问控制等全方位安全信任服务，确保互联网上真实可信的网络应用。证书按用途可分为企业高级证书、个人高级证书、企业普通证书、个人普通证书、服务器证书、手机证书、安全电子邮件证书、VPN 设备证书、代码签名证书。

五、中国金融认证中心的安全保障机制

CFCA 作为电子商务体系的基础环节之一，安全性是保证 CFCA 公正、可信赖、权威的基础。安全性的主要目标是维护系统信息的保密性、有效性和完整性。CFCA 从以下几方面制定了安全策略：物理与环境安全，网络安全，应用业务系统与数据安全，人员安全与日常操作安全，系统的连续性管理（即系统备份和恢复）。

证书处理系统应用与数据安全包括操作系统安全设置、CA 业务数据安全、系统审计等。它的目的是保证数据完整性、私密性和可恢复性（数据的备份与存档）。使用审计的手段，对敏感事件、错误事件进行日志登记，提供原始举证数据；要抵抗来自外部和内部的攻击，防范系统崩溃；要防止信息被窃取，严格保证 CA 私钥和用户账户信息的安全；要有足够能力防止黑客的攻击；CA 系统的敏感部位，如数据库、存储装置等都要设有严格的保护。金融 CA 的安全保障还包括设备安全和环境安全。

中国金融认证中心正在积极考虑建设灾难恢复中心，当系统出现整体崩溃时，可在短时间内保证 CA 服务的可用性，保证数据能够恢复。在 CA 建设初期，系统就已经具有双机备份、数据备份并分开存放的功能。将来条件成熟后，要建立金融 CA 备份中心，进行灾难备份，保证 CA 能提供 365 天每天 24 小时永不中断的服务。

RA 系统的安全目标是保证 RA 系统证书原始凭据和电子证体的安全，保证不会由于 RA 系统自身的原因对 CA 系统的安全造成影响。

第六节　中国国家征信体系

在中国，信用问题一直是发展电子商务和完善支付体系的主要障碍。建立健全社会信用体系，形成以道德为支撑、以产权为基础、以法律为保障的社会信用制度，对于建设诚信社会、推动经济发展、推进电子商务的发展和支付系统的完善发挥着至关重要的作用。

一、中国现阶段建立和完善社会征信体系的极端重要性

建立和完善社会征信体系的基本目的，在于建设诚信社会，确立诚信观念和诚信道德，推动经济发展。没有诚信的社会，不能成为现代社会；没有诚信的经济，同样不能成为健康发展的市场经济。因此，针对当前中国市场经济发展和社会诚信状况的实际需要，必须尽快建立完善的社会征信体系。而作为先导和探索，必须加快银行系统征信体系的建设，进而推动全社会的企业和个人征信体系的全面建设，推动诚信社会的全面建设。据世界银行金融部高级经济学家玛格丽特·米勒女士介绍，拉美发展中国家的银行在征信体系提供的个人信用报告的帮助下，违约率在大银行减少了41%，小银行减少了78%。社会征信体系的建立，对于建设诚信社会、维护金融秩序、避免金融风险具有极为重要的作用。

二、国外征信系统的建设状况

美国既是信用卡的发源地，也是个人信用体系最发达的国家。它在信用立法、中介机构建立、数据收集方面都积累了丰富的经验，值得我们在发展相关业务时借鉴。

1860年在美国纽约布鲁克林成立的第一家信用局，标志着美国个人信用市场的萌芽。经过100多年的发展，美国信用管理呈现出四个非常显著的特点：一是个人信用记录公开化；二是强化债权保护；三是监控银行风险；四是信用管理相关法律、法规完善。另外，美国已形成了以信用局为核心的完善的个人信用体系。美国个人信用体系的基本架构包括三部分：信用服务中介机构，信用立法体系和相应的信用执法机构。

（一）美国的个人信用服务中介机构

美国的个人信用服务中介机构即信用局，是美国个人信用市场征信产品的主要供应者，专门从事个人信用资料的收集、加工整理、量化分析、制作和售后服务，形成了个人信用产品的一条龙服务。

美国的信用局制度就个人信用信息的收集、个人信用产品的开发和管理形成了一套科学的体系。其操作主要包括以下三个环节：

(1) 个人信用资料的收集和登记。美国征信局征集的个人信用信息包括三个方面的内容——消费者身份信息、信贷信息、公开信息。美国在进行消费者个人信用调查时，一般将上述信息指标分为两大类，即广度指标和深度指标。

(2) 个人信用数据的加工处理和信用评估。个人信用评估有两种方法，即主观评级法和客观经济计量模型量化法，美国采用第二种方式，其中以 FICO 信用分最为有名。

(3) 个人信用产品的销售使用。个人信用产品的主要需求者包括消费信贷的授信方、商业银行、保险公司、雇主、司法部门及消费者个人。

（二）美国的信用法律体系

美国信用管理的相关法律框架是以《公平信用报告法》（FCRA）为核心的 17 项法律，其中，《信用控制法》在 20 世纪 80 年代被终止使用。在其余 16 项法律、法规中，有两项法律尤为重要，即《公平信用报告法》和《格雷姆—里奇—比利雷法》。因为这两项法律对个人信用信息的采集和共享，特别是对有关消费者个人信息的使用作出了明确规定，尤其值得我们学习借鉴。

（三）美国的信用执法机构

在美国，并没有设立一个专门部门来管理信用行业的事务，它的信用管理功能是随着市场发展和有关法律的建立而指派或自然分配给各有关部门的。根据美国制定信用管理相关法律的目的，其法律基本可分为银行相关和非银行相关两类。银行相关的法律主要是为了规范商业银行的信贷业务，而非银行相关的法律主要是为了规范信用管理行业。因此，美国的主要执法机构也分两类——银行系统的执法机构和非银行系统的执法机构。银行系统的执法机构包括财政部货币监理局、联邦储备系统和联邦储蓄保险公司；非银行系统的执法机构包括联邦贸易委员会、司法部、国家信用联盟管理办公室、储蓄监督办公室等。银行系统执法机构的主要任务在于商业银行的信贷业务；非银行系统执法机构的功能主要体现在对征信和追账业的规范上。美国信用管理的主要执法部门是联邦贸易委员会（FTC），FTC 是几个主要信用管理相关法案的提案单位和法律指定的执法机构，管辖的范围包括全国的零售企业、提供消费信贷的金融机构、不动产经纪商、汽车经销商、信用卡发行公司等。而规范商业银行信用管理相关法律的执法机构是联邦储备委员会。

经过 100 多年的不断发展，美国已形成一个以三大信用局为核心，由信用中介机构体系、信用立法体系和信用执法机构组成的发达的个人信用体系。在此推动下，美国的信用交易和信贷消费获得了快速发展，其交易总额每月在 2000 亿美元以上。在整个银行业的贷款中，个人贷款的比例超过企业，占贷款总规模的 60%～70%，从而刺激了消费，推动了经济的快速发展。

三、中国征信体系建设的基本状况

近年来，中国的征信体系建设有了初步发展。从1989年开始至今，中国的社会征信体系建设经历了三个发展阶段。

第一阶段是征信业的起步。由于对外贸易企业对于信用调查的需求，国内出现了部分信用调查机构和企业咨询策划机构，中国的征信业开始起步。第二阶段是民营征信业的初步发展和外资进入。从1995年开始，随着中国经济的快速发展和商品买方市场的初步形成，银行信用和商业信用规模都不断扩大，对企业信用调查的需求不断增加，国内出现了新的民营征信企业，外资征信和资信评级企业不断进入中国市场，推动了中国征信业务的发展。第三阶段是政府推动征信业发展。2000年至今，在加入WTO的经济发展背景下，市场更加开放，居民信贷消费增加，社会的信用规模进一步扩大。而失信行为的不断增加，也促使政府重视信用体系的建设和征信机构的建立。党的十六大报告第一次提出建立社会信用体系的战略任务，中央银行信贷登记咨询系统建立起来并发挥作用，个人征信试点也开始进行，并在上海取得了很好的经验。

中国已经建立了四类不同的征信机构：一是政府部门所属、专门提供企业资信调查活动的机构；二是中资民营的企业征信公司，主要从事企业信用调查和咨询、风险管理等业务；三是已经进入中国的外国征信机构，提供企业征信服务；四是正在试点的个人征信机构。例如，上海建立的个人征信机构，100多万上海市民在其中拥有了自己的信用记录。

2002年3月28日，上海和北京分别开通了各自的城市企业信用信息系统，甘肃和广东分别于2001年9月和2002年4月下发了社会信用建设的省级人民政府文件。2001年4月，国家十部委联合下发信用管理指导意见，2002年3月，国务院开始启动企业和个人征信立法与实施方案起草工作；2002年4月，财政部、国家经贸委和中国人民银行联手进行全国信用担保机构全面调查；2002年6月，中国人民银行企业信贷登记咨询系统实现全国跨省市联网。

围绕全国统一的企业和个人基础信用信息数据库建设，人民银行做了大量前期准备工作。银行信贷登记咨询系统已经实现全国联网。截至2009年年底，1576万户企业和6.6亿自然人的信息已收入系统，其中有信贷记录的分别为742万户企业和1.8亿人，日均查询量分别为16万次和83万次，接入征信系统的中外资金融机构达700多家。目前，多数商业银行已将查询该系统作为贷款决策的固定程序，信贷登记咨询系统为商业银行防范贷款风险发挥了重要作用。个人基础信用信息数据库建设正在加快进行。

应当看到的是，尽管中国征信体系的建设已经有了上述发展，市场化运作模式也初步形成，企业征信市场的集中度在逐步提高，个人征信试点初见成效，中央银行信贷咨询系统建立并取得成效,但是,就全国征信体系的状况而言,这仍然是初步的发展,距离建设诚信社会的整体需求还有相当大的距离。

四、中国个人信用征信系统的建设

(一) 个人信用征信的基本概念

个人信用征信包含两方面的含义:一是指由一定的信用征信机构对个人信用进行调查,为商业机构或投资者提供个人信用咨询服务;二是指用户征询对某人某事"信用"的意见。

目前,建立个人信用征信制度,是中国信用管理体系所面临的迫切需要解决的问题。难以想象在讲信誉、守信用尚未成为一国民众基本道德规范和行为准则的情况下,这个国家能够建立起完善的信用征信体系。然而,建立个人信用征信体系又不能单纯地建立在诚实守信的道德规范之上,更重要的是要建立一套信用征信体系以及培育有效的信用市场需求。

(二) 个人信用征信系统的建设

2005年,中国个人信用征信系统已经投入运行,这是中国计划建立的一系列重要的金融基础设施之一,对防范金融风险、促进社会信用文化建设正在发挥重要作用。

全国统一的个人信用信息基础数据库已于2004年12月中旬在北京等7个城市试运行,目前正逐步向全国推广。截至2005年上半年,个人征信系统已实现了在25家全国性商业银行的联网运行。2005年年底初步实现了全国联网的目标。目前,所有获得资格的商业银行和部分农村信用社都可以联网查询个人的信用信息。如果客户在一家银行有延期还贷等不良记录,全国所有联网银行都将在同一时间将其列入失信"黑名单"。

五、信用征信体系的基本模式

(一) 市场型模式

市场型模式是指信用体系中的信用征信系统和评级系统由独立于政府之外的征信机构开发,同时,这些征信机构的管理和运作完全按市场化的模式进行。美国的信用征信系统是典型的市场型模式。另外,英国、加拿大以及北欧的部分国家信用征信系统也是按市场型模式构建的。

市场型模式的主要特点表现在以下四个方面:

(1) 信用信息来源的广泛性。信用征信机构的信息除来自银行和相关的金融机构外,还来自信贷协会和其他各类协会、财务公司、租赁公司、信用卡发行公司和商业零售机构等。

(2) 信用信息内容的全面性。民营信用征信机构的信息较为全面,不仅征集负面信用信息，也征集正面信用信息。

（3）信用信息服务的规范性。在美国，信用数据的获取和使用要受国家《公平信用报告法》及其他相关法律的约束。只有在法律规定的原则和范围内，才能使用相关的消费者信用信息。

（4）信用信息提供的有偿性。民营信用中介服务完全市场化运作，信用调查机构提供的信用报告是商品，按照商品交易的原则出售给需求者。

（二）公益型模式

公益型模式是指依据国家和政府的力量组建公共信用征信机构，并由相应职能部门负责运行管理。建立公共信用征信系统的主要目的是为中央银行的监管职能服务，并提供发放信贷的信息，包括金融机构对借款人发放的贷款、贷款评级和贷款附属担保品的价值信息等，而不是为社会提供个人或企业的信用报告。法国是这一模式的典型代表。在世行专家调查的56个国家中，有30个国家是按公益型模式组建公共信用征信系统的，而更多国家的信用征信系统则是市场型和公益型并存。

公益型模式的主要特点表现在以下三个方面：

（1）信用数据获取的强制性。在信用数据的获得方面，公共信用征信系统通过法律或决议的形式，强制性要求所监管的所有金融机构必须参加公共信用登记系统。

（2）信用信息来源的特定性。公共信用机构的信用信息来源相对较窄。

（3）信用信息使用的限制性。在信用数据的使用方面，许多国家对公共信用登记系统的数据使用有较严格的限制。

公益型模式与市场型模式不能简单地互相取代，而是在各自范围内发挥作用，是相互补充的关系。

六、中国建立个人信用征信体系面临的主要问题

目前，中国社会信用观念、信用法律体系和信用制度的相对落后，使得个人信用征信体系的发展相对较慢，在一定程度上制约了市场经济的健康发展，制约了中国经济与世界经济接轨的步伐。中国个人信用征信体系的建立目前主要面临以下七个方面的问题。

（一）信用危机问题

在中国传统的信用文化中，信用只是作为一种美德和一种观念，仅仅用道德去约束。人们并没有将信用看做是一种商品，因而也就很难真正认识其使用价值和价值。一个人不讲信用，只会受到道德上的谴责，其经济利益并没有受到太大的损失。在这种情况下，失信的收益远远大于其成本，从而造成整个社会信用的缺失。特别是在中国由计划经济向市场经济转轨的过程中，社会信用意识并没有

随之建立，因而缺乏对失信的惩戒机制。

(二) **市场与政府结合问题**

建立个人信用征信系统的核心环节是采集分散的个人信用信息和提供高质量的信用服务。根据信用信息征集的方式不同，个人信用征信系统的建立有三种方式：一是完全由政府操作；二是完全由市场操作；三是政府推动与市场运作相结合。

总的说来，第三种方式是比较合理的。但就中国目前的情况来看，明显是在走第二种方式。在信用意识弱、信用数据分散的环境下，完全由市场来操纵个人信用征信体系的建立，不可避免地会遇到严重困难，甚至无法完成。这就产生了对政府支持的要求。只有在政府强有力的支持和推动下，中国才有可能逐步建立起一套完整的个人信用征信系统。

(三) **侵犯隐私权问题**

在中国，迄今为止尚没有一部全国性的有关信用征信的法律、法规。目前仅有的一部相关法规是深圳市人民政府颁布的《深圳市个人信用征信及信用评级管理办法》。由于其是政府管理办法，无论在具体内容上，还是法律地位上，都无法对现实业务形成强有力的指导作用。这种状况导致了尴尬：一方面，缺乏相关法律的支持，从而难以有效地开展征信工作以获得相关数据；另一个方面，对消费者数据的征集是在消费者不知情的情况下进行的。信用机构从商业机构（主要是银行）那里获得消费者的信息，作为信息所有者的消费者本人却不知晓，容易产生侵犯个人隐私权的问题。

(四) **信息征集问题**

随着社会生产力水平的不断提高，生产关系日益复杂，作为经济主体的个人参与经济生活和社会活动的程度越来越深，范围越来越广，从而使其信用信息广泛散落于各个部门和机构之中。一个完善的个人信用征信体系的建立，首先必须将散落在各个部门的信用信息收集起来，然后再对其进行加工处理，为社会提供信用查询服务。因此，如何使社会各部门之间协调配合，共同完成个人信用信息的征集工作，是建立个人信用信息系统的关键，也是难点之一，难度非常大。

(五) **经营成本问题**

个人信用数据的征集分为无偿征信和有偿征信两种方式。无偿征信是指信用征信机构获得个人信用数据是无偿的，不需要支付费用。有偿征信则是指信用机构需向银行、工商、税务等部门购买消费者的信用信息。实行有偿信用征信的费用非常高，尤其是在征信系统建立的前期，信用征信任务繁重，数据库的建设需要大量的资金投入，是一种典型的投资期长、前期投入高的行业。没有足够实力的民营征信机构很可能不堪重负，半途而废。此外，有偿信用征信还面临着这样一种困境：从所有权角度来看，个人信用数据属于消费者个人所有，如果实行有偿信用征信,应该是信用机构向消费者本人支付费用。但事实却是作为中介机构的商业银行等部门获得了这部分收入,作为信息所有者的个人却一无所获。

(六) 供需不足问题

目前,中国信用征信业正呈现出供需双重不足的局面,并导致恶性循环。一方面,由于缺乏现代信用意识,并没有将信用看做商品,因而信用服务行业的社会需求不足,社会对信用产品的需求十分有限,从而使得信用中介机构因缺乏市场需求而难以发展;另一方面,从信用服务的供给来看,国内有实力提供高质量信用产品的机构还很少。由于面临诸多问题,中国信用服务机构市场规模很小,经营分散,行业整体水平不高,市场基本上处于无序状态,没有建立起一套完整科学的信用调查和评价体系,从而难以向社会提供高质量的信用报告,而这势必进一步影响社会对信用产品的需求,导致恶性循环的出现。

(七) 尚未形成统一的行业技术、服务标准

目前中国从事征信服务的机构已经有数百家,但是从整体上看,无论是服务水平还是具体的业务操作规范都没有一个统一的标准,对有关数据的收集整理,基本上还处于粗放的阶段,极大地影响到征信工作的最终效果。

企业和个人的资信信息从采集、汇总、分析、评估到查询、披露,都应该有严格的标准和规范。资信系统信息标准和规范关系到整个系统的健康发展和生存问题。企业资信信息公开、透明度高,个人资信信息则带有隐私性,个人资信公开的程度是有限度的。同时,企业和个人的资信价值存在时效性。如果企业和个人的资信信息滞后、不及时更新,就没有价值,甚至使信息受益者受到误导,产生损失,产生副作用。

思 考 题

1. 目前中国网上支付的现状如何?
2. 中国目前的支付系统可以分为哪几个独立的分系统?每个系统各有什么特点?
3. 试分析 CNFN 的结构和特点。
4. CNAPS 的参与者都有哪些?
5. CNAPS 的支付体系结构是怎么样的?
6. 简要叙述 CNAPS 的主要业务流程。
7. 分别阐述中国金融认证中心的目标、结构、功能以及所发证书。

第九章
网 络 银 行

内容提要

1. 理解和掌握网络银行与电子商务的内涵
2. 了解国内外网络银行的产生、发展和运作模式
3. 区分几种不同的网络银行的运作模式
4. 掌握网络银行的各种系统建设状况
5. 了解网络银行的基本功能和优势

本章引导案例：中国工商银行个人网上银行

1. 中国工商银行个人网上银行的特点

（1）安全性高。中国工商银行个人网上银行采用国内自行开发的高强度加密算法、SSL安全加密技术、专门的网上密码以及多种业务控制手段，保证客户的个人资料、信用卡信息不被商户或外界获取。

（2）功能丰富。中国工商银行个人网上银行提供转账、外汇买卖、银证转账、B2C在线支付、账户管理等一系列功能，满足客户多方面的金融需求。

（3）手续简单。用户只需到中国工商银行营业网点一次，填一张表签个名，无需申领任何新的专用卡就可获得中国工商银行提供的功能强大的网上银行服务。

（4）设置灵活。中国工商银行个人网上银行以登录卡为主线，可为牡丹信用卡、灵通卡、外币活期一本通等不同类型的账户申请不同功能，并可在线对各种账户的各项功能进行修改。

2. 中国工商银行个人网上银行的主要功能

（1）网上汇市。网上汇市频道，是中国工商银行"金融@家"为个人外汇买卖客户推出的全新频道，在此频道中，客户可以在规定的交易时间内，通过即

时交易或者委托交易两个子频道,进行不同币种外汇之间的外汇买卖。同时,通过汇市信息这个收费频道,客户可以详细了解全球汇市、各国央行动态、各类经济指标信息等相关有偿信息。

(2) 网上保险。中国工商银行的客户可以通过中国工商银行的网上银行进行投保和查询保单信息。在网上银行出售的主要是保费价格低廉、核保简单的保险品种如太平人寿保险有限公司的太平航空意外伤害保险和太平交通保意外伤害保险。被保险人可以根据自身需要灵活选择保险金额,即时投保并可以随时上网查询保单信息。

(3) 网上商城。如果拥有任一张中国工商银行个人牡丹信用卡、贷记卡、商务卡、灵通卡或综合账户卡,并开通了网上支付功能,那么客户即可光顾与中国工商银行合作的任意一家"网上商城",在订购商品后,选择中国工商银行在线支付,链接到中国工商银行的支付页面后,输入支付卡号和密码之后确认即完成了网上购物。

(4) 网上捐款。为促进我国慈善事业的发展,满足社会各界人士奉献爱心的需要,中国工商银行与中国红十字会、北京青基会共同发起了"点一次鼠标献一份爱心"网上捐款活动。

(5) 网上证券。如图9-1所示,中国工商银行网上证券业务不仅具有券商交易系统的快捷性,还能将银行服务、证券服务整合成一体,实现客户多种账户理财的一体化管理。网上各种证券信息丰富、操作简单、页面直观,是客户进行证券交易的好地方。客户无需再去营业网点进行交易,足不出户通过"金融@家"可查询到更多急需的信息,随时随地在线自助办理交易,使得客户进行交易更加准确、及时,此外,节约了时间,提高了效率。客户利用银行账户直接进行证券买卖更安全、存取更方便,还可以和其他理财工具灵活配套使用,获取更大的收益。

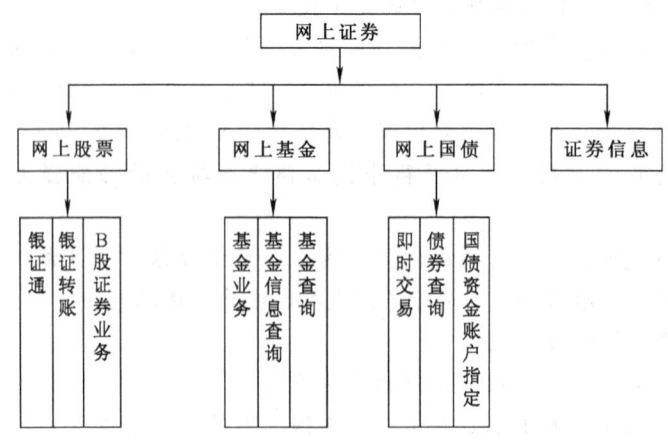

图 9-1 中国工商银行网上证券业务

3. 中国工商银行网上银行效益分析

中国工商银行网上银行起步虽晚，却发展迅速，并已经取得了明显的效益。其 2000 年网上银行交易金额 156 亿元；2001 年达到 6400 亿元；2002 年达到 5.3 万亿元；2008 年，中国工商银行网上银行年交易额更是达到 120.3 万亿元，约占国内市场份额的 83%。截至 2008 年年底，中国工商银行个人网上银行客户已经达到 5600 万户，企业网上银行客户达到 144 万户，客户规模也稳居国内各家网上银行之首。中国工商银行作为国内最大、实力最雄厚的国有商业银行，具有发展电子银行的先天性优势。

中国工商银行不仅是中国实力雄厚的大银行之一，而且已跻身于世界大银行的前列。2000 年美国《财富》杂志以营业收入排序，中国工商银行列世界大企业 500 强第 208 位。2001 年《银行家》杂志按一级资本为序对全球大银行的排名中，中国工商银行名列第 7 位，并被分别评为 2000 年度"中国最佳银行"和"中国内地最佳银行"。中国工商银行在 2002 年度《银行家》杂志的评选中获得唯一的商业银行网站大奖；被国际金融界权威杂志《环球金融》评选为国内唯一一家"中国最佳企业网上银行"；2008 年一举夺得《环球金融》杂志"亚洲最佳个人网上银行""亚洲最佳投资管理企业网上银行"等 5 项大奖。

思考题：

1. 网络银行通过互联网可以完成哪些银行业务？哪些业务属于创新产品？
2. 中国工商银行的网络银行具有什么样的特点和优势？

第一节 网络银行概述

一、网络银行的概念

网络银行就是基于互联网和其他电子通信网络手段，提供各种金融服务的银行机构，其网站与各类客户使用的电子交易终端共同构成金融交易网络，是商业性金融机构的现代化发展。

狭义的网络银行即网上银行，它属于传统银行业务的一种制度创新，就是利用计算机和互联网技术突破传统银行业务模式，将原有业务推行到互联网上，为客户提供原来需要柜台操作的各种业务，实质上并没有脱离原有的银行形态。

广义的网络银行也称虚拟银行，是银行业的一次革命，是使用电子工具通过互联网向客户提供银行的产品和服务。一般所指的网络银行即广义的网络银行。

网络银行的业务系统包括企业银行、个人银行和网上支付三个系统。

(一) 网络银行与电子商务

目前,在互联网上有许多银行都拥有自己的网站和网页,但其中这种仅拥有互联网网址和网页的银行不能称为真正的网络银行。美国《在线银行报告》(Online Banking Report)中所列的"真正的网络银行"必须能够提供客户查询账户余额、划拨款项和支付账单等功能。美国著名的网络银行评价网站 Gomez 则要求至少提供以下五种业务中的一种才可以称为网络银行:网上支票账户,网上支票异地结算,网上货币数据传输,网上互动服务和网上个人信贷。

(二) 网络经济下的网络银行

网络经济受信息网络种种特点的影响,形成了诸多特色:全天候运作的经济;全球化的经济;中间层次作用减弱的"直接经济";虚拟经济;速度型经济;创新型经济;个性化的经济;竞争与合作并存的经济。网络经济的上述特征也是网络银行所具有的特点。

在日常生活中,人们现在已经越来越离不开银行了。人们有时会到银行去取款、储蓄、领取养老金,有时需要去支付账单、平衡信用卡账户,有时还要去银行办理贷款业务。这些都需要耗费一些时间和资金成本,有人可能还会抱怨银行分支机构的服务人员的服务态度不够理想,服务水平不到位。人们都希望银行能提供更低成本,更方便、快捷的服务。

网络银行为客户提供了在线的、实时的、及时的服务。在网络环境支持下,客户处理金融业务不再受到地点和时间因素的影响。对网络银行影响最大的因素不是时空的制约,而是自身的服务质量与成本的控制。网络银行的主要销售渠道是计算机网络以及基于计算机网络的代理商制度和个人计算机等个人电子终端。网络银行的服务差异主要体现在营销观念和营销方法以及各种理财技能上,整体实力主要体现在前台业务受理和后台数据处理的集成化能力上。网络银行的业务范围正在高速扩张,与其他行业互相交叉。网络银行通过信息服务来拓展盈利机会,通过对技术的重复使用或对技术的不断创新带来高效益。其经营理念在于为客户提供自己的信息服务优势,体现以人为本的金融服务宗旨。网络银行可以同时向客户提供交易支付、信贷、投资、保险、财务计划五类金融服务产品,强化了竞争中的差异优势。网络银行给商业银行带来新的重要资源——经过网络技术整合的金融信息资产。管理信息系统、决策支持系统、客户信息资源、数据库、电子设备使用能力、信息资源管理能力等成为一种有独立意义的银行资产。

网络经济的发展呈现出三大规律。首先是信息技术功能价格比的摩尔定律,即计算机芯片的功能每 18 个月翻一番,而价格减半。其次是信息网络扩张效应的梅特卡夫法则,即网络的价值等于网络节点数的平方。最后是信息活动中优劣强烈反差的马太效应,即在一定条件下,由于品牌效应,出现强者统赢、弱者更弱的竞争现象。网络银行的发展也出现过这三种现象。网络银行提供的服务项目越多，成本就越低，就拥有更多的优势，就可能赢得更多的客户。网络银行的品牌形象尤为重要。网上的金融产品逐渐趋同，对服务质量的要求越高，就越需要通过高附加值的产品和服务来实现不同品牌的差异，使银行获得利润。

商业银行的业务经营从本质上可以分为资金媒介和支付服务两大类。网络银行使得银行可以将自己的经营活动向着一切涉及信用和支付的领域延伸，并发展相关业务，使银行真正成为了金融百货公司。因此，网络银行的发展给银行带来了巨大的机遇和挑战。

二、网络银行的产生和发展

（一）网络银行的兴起

传统银行发展的瓶颈，落后的支付方法，现代信息技术、网络技术的产生和发展，以及消费者行为的变化，是网络银行产生的主要原因。

（1）传统银行发展的瓶颈。由于经济贸易的急速发展，银行与公司客户、私人客户、其他银行和金融机构之间出现了大量的、经常的资金往来，这些量大面广、重复烦琐的交易由于使用人工方法操作，采用落后的支付方法，不但增加了银行经营的成本，而且降低了银行经营的效率，还容易出错。

（2）现代技术的推动。20世纪末，信息时代的到来，计算机技术、网络技术的加速发展，互联网的普及，卫星、有线电视的连接，家用计算机的广泛使用，给现代人的生活方式和经济生活带来了新的生机和活力，给各种经济活动提供了更加广泛的活动空间和便利手段，给传统银行的经营模式、服务方式带来了极大的冲击。充分利用现代科技的成果，最大限度地满足客户的要求，为客户提供方便、快捷、安全的金融服务并占领市场是银行必然的选择。

（3）消费者行为的变化。消费者利用互联网消费的产品，主要有金融服务、软件、娱乐、CD、书报杂志、音乐、贺卡、教育等。其中，消费者使用金融服务首当其冲，网上支付的用户数上升最快。

（二）第一家网络银行的产生

1995年10月18日，美国成立了全球第一家网络银行——安全第一网络银行（Security First Network Bank，SFNB）。SFNB没有营业柜台和金库，完全依赖互联网进行运作。SFNB为客户提供了多种方便、优惠、安全的服务，主要有货币电子兑付、在线交易登记、联机声明以及支票转账等。它为客户提供"AAA"服务，即在任何时候（Anytime）、任何地方（Anywhere）、以任何方式（Anyway）为客户提供金融服务。

网络银行打破了100多年来银行业传统的经营模式，让消费者第一次发现银行服务的费用原来可以如此低廉，服务的效率可以如此之高，服务方式可以如此便利。

(三) 网络银行发展分析

互联网在短短几年里已经广泛深入到社会经济生活的各个领域，网络银行的兴起预示着银行业发生革命性的变革。银行业的竞争重点不再是价格竞争，网络时代银行的竞争优势在于拥有了信息量，以及如何利用这些信息更好地为客户服务，即银行信息的高效率使银行业务包含更多的针对性、个性化。网络银行推出的服务在市场上的成功发展，将取决于多种因素，主要包括以下几个方面：

(1) 商业银行将进一步提高信息交换的速度和经营效率，节省组建、运营的成本，并提供更具有价格竞争力的金融产品。

(2) 商业银行将更能照顾客户个性化的需求，提高银行针对不同类型服务对象的差别化优势。

(3) 商业银行将进一步增加在产品、服务及应用方面创新的机会，拓展经营空间和利润来源，增强盈利能力。

(4) 商业银行的组织机构将更加精简和专业化，减弱对地域、位置、资产规模、分支机构的依赖，网络银行将为小银行提供进一步发展的机遇，促进银行业竞争，弱化银行业的垄断力量。

(四) 发达国家网络银行发展概况及分析

在发达国家，网络银行发展相当迅速。美国是网络银行的开山鼻祖，1995年10月，美国建立了第一家网络银行SFNB。据《在线银行报告》统计，在1997年5月27日，美国网络银行数目仅仅为26家，到了1999年12月5日，则有512家网络银行提供在线交易。截至2000年3月14日，全世界共有2767家银行建立了因特网站点，其中美国占了1930家。《在线银行报告》的数据资料也表明，美国使用网络银行的家庭数量在以每年四五百万的速度增长。继美国第一家网络银行SFNB之后，在欧洲，法国、德国、芬兰、英国等发达国家的银行纷纷推出网络银行服务，以抢占商机。在亚洲，日本、中国香港、新加坡、中国台湾的网络银行纷纷建立，成为热潮。

发达国家网络银行的发展呈现出以下特点：

(1) 网络银行发展快、技术成熟。发达国家的网络银行从20世纪80年代后期到20世纪90年代已经完成了以计算机及网络系统为支撑的金融电子化建设，实现了业务处理的自动化和新型电子银行形态的创新和完善，如ATM、家庭银行、电话银行、自助银行等，为网络银行的建设奠定了基础。

(2) 网络银行功能完善、创新频繁。由于混业经营，国外网络银行所提供的服务内容相当丰富，从基本的存贷款到信用卡结算，从保险经纪到证券投资，几乎无所不包。其创新的服务也不断推出，如Intuit控制的Quicken.com，能提供投资、抵押、保险、税收、银行业务、退休金计划以及所有与这些项目有关的服务。客户只要找到这个财经门户网站，就能方便地使用它所提供的各项功能。

（3）网络银行之间竞争激烈，差异明显，消费者可自由选择适合自己的服务。

（4）网络银行发展模式多样。不仅有传统大型商业银行（如 Well Fargo）、信用卡公司（如 Amrican Express），还有大型金融集团（如 Citigroup）参与其中。更重要的是，出现了纯网络银行这一新兴的银行的发展模式（如 Compubank）。

发达国家网络银行的主要成功经验在于它们有效的营销策略和完善周到的服务产品，包括：大量的广告支出；实现互惠互利，结成联盟，并给予合作伙伴丰厚的条件；提供各种免费服务吸引客户并留住客户；提供现金馈赠实物奖励以及折扣优惠等，采用先进技术提供更多服务功能。

（五）我国网络银行发展概况及分析

发达国家成功的范例给我国商业银行的发展以启发。面对世界银行界火热的网络银行运动，国内商业银行纷纷融入了这股由互联网引发的全球潮流。1996年2月，中国银行在互联网上建立了主页，首先在互联网上发布信息。目前，中国工商银行、中国农业银行、中国建设银行、中信银行、民生银行、招商银行等都在互联网上设立了网站。

1. 中国银行

1998年3月6日，中国银行网上银行服务系统成功办理了我国大陆第一笔互联网上的电子交易，从而拉开了中国大陆网上银行业的序幕。1998年4月，中国银行与首都信息发展有限公司签署了战略合作协议书，中国银行为北京公用信息平台发展电子商务提供网上交易支付的认证和授权。

更具特色的是，中国银行按照 SET 标准建立了一整套购物及支付系统，为用户提供了一个快捷、方便、安全的网上购物环境，使得中国银行的持卡人可以毫无后顾之忧地享受网上购物的乐趣。中国银行电子钱包（E-wallet）就是一个在 SET 交易中运行在持卡人端的软件。持卡人用它来进行安全电子交易和储存交易记录，就像生活中随身携带的钱包一样。持卡人的借记卡信息和与卡对应的证书都存放在电子钱包里。一个电子钱包里可以存放不同品牌的多张卡，进行电子交易时可以打开这个钱包，选择某张卡来付款。目前，中国银行网上银行的功能包括：网上账务查询，内部转账，资金划拨，国际收支申报以及网上支付，信用卡结算及网上订票等。2000年2月，中国银行与中国移动通信集团公司联合推出手机银行服务。

2. 招商银行

目前国内最为成功的个人理财网上银行服务，应属招商银行的"一网通"。早在1997年，招商银行就推出了自己的网络银行——"一网通"。1999年9月，招商银行全面启动了网络银行业务，推出全国联网的网上支付业务。同年11月，招商银行成为第一家经正式批准开展网上业务的银行。招商银行在网上开发了一些网络服务系统——网上企业银行、网上个人银行、网上支付系统、通用的网上购物广场、实时证券行业系统等。其中，网上企业银行能够提供同城转账，异地电汇、信汇以及公司内部账务稽核等业务；个人银行系统为用户提供了网上查询账务、简单财务分析、转账等服务；通用网上购物广场为没有能力开发网上购物系统的中小型商家提供了网上交易的机会，用户以低廉的价格就可以得到一个适合自己的交易系统。交易过程中的货币支付通过招商银行"一网通"网上支付系统来实现。此支付系统采取了一系列保密措施：用户支付资料信息直接送至银行主机，不经过商户，从而确保持卡人账户信息的安全保密；采用 SSL 技术对交易数据加密传输；将用户的网上支付号与主账户分离；多重密码保护；商户结账需输入商户代码和密码，结账资金转入商户指定结算账户。2001 年 9 月招商银行在全国全面启动网上银行服务。招商银行所有营业网点均已开通网上"企业银行"，朗讯科技、爱立信等世界著名大企业及联想集团、中国联通等国内知名企业已成为招商银行网上"企业银行"用户，利用"企业银行"进行账户资金管理。

我国的网络银行虽然起步较晚，但发展很快，并从一开始就呈现出一些特点：

第一，网络银行的业务基本依赖于原有传统银行，尚无纯网络银行。

第二，许多银行在发展网络银行业务的初期，利用的是非银行专有的域名或网站，至今仍有一些银行将其产品和服务的广告宣传放在其他网站。

第三，业务方式演变迅速。我国商业银行网站几乎一开始就进入了动态、交互式信息检索阶段，而且主要的商业银行在这一阶段停留的时间也很短，很快就进入了在线业务信息查询阶段，并与电子商务发展紧密结合，迅速完成了从一般网站向网络银行的转变。

从业务方面来看，我国的网络银行的服务内容主要有：

（1）信息服务。该项服务提供的信息主要包括新闻资讯、银行内部信息及业务介绍、银行分支机构导航、外汇牌价、存贷款利率等。一些银行（如工商银行）目前还提供一些特别的信息服务，如股票指数、基金净值等。

（2）个人银行服务。该服务主要包括账户查询、账户管理、存折和银行卡挂失、代理缴费、第三方转账、跨行转账等，中国工商银行和中国银行还提供外汇买卖服务，中国银行还提供个人电子汇款服务，中国建设银行还提供小额抵押贷款和国债买卖服务。

（3）企业银行服务。该服务主要包括账户查询、企业内部资金转账、对账、代理缴费等功能。除此之外，中国工商银行还提供同城结算和异地汇款服务，中国银行提供国际结算服务。

（4）银证转账。银行存款与证券公司保证金之间的实时资金转移，部分银行（如中国银行）已经开始提供相关信息的查询。值得关注的是，有一些网络银行，也都先后推出网上证券交易委托平台，以便其客户可以在其网站上从事股票买卖、查询和投资管理等。

（5）网上支付。这包括 B2C 和 B2B 的支付。这种服务一般与网上商城相结合。一些银行设定了一些网上商城的链接，但还没有一家银行直接从事网上一般商业活动。支付方式有三种——银行卡直接支付、专用支付卡支付（招商银行）和电子钱包（中国银行）。

我国网络银行建设尚处于起步阶段，面对广阔的市场孕育着巨大的发展潜力和发展空间。

（六）网络银行今后的发展预测及发展战略

从网络银行的发展趋势来看，今后，网络银行必将朝着多渠道和多功能融合的方向发展，不断融入现代高新技术，借助互联网，逐步实现以客户为中心，以现代经济为导向，为客户提供安全保障可靠、信息渠道通畅、服务功能完善的优良的新型金融产品。具体表现在以下几个方面：

（1）网络银行的进一步发展将彻底打破传统银行单打独干的模式，银行必然与计算机网络通信服务商、信息、科技服务商等其他非银行机构合作经营，共同发展。

（2）网络银行将进一步与电子钱包、POS（Point of Sale）和智能 IC 卡相配合，提供多样化的支付手段；与移动通信 GSM 技术相结合，实现移动电子交易；与客户服务中心（Call Center）相结合，实现无缝客户联系环境；与客户关系管理系统（CRM）相结合，实现个性化金融服务，金融产品和金融服务将日益呈现多样化。

（3）银行运用网络银行技术将金融交易中的信息更紧密地与业务过程结合起来，由提供单项服务转向提供战略咨询服务和电子商务方案等组合服务。

（4）电子货币是电子商务的核心，它在国际金融活动中将发挥重要作用，其安全性、可靠性和便利性是基础。电子货币的发展趋势将是一卡多用，可反复加钱，随时随地使用。

（5）随着互联网的普及，使用互联网访问银行客户服务中心的需求将越来越大，网络银行将与银行客户服务中心进一步紧密结合，为客户提供更多的交互方式。通过这种结合，银行还可以获取更多的客户资料，以产生更大的客户附加值。

（6）网络银行的安全措施将不仅仅停留在 CA 上，而是向着 PKI 功能迈进，从而提供更全面的安全能力。金融同业间在安全建设上将更多地体现出共同规划、共同建设、共同获益的合作精神。此外，数字签名的法律地位问题得到解决,资信评估机制将更加完善。

(7) 金融门户网站间以及金融门户网站与商务门户网站之间将扩大和深化联合,合作建立全方位的网上金融服务中心,融合各门户网站的优势,合作拓展电子商务市场。

网络银行是网络与银行的结合体,在网络银行服务模式的冲击下,传统银行业必须加快进行营销渠道、管理体系、经营理念、业务创新等方面的深入变革。

三、网络银行建设的主要领域

在前面,我们讨论过网络银行是适应电子商务的需要发展起来的。处于全球信息化进程中的银行,是以两种身份参与电子商务的。首先,银行要为所有参与电子商务的各方提供网上支付服务,因此银行是电子商务的有力推进者;其次,银行也是企业,也要通过互联网为其客户提供网上银行服务,从这层意义上说,银行是电子商务的积极的参与者。银行要有效地参与上述两方面的电子商务活动,必须进行网络银行建设。

网络银行是一种虚拟银行,是电子银行的最高形式,它无需设立分支机构,就能够通过互联网将银行服务铺向全国乃至世界各地,使客户在任何时间、任何地点能以多种方式方便地获得个性化、全方位的服务。

具体来说,网络银行的建设包括如图9-2所示的三个方面六个领域。

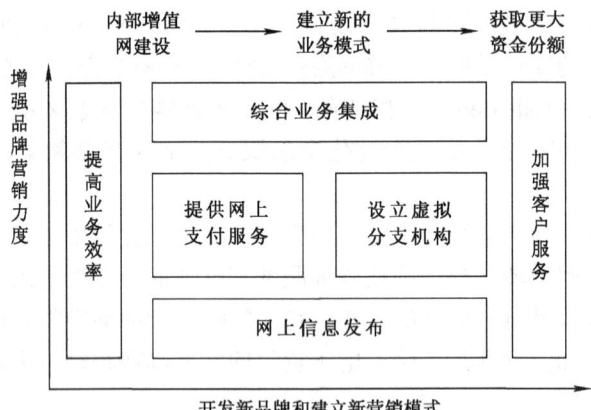

图9-2 网络银行建设的六大领域

(一) 完善内部增值网络建设是网络银行建设的基础

银行的电子化和信息化是银行参与电子商务、提供网络银行服务的基础和先决条件。银行只有实现电子化和信息化后,才有足够的资源和能力参加电子商务活动。通过完善电子化建设,银行能提高电子化水平和信息化水平,提高综合金融业务处理水平,并建立高效率、低成本、科学的运行管理机制。为此,银行通过完善内部增值网的建设和参与各种跨行的电子银行系统建设，将 IT 技术渗透到银行的所有业务、管理和决策全过程中去，以提高金融机构的综合业务处理水平、信息化水平、管理水平和防范金融风险的能力，并有效地降低银行的运行成本。

（二）采用 Web 技术建立新的业务模式

新业务模式是通过互联网实现的，主要包括如下四个领域：

（1）网上信息发布和信息传递。银行应通过互联网向全球发布自己的品牌信息和广告，营销银行产品，这对金融企业来说是一种全新的营销手段和营销渠道。此外，银行还可以通过互联网广泛收集客户的需求信息，以便不断研制开发新的适销对路的金融产品。

（2）提供网上支付服务。银行可为全球电子商务，提供高质量的网上电子支付服务，以促进电子商务的发展，同时，也可为银行开辟新的收入源。

（3）建立虚拟分支机构。建立网络银行这种全新的虚拟金融分支机构后，银行就可通过互联网提供网络银行服务（包括支付服务和信息增值服务、网上经纪人服务和虚拟经销商服务）。由于建立和运行虚拟金融分支机构所需的费用，比传统的金融实体要低得多，而每个虚拟金融分支机构又都可面对全球客户，因此，建立虚拟金融分支机构并大量减少现有的分行数，是银行未来若干年的发展趋势。

（4）同业务伙伴联盟，建立虚拟的金融超级市场并实现综合业务集成。银行应在提供网上支付和网络银行服务的基础上，将网上的金融支付产品与金融信息增值服务产品、前台处理和后台处理等业务综合集成，再与其他金融机构联盟建立虚拟社区。这也就是说建立虚拟的金融超级市场，为客户提供全天候、全方位的金融一条龙服务，以进一步提高金融企业的运营效率、管理水平和降低运行成本。要实现较理想的综合业务集成，必须改变原有的金融业务流程，于是有必要进行机构重组，甚至企业重组，以提高金融企业的竞争力。银行除了要与其他金融机构建立策略联盟外，还应同公司企业、工商、税务、运输、商检、海关、信息服务等其他相关部门和行业建立广泛的虚拟社区，以便能为客户提供内容广泛的、高水准的金融服务。

（三）加强客户服务以获取更大的资金份额

通过互联网，银行同企业和消费者可实现实时沟通，这样，银行就有可能真正建立以客户为中心的服务体制。就是说，银行可针对个人或特定群体，开发花样繁多、适销对路的个性化银行产品；同时，还可以通过对大量交易数据进行整理和挖掘，产生各类完整的可增值的信息，为客户提供网上信息增值服务。通过强化客户服务，可为银行不断开辟大量能获取丰厚收入的新收入源。

总之，网络银行建设首先必须注重金融企业内部增值网和各种跨行的电子银行系统的建设,才能有足够的资源为客户提供网络银行服务。其次,要研究建立各种网络银行服务的全新的业务模式。最后,需要建立真正的以客户为中心的银行服务体制,为客户提供丰富的适销对路的个性化金融支付产品和金融信息增值服务产品,以提高银行的市场占有率,降低运行成本和获取更大的资金份额。银行应根据国情和环境的制约条件,根据自己的具体人力、物力和资金情况,积极创造条件,制定适宜的目标和规划,进行适当规模的网络银行建设,不失时机地制订属于自己的以电子商务为基础的新的发展战略。

第二节 网络银行的发展模式

目前,网络银行有两种发展模式:一种是建立完全依赖于互联网的全新的网上虚拟银行,就是纯网络银行,即没有分支银行和自动柜员机,所有的银行业务服务全部通过互联网进行;另一种是网络分支机构,即传统银行在互联网上建立网站,有自己的网上分支机构,因此可以利用银行柜台、ATM、电话、网络等多种渠道提供金融服务的银行。

一、纯网络银行

美国的三家银行于1995年联合在互联网上成立了全球第一家虚拟的网上银行——安全第一网络银行(Security First Network Bank,SFNB),网上虚拟银行通过互联网提供全球范围的金融服务。SFNB于5月在华尔街上市后,立即受到关注,每股股票价格收市时就翻了一番,达41美元。该虚拟银行采用一种全新的服务手段,用户只要键入其网址,屏幕上就显示出类似普通银行营业大厅的画面,其上有"开户""个人财务""咨询台""行长"等柜台,还有一名保安。用鼠标点击要去的柜台,客户就可以遵照屏幕上的提示,进入自己所需服务的区域。这样,客户足不出户就可进行存款、转账、付账等业务活动。该银行从1995年10月开始试营业,每天都接到大量新储户的开户申请。开户时,客户只需要在该行网页屏幕上填写一张电子开户表,同时,用打印机打印出开户申请表,签上名字,连同支票一并寄给该银行。几天后,客户就可以收到该网络银行寄来的银行卡。客户用这张银行卡就可进行网上金融交易。

安全第一网络银行就是前面提到的网络银行发展的第一种模式——纯网络银行,即建立一个独立的机构经营网上业务。这个机构可以有独立的品牌、独立的经营目标,甚至可以与传统银行展开竞争。相同的例子还有花旗银行(City Bank)建立的E-City、第一银行(Bank One)推出的Wingspanbank.com、First Internet Bank of Indiana(FIBI)、Net. B@ nk等。

纯网络银行的发展方向:一是全方位发展,利用先进的科学技术全面开展银行业务，为客户提供他们所需要的一切金融服务，以取代传统银行；二是朝特色化方向发展，利用科技的优势为客户提供高品质的有特色的银行业务。

全方位发展的纯网络银行的代表是 First Internet Bank of Indiana（FIBI）。1999 年 9 月，FIBI 推出针对中小企业的贷款服务，改变了纯网络银行没有企业在线贷款的历史。FIBI 主席 David Becker 坚信，随着科技的发展和网络的进一步完善，纯网络银行完全能够开发新的电子金融服务，满足客户的多样化需要。

作为纯网络银行的领头羊，Net. B@nk 是特色化服务的典型代表。它认为，纯网络银行具有局限性，与传统银行相比，纯网络银行提供的服务要少得多。例如，因为缺乏分支机构，它们无法为小企业提供现金管理服务，也不能为客户提供安全保管箱。因此，纯网络银行若想在竞争中获取生存必须提供特色化服务。在他们看来，每一个纯网络银行的客户都是从其他银行吸引过来的。所以，吸引客户在纯网络银行的战略中应是第一位的，而利息则是吸引客户的最佳手段。于是，该行从一开始就推出了以较高的利息吸引更多的客户的经营观念。在这种观念的指导下，该行从 1996 年诞生以来，已拥有超过 133000 个客户账户。正如 Net. B@nk 的首席执行官 G. R. Grimes 认为的那样："我们现在做的事情是过去 20 年里银行业想也不敢想的。当美国大多数银行以个位数速度吸引存款时，我们却在成百倍地增长。"

由于不受传统银行体制框架、技术框架的限制，纯网络银行的崛起令众多传统银行巨头措手不及。纯网络银行低成本、高利率、广泛的市场信息和个性化的客户产品对传统银行业的发展已经构成了极大的威胁。但是，纯网络银行是否最终会取代传统的商业银行？前景并不容乐观。

尽管这些纯网络银行的交易成本较低，但其营销、技术和筹资成本相当高。以 Net. B@nk 为例，它的所有业务都通过计算机和电话实现，并亲自提供绝大部分后台支持功能。Net. B@nk 的营业费用相当于 1.66% 的平均收益资产，它的营业费用同营业收入之比达到了 66.2%，这在同业中绝对属于高比例。

同时，这些纯网络银行尽管在吸引存款方面有一定的优势，但是在开发贷款和一系列其他营利性资产业务方面与传统银行相比就要逊色不少。在纯网络银行创业初期，他们发现在网上吸引存款比出售贷款容易得多，可以通过提供高存款利率带来巨大的现金流，但是却无法有效地在网上重新配置这些资源，将其转化为高收益资产。这也直接导致其只有非常薄的利差，最终部分抵消了低成本优势。

再次，由于纯网络银行不能提供方便办理存取款和现金的业务网点，到目前为止还不能十分确定地宣称已经找到了稳定的主流客户群。尽管他们拥有共享的 ATM 网络系统和可以在网上充值的灵通卡，但在目前纸币当道的时代，缺乏物理网点仍是纯网络银行难以真正深入平民大众的主要障碍之一。

二、网络分支机构

除了开办全新的纯网络银行以外,包括我国银行在内的世界上的许多银行,允许其客户通过互联网访问其网址,查看客户自己的账户信息,向客户提供存款、转账和网上支付等业务服务。网络分支机构并不独立,它是传统银行业务在网上的延伸。通过该机构可以极大地拓展客户群、拓展业务种类、拓展处理各种业务的渠道,进而降低成本、提高收益。一些国外的银行,如加拿大皇家银行(Royal Bank of Canada)、美国的国民银行(National Bank)、富国银行(Wells Fargo),还有一些国内的银行,如我国的招商银行、中国建设银行、中国银行等,都采用这种模式。

下面,我们分别以 Royal Bank of Canada 和中国银行为例,详尽说明网络分支机构的特点。

(一) Royal Bank of Canada

Royal Bank of Canada(RBC)是加拿大规模最大、营利能力最好的银行之一。在超过一个世纪的时间里,RBC 在美国只从事金融批发业务。1998 年,RBC 以 2000 万美元收购了 SFNB 除技术部门以外的所有部分,此时该网络银行的客户账户有 1 万余个,存款余额超过 4 亿多美元。

在 RBC 收购 SFNB 的时候,后者的发展已经出现了停滞的迹象。那么,为什么还要收购呢?RBC 的战略目的在于,扩大其在美国金融市场的业务和份额。RBC 将 SFNB 作为其进入美国金融零售业务市场的门户,吸收存款投资于加拿大的中小企业,获取收益。更重要的一点是,RBC 利用这次收购,将业务拓展至一个新兴的、发展迅速的领域。这次收购使 RBC 立即站在了网络银行发展的最前沿。正如 Royal Bank 的副主席 Marty Lippert 所说,"我们的战略目标有两个,一是紧盯传统业务及其在互联网上的延伸,其次是开拓新的业务推动面向美国客户的网上业务。"况且,在美国设立一家传统型分行需要 200 万美元,而维持 SFNB 这样一个 10 人机构的费用要远远低于任何一家传统分行。所以,这次收购完全是低成本、高效益兼并的典范。

在收购之后,为了吸引更多的客户,RBC 利用自身雄厚的资金实力,在市场营销方面采取了三种策略。首先,提高了支票账户的存款利息。他们许诺最先申请网络银行账户的 10000 名客户可以在年底之前享受 6% 的优惠利率。在信息公布后的前六个星期,账户的申请者已经达到了 6500 人。第二,购买了超级服务器(Fat Server),使客户可以在瞬时传输电子数据和检查账户的目前状况以及历史情况。最重要的一点,RBC 经过一系列调查发现,SFNB 这个品牌在美国市场还不足以吸引新客户。因此,RBC 决定改变 SFNB 的名称。尽管这一举动招致诸多非议,但是在互联网时代,任何一家再小的机构都是全国性的,在此环境下，一个强有力的品牌更显得"鹤立鸡群"。

RBC 之所以收购 SFNB，最重要的原因是他们已经清楚地认识到网络银行的重要性和前沿性，通过收购，将传统银行业务迅速拓展至新兴的飞速发展的网络银行领域。只有将传统银行与网络银行有机地结合起来，才是当今银行业发展的最佳途径。

（二）中国银行

目前，中国银行在网上银行系统中实现的主要功能有企业在线理财、银证快车、支付网上行和提供金融信息等，如图9-3所示。

图9-3 中国银行主页

1. 企业在线理财

企业在线理财主要为公司用户在互联网上提供集团财务查询、账户管理、集团内部资金划拨、国家收支申报（即企业客户向国家外汇管理局进行对公汇入汇款的申报）等企业业务，推动企业实现从传统财务管理向网络化管理及电子商务时代的转变。其产品包括企业集团查询、对公账户实时查询、汇划即时通、国际结算业务查询、国际收支申报等。

（1）企业集团查询。该产品为在中国银行开户的集团客户提供网上查询该集团及其各所属分支机构账户交易、余额和汇款信息的服务，以便于集团企业总部及时了解和掌握公司及下属各公司的财务及经营状况。

（2）对公账户实时查询。公司客户可以实时查询本公司所有账户的当前余额信息及交易历史信息，及时了解和掌握本公司的基本账户信息。

(3) 汇划即时通。公司客户可以在办公室对有管理权限的账户（包括公司本部账户和分公司账户）进行操作，实时发出转账指令，经过公司相关授权人员确认后，银行即作为有效的付款指令进行处理。

(4) 国际结算业务查询。该产品为在中国银行开户的客户提供国际结算业务网上查询服务。公司客户可以在互联网上查询银行正在处理的国际结算业务情况，及时掌握业务进展情况。该项服务特别适合从事进出口业务的企业使用。

(5) 网上国际收支申报。客户能通过互联网向国家外汇管理局进行及时汇入汇款申报。

2. 银证快车

银证快车（Bank Securities Express，BASE）是针对证券公司开发的具有高科技含量的金融清算产品，它可使证券公司在一、二级证券市场的清算业务以最高的效率完成，及时实现证券公司与交易所、证券公司与各营业部之间安全、快捷的资金清算业务。

(1) 资金汇划。券商使用该产品后，可以不用前往银行柜台而是直接在网上填写"转账委托申请书"，发送到中国银行业务部门，完成转账委托业务。

(2) 转账查询。券商可在网上实时查询本部委托银行单笔或多笔转账业务交易明细。

3. 支付网上行

支付网上行是中国银行推出的基于中国银行长城电子借记卡和长城国际信用卡的符合 SET 标准进行网上支付的服务产品。个人客户可以利用中国银行符合国际标准的长城电子借记卡和免费提供的电子钱包软件，实现网上购物支付；同时，广大从事网上销售的商家、网络信息提供商（ICP）也可以此作为方便快捷的支付工具。

(1) 长城电子借记卡网上支付服务提供人民币的支付服务。中国银行采用安全电子交易（SET）方式，建立了完全符合国际标准的安全认证中心和支付网关，在充分保障客户资金安全的前提下，使用长城电子借记卡轻松实现网上实时服务；同时，也为广大网络信息供应商和从事网上销售的商家提供了方便、快捷的网上支付工具。

(2) 长城国际信用卡网上支付服务提供外币支付服务。中银信用卡（国际）有限公司采用安全电子交易（SET）方式，建立了完全符合国际标准的支付网关，使用 VISA、万事达国际组织（MasterCard）两大国际信用卡组织指定的认证中心发放的电子证书，在国内推出了基于长城国际卡的网上支付服务。

(3) 中银电子钱包（E-wallet）是一个在 SET 交易中运行在持卡人端的软件。持卡人用它来进行安全电子交易和储存交易记录，就像生活中随身携带的钱包一样。持卡人的借记卡信息和与卡对应的证书都存放在电子钱包里。一个电子钱包里可以存放不同品牌的多张卡,中国银行的电子钱包具有管理账户信息、管理电子证书、处理交易记录、导入导出信息、设置相关选项和更改口令等功能。

(4)提供金融信息。中国银行提供的网上金融信息主要包括国际金融快讯、专家汇市点评、金融知识问答、金融法规解析、国际金融研究、银贸资讯、人民币存款利率、人民币贷款利率、外汇存款利率、外汇贷款利率等。

在网络银行安全方面,中国银行选择目前安全性最高的SET协议构筑自己的网上结算体系。

从效益分析上来看,中国银行开展网络服务后,主页服务量猛增,电子钱包被大量下载,有大量咨询电话询问网络银行业务的使用。

网络分支机构模式的优势是显而易见的,其新成立或收购的网络银行部,以原有"母体"为依托。无论从资金来源还是从客户基础来看,这类网络银行的发展前景都被看好。一方面采用这种模式的都是大银行,本身在客户群中就有良好的信誉,有较高的品牌效应;另一方面,它们所涉及的业务面比较广,能不断推出适合顾客需求的金融产品,这一点非常有利于吸引潜在的消费者。

网络分支机构的劣势也是相应存在的。这种网络银行模式会受到母体银行原有的体制框架、技术框架的束缚。在信息社会里,速度是关键,然而传统大商业银行的组织结构庞大,根本无法同新兴的网络公司相比,传统的矩阵式管理结构在信息时代无法通行。在信息时代,假如想快速、健康地发展,不仅需要不断注入资金,而且必须有一个强而有力的决策机构。因此,这种网络银行模式必须摆脱母体银行过分的干预,同时又要同母体银行原有的计算机系统有效连接,以便对母体银行所执行的商业战略作出快速有效的反应。

但是,无论如何,现在网络银行服务已经成为商业银行新的竞争热点。越来越多的银行把目光转向发展网络银行业务,将使金融交易方式从传统银行固定销售点的交易方式转向随时随地的交易方式,也使得银行之间的竞争越来越激烈。甚至有人警告,不提供网络银行业务的银行,将面临出局的危险。

第三节 网络银行系统的建设

一、网络银行系统的建设目标

一个完善的网络银行系统的建设通常要达到及时有效、准确可靠、连续可扩、开放多功能、安全保密等特点。

(1)及时有效。资金融通时间的长短意味着资金成本的高低。在现代经济社会中,缩短资金在途时间、提高资金使用效益,是充分发挥资金效益的有效手段。而现代计算机技术、通信技术和网络技术能够提供高精度、高速度、高容量的技术支持，运用这些先进的技术建立的银行电子化系统能够为客户提供及时、准确的各项资金融通服务，不仅能实现本行内部的资金及时融通，而且还能实现跨行甚至跨国界的及时有效的资金融通。

（2）准确可靠。网络银行的系统采用了先进的技术和手段，采用了自动化的处理方法，减少了人工干预，避免了由于各种人为因素造成的不安全。高精度的运算工具避免了人工计算所造成的差错，自动化的通信线路能更快捷、准确地确保信息通畅地到达目的地，各种加密防伪技术也能避免各种干扰和破坏，使得所有数据的采集、录入、加工、处理、存储、传输全过程准确可靠。

（3）连续可扩。网络银行的系统采用了先进的技术手段，使其从手工系统转向自动化系统、低级的处理系统转向高级的处理系统。同时，随着新技术的运用，新的金融工具、金融产品也不断涌现，网络银行系统先进的结构化、模块化设计方法，使功能上的拓展更简便且易于实现。大容量、高速度、强功能的硬件的选择，则使系统的处理能力有相当的冗余以满足日后系统扩展的需要。

（4）开放多功能。网络银行系统与传统的银行业务处理方式相比具有更加丰富的功能，不仅能处理传统方式所能处理的一切业务，而且能为客户办理各种新颖的业务，如开办自助银行、实现证券的自动交易、实施资金的瞬时清算等。网络银行系统不仅能满足业务部门的要求，而且能够为管理部门提供各种有效的信息服务，并进一步为社会其他部门、政府部门等提供所需要的信息帮助。

（5）安全保密。网络银行要运用最先进的保密技术，对客户信息、资金信息以及其他各类银行信息采取多种加密手段和授权措施，以确保这些信息的安全保密，维护银行业的信誉。

二、网络银行的软件系统

计算机网络技术是建立在计算机技术和通信技术基础上的，是银行应用计算机网络的技术保证和基础。网络银行的软件系统分为三个主要组成部分——网络操作系统、数据库系统和应用软件系统。

（一）网络操作系统

网络操作系统是在单机操作系统的基础上发展起来的，能够管理网络通信和网络上的共享资源，协调各个主机上任务的运行，并向客户提供统一、高效、方便、易用的网络接口的一种操作系统。

UNIX 是流行最广的网络操作系统。它完整、有效地体现了分时系统的强大功能，在各个应用领域得到了广泛应用。目前的 UNIX 系统遵循开放式系统的要求，在内核、功能模块布局、功能调用增加与扩展、网络通信与分布式操作等方面得到了极大的发展。

Virtual Vault 操作系统的最少特权机制和数据分区是该软件的两大特点。网络银行面临的最大问题便是"安全问题",惠普公司的 HP Virtual Vault 和惠普的授权服务器在解决这个问题上都是最具特色的。

(二)数据库系统

数据库管理系统(DBMS)是 20 世纪 60 年代末期产生并发展起来的,主要是面向解决数据处理的非数值计算问题。网络银行中的数据库管理系统的选择要考虑如下几个因素:数据可靠性(包括容错能力)、安全性,联机备份和恢复能力,联机事务处理能力,影响运行效率的语句优化处理方法,简便有效的管理工具等,适应业务规模变化和新技术出现的能力等。

网络数据库包括选用什么数据库系统和据此而建的数据库。目前,流行的数据库主要有 Oracle、Informix、Sybase、SQL Server、DB2 等,这些数据库都能满足以上的要求。由于银行普遍使用的是 UNIX 操作系统,在数据库的稳定性、可靠性、维护方便性、对系统资源的要求等方面,Informix 数据库总体性能比其他数据库要好;而在 Windows NT 平台上,SQL Server 与系统的结合比较完美。

(三)应用系统

网络银行的应用系统包括银行交易网络、资金清算网络、证券交易网络、保险业务网络等。

1. 银行交易网络

银行交易网络是针对银行业的相关服务而设计建设的,客户通过一定的通信手段与网络服务中心取得联系并在得到身份确认后,即可享受系统所提供的相应信息服务及有限范围的账户操作服务。

银行交易网络突破传统银行的局限,提供一揽子高附加值的综合金融服务。它不仅对传统银行的存款、现金管理、资金结算、投资等零售业务及部分批发银行业务构成竞争性威胁,而且在综合金融服务及个性化金融服务方面带来了巨大挑战。

正是因为银行交易网络能够打破传统银行的部门局限,综合客户的多个账户、多种货币、多种信用卡、多种投资商品信息,并通过相关软件分析客户的消费习惯和投资偏好,所以能为客户提供极具个性化的高附加值的优质理财服务。

所以,银行交易网络能大幅度地降低银行的交易成本,为陷入困境的传统银行业找到高效、低成本的新出路。根据美国权威机构的调查,在各类银行服务的平均每项交易成本中,传统银行分支机构最高,其次是电话银行,再次为 ATM,网络银行最低。最高与最低相差 800% 以上。

银行交易网络是一种全新的服务渠道,它的主要功能有以下几个方面:

(1)发布静态信息。这是银行交易网络的最基本的功能,实现起来也比较简单,也不涉及安全性问题,很容易被大多数银行所接受,但其吸引力有限。

(2)公布动态信息和提供交互式信息查询。所公布的动态信息主要是客户比较关心的利率、汇率和行情等需要定时更新的信息。

（3）在线查询账户信息。由于这种查询涉及读取银行业务数据库，因此必须有好的安全保密措施。

（4）提供在线交易。在线交易即银行通过互联网向客户提供存贷款业务、支付、转账等网上实时业务。

2. 资金清算网络

以电子数据形式存储在计算机中，并通过银行计算机网络来流动的资金，以及其赖以生存的银行计算机网络系统，被称为"资金清算网络"。其作用主要有以下几个方面：

（1）资金清算网络减少了现金流量，加快了资金的结算和划拨，体现了"网下三天，网上三秒"的资金清算速度，从而提高了银行的工作效率，增加了银行的盈利。

（2）资金清算网络可提供多种多样的综合金融服务，如代发工资、代收代扣、代理证券买卖、客户自我服务、电子付款、电话银行等。这些服务促进了社会生产、交换和消费方式的转变。

（3）资金清算网络采用了先进的计算机加密技术，减少了人工干预，保证了客户和商业机构的资金安全性。

（4）资金清算网络实现了银行往来的资金自动处理，集储蓄、信贷和非现金结算多功能为一体。

3. 证券交易网络

证券交易网络是证券电子化的最新发展方向。它通过互联网和利用互联网来实现网上查询上市公司历史资料及分析资料，查询交易所公告，进行资金划拨，网上实时委托下单，电子邮件委托下单，通过网上查询交易结果和实现网上核账等工作。

证券交易网络按照其功能分成行情服务系统和交易服务系统。行情服务系统必须保证股民能看到及时、准确的行情数据和历史数据，便于股民决策；交易服务系统必须保证股民的资金管理安全、委托指令准确及时下达、清算结果正确无误。

4. 保险业务网络

保险业务网络是指保险企业（包括保险公司和保险中介公司）利用互联网，以信息技术为基础，以网络为主要渠道来支持和完成其保险业务活动的电子化行为系统，是网上保险业务的载体。在网络上开展保险业务具有以下诸多优势：

（1）网络保险可以大大降低经营成本。由于网站的后期维护成本比较低，以及开设营业点的销售成本与广告成本大大减少，因而能够大大降低经营成本。根据有关数据统计，通过互联网向客户出售保单或提供服务，要比传统营销方式节省71%~85%的费用。

（2）可以在很大程度上减低承保风险。由于网上投保公开透明，因而在很大程度上可以减少中间环节利益驱动给保险机构带来的不可避免的承保风险。

（3）拓展了保险业务范围。由于网络对时空的突破，使得保险业务可以实现全天候在线作业和延伸至地球的每一个角落。保险市场由此进一步向国际化、全球化的方向发展。

（4）有利于保险公司制定竞争策略以提高竞争力。保险公司可以在网上了解到更多的保险技术、保险资本和保险人才信息，形成完善的保险要素组合。这就为保险产品具有更强的竞争力增加了动力。

三、网络银行的自助处理系统

目前，世界范围内银行电子化自助处理系统方兴未艾，世界各国的商业银行纷纷加大了客户自助渠道的建设投资，如ATM、集中式电话银行中心、家庭银行等。通过这些信息技术和销售渠道的投资，金融产品和营销渠道的范围更广了。例如，美国的商业银行目前基本上可以为一般美国家庭提供所需要的五类自助方式的金融产品，即交易、信用、投资、保险和财务计划。

（一）ATM系统

自动柜员机系统，即CD/ATM系统（简称ATM系统），是利用银行发行的银行卡，在自动取款机（Cash Dispenser, CD）或者自动柜员机（Automated Teller Machine, ATM）上执行存取款和转账功能的一种自助银行处理系统。ATM是最早获得成功的电子资金转账系统。

1. ATM的目标和主要功能

规划设计一个ATM系统和服务项目，不同的银行在不同的时期会有不同的具体目标。但是，"开源节流"这个共同的基本目标都必须要达到。就是说，一方面要能方便客户，提高服务水平，从而扩大市场占有率；另一方面要能降低银行内部的运行费用，从而提高银行的竞争力。这两个目标也是推动ATM系统迅速发展的基本因素。在发达国家，随着ATM系统的推广和普及，扩大市场份额的机会减少了。但是，由于劳动力费用的不断上升，计算机和通信费用的逐步下降，将人工出纳的交易方式，转为自动自助的ATM方式，仍然具有极大的吸引力，这是ATM系统之所以会保持强劲增长势头的基本原因。

银行在制定其ATM目标时，除了要考虑自身的条件外，还要考虑时间因素和相关的外部环境。竞争、顾客的构成、地理特征和许多其他因素，都可能对ATM的目标产生重要影响。

一台典型的ATM，可提供下述一部分或全部功能：

（1）取现功能。具体功能包括：从一个支票账户提取现金；从一个存款账户提取现金；从一个信用卡账户提取现金。

（2）存款功能。具体功能包括：存款到一个支票账户；存款到一个存款账户；存款到另一个账户。

（3）转账功能。具体功能包括：从支票账户转账到存款账户；从存款账户转账到支票账户；从信用卡账户转账到支票账户。

（4）支付功能。具体功能包括：从支票账户扣除款项；从存款账户扣除款项。

（5）账户余额查询功能。具体功能包括：当顾客提出查询请求时，系统就检索该特定账户的余额，并将结果显示于屏幕上，或打印出来。

（6）非现金交易功能。例如，修改个人密码（PIN）、支票确认、支票保证、电子邮递、验证现钞、缴付各种公共事业账单等。

（7）管理性处理功能。具体功能包括：查询终端机现金余额；终端机子项统计；支票确认结果汇总；查询营业过程中现金耗用、填补及调整后的数据；安全保护等。

当今的 ATM 系统，正向多功能的方向发展。ATM 不仅可用于存取款作业，还可当做自助银行的一台自助银行终端机使用。

2. ATM 系统的网络结构类型

根据交换中心在系统中的不同位置，可将 ATM 网络结构分为后方交换型、前方交换型和复合型三种。

（1）后方交换型。后方交换型的网络结构如图 9-4 所示。这种系统的特点是：交换中心位于各成员行之后；各成员行都可拥有自己的 ATM 终端机；本行的持卡人在自有系统的 ATM 所进行的交易，留在行内处理；在共享 ATM 系统上所进行的跨行交易，均送到交换中心转发到相应的发卡行去处理；发卡行收到代理行经交换中心送交的交易请求后，经必要的确认处理和账务处理，再将授权信息经交换中心发给代理行，请其按指示代为处理。若是存取款和转账交易，代理行执行完响应指令后，还需要通过交换中心向发卡行发送确认信息。发卡行收到确认信息，执行完提交处理后，才能最终完成一笔 ATM 交易。日终时，代理行和发卡行之间要通过中央银行进行跨行交易的资金清算和手续费计付处理。一个 ATM 系统，同已有的其他 ATM 系统连接后，通常是生成后方交换型的共享系统。

（2）前方交换型。前方交换型的网络结构如图 9-5 所示。这种网络结构的特点是：交换中心位于银行主机和 ATM 终端机之间；系统中所有的终端设备，原则上由交换中心投资；所有的 ATM 交易，全由交换中心直接转发到相应的发卡行进行处理，因此没有跨行交易；发卡行收到交换中心发来的交易信息，经确认处理，发送授权信息给交换中心，请其指令终端设备按指示要求进行处理。

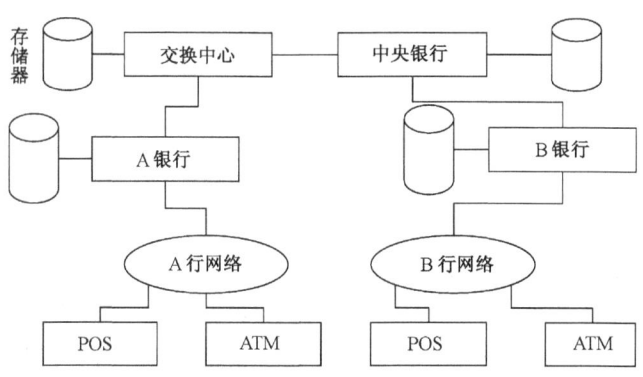

图 9-4　后方交换型的网络结构

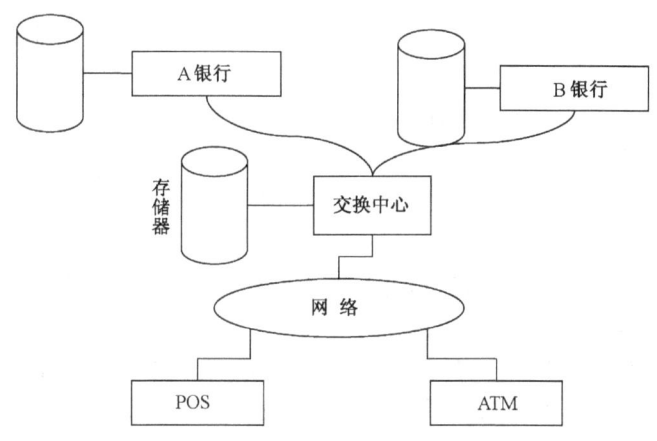

图 9-5　前方交换型的网络结构

（3）复合型。系统中既含有前方交换型又含有后方交换型的网络，就是复合型系统。

3. ATM 的安全保密

ATM 的安全问题主要包括 ATM 的数据保密，消费者身份的确认，纸币的确认，ATM 机身保护等几个方面。

（1）ATM 的数据保密。ATM 的数据保密就是要确保 ATM 端与银行的中央计算机处理系统端进行数据传送、核对资料过程中的数据不被泄露和不被盗取。以往通常采取单一数据加密标准，这种加密标准理论上已经有了破译的可能，因此目前比较安全的方法是用三重加密标准，同时还必须经常转换解码密钥，以确保数据信息核对过程中的安全保密。

（2）消费者身份的确认。消费者身份的确认除了以往的个人密码认证的方法以外，还可以采用一系列先进的生物测定技术，如利用虹膜识别技术，使得

ATM 能够识别用户特定的虹膜图像从而确认身份。

（3）纸币的确认。ATM 的存款确认部分要有较强的纸币验证功能，要能够有效拒绝一切不符合一系列确认条件的纸币。

（4）ATM 机身保护。对于 ATM 机身保护的策略有：推广使用装置体积更大及更重的保管箱，提供更可靠的保安锁、警钟以及更完备的闭路监控装置。

（二）POS 系统

POS 系统包含两方面的意思：一方面，可以把 POS 系统理解为一套带软件的物理设备和通信系统；另一方面，可以把 POS 系统理解为在商业网点利用 POS 设备进行的一种交易活动，包括商品交易和相关的金融支付服务。

1. POS 系统的业务处理流程

现代的 POS 系统几乎都是以共享形态出现的联机系统，并兼具直接转账和信用挂账双重功能。共享的 POS 系统，涉及持卡人、特约商店和银行三个方面。可将他们进一步细分为如下几个实体：

（1）持卡人，即消费者。他们持有可用于消费的银行卡。

（2）成员金融机构，即参加 POS 系统的金融机构。

（3）特约商店，即与收单行签约提供 POS 服务的商店。POS 终端就装在特约商店里面。

（4）清算中心。它是负责执行参加 POS 系统成员行之间跨行账务清算的金融机构，在我国为各级中国人民银行。

（5）国外信用卡集团，如 VISA、万事达等国际知名的信用卡机构。

上述参加 POS 系统的各成员之间的业务处理关系如图 9-6 所示。

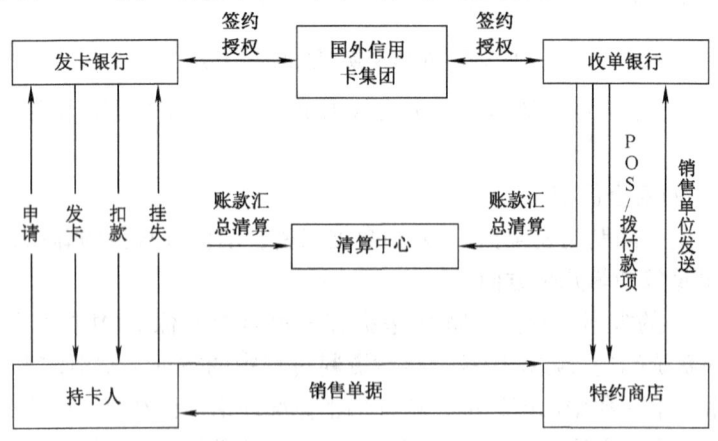

图 9-6　参加 POS 系统的各成员之间的业务处理关系

2. POS 系统的组成

POS 系统主要由下列各部分组成：POS 终端，集线器或终端控制器，通信网，交换中心，各银行主机系统和其他银行卡授权系统。

POS 终端安放于特约商店里。银行卡中的信息、PIN 和商品交易数据等从该终端输入，并传送到交换中心或相关的银行主机系统去处理。该终端还从交换中心或银行主机系统接收、显示发卡行响应交易（授权）的通知。POS 终端可由银行、商店或第三方投资购置。

为使系统通信更有效、更经济，在 POS 终端较为集中的地方，通常设置一个集线器或终端控制器。它通过低速通信线路集中各 POS 终端发来的信息。再经由高速线路把汇总来的信息送往交换中心或银行主机处理。

根据交换中心的位置，可把共享的 POS 系统的网络结构分为前方交换型、后方交换型和复合型三种。

各银行的主机系统，必须维护认可其客户进行 POS 交易的有关账户数据，并处理每笔 POS 交易的电子资金转账工作。处理 POS 交易的银行主机系统包括发卡行的主机系统、收单行的主机系统和处理跨行账务清算的中央银行的主机系统。

（三）电话银行系统

1. 普通的电话银行系统

普通的电话银行系统（Telephone Banking）是一个实时查询和转账交易系统。它采用先进的计算机技术、通信网络技术和数字语音转换技术，利用现实生活中广泛使用的普通音频电话同银行计算机相连接。客户通过电话机拨号发出服务请求，银行计算机系统将银行的客户数据信息转换成声音来传给客户，满足客户的服务需要。因此，只要有电话机，客户就能方便地进行自我服务。其硬件一般包括多媒体计算机、电话信息处理机和系统业务服务器；软件通常由语音应答系统和数据管理系统两个部分组成。

目前，这种电话银行系统主要提供对公业务、储蓄业务、国际业务、信用卡业务、商户业务、利率查询、外汇牌价查询、汇价查询、公共语音信箱、个人外汇买卖、其他业务查询以及代收费、银行金融信息发布、投诉留言和证券转账等多项银行业务。

2. 呼叫中心

新一代的集成式电话银行——呼叫中心（Call Center）赋予了电话银行新的含义。它利用先进的计算机网络技术、数字语音技术和通信技术，如自动来电分配、交互式语音应答、计算机电话集成等，完成语音与客户数据资料的同时转接和协同运作，由银行坐席代表依托庞大的后台系统向客户提供交互服务。

传统的呼叫中心是指有几个人工坐席代表集中处理呼叫业务的场所。随着分布式技术的引入、自动语音应答设备的出现以及互联网的迅速发展，呼叫中心有了新的发展，既包括人工坐席代表，又包括自动语音设备和网络设备，通过通信网络共享资源，为客户提供交互式服务。这种呼叫中心通常由程控交换机（PBX）、号码识别系统、自动来电分配、交互式语音应答系统、计算机电话集成设备、应用服务器、应用系统网关、传真服务器、电子邮件服务器、人工坐席代表、通信线路、电话终端等硬件设备和应用软件共同组成。

呼叫中心不仅能提供传统的银行服务，如查询类、咨询类、转账类、代缴类、挂失类、催缴类等，而且还可以通过对呼叫中心产生的客户信息进行深入、有效的分析，了解客户行为，掌握目标市场的客户群体，以便对不同客户推出不同的营销服务品种和方式。随着呼叫中心技术的发展，银行还可以进一步利用呼叫中心的前沿技术，为客户提供诸如银行语音通知、客户留言录音和回拨、主叫号码记录和呼叫历史记录、三方会议、传真接收和自动生成发送等服务。

呼叫中心将银行客户服务的时空延伸，使服务提供的范畴不再受制于银行网点的地理分布和办公时间的限制。随着互联网的不断发展，呼叫中心还将增加通过互联网为客户提供服务的功能，利用互联网为客户提供统一客户服务平台，拓展电话银行客户的接入渠道，使他们能方便地选择诸如语音、传真、电子邮件、因特网、无线移动通信等任意一种他们所喜好的方式开展业务，提升电话银行客户中心的整体效能，为客户提供全方位的服务。

（四）信用卡业务处理系统

早在1952年，美国加州富兰克林国民银行作为金融机构首先进入发行信用卡的领域，确立了现代信用卡的模型。20世纪70年代末期，中国银行将国际流行的信用支付工具——信用卡引进了国门。1985年3月，中国银行珠海分行第一张"中银卡"问世；1986年6月，中国银行北京分行发行了长城信用卡，从此拉开了我国银行卡发展的序幕。

目前，我国银行卡的磁道信息格式与VISA国际组织的标准相同，都采用ISO 8583标准信息格式，即三磁道标准。其中一、二磁道为只读磁道，记录长度分别为79和40字符。第三磁道为读写磁道，记录长度为107个字符，分为动态与静态字段。动态字段在交易过程中可由交换者根据情况修改内容，而静态字段只能由发卡机构修改字段内容。所有银行卡磁条必须使用第二磁道作为交换磁道，各发卡机构在进行识别和信息交换时以第二磁道为准。第三磁道是否使用由发卡机构自行规定。

2002年1月13日，中国人民银行批准成立中国银联股份有限公司，开始推出真正联网的银行卡——"银联卡"。"银联卡"符合全国统一的业务规范和技术标准，在指定位置印有"银联"字样的银行卡，为各种自动柜员机（ATM）和销售点终端机（POS）受理各商业银行发行的银行卡提供了一个统一的识别标志，以便不同银行发行的银行卡能够在带有"银联"标志的自动柜员机和销售点终端机上通用，为广大消费者提供方便、快捷、安全的金融服务。

"银联卡"并不是要取代各商业银行自己品牌的银行卡,如牡丹卡、金穗卡、长城卡、龙卡、太平洋卡、一卡通等,而是为了发展国内银行卡受理市场、规范商业银行竞争、保障持卡人和特约商户的权益。因此,统一的"银联"标志与各行的品牌相互依存,相互促进,共同构建我国统一的银行卡市场。

(五) 自助银行系统

近年来,移动通信、互联网应用的迅猛发展令人刮目相看。随着银联卡的普及、银行网络的扩展完善,人们观念的转变,自助银行的发展势头迅猛。

自助银行又称无人银行。它是通过先进的自助银行终端和设备,使客户以自助服务的方式完成各项银行服务。自助银行作为银行服务新手段,为客户提供了新的理财方式,有效地提高了银行的形象和竞争力,降低运营成本,使客户与银行的联系更紧密、更直接。通常,自助银行由自助设备、自助系统前置机、自助系统监控管理机和通信网络设备几个部分组成。自助设备一般有自动柜员机(ATM)、自动存款机(AD)、自动取款机(CD)、外币兑换机(XDM)、夜间金库、存折补登机、多媒体信息查询机和IC卡圈存机等。通过这些自助服务设备,客户可以每天24小时方便地办理各种存款、取款、登折、转账、查询、小额贷款、支票兑现等多种银行服务,安全保密,方便快捷。

第四节 网络银行的业务概述

一、网络银行组织机构的设置模式

(一) 传统银行经营机构组织的设置方式

传统银行经营机构组织的设置方式是最基本的经销模式——金字塔式的服务结构模式。传统银行普遍采用非电子化的手工操作流程,其经营规模的扩大是以基层经营网点的延伸为特征的。也就是说,只有通过不断地扩大经营网点,才能更为广泛地覆盖市场、占领市场,才能为银行带来更多的效益。这种背景下的组织机构的设置方式是以总行为中心的金字塔式。

(二) 网络银行组织机构的设置方式

网络银行组织机构的设置方式是在银行主服务器上提供虚拟金融服务柜台,客户通过个人计算机和其他终端方式连入因特网进入主页,以银行主页为平台进行各种金融交易。这样,网络银行的组织机构设置方式和传统银行的最大区别在于完全省却了中间的经销网络,通过客户平面的中介功能,形成对最终客户群的营销。这个最终客户群是建立在信用卡平台上的客户群,如图9-7所示。

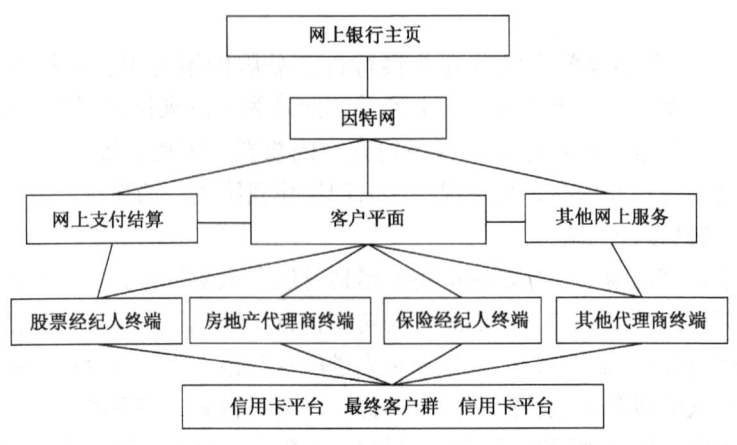

图 9-7 网络银行组织机构的设置方式

二、网络银行的服务业务

网络银行的实质是为通过网络进行各种商务活动的客户提供电子结算手段。网络银行的特点是客户只要拥有账号和密码便能在世界各地与因特网联网,进入网上银行办理各种交易。随着市场对网络银行服务需求的扩大,网络银行提供的服务也在不断地创新和丰富。

（一）网络银行的服务种类

随着因特网技术的不断发展创新,网络银行提供的服务种类、服务深度都在不断地丰富、提高和完善。从总体上讲,网络银行提供的服务一般包括两类:一类是传统的商业银行业务品种在网络上实现。这类业务在网络银行建设的初期占据了主导地位;另一类是完全针对互联网的多媒体互动的特性来设计的新业务品种。这类业务以客户为中心、以科技为基础,真正体现了按照市场的需求"量身定做"的个性化服务特色。

从业务品种细分的角度来讲,网络银行业务一般可以分为以下几个类别:

1. 提供信息

网上银行通过因特网发布的公共信息,一般包括银行的历史背景、经营范围、机构设置、网点分布、业务品种、利率和外汇牌价、金融法规、经营状况以及国内外金融新闻等。通过公共信息的发布,网上银行向客户提供了有价值的金融信息,同时起到广告宣传作用,客户可以很方便地认识银行、了解银行的业务品种情况以及业务运行规则,为客户进一步办理各项业务提供了方便。

2. 决策咨询

网络银行一般以电子邮件、BBS 为主要手段,向客户提供业务疑难咨询以及投诉服务,并以此为基础建立网上银行的市场动态反馈分析系统。通过收集、整理、归纳、分析客户各式各样的问题和意见以及客户结构，及时地了解客户关注的焦点以及市场需求走向，为决策层的判断提供依据，便于银行及时调整或设计出新的经营方式和业务品种，更加体贴周到地为客户服务，并进一步扩大市场份额，获取更大收益。

3. 账务查询

网络银行可以充分利用因特网点对点服务的特点，向企事业单位和个人客户提供其账户状态、账户余额、账户一段期间内的交易明细清单等的查询，同时为企业集团提供所属单位的跨地区多账户的账务查询功能。这类服务的特点主要是客户通过查询来获得银行账户的信息，以及与银行业务有直接关系的金融信息，而不涉及客户的资金交易或账务变动。

4. 申请和挂失

这类业务主要包括存款账户、信用卡账户、电子现金、空白支票申领，企业财务报表、国际收支申报的报送，各种贷款、信用证开证的申请，预约服务的申请，账户挂失，预约服务撤销等。客户通过网络银行清楚地了解有关业务的章程条款，并在线直接填写、提交各种银行表格，简化了手续，方便了客户。

5. 网上支付

网上支付功能主要是向客户提供互联网上的资金实时结算，是保证电子商务正常开展的关键性的基础功能，也是网络银行的一个标志性功能。没有网上支付的银行网站，充其量只能算做一个金融信息网站，或称为上网银行。网上支付按交易双方客户的性质分为 B2B、B2C 两种交易模式。目前，由于从法律环境和技术安全性方面的考虑，在 B2C 功能的提供上各家银行比较一致，B2B 交易功能的提供尚处在不断摸索和完善之中。

6. 金融创新

基于互联网多媒体信息传递的全面性、迅速性和互动性，网络银行可以针对互联网的特点，针对不同客户的需求开辟更多便捷的智能化、个性化的服务，提供传统商业银行在当前业务模式下难以实现的功能。比如针对企业集团客户，提供通过网上银行查询各子公司的账户余额和交易信息，并在签订多边协议的基础上实现集团内部的资金调度与划拨，提高集团整体的资金使用效益，为客户改善内部经营管理、财务管理提供有力的支持。

7. 信息增值

网络银行，在提供金融信息咨询的基础上，以资金托管、账户托管为手段，为客户的资金使用安排提供周到的专业化的理财建议和顾问方案；采取信用证等业务的操作方式，为客户间的商品交易提供信用支付的中介服务，从而在信用体制不尽完善合理的情况下，积极促进商务贸易的正常开展；建立健全企业和个人的信用等级评定制度，实现社会资源的共享，提供信息增值服务；根据存贷款的期限，向客户提前发送转存、还贷或归还信用卡透支金额等提示信息。

总之，网络银行利用因特网技术，把银行的服务触角通过科技手段延伸到了社会经济生活的方方面面，延伸到了每一个客户的面前。随着因特网和电子商务的普及与发展，网络银行可提供的服务势必越来越广泛，越来越完善。

（二）网络银行为个人客户提供的服务品种

以中国工商银行为例，网上个人银行为注册客户提供的服务有：

（1）账务信息查询。客户可对自己的账务信息，如卡/存折余额、历史明细、今日明细和网上购物明细进行查询，并可下载历史明细。

（2）卡账户转账。客户可以实现自己的人民币卡账户之间的资金互转以及向同城（本地）他人的牡丹信用卡、灵通卡、贷记卡或"理财金账户"卡账户划转资金。

（3）银证转账。客户可以实现自己的银行储蓄存款账户或信用卡账户与其在证券公司的资金账户相互划转资金，并可查询自己在证券公司的资金账户实时余额。

（4）银证通。股民直接使用中国工商银行活期储蓄账户进行股票买卖，无需到证券公司开立保证金账户。网上银证通主要包括交易市场选择、委托买入、委托卖出、委托撤单、查询等功能模块。电话银证通客户无需在网上银行注册就可获得网上银证通服务。

（5）基金业务。客户（基金投入人）可以在线进行基金申购、认购、赎回等交易及查询有关基金信息。

（6）外汇买卖。客户可在互联网上根据中国工商银行提供的汇率信息进行即时买卖外汇交易、撤单及查询有关外汇交易信息等活动。

（7）B2C 在线支付。客户在中国工商银行的特约网站上购物时，可在线实时支付货款并获得银行反馈的有关支付信息。

（8）异地汇款。客户可在线向国内其他任何地方的中国工商银行开户的单位和个人支付款项。

（9）代缴学费。客户可在线与中国工商银行签订协议的全国各个学校缴纳学费、住宿费等费用。

（10）e通卡。这是客户可在线申请，自主选择背景图案，用于网上 B2C 交易的专用卡。e通卡不可透支，可设定最高消费限额，提高网上交易的安全性。

（11）缴费站。提供多种服务方式，客户可网上签署缴费协议，每月自动扣收，也可每月登录网上银行自助缴费。

（12）个人自助注册。持有中国工商银行牡丹信用卡、灵通卡、贷记卡、"理财金账户"卡的客户可网上自助注册成为中国工商银行网上银行客户，立即拥有除对外转账、个人汇款外的其他所有服务。

(13）国债业务。个人国债投资客户可网上进行记账式国债的即时交易,并可享受查询成交明细、债券价格及债市信息等服务。

(14）牡丹卡在线办卡、换卡申请。客户可在线提交办理或更换牡丹卡的申请,同时可在线获得申请结果。

(15）WAP 手机银行。客户可以通过移动电话在线获得网上银行的各项服务。

(16）个人抵押贷款。个人客户可在线提交抵押贷款申请并实时获得申请贷款。

(17）个人理财。客户可在线获得预约服务、查询理财协议,同时还能利用理财计算器进行理财计算。

(18）客户服务。客户可以在线修改登录密码、首页定制、修改信用卡信息以及修改网上银行客户信息。

(19）账户挂失。客户的信用卡、灵通卡、贷记卡或"理财金账户"卡遗失或者被偷窃时可在线对其进行本地挂失（非全国挂失）的操作。

（三）网络银行为企业客户提供的服务

网上企业银行为注册客户提供的服务业务种类有：

1. 信息查询

（1）账务信息查询。该业务包括查询账户余额明细以及账户交易明细等。

（2）子公司账务查询。集团公司能根据协议查看子公司的服务信息,方便财务监控。

（3）企业信用查询。该业务包括：查询企业的信用情况,查询借款借据的当前和历史状态。

（4）金融信息查询。该业务包括：提供实时证券行情、利率、汇率、国际金融信息等丰富多样的金融信息。

（5）银行信息通知。银行通过网络系统将信息通知客户,如定期存款到期通知、贷款到期通知、开办新业务通知、利率变动通知及相关账务信息等。

2. 集团理财

集团理财可以实现集团公司对子公司账户的统筹管理。

3. 企业财务室

这项服务为企业客户处理网上代发工资、代报销和内部资金划转业务。

4. 网上结算

企业可通过电子付款指令从其账户把资金转出,实现与其他单位（在国内任何一家银行开户均可）之间的同城或异地资金结算。

5. 网上购物

B2B 网上购物并产生订单后,可向卖方实时支付货款,从而迅速完成整个活动。

6. 收费站

企业可对已与银行签订"网上收费站缴款协议书"的第三方企业缴费客户或者个人缴费客户进行在线主动收费。

7. 贵宾室

贵宾室业务可以为贵宾客户提供客户账务提醒、预约服务和网上结算服务。

8. 电子回单

企业可在网上查询并按笔打印当日明细和历史明细的电子回单,加盖银行章的回单可到开户银行领取。

9. 基金业务

通过网上银行系统实现基金的认购、申购以及基本信息查询等功能。

10. 国债业务

为客户提供债券账户查询、网上交易(即时交易)、成交明细,查询债券价格以及债市信息等。

11. 票据业务

集团企业总(母)公司可获得办理票据业务需要提交的有关资料、业务办理程序等介绍和咨询信息。

(四)注册开户

注册开户是指向网络银行申请成为其正式客户。注册是申请办理网络银行业务的前提,只有申请注册成功的客户才能享受网络银行提供的各项服务。以下以中国工商银行为例,介绍个人网上注册和企业网上注册的方法。

1. 个人客户在网络银行注册开户

凡拥有中国工商银行个人牡丹信用卡、贷记卡、商务卡、灵通卡和"理财金账户"卡的客户均可向中国工商银行提出个人网上银行注册申请。客户可直接到营业网点填写申请表并办理注册手续,也可以通过中国工商银行网站实现网上自助注册。

(1)柜台注册。在柜台办理网上银行个人客户注册手续时可注册牡丹信用卡、贷记卡、商务卡、灵通卡和"理财金账户"卡五种账户,并应提供如下资料:申请人本人有效身份证件;所需注册的本地牡丹卡(信用卡、贷记卡、商务卡、灵通卡)或"理财金账户"卡;开通特定功能(如银证转账业务等)所需的协议;注册牡丹商务卡需提供单位授权书;其他所需的资料。

(2)网上自助注册。客户也可以通过银行网站实现网上自助注册,客户一旦在网上自助注册成功,当日即可使用中国工商银行个人网上银行系统。自助注册流程如图9-8所示。

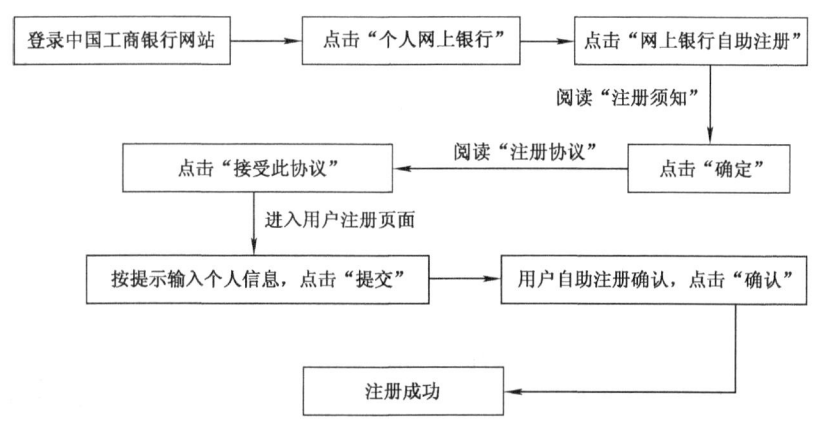

图 9-8 自助注册流程图

2. 企业客户在网络银行注册开户

注册的企业必须是在该行开立有存贷款账户的客户，包括企业、行政事业单位、社会团体等。

按企业规模及服务内容可将客户划分为集团客户和一般客户两大类。集团客户是指总部及其分支机构在银行对公营业网点开立存款的账户，且总部需要通过企业网上银行系统查询分支机构账户，或同时需要通过企业网上银行系统从分支机构账户转出资金的企业。一般客户是指没有开设任何分支机构的企业，或总部不需要通过企业网上银行查询分支机构的账户，也不需要通过企业网上银行系统从分支机构账户转出资金的集团性企业。

申请办理企业网上银行注册时，应仔细阅读《中国工商银行网上银行业务章程》《中国工商银行网上银行企业客户服务协议》及有关介绍材料，并按下列程序办理。

（1）准备申请材料。申请材料包括有关部门核发的法人代码证、网上银行企业客户注册申请表、企业或集团常用账户信息表、企业贷款账户信息表和分支机构信息表。申请人填写后，加盖单位公章，提交给开户行。

（2）银行审批。银行对申请材料进行审批后，对申请企业予以答复。对于未通过银行审批的，银行将申请材料原件退回。

（3）领取客户证书和密码信封。申请企业收到批复通知后，到开户行领取客户证书和密码信封。领取后的次日即可使用网络银行办理相应的业务。但是，集团客户此时只能操作总部的账户，必须得到分支机构的授权后，才能对分支机构的账户进行操作。企业办理网络银行业务之前，还应安装由银行提供的客户端安全代理软件。

（4）办理各分支机构账户查询、转账授权书的核实。集团客户需要对分支机构账户进行操作的,需要先组织下属的分支机构签署"账户查询、转账授权书",同意授权;然后提交银行办理"账户查询、转账授权书"核实;核实后,集团客户即可通过网络银行对其分支机构账户进行操作。

三、网络银行的服务定价

(一)网络银行服务的外部性

经济外部性最主要的特征是存在被人们所关注但又不在市场上出售的商品。而网络的外部性表现在某个消费者消费网络商品的效用,依赖于消费该网络商品的其他消费者数量。以上网消费为例,如果其他人都没有上网,对上网的少数人是不合算的。网络的外部性说明买卖双方之间的信息供给效用是相互影响的。

网络外部性的另一个更直接的影响来自于互补性的商品特征。如果某个小区没有一家银行或者储蓄所装备有自动柜员机(ATM),在这个小区销售银行卡一般要亏本。同样,只有手中握有银行卡或者信用卡时,才会到商店购买货物时使用销售终端(POS)。在这种情况下,对 ATM 服务的需求,依赖于区域内人均银行卡或信用卡的拥有数量,而对银行卡或信用卡的需求,又依赖于市场上能够方便地获得 ATM 或 POS 等互补性服务的数量。

简单地说,网络银行外部性表现在某个网上客户消费网络银行提供的虚拟金融服务商品的效用,依赖于消费该虚拟服务商品的客户的数量。同时,网上客户对网上金融服务的需求与客户对电子金融工具的需求构成互补性。以电话银行为例,电话银行本身并不是盈利性非常强的金融服务品种,但是,它在为银行争取客户、扩大市场份额、减少营业面积、降低人工成本、提高效益上的作用却日益明显,这种明显的作用构成了电话银行的经济外部性。

(二)网络银行服务的规模经济

商业银行投资网络银行业务需要花费大量的人力、物力和财力,而且对信息系统的维护需要不断的资金投入。因此,商业银行投资网络将会导致商业银行总成本的增加。

然而,随着 ATM 数量及网络银行服务品种的增加,网络金融服务的生产成本与消费者分享网络金融服务的规模之间弱相关或近似无关的成本特征,使商业银行提供 ATM 或网络金融服务产品的边际成本不断下降,形成了典型的规模经济特征。在这个过程中,商业银行的服务变得越来越专业化和虚拟分散化。同时,对提供基础电信服务的电信公司的依赖程度也不断加强。

对于商业银行提供的任何网络金融服务,服务的固定成本和(相对)不断降低的边际成本的结合,使网络银行的平均成本随着产量的增加而降低。而且,当每一项新的网络金融服务产品及技术导致更高的"服务分享"水平时,商业银行平均成本的下降会更快。随着网络金融服务提供数量的增加,边际成本对网络金融服务产出的依赖关系刺激商业银行采用更多的 ATM 或网络银行服务技术。

(三) 网络银行的服务定价策略

网络银行提供的网上金融服务一般采用以下三种定价的策略。

1. 提供免费的服务

网络银行在开展网上金融服务初期,其初始成本十分高昂(主要是建立金融网络的投资),愿意消费的客户也很少。由于网络金融服务的边际成本总是呈现不断下降的趋势,网络银行弥补亏损或获取盈利必须扩大市场的需求。因此,在市场需求量较小的初期,网络银行提供免费服务或象征性地收取客户的手续费,可以迅速吸引大量客户,扩大市场的需求量。随着市场需求量的增加,可以形成一个高水平的较稳定的市场供给量。在市场供给量大且较稳定的前提下,网络银行的定价弹性将扩大,盈利空间也会扩大,其市场风险将迅速降低。由此可见,提供免费服务的策略,是网络银行经营网络金融业务初期的必要策略。

2. 提供各种优惠服务

网络银行通过网络提供各种金融服务,使得资料的处理、信息的传递、资金的清算变得十分方便、快捷,从而大大提高了运行效率,降低了交易费用。网络银行在网上开辟各种金融业务,不必设立分支机构,又大大降低了其管理费用。这样,网络银行在其经营规模扩大后,其边际效益将会扩大。由此,网络银行要争夺市场份额,实现自身的规模效应,通常会利用管理及运营成本的降低,为网上客户提供各种优惠服务。这些优惠服务可以分为两大类:一是网络银行针对传统银行提供的各种优惠服务;二是某一网络银行针对其他网络银行提供的各种优惠服务。前者如网络银行针对传统的柜台式银行服务提供的优惠利率的存、贷款,提供各种存款账户的自动转账;后者如某一网络银行在提供证券服务时只收取另一网络银行提供类似服务的手续费的 70%。

网络银行通过网络服务争夺市场份额一般会采取两种方式:一是对主营业务提供优惠服务;二是对非主营业务提供优惠服务。一般来说,网络银行不会对其主营业务提供优惠服务,正如一家百货商店不会轻易对其畅销商品提供折扣一样。只有当其市场份额受到威胁和希望迅速扩大市场份额时,才会考虑对主营业务提供各种优惠。网络银行也应主要对其非主营业务提供优惠服务。这些非主营业务市场份额小,一方面它的盈利贡献较小,另一方面,这些非主营业务又具有巨大的市场发展空间。网络银行对非主营业务提供各种优惠服务,不仅可以通过非主营业务的不盈利或亏损来吸引顾客,巩固和发展主营业务的市场份额;而且也可以通过不断渗透的方式蚕食非主营业务市场,不断扩大非主营业务市场,使非主营业务向主营业务过渡,从而实现经营的多元化,降低经营风险。

我国网络银行提供的在线金融服务基本上是将传统的柜台服务延伸到网上,这种优惠服务策略,往往会带来很好的效果。

3. 提供捆绑式销售服务

由于网络的外部性，网络银行提供的服务产品多属于互补性商品而非替代性商品。网络银行对成本的替代效应和对服务品种的互补效应，构成了网络银行有别于传统金融机构的竞争优势的两个基础。无论是将传统银行业务延伸到网上，还是在网上创造全新意义的金融产品，本质上都是对既有金融服务产品的补充。因此，网络银行在发展网上业务时，都会充分利用网络金融服务的这一特性采用捆绑式销售，以网络金融产品之间的互补效应降低销售成本，从而提高自身的效益。

在捆绑式网络金融服务中，一般采用两种营销策略：一是保持金融服务的基本价格不变，降低捆绑式产品和服务的价格；二是保持捆绑式产品和服务价格基本不变，降低网络金融服务的价格。现实的销售中主要采用前一种营销策略。

网络银行服务的规模经济特征，要求其必须扩大市场需求。只有不断扩大市场的需求程度，扩大网络客户的数量，才有可能形成预期的利润基础。网络金融服务的普及性比稀缺性有着更高的市场价值，网络金融服务必须以市场份额优先原则作为网络金融服务定价的首要原则。传统的垄断定价方式将逐步消失，取而代之的是自由竞争式的定价方式。

第五节　网络银行与传统银行的比较

银行业的历史已经有 400 多年了，但最近十几年可以说是具有划时代的意义。以因特网为代表的信息技术的发展，改变着人们的思维、生活和行为方式，以从未有过的广度和深度影响着银行业的服务内容和服务方式，并改变着银行业的发展方向。

一、网络银行的功能

发达国家的网络银行能够提供全方位、多品种、多渠道的金融产品。如表 9-1 所示，在美国提供在线交易的网络银行已经开通了包括网上结算、网上借贷、网上投资理财在内的网络金融服务项目，如查询账户余额、转账、支付账单、申请贷款、支票兑付、购房、旅游、保险、养老计划、贴现经纪、互惠基金等。

表 9-1　全美部分网络银行服务功效比较及综合排名

	Citibank	FIBI	Wells Fargo	Wingspan Bank.com	SFNB	Net.B@nk	American Express
是否纯网络银行	否	是	否	否	是	是	否
是否实时反映 ATM 交易情况	是	是	是	是	是	是	否

（续）

	Citibank	FIBI	Wells Fargo	Wingspan Bank.com	SFNB	Net. B@nk	American Express
是否提供搜索功能或网站地图	是	是	是	否	是	是	是
50%以上的电子邮件是否准确及时	否	否	是	是	是	否	否
50%以上的电话是否准确及时	是	是	是	否	是	是	是
能否通过ACH开立初始存款账户	是	否	是	否	否	是	是
能否用信用卡开立初始存款账户	否	是	是	否	是	是	否
是否提供全天候实时客户服务	是	否	是	是	是	是	是
综合成本排名	18	4	27	17	10	15	16
综合实力排名	1	2	3	6	7	10	19

一般而言，网络银行主要包括以下功能。

（一）资产业务

资产业务主要包括一般抵押贷款、住宅抵押贷款、再融资、汽车贷款等。通过网络与银行来往的消费者能够了解以上贷款信息，并可申请上述贷款。在此领域造就了一批成功的专门网络银行服务商，如 E-loan、Mortage.com、Lending Tree 等。

（二）负债业务

负债业务主要包括支票账户、存款账户、货币市场基金账户、大额可转让定期存单等一系列存款业务，且大部分网络银行提供优惠利率。例如，Wingspan Bank 和 everbank.com 就向使用其 ATM 的客户提供折扣。

（三）信用卡

在线信用卡服务主要提供各种利率（固定或可变）的信用卡。顾客的申请最短可在 30 秒内得到回音。一些网络银行还提供特别服务，如针对学生免年费的信用卡 College VISA（Capital One）、Blue for Students SM（American Express）和 Concierge（NextCard）、First USA eCard Platinum VISA。

（四）其他服务

（1）保险。例如，Insweb 可向消费者提供各保险公司的最新报价。

（2）金融信息——信用报告。例如，客户可从 PCQuote.com 得到有关支票、储蓄、存单、信用卡账户余额的最新信息，能够了解支票是否兑现，确认存款及账户之间的资金转移。

（3）经纪业务。例如，ShareBuilder.com可以帮助投资者按投资规模在3000多种股票和指数产品中设计出最佳投资方案。投资人甚至能从该网站下载招股说明书。

（4）账单支付。网上支付，大部分网络银行提供无限制免费的网上支付，如Wingspan Bank、American Express、everbank.com。

二、网络银行的优势

网络银行的出现是金融业的一场革命，它打破了100多年来银行业传统的经营模式，让消费者第一次发现银行业服务的费用原来可以如此低廉，所提供服务的效率如此之高，服务方式也可以如此之便利。网络银行消除了时间和地域的差异，就好像银行搬到了自己的家里或者办公室里面，客户无需亲自前往银行网点，而只需要一台与因特网相连的计算机，就可以在任何时间、任何地点享受银行提供的金融服务。网络银行的出现不但精简了传统银行的分支机构，而且使银行的运营效益和收益不断提高，并能为客户提供更有效、更具个性化的服务。因此，网络银行能提供低成本、高效益、方便、高收益的全方位的服务，可以包括全球或地域性的金融信息查询、资金转账、外汇交易、股票交易、贷款、咨询、金融分析等。

（一）吸引更多优良客户，满足客户个性化需求

对使用因特网的客户研究分析发现，网上客户群具有高收入、高学历、集中于白领阶层的特点。在美国，网络银行用户年收入超过6.67万美元，而传统银行的客户平均年收入为4.2万美元。网络银行的客户平均受教育程度比传统银行的客户要高。例如，中国银行网上依托产品——长城信用卡的持卡人中，具有大专以上学历的占86.1%，公司职员和专业技术人员占85.7%。网络银行能为客户提供个性化、特殊化的金融产品，客户可以通过网络银行站点随时提出需求，而银行职员可依托网络及时了解客户的需求，为客户量身定做金融产品，如投资组合、理财等，以提高客户的忠诚度。

（二）提供全方位、多元化的银行服务

网络银行能为客户提供生动、灵活、多样的服务，通过网上银行发布的金融信息，客户不仅可以及时了解国内外的金融行情信息、金融新闻，而且能够及时了解银行最新推出的金融新产品，及时了解客户账户的基本情况。网络银行能摆脱以往传统银行网点服务功能单一化、专业化的弊端，从而走向多元化、综合化以至全能化。通过网上银行提供的交易功能，能为客户实现各种资金、股票、贷款、外汇、保险、信用卡、咨询服务等的安全交易。网上电子邮件的通信方式也

非常灵活方便,便于用户与银行之间以及银行内部之间的迅速沟通。网络银行的服务使用方便,进入因特网后即可根据网络银行的网页显示,按照提示进入自己所需要的业务,只要掌握一般的因特网操作方法就能够很方便地实现自我服务。

(三) **降低银行、客户交易成本**

由于网络银行客户端使用的是公共浏览器软件,不需要银行对其进行维护、升级,可以大大节省银行的客户维护费用;由于客户使用的是公共的因特网网络资源,银行避免了建立专用客户网络所带来的成本及维护费用。据美国网络银行运作的报告表明,网络银行的经营成本占其经营收入的15%～20%,而传统银行分支机构的经营成本则要占到60%左右。网络银行的资金清算每笔不超过13美分,而家庭银行处理一笔交易的成本达26美分,电话银行服务的每笔交易成本达到54美分,传统银行分支机构的处理成本更高达108美分。网络银行的成本优势显而易见。通过将客户业务转移到低成本的作业渠道,银行可节省大量的人力资源,节省大量网点建设成本,符合成本效益原则。

(四) **为客户提供更及时、有效的银行服务**

网络银行能为客户提供一天24小时,一年365天不间断的服务,使客户在任何地方、任何需要的时间使用网络银行的服务,不受时间、地域的限制。网络银行的客户可以随时了解自己银行账户的情况,可以随时了解世界各国、各大金融市场的行情信息,可以随时进行股票、外汇的买卖,享受到方便、快捷、高效和可靠的全方位服务。

(五) **银行管理更高效、更科学**

网络银行可以采取扁平化管理模式,以服务及营销渠道、银行的核心产品与支持服务、管理三个层次划分组织结构,减少条块分割和管理层次,充分发挥网络优势,进行科学管理,提高管理效率。

从网络银行的发展趋势来看,今后,网络银行必将朝着多渠道、多功能融合的方向发展,不断融入现代高新技术,借助互联网,逐步实现以客户为中心、以现代经济为导向,为客户提供安全、通畅、完善、优良的新型金融产品。

三、网络银行对传统银行的挑战

传统的商业银行目前不仅面对着传统的保险公司、基金公司、信用卡公司等非银行金融机构的资本性"脱媒",而且还面临着网络技术发展带来的技术性"脱媒"。一些IT企业开始介入社会支付服务领域,挑战传统银行在社会支付体系中的地位。同时,网络银行的发展,降低了银行获取、传递、处理信息的成本,银行的中介作用逐渐减弱,银行的传统特权面临着极大的危机。因此,金融服务创新也由单一的提高服务质量阶段,发展成为调整市场营销与客户服务方式,向客户提供多元化、全方位的金融服务阶段。这对传统的商业银行经营管理是一个严峻的挑战。

（一）对传统银行交易成本优势的挑战

网络银行由于节省了大量的房租和人员工资等支出，运营成本大为降低。另一方面，由于网络银行节省了大量的经营成本，因此可以把节省下的巨额资金返还给客户，提高利息以吸引客户。美国的 SFNB 的货币市场及定期存单的利率是美国最高的几家银行之一。据测算，美国网络银行的存款正以每年 19% 的速度递增。传统银行越来越难以吸收大量的资金形成规模经济，在降低交易成本上的优势正逐步丧失。

（二）对传统银行信息优势的挑战

随着网络银行的进一步完善，客户能够通过网络银行更方便、更迅速、更广泛地获得各类市场和金融信息。在网上，企业之间的商情沟通日趋简便，信息已经不是可以垄断的稀缺资源，信息不对称的程度下降。企业对传统银行信息服务、信用服务的依赖程度也大大降低，使得传统银行等金融机构所具有的传统信息优势正在改变，越来越多的银行服务不再只依靠传统的银行网点。经济主体在选择金融服务时考虑更多的将是该机构能够提供的信息的多少和收取费用的高低。因此，网络银行的发展将吸引更多的银行产品和服务从传统银行网点转向网络银行。

（三）对传统银行支付地位的挑战

一直以来，支付服务和支付清算是传统银行的主要业务。按照传统的观点，市场经济体系中银行作为支付结算、清算服务的提供者，几乎是社会支付体系的代名词，而商业银行则是提供支付服务的主要机构。但是，随着网络银行的诞生，一些信息技术产业对银行的支付服务功能纷纷提出挑战，如微软货币（Microsoft Money）、快迅（Quicken）、直觉（Intuit）等都已经开始介入支付服务领域。传统商业银行支付服务面临的竞争对手越来越多，社会支付服务的竞争开始由传统的单维空间转变为三维竞争空间，一个全新的支付服务竞争格局正在形成，传统银行在支付系统中的支配地位已经开始受到冲击。

（四）对传统银行经营理念的挑战

在传统银行的经营过程中，由于资金是短缺的，银行数量也有限，客户只能享受传统银行为其提供的产品和服务，没有任何选择的余地，属于产品导向型的服务方式。而在网络银行的环境下，网上的信息极其充分，网上的银行也多，客户的选择余地大，网络银行能够充分利用网络与客户进行沟通，从而使传统银行营销从产品导向转变为客户导向，通过增加以客户为中心的服务获得客户的忠诚。同时，网络银行导致的混业经营和全能经营使传统金融业的经营理念和经营方式受到前所未有的挑战。先进的信息技术和金融代理使目前银行、证券、保险的业务界限正在模糊。

（五）对传统国际金融监管和中央银行调控带来挑战

由于网络的广泛开放性、网络银行可以在全球范围内经营，这也给国际金融监管带来了新的课题。专家指出，网络银行以其方便、快捷、超时空等特点，通过计算机网络，可以在瞬间将巨额资金从地球的一端传到另一端。大量资金突发性的转移无疑会加剧金融市场的波动，而网络快速传递的特性则会使波动迅速蔓延。同时，网络银行的整个交易过程几乎全部在网上完成，金融交易的"虚拟化"使金融业务失去了时间和地域的限制，交易对象变得难以明确，过程更加不透明。这无疑加大了监测与管制的难度。因此，金融领域商务的电子化给传统的金融监管提出了更高的要求。

思 考 题

1. 什么是网络银行？网络银行与电子商务的关系如何？
2. 网络银行建设的应用领域有哪些？
3. 目前国内外网络银行运作的模式有哪些？各有什么特点？
4. 银行电子化自助系统有哪几种？各有什么特点？
5. 与传统银行相比，网络银行的功能差异体现在哪些方面？具备哪些优势？
6. 从网上找出国内外网络银行各一家，分析其运行情况并进行效益分析比较。

第十章
网络银行的风险与防范

内容提要

1. 网络银行风险的概念、种类和特点
2. 针对网络银行的不同风险,所应采取相应的防范措施
3. 中国网络银行金融监管的现状、应注意的问题及相应的监管对策
4. 网络银行的资源管理

本章引导案例:美国信用卡资料的外泄事件[一]

1. 事件的基本情况

2005年6月17日,万事达国际信用卡公司证实,一家美国的信用卡第三方服务公司(CardSystems Solutions,Inc.,Tucson,Arizona)遭到黑客攻击,导致该公司存储的自2004年8月1日至2005年5月27日发生交易的约4000多万张信用卡账户信息可能被窃取。这是目前为止美国最大的信用卡资料外泄事件。

根据CardSystems公司公布的资料,黑客通过一种类似于计算机病毒的脚本程序侵入CardSystems公司的计算机系统,使包括持卡人姓名、发卡机构和信用卡号在内的信用卡磁道信息以及卡片校验码2(CVC2)受到威胁。有6.8万个账户信息可能被用于欺诈,多数为非面对面的交易欺诈,这些卡号大多涉及美国的发卡银行,交易地点波及美国、英国、加拿大、直布罗陀等国家和地区。

2. 国际信用卡公司及国内商业银行对该事件采取的措施

(1)万事达国际信用卡公司针对该事件采取的措施有:一是向成员机构发送风险提示,介绍事件基本情况,通报已采取的行动,报送涉案卡号及相关时间范围内的交易信息;二是要求相关发卡机构尽快联系可能已遭欺诈的持卡人,核查账户及交易记录;三是建议相关成员机构对涉案卡号进行标记;四是聘请数据

[一] 本案例选自http://www.fcc.com.cn/.

安全公司负责对 CardSystems 公司计算机系统实地取证分析，敦促其实施补救系统缺陷的计划。

（2）VISA 也采取了类似的措施。VISA 和万事达均特别强调，"资料外泄"与"账户盗用"并无直接因果关系，因为 VISA、万事达设置的许多其他防伪措施可防范资料外泄事件后欺诈的发生。

（3）事件发生后，国内主要商业银行迅速从 VISA、万事达等跨国信用卡公司索取可能受影响的持卡人名单，并采取以下具体措施：一是在第一时间联系持卡人，通报有关情况并免费换发新卡；二是通过对账单提醒持卡人注意防范；三是积极与国际信用卡公司沟通，跟踪事态进展。

3. 事件对中国银行卡产业的影响及启示

（1）影响。目前此类事件在中国大规模发生的可能性不大，其原因在于：首先，目前中国银行卡市场第三方收单服务刚刚开始，相关信息由主要的收单机构掌握，大大降低了信息外泄的风险。其次，中国的银行卡交易大部分是通过密码校验完成的，密码通过密文方式传输，可有效防止银行卡的盗用。最后，信息泄漏后往往通过非面对面交易实现欺诈，但中国目前使用信用卡结算的非面对面交易规模不大。总体来说，事件对国内银行卡的影响非常有限。

（2）启示。该事件对中国银行卡产业的启示，可以从以下几个方面分析：

1）分析、评估银行卡交易环节的风险。该次信息泄漏事件实际上是由于美国银行卡交易体系内 CardSystems 公司交易环节出现了问题，导致了整个体系内交易信息的泄漏。而同样的情况是否会发生在国内呢？因此有必要对中国银行卡交易体系各环节，包括银行卡组织、发卡机构、收单机构、第三方专业化服务机构等的风险进行分析、评估。

2）借鉴国际信用卡公司对相关责任方的处罚措施。在处理事件过程中，根据万事达的相关规定，违规操作责任方应按所违反的条款处以高达 10 万美元/条的罚款；如果在此期间内，仍发现违反其他条款规定的情况，可征收最高 50 万美元的罚款；另外，如果责任方未按相关要求，履行事件发生后应承担的义务，应按每天 2.5 万美元的标准对其进行罚款，直到采取相应的措施。同时，万事达还赋予受害方（如涉嫌信息泄漏的发卡机构）要求补偿因此事件采取应急措施而额外产生相关费用的权利，具体是：按 25 美元/张的标准补偿换卡的费用，按 5 美元/账户的标准补偿账户监控的费用。当然，万事达也对受害方主张补偿权利的条件进行了规定。

中国银行卡业界也应借鉴国际信用卡公司的经验，建立针对账户信息及交易数据泄漏的责任方处罚机制，对造成信息泄漏的责任方以及对不遵守账户与交易数据安全管理要求的责任方给予相应的处罚。

3）参考国际信用卡公司保护持卡人消费信心的做法。信用卡是建立在持卡人消费信心上的金融产品,充分保护持卡人的持卡消费信心至关重要。国内银行卡业界可借鉴跨国信用卡公司的做法,在发生类似事件时保护持卡人的消费信心。

4. 中国银行卡产业应当采取的措施

(1) 构建完整、全面的银行卡账户信息及交易数据安全管理体系。具体措施是:第一,规定哪些参与方的主机系统有权保留跨行交易信息及持卡人信息,严格限制无权保留相关信息的参与方;第二,监控有权保留信息参与方的安全管理,如设置访问权限、审计日志、数据包过滤等;第三,确保各参与方之间信息传输的安全性,要与公用数据网络隔离,对敏感数据进行加密传输。

(2) 建立针对相关责任方的处罚机制。银行卡业界可参照万事达的经验,制定违反规范的处罚措施,追究信息泄漏相关责任方责任,补偿受害方损失。

1) 对造成信息泄漏责任方的处罚。处罚的形式可以是:给予责任方警告处分,并视信息泄漏的严重程度向各参与方进行通报;责任方提交交易信息安全管理工作的改进措施,并接受检查;以"责任方向受害方赔偿"的原则,由信息泄漏责任方对遭受损失的一方进行相应的赔偿。

2) 对不遵守账户与交易数据安全管理要求的处罚。具体包括:信息安全检查中,对不符合规定或未达到相关规定要求的参与方,进行警告处分,并要求其提出具体的改进计划,并接受复查;对在复查中仍未达到整改要求的,或在首次检查后一定时间内仍未改进的,应处以罚款。

(3) 建立类似美国"零责任条款"的持卡人补偿机制。在建立中国的持卡人补偿机制时,应注意:在参考国际信用卡公司保护持卡人利益条款的同时,应充分考虑中国的实际情况和信用卡发展阶段;如果难以在短时间内建立完全免除类似危机事件中持卡人责任的条款,可规定在一定条件下持卡人承担的最高损失。

(4) 建立类似危机事件的应急处理机制。具体内容包括:①信息泄漏的当事方在怀疑信息泄漏时应立即展开调查,并在确认信息已经泄漏后及时向银行卡组织进行通报;②当事方应继续跟进调查,不断把最新情况提供给银行卡组织;③当事方应及时采取补救措施,对系统缺陷进行修复和完善;④银行卡组织应发出"风险提示",向相关成员机构通报事件,提出应对措施;⑤相关成员机构应尽快与涉案卡号的持卡人联系,提醒其注意并换发新卡;⑥相关各方应召开紧急会议,协商责任追索及相关事宜。

思考题:

1. 如果发生"信用卡资料外泄"事件,信用卡公司及银行应该怎样处理?
2. 中国银行卡业界应当采取什么措施,防止银行卡交易网络风险的发生?

3. 该事件对中国银行卡产业的启示是什么？

第一节　网络银行风险概述

网络银行是银行业发展的趋势之一，网络银行的发展有力地促进了电子商务的发展，不仅方便了客户，也为交易商创造了新的交易机会，但网络银行的安全问题却一直十分让人担忧。在开放的网络环境下，网络银行的风险来自方方面面，诸如外部黑客入侵、内部人员作案、网上数据资料被窃取和篡改、非法授权访问、互联网金融欺诈、病毒干扰破坏等网络银行不安全事件在国内外时有发生。

1985年8月21日，设防严密的美国某银行网络系统被黑客入侵，损失资金高达1160万美元。为了查清原因并防止同类事件再次发生，该银行不惜花费大量资金让入侵者讲述其入侵的详细策略。

2001年2月5日，我国台北市一黑客入侵网络银行系统，破解客户密码，转账盗取客户存款100多万元新台币。

2001年8月22日，英国国家罪案署破获英国首宗网上银行抢劫案。犯罪分子利用伪造身份掳走了该国最大网上银行埃格（EGG）的一万英镑现金。

2004年12月7日，一个假冒的中国银行网站出现在互联网上，被揭发后该网站被关闭。不久，一个假冒中国工商银行的网站也暴露出来。值得注意的是，假工行网站 www.1cbc.com.cn 与真工行网站 www.icbc.com.cn，只有"1"和"i"的区别。这家黑网站通过要求储户更改密码、网上购物等手段，盗取储户账户、密码，骗取网民钱财，在短时间内就疯狂敛财近80万元。

2005年6月15日，公安部公共信息网络安全监察局副局长顾建国在"反互联网金融欺诈和网络钓鱼论坛"上透露，2004年公安部通过组织打击手机短信息和网络诈骗专项行动，共侦破包括"网络钓鱼"在内的各种网络诈骗案件1350起。2005年一季度，又查获网络诈骗、盗窃案件543起。

2009年3月15日，央视3·15晚会曾曝光一名黑客通过自己制造木马程序，盗取大量用户的网上银行信息，用很低廉的价格在网上出售，危及大量网银用户的安全。

2011年12月22日，国内开发者社区CSDN遭到黑客攻击，其数据库中超过600万用户资料遭到泄露，经过验证确认有其他网站用户数据库信息也被泄露。随后黑客又相继爆出人人网、百合网、天涯论坛等用户资料。

网络银行风险有来自银行业外部的黑客，也有来自银行业内部的工作人员；有预谋的诈骗，也有无意造成的破坏；有各种系统遭破坏的风险，也有交易过程中产生的风险。但无论是何种原因造成的，其后果都是非常严重的，不仅会造成巨大的经济损失，也会有难以估计的声誉损失。为此，了解并掌握网络银行风险的产生原因及防范措施是十分必要的。

一、网络银行风险的概念

随着传统的、封闭性的银行业务网络逐渐与开放的网络相融合或连接，网络银行面临的风险越来越高。网络银行风险通常是指网络银行交易数据丢失、被窃取、遭破坏的可能性。

网络银行交易数据直接关系到参与交易各方的利益。由于技术上的、管理上的原因，会产生网络银行数据丢失的风险；由于黑客的攻击、病毒的泛滥以及其他人为的或自然的原因，会产生网络银行数据被窃取、遭到破坏的风险。因此，在网络银行交易过程中，买卖双方和银行中介机构都承担着来自内部和外部的各种风险，所以对网络银行风险的识别和防范是非常重要的。

二、网络银行风险的分类

在网络环境下，一方面，传统银行面临的风险，如流动性风险、信用风险、利率风险等，在网络银行的经营活动中依然存在。另一方面，网络银行改变了传统银行业的经营理念和经营模式，它在提供现代计算机网络技术带来的方便和快捷时，不可避免地带来了更多的风险种类。根据网络银行的构成及运行方式，从技术和业务的角度分析，网络银行面临的这些新的风险可分为三类：网络信息技术导致的技术风险、网络银行业务特征导致的业务风险，以及网络银行运行带来的法律风险。具体内容如图10-1所示。

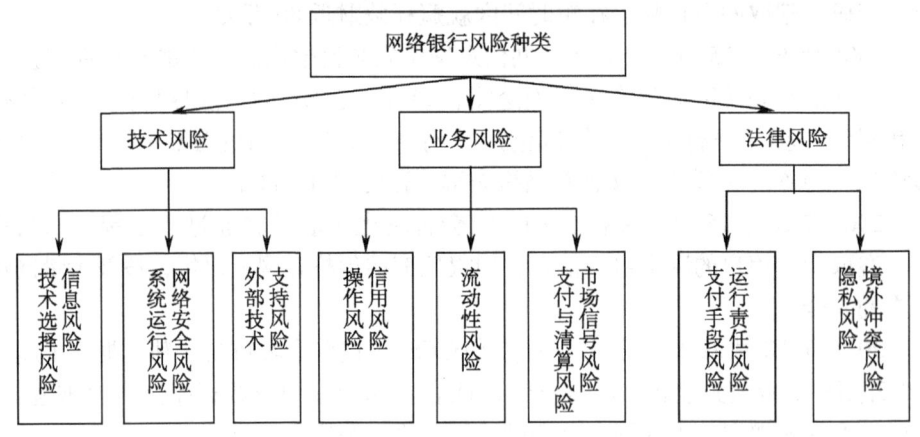

图10-1 网络银行风险的种类

（一）网络银行的技术风险

网络银行是基于全球电子信息系统基础上运行的银行服务形态，技术的不完善和新技术的运用都会对原有的银行网络安全提出挑战。系统运行故障、各种网络事故、计算机黑客的入侵、网络病毒的泛滥，不仅给交易主体中的各方造成难以弥补的经济损失，而且会破坏和扰乱正常的金融秩序。因此，全球电子信息系统的技术性和管理性风险成为网络银行最为重要的系统风险。技术原因导致的风险主要包括以下几个方面：

1. 银行网络技术选择风险

网络银行业务的开展必须选择一种成熟的技术解决方案来支撑，在技术选择上存在着技术选择失误的风险。这种风险既来自于选择的技术系统与客户终端软件的兼容性差导致的信息传输中断或速度降低的可能，也来自于选择了被技术变革所淘汰的技术方案，造成技术相对落后、网络过时的状况，导致巨大的技术和商业机会的损失。对于传统银行而言，技术选择失误，只是导致业务流程趋慢，业务处理成本上升，但对网络银行机构而言，则可能失去全部市场，甚至失去生存基础。

2. 网络银行信息风险

网络银行信息风险自电子化的银行网络系统建成之日起就已存在，并随着银行网络与国际互联网的互联，以及网上银行业的进一步发展和运用变得越来越大。从技术上看，网络银行信息风险主要来自以下几个方面：

（1）网络银行信息丢失。网络银行信息在传输、存储过程中可能丢失或销毁，不能够达到目的地，或者不能够再使用。这通常是由于通信系统的故障、安全措施不完备、协议转换时出现差错、操作员有意或无意的违规操作、系统的突发性故障以及人为破坏造成的。

（2）网络银行信息被盗。一些非法人员为了获取重要网络银行信息资源，并进一步窃取资金，会采取一系列手段进行窃密。其手段有：利用搭线、使用高性能的协议分析仪器和信道检测设备，接收电磁辐射信息；利用陷阱和后门程序等手段，避开系统检测关口，窃取用户账号和密码；通过收买或劫持安全管理员，盗用密码；通过黑客攻击，插入和伪造报文、破译密码等。

（3）网络银行信息被攻击。网络银行信息被攻击通常包括被截取、篡改和破坏。例如，银行业内部人员由于非常熟悉本系统的业务处理流程和系统的薄弱环节，可以利用一定的职权比较容易地篡改业务数据、修改数据库信息、删除信息、泄露信息甚至破坏各种银行交易信息，使信息无效或有利于自己对系统的进一步攻击。再如，黑客利用自己精通计算机网络知识的特长，利用他人编程的漏洞，侵入银行网络系统，将使用者在输入账号和密码时的信息截获，从而以此对系统实施进一步攻击。

3. 网络银行系统运行风险

网络银行系统运行风险主要是指计算机硬件和软件运行问题带来的风险。网络银行所依赖的计算机硬件系统停机、磁盘阵列破坏等不确定性因素都会形成网络银行的系统运行风险。根据对发达国家不同行业的调查，都有因计算机系统停机造成损失的记录。计算机系统软件或应用软件的不够完善，如存在某种设计缺陷、容错能力差、兼容问题等引起系统故障，甚至导致系统崩溃，也带来了系统的运行风险。网络银行系统运行风险主要包括：

（1）物理系统运行风险。网络银行的物理系统运行风险是指系统中各个物理设备不能够正常运行导致的风险。具体包括：①由于各种自然灾害，如水灾、火灾、雷电、地震、静电等突发性事件引起的银行网络物理设施故障，使网络系统无法运行、被迫中断，交易突然停止。由于这些故障所导致的危害，有的会损害网络系统设备，有的则会造成系统数据丢失或破坏，严重的甚至会造成整个系统瘫痪。②由于各种人为因素引起设备被盗、被毁。③由于外界的电磁干扰致使通信线路中断。④由于设备本身的固有缺陷和弱点及所处环境容易在人员误操作或外界诱发下产生故障，造成系统无法正常运行。例如，在银行支付过程中，由于网络中断出现支付信息传送终止，或交易信息无法及时传送，都会有给交易各方造成损失的危险。

（2）软件系统运行风险。网络银行的软件系统运行风险是指由于软件系统本身的技术缺陷或人为因素，在其运行过程中难以对系统起到安全保护作用所造成的风险。以操作系统为例，由于操作系统的设计主要在于提高信息处理的能力和效率，对于安全的防范只是作为一项附带的工作加以考虑。因此，作为操作系统本身存在不少安全缺陷，具有一定的脆弱性，给攻击者创造了一定的条件。例如，由美国微软公司开发的 Windows 系列操作系统就存在多处漏洞。甚至一些银行网络系统通常使用的 Windows NT、NetWare、UNIX 等操作系统，其国外开发商都留有后门（back door）。又如，一些数据库软件、防火墙软件等也都存在着或多或少的安全缺陷。再如，浏览器软件 IE 也存在着被人控制并侵入的安全漏洞，也在不断的修复过程中。这些软件的缺陷和漏洞一旦被人发现将会对整个网络银行系统造成不可估量的损失。因此，软件系统运行风险不容忽视。

（3）系统故障恢复能力不足的风险。系统故障恢复能力不足是指在网络银行系统运行过程中没有建立和健全各种解决突发事故的安全防范措施，在系统发生故障后缺乏有效、及时的故障恢复能力，造成系统不能尽快投入运行。

4. 网络银行网络安全风险

网络银行网络安全风险是指网络银行网络系统设计不完善、不合理造成的风险。具体包括安全保密措施的设置、监控预警防范系统的建立、可靠的网络通信协议和网络通信设备的选择，以及安全性能良好的防火墙设置等方面的缺陷；此外，还包括加密技术落后和反病毒措施不力所造成的风险。

（1）系统设计的不完善、不合理造成的风险。虽然网络银行网络系统都设计有多层安全系统，并不断出现新的、安全性的技术及方案，以保护虚拟银行柜台的平稳运行，但是安全系统仍然是网络银行服务业务中最为薄弱的环节。系统设计的不完善、不合理就不能防御所有的威胁和攻击。

在网络外部攻击方面：随着黑客攻击技术的提高，他们可能未经授权通过因特网非法侵入银行专用网络系统，对电话网进行监听、对系统的安全漏洞进行探测和扫描、远程登录系统实施交易，并篡改数据、修改或删除服务程序，窃取银行及客户的资料，盗用他人身份接管网上银行客户的储蓄和信用账户，将银行或客户利息收入划入自己的个人账户中，甚至直接非法进行电子资金转账。

系统不仅容易受到来自因特网外部的黑客的攻击，也会因为内部职员的欺诈行为而承担风险。例如，网络银行通过因特网连接了本行的各家机构，甚至与中央银行或其他商业银行相连，在网络通过的各个银行分支机构中的员工都有可能利用他们的职业优势，通过快捷的网络传输，轻而易举地窃取联行资金、储蓄存款、信用存款，且金额巨大，使银行和客户的资金蒙受损失。这种可以跨地域、跨时空进行的银行违规违法操作，威胁了各网络银行的资金安全。

此外，如果没有完善的监控预警防范系统就无法跟踪、记录、预警并采取措施制止这些可能的非法访问行为。如果缺乏可靠的网络通信协议和网络通信设备的选择，网络黑客就很容易利用这些协议和设备自身的漏洞进行攻击和信息窃取，从而给系统造成风险。还有，在网络银行系统之间，在银行机构内部不同的业务部门之间，在等级不同的各个安全区域之间，如果没有完善的安全防范措施，没有设置相应的防火墙，也会造成各种潜在的风险。

（2）加密技术落后所造成的风险。网络银行系统加密技术落后所造成的风险是指由于缺乏独立自主的网络加密技术产品或没有实施完全的、可靠的加密机制而造成的风险。目前，加密技术的发展在世界各国极不平衡，美国是商用密码技术最发达的国家。尽管我们可以从发达国家进口加密产品或软件，但使用他国的加密产品将会受到该国技术上、安全上的制约，从而造成由于技术上的依赖性而产生的风险。此外，发达国家对出口的安全产品如防火墙产品、加密产品、访问控制技术等都可能留有后门、陷阱，以便随时启动。例如，美国方面出口中国的密钥芯片都留有一个口，供美方随时启动。同样，如果不使用各种专用、完备可靠的软件和硬件加密技术也会造成一定的风险。

（3）反病毒措施不力所造成的风险。计算机病毒入侵来自网络银行系统外部的正常客户或非法入侵者，在与网络银行的业务交往中，可能将各种计算机病毒带入网络银行的计算机系统。如果没有配备足够强大的反病毒系统，很难抗击攻击性日益强大、品种日益繁多、破坏性越来越强的病毒，给网络银行系统造成不可估量的风险。

计算机病毒感染轻则占有系统资源，影响运行速度，改变和破坏银行业务数据,重则破坏系统文件和数据,甚至可使银行系统整体瘫痪,无法正常工作。例如,美国莫里斯制造的"蠕虫"病毒发作时,一天时间导致6009台计算机瘫痪,损失超过1亿美元。

5. 外部技术支持风险

由于网络技术的高度知识化和专业化,或出于降低运营成本的考虑,网络银行系统往往要依赖外部市场的服务支持来解决内部的技术或管理难题。这种做法适应了网络银行业务发展的要求,但由于外部技术支持者可能不具备满足网络银行系统要求的足够能力,而无法提供高质量的银行服务,由此也会给系统造成一定的风险。

(二)网络银行的业务风险

网络银行的业务风险,既有网络技术形成的新的风险,又有网络银行业务固有的风险。综合起来,主要包括:网络银行的业务操作风险、网上交易产生的信用风险、流动性风险、支付与清算风险、市场信号风险和其他业务运营风险。

1. 业务操作风险

网络银行业务操作风险是指由于网络银行系统可靠性、稳定性、安全系统和其产品的设计缺陷,网络银行系统客户、内部职员在业务上的疏忽或有意欺诈、无意的误操作过程中,给网络银行系统带来的业务风险。

业务操作风险主要涉及网络银行账户的授权使用、网络银行的风险管理系统、网络银行与客户间的信息交流、真假电子货币的识别等领域。例如,网络银行业务改变了传统的以图章为支付指令的确认手段,采用数字签名方式对支付指令的有效性进行确认。由于网络的"虚拟性",数字签名的可靠性完全取决于银行部门安全控制系统的严密与否。再如,业务人员伪造交易信息、改变业务信息流的次序和流向,实施金融欺诈;伪造主机欺骗合法主机及用户,套取或修改使用权限、密码等信息,实现非授权访问。

2. 信用风险

网上交易产生的信用风险是指交易者在合约的到期日不完全履行业务的风险。网络银行在增加市场运行过程及结果的透明性方面减少了交易者之间的信息不对称,但同时增大了交易者之间在身份确认、信用评价方面的信息不对称。网络银行服务方式的虚拟性使得交易双方只通过网络发生联系而互不见面,使得交易身份、交易真实性的验证难度增大,从而增大了信用风险。而对中国网络银行业而言,信用风险不仅来自服务方式的虚拟性,而且有社会信用体系的不完善而导致的违约可能性。由此可见,中国网络银行发展中的信用风险不仅有技术层面的因素,还有制度层面的因素。

3. 流动性风险

流动性风险是指网络银行机构没有足够的流动资金满足客户兑现电子货币的

风险。流动性风险的大小与电子货币的发行规模和余额有关。发行的规模越大，用于结算的余额越大，发行者等值赎回其发行的电子货币或清算资金不足的可能性就越大。

中国目前的电子货币，是发行者以既有货币、现行纸币等信用货币所表示的现有价值为前提发行出去的，尚不属于一种独立的货币，只是电子化、信息化的交易媒介而已。而当交易者收到电子货币后，并未最终完成支付，还需从发行电子货币的机构取得实际货币。由此可见，电子货币发行者必须要满足这种流动性的需求。当发行者实际储蓄货币不足时就会引发流动性危机。

此外，网络银行的实时、快捷也使参加交易清算的机构更趋向于减少货币的超额储备，从而增大了流动性风险。同时网络银行的网络系统的安全因素也会引起流动性风险。如果计算机系统及网络通信发生故障，或者受到病毒破坏造成支付系统不能正常运行，必然会影响正常的支付行为，降低货币流动性。

4. 支付与清算风险

由于网络银行业务环境的开放性，导致了网络银行中支付与结算系统的国际化，从而大大提高了国际清算风险。基于电子货币系统的跨国、跨地区的各类银行交易数量巨大，这样，一个地区银行网络的故障会影响全国乃至全球银行网络的正常运行和支付结算，并会造成经济损失。

5. 市场信号风险

信息的非对称性可能导致网络银行系统面临不利选择和道德风险，这一风险被称为市场信号风险。由于网络银行部门无法在网上鉴别客户的风险水平而处于不利的选择地位，网上客户可能利用他们的隐蔽信息和隐蔽行动作出对自己有利但损害网络银行部门利益的决策等。

另外，在虚拟的银行市场上，网上客户不了解每家银行部门提供的服务质量究竟是高还是低，多数客户会按照他们对网络银行部门提供服务的平均质量来确定预期购买价格。结果，高质量的网络银行服务部门反而可能被低质量的网络银行部门排挤出网上市场。

（三）网络银行的法律风险

所谓网络银行的法律风险，是指违反、不遵从或无法遵从法律、法规、规章、惯例或伦理标准而给网络银行所造成的风险。法律风险使金融机构面临着罚款、赔偿和合同失效的风险。法律风险将导致信誉的贬低、免赔限额的降低、业务机会的受限制、拓展潜力的降低以及缺乏合同的可实施性等。其主要表现为以下几种情形：

1. 运用电子货币支付手段的法律风险

在交易规则上，针对网络银行使用电子货币的电子化结算服务，应通过法律手段加以规范。根据《中华人民共和国票据法》规定，客户委托银行办理资金转账，必须填写一定要素的书面结算凭证，并在结算凭证上签章。但网络银行办理时，客户终端屏幕上的文字和传送中的数据取代了书面凭证，密码代替了签章，其形式完全不同于现行这方面的法律要求。面对诸种差异，如不从法律角度予以认证，网络银行在办理网上货币支付时将面临法律风险。

2. 网络运行过程中产生的法律责任风险

在使用电子货币的电子化结算服务中，对规范有关服务承担者的资格、明晰交易双方当事人权责以及保护消费者权益等方面，都应作出明确的法律规范，但目前尚未有明确的配套法律、法规与之相适应。例如，在进行支付结算业务时，其实现首先要通过通信系统或互联网送到银行计算机系统，经过认证系统和网关后才能完成。其中各相关的机构和服务商都对业务的实现起着关键的作用。基于此种服务和作用，它们虽与银行客户之间无契约上的法律关系，但无疑业已形成一种事实上的法律关系。然而，它们的法律地位如何确定、应承担怎样的法律责任，在现行法律中还难以找到依据，一旦出现纠纷法律责任将纠缠不清。

3. 银行客户隐私权及各权益被侵害的法律风险

网络银行可能因为使用电子货币和提供虚拟金融服务业务而涉及客户隐私权的保护问题，并有可能间接导致客户现实利益被侵害，从而陷入各种商业诉讼中。但目前法律对网络运行和业务操作过程中出现的消费者权益保护和隐私权保护问题都没有作出相应规定，从而使网络银行面临着相当大的法律风险。

4. 境外业务中的法律冲突风险

由于互联网本身的特性，网络银行业务和客户可随其延伸至世界的任何角落。这就向传统的基于自然疆界和纸质合约基础上的法律、法规提出了挑战，主要反映在以下几点：

（1）跨境网上金融服务交易的管辖权、法律适用性问题。

（2）若国外机构在网上涉嫌侵犯知识产权，因其认定、取证和处理难度较大，易产生相应的纠纷。

（3）对境外信息的有效性与法律认定问题。

（4）面对非本国居民的客户时，网络银行所面临的语言选择的合法性问题。

三、网络银行风险的特点

网络银行的出现，使各国金融机构的相互影响日益加深，银行风险也呈现出新的特点。

1. 银行系统风险日益突出，风险交叉"传染"的可能性增加

银行系统风险是指由于受政治及社会心理等因素的影响，一个或多个银行出乎预料地倒闭，而导致的在整个银行体系中引发多米诺骨牌式的瘫塌危险。网络银行出现以前，在一国国内可以通过分业、设置市场屏障或特许等方式，将风险

隔离在一个个相对独立的领域内，防止蔓延。但在网络银行条件下，这种"物理"隔离的有效性大大减弱，各国网络银行业务和客户的相互渗入和交叉，使国与国之间的风险相关性日益加强，银行体系的脆弱性越来越明显，系统风险日益突出，具体表现为：

（1）网络技术在扩展银行业务范围和领域的同时，也增大了"信息不对称"带来的风险，增强了银行体系的内在脆弱性。

（2）一些网络银行忽视了贷款风险管理，手续一简再简，利率一降再降，这样一旦贷款出问题，银行就面临坏账的风险。

（3）计算机和网络技术的运用使得银行业的电子结算规模大幅度增加（据统计，每天经国际支付和清算系统的资金数额可达6万亿美元），信用风险敞口迅速扩大，使银行业潜伏着巨大的系统风险。

2. 网络银行风险的可控性降低

网络银行的形成和发展也使得各国金融机构不再受地域的限制，业务活动领域不断扩展，造成了商业银行业务功能和组织结构的复杂化，增加了金融监管的难度。同时，一国的金融监管当局在对其网络银行实施监管时，还会涉及不同国家金融活动主体的利益，这就要求各国金融监管当局加强合作与协调，而这也必然增加各国监管的难度。这些原因的综合就会使一国银行风险的可控性大大降低。

3. 网络银行风险的外部因素作用显著

网络技术的无疆界性，使得各国网络银行的地理界限变得模糊并进而消除，其相互之间的依赖性也在不断加强。各种金融风险在国家之间、市场之间相互转移、扩散，一国遭受金融风险受内因决定的同时，外部因素的作用正在日益显著。网络银行风险外部因素的来源渠道主要有三类：第一类是信息网络本身带来的虚拟渠道；第二类是如国际贸易、国际投资、商业信贷、外汇市场、货币市场、投机资本袭击等实际的传输渠道；第三类是无形的渠道，主要是对市场信心的影响。例如，信用评级机构对一国网络银行信用评级的降级，或是国际投机者利用网络故意制造的对一国网络银行不利的消息，都有可能导致市场信心的崩溃，形成极大的网络金融风险，甚至发生网络金融危机。这在东南亚危机中得到了充分的印证。

第二节 网络银行风险的防范

上一节我们分析了网络银行运行中可能产生的风险，针对这些可能出现的风险，必须采取相应的安全措施予以防范，保障网络银行的安全、顺畅运行。必须指出的是，网络银行与风险是同时并存的，只要网络银行存在一天，就一定会有风险，关键是如何处理好风险，以及在对风险的有效处理中不断提高安全防范的水平。因此，网络银行的风险防范是保障网络银行生存、发展必须解决的问题。在此，将从以下三个方面介绍网络银行的风险防范措施：

一、网络银行的法律风险保护措施

网络银行对于法律风险的防范和化解可以通过以下几种手段进行：

1. 加强客户准入的审查

客户资格的准入，是网络银行业务风险控制的第一道防线。例如，银行在办理信用卡业务时，对持卡人的条件进行规定，并对其资信情况进行调查，符合条件的方可办理信用卡。对电话银行的客户在信用、收入、经济活动等方面附加合理的限制条件，只有满足这些条件才能成为电话银行客户。例如，《中国工商银行手机银行业务管理办法》规定：申请手机银行的客户，首先应当拥有中国工商银行发行的信用卡，同时必须是本地移动电话的用户。对客户资格进行限制，一方面可以掌握客户的资料，培养优质客户群体；另一方面，一定程度上可以防止客户欺诈。

2. 以合同协议明确各方当事人的基本法律关系

尽管网络银行服务品种丰富，但其基本内容仍为网上资金支付。然而，与传统的银行支付结算业务操作方式不同，网络银行对这一业务的操作，是由客户利用自己的终端或移动通信工具，通过互联网服务商（ISP），接拨网络银行业务提供商的主机或系统，通过通信系统或互联网传送到银行计算机系统，经过认证系统和网管后才能完成资金转移。鉴于这一过程中，银行客户、银行、网络服务商三方当事人的关系比较复杂，而且我国立法对网络银行业务尚无明确的法律规定，网络银行在开展各项业务时，必须通过协议加以规范。

（1）网络银行与用户之间的协议。网络银行应针对不同的业务品种拟订有关交易当事人之间权利、义务的合同规范文本，并应尽可能详尽地规定双方的具体权利和义务。合同条款应重视对银行与客户之间的有关责任的分担的规定。例如：约定银行对因不可抗力导致的损害负责；也可以就因供电、通信系统方面的故障所导致的损失，应如何补偿问题，因交易指令传递方面出现错误应如何承担责任问题等，在协议中作出明确规定。网络银行还应在协议中对有关纠纷的解决，约定具体的方式，以促成当事人之间纠纷的迅速解决，减少损失，也可以降低纠纷对网络银行信誉的影响。

（2）网络银行与网络服务商之间的协议。网络银行与网络服务商应在协议中明确约定，对于由网络服务系统的故障引发的有关损失，应如何处理。此外，对于系统服务商免责事项的规定，应注意与用户承担的责任问题相连接，以避免在事故发生后给网络银行带来不必要的损失。

（3）网络银行与硬件、软件供应商之间的协议。网络银行与服务所需的硬件、软件供应商之间，也面临着如何对因硬件、软件引发的事故承担责任的问题。为了减少和防止纠纷发生后的争执，网络银行在购买有关硬件和软件时就应该在买卖协议中对这些事项进行约定。

网络银行可以通过上述协议将可能涉及的法律风险分摊出去。但也必须注意：《中华人民共和国合同法》为防止一方当事人滥用交易优势订立不合理的合同，规定了若干限制性条款，如，规定因故意或者重大过失造成对方财产损失的，免责条款无效；免责或限制责任的格式条款不提示说明的，免除己方责任，加重对方责任或排除对方主要义务的无效等。所以银行在拟订合同文本时，一方面要分摊风险，另一方面也要注意条款的公平性和合法性。

3. 明确网络银行与客户之间的权利和义务

网络银行业务是一项技术性较强的业务，用户在办理完网络银行业务的时候，对一些交易环节及应注意的事项并不十分明确。网络银行作为交易的主体，应承担告知的义务，这一点类似于《中华人民共和国消费者权益保护法》中确定的消费者有知悉的权利，服务提供者有告知的义务。一般网络银行应告知如下内容：网络银行提供的服务内容、银行和用户的责任、电子交易记录的确认和领取方法、信用卡丢失的补救方法、误操作的纠正方法、系统安全的措施等。网络银行在与用户签约时可用书面的形式说明交易规则。例如，《中国工商银行手机银行业务管理办法》中，用户在签约《使用合约》时，银行发给用户《使用手册》，用户按照手册设置各种功能。网络银行也可以采取其他方式，如公开演示、互联网上公开说明和介绍等。网络银行不仅要用类似这些方式进行介绍，而且在介绍中还要做到真正的公开，充分说明业务内容及操作方法，能够被用户理解。

客户在办理网络银行业务时，必须遵照银行的操作流程，支付指令应明确具体，如金额固定、收款人明确、收款人的名称和账户等正确一致，客户在网络银行的账户中有足够的款项等。接到客户的支付指令，网络银行应该通过安全认证程序严格审查、确认客户的身份及指令的真实性。对于不符合条件的支付指令，网络银行应拒绝接受并在限定时间内反馈给客户不予接受的原因。网络银行对客户资料和账户交易资料有保密的义务，未经客户许可或特定执法机关依法要求，不可以将客户资料向第三方提供。

4. 维护网络银行电子文件的法律效力

《中华人民共和国合同法》确认了以电子数据交换和电子邮件达成的电子合同的法律效力并将其作为合同的书面形式之一，为此，对网上银行业务的立法可以进一步确认电子合同、以纸张为载体的合同以及其他电子交易凭证、资料等在符合法定条件的情况下，具有同样的法律效力。根据我国目前有关法律的规定，计算机储存的数据资料可以作为视听资料类证据，但由于此类证据易于被篡改或伪造，提供方往往要负担较重的真实性举证责任。这就要求网络银行应完整保存交易原始资料，并定期将交易的计算机原始资料以对账等形式送达客户予以确认。系统还应允许客户打印自己的交易记录存档，在对账单送达客户若干个工作日内，客户未向银行提出异议的，网络银行保留的电子凭证和交易记录即作为确定客户网上交易内容的有效证据。例如，在电话银行业务中，网络银行除了保全语音资料、信息处理过程以外，对每日计算机打印的日结单，以及定期向客户发出的对账单等书面材料也应妥善保存。在各项网上银行业务中，网络银行应保存好交易过程的全部电子记录，以便在纠纷中处于主动地位。银行在保全数据中，考虑到诉讼时效问题，这些资料的保存时间，按照民事诉讼法的有关规定，至少在2年以上。为了妥善保存各类电子数据信息，网络银行应该高度重视计算机及其他机器设备的运用、维护及管理，建立健全有关规章制度；并应加强员工技术培训，避免操作失误，防止因数据丢失致使银行的权力得不到法律保护。

5. 明确与网络银行高技术服务特点相适应的法律责任

由于网络银行的服务协议内容隐含了对高效率时间利用和使用便捷的承诺，客户通过网络银行进行支付交易时，责任一方对损害的赔偿不仅应包括对市场交易直接成本的赔偿，还应包括对市场交易效率成本的合理赔偿。需要明确法律责任的内容主要应包括：

（1）因网络银行系统硬件出现技术故障对客户造成的损害，银行应承担民事责任，如果故障的原因应归咎于网络服务商，网络银行赔偿后可向网络服务商追索。

（2）网络银行的安全系统是保障网上支付安全性、可靠性的重要技术系统，如果该系统出现故障或被破译，以致给客户造成损害，该安全系统的提供者及网络银行应承担连带民事责任。

（3）网络银行内部工作人员利用工作便利，有目的地获取客户的资料，利用客户账户进行风险投资，向客户转嫁交易风险等，由此给客户造成的损害，应由网络银行向客户承担民事责任，然后再向其内部工作人员追索。

（4）因为黑客侵袭或其他网上犯罪给客户造成的损害，由于网络银行有建立安全体系、防范网上侵袭和消除网上灾难的义务，故网络银行应对其承担责任。

（5）如因客户遗失或泄漏认证密码而造成的资金损失，应由客户自行承担。另外，还应对网络银行可以部分或全部免责的因素，如不可抗力等作出规定。

二、网络银行的技术风险防范措施

为了在竞争中取得先机，国内各大银行纷纷在互联网上建立网站，开展网络银行业务。目前我国网络银行虽然都已经初步具备了风险管理的意识，但对技术风险的防范意识仍很淡薄。为了防止事故的发生，减少不安全事件造成的损失，加强技术安全管理和风险防范十分必要。

1. 在管理方面加强安全措施

（1）要健全各项管理制度。网络银行应建立计算机房管理、计算机及相关设备管理、人员管理、计算机操作人员管理、软件管理及计算机操作规程等制度，明确岗位职责，坚持"三员"分离制，严禁越权操作；严格执行计算机检查制。科技人员要定期对通信线路进行检测，对计算机磁头、显示器进行清洗，对计算机主机及相关设备进行除尘和保养。

（2）增加科技投入，改善硬件环境。计算机在银行业务中具有应用面广、使用频率高和连续运行时间长的特点，计算机网络系统的发展，对硬件提出了更高的要求。因此，网络银行要分清重点，全面规划，统筹安排，合理使用有限资金，逐步改善现有的硬件环境，充分发挥计算机的潜能。

（3）建立和完善内部管理机制。网络银行应加强信息系统管理工作，确保安全；尽量采用扩展、升级能力强的业务系统，保证系统能够灵活地根据外部技术以及业务需要的变化而升级换代；要配备足够的安全设备。

（4）加强计算机病毒的防治。在实际工作中，相关技术人员应坚持"预防为主，防治结合"的思想，采取有力措施预防与杀灭病毒。

（5）加强思想政治教育。领导应密切关心员工的思想状况，深入开展爱岗敬业活动，充分调动计算机操作人员的工作积极性；对不适合从事金融计算机有关业务的人员要及时调整，做到防患于未然。

2. 对金融高科技设备采取技术安全措施

（1）物理安全措施。网络银行实施物理安全策略的目的是：保护计算机系统、网络服务器、打印机等硬件实体等设施免受自然灾害、人为破坏和搭线攻击；验证用户的身份和使用权限，防止用户越权操作；确保计算机系统有一个良好的电磁兼容工作环境；建立完备的安全管理制度，防止非法进入计算机控制室和各种偷窃、破坏活动的发生。

（2）访问控制措施。访问控制是网络银行系统安全防范和保护的主要策略，它的主要任务是保证银行网络系统资源不被非法使用和非法访问。

（3）安全的信息传输。从本质上讲，互联网本身就不是一种安全的信息传输通道。网络上的任何信息都是经重重中介网站分段传送至目的地的。由于网络信息的传输并无固定路径，而是取决于网络的流量状况，且通过哪些中介网站亦难以查证，因此，信息在任何中介网站均可能拦截、读取，甚至破坏和篡改封包的信息，所以银行网络系统应该利用加密技术确保信息的安全传输。

(4) 网络服务器安全措施。在互联网上，网络服务器的设立与状态的设定相当复杂，而一台配置错误的服务器将对网络安全造成极大的威胁。例如，当系统管理员配置网络服务器时，若只考虑高层使用者的特权与方便，而忽略整个系统的安全需要，将造成难以弥补的安全漏洞。

(5) 操作系统及网络软件安全措施。大多数金融机构高度依赖防火墙作为网络安全的一道防线。防火墙通常设置于某一台作为网间连接器的服务器上，由许多程序组成，主要是用来保护私有网络系统不受外来者的威胁。一般而言，计算机操作系统软件是任何应用的基础，然而最常见的 Windows NT 或 UNIX 即使使用防火墙与安全交易协议也难以保证 100% 的安全。

(6) 网络安全管理措施。在金融电子化系统的安全中，除了采用上述技术措施之外，加强网络的安全管理、制定有关规章制度，对于确保网络的安全运行将起到十分重要的作用。网络安全管理包括：确定安全管理等级和安全管理范围；制定有关网络操作使用规程和人员出入机房管理制度；制定网络系统的维护制度和应急措施等。

三、网络银行的业务安全防范措施

安全性问题是网络银行建设中的重要问题，网络银行应将安全问题放在第一位，制定多项安全防范措施，以保障网络银行业务安全、顺畅运行。

对网络银行发展中存在的问题，既不能被动地等待这些问题随着网络银行业务的发展而自然解决，也不能期望靠简单的管制或处罚扭转网上银行的发展格局和控制网上银行潜在的系统性风险。针对我国银行业和网上银行发展经营的特点，必须采取积极措施，提高包括网上银行在内的电子银行的整体管理水平，构建有效的风险防范体制，加强监管的有效性。

1. 提高经营管理水平

银行业应统一网络银行的管理，加强网络银行发展的科学规划，提高经营管理水平。网上银行、电话银行、手机银行、PDA 银行等不同的网络银行形式之间存在着密切的联系，尤其是手机银行和 PDA 银行，与网上银行使用的是同一个业务平台。将网上银行、电话银行、手机银行、PDA 银行等的管理整合在一起，有利于提高网络银行的整体管理效率和风险控制水平。商业银行应该设立相对独立的网络银行管理部门，负责网络银行的发展规划、系统与产品研发、规章制度的制定、风险监测与控制等工作：一是全面规划网络银行的发展方向和战略，突出重点，形成相对竞争优势；二是对网络银行业务的研发、技术支持、产品创新等进行统一的管理和协调，建立全面有效的管理制度；三是加强对市场风险和安全风险的监控，建立有效的统计、分析和报告机制。

银行业应加快网络银行业务管理制度的制定，全面评估、监测和控制网络银行的风险。目前，我国银行业需要加快网络银行监管制度建设，尽快制定一套系统化的网络银行风险管理指引，研究制定网络银行业务现场与非现场检查程序和监控指标体系，严肃网络银行的业务统计制度；积极与相关部门协商，解决电子签名、电子授权等其他相关法律问题；在风险控制方面，应加强对网络银行战略风险、信誉风险和法律风险管理指导，建立全面的风险监控体系。

2. 提高网络银行的监管效率

银行业应设立网络银行监管部门，提高网络银行的监管效率。从国外网络银行的监管经验来看，设立统一的网络银行监管部门，有利于对网络银行的风险进行总体控制，也有利于建立系统完善的法律、法规体系。我国网络银行的监管人才较少，将网络银行的监管相对集中于一个部门，同时将相关人员也集中到一个部门，有利于避免分散化监管模式产生的重形式、走过场的局面。

3. 提升网络银行的产品和服务质量

银行业应加大对网络银行的研究和创新力度，提升网络银行的产品和服务质量：一是加强对网络银行发展的整体研究，针对网络银行的特点，重新整合业务流程，提高网络银行的运行效率；二是加大创新力度，开发适合银行经营特点和客户需求的产品与服务，提高对技术创新和知识产权的法律保护意识；三是合理划分风险责任，加强对消费者权益的保护。目前，我国对于参与网络银行交易的各经济主体，在出现事故时如何划分经济责任和民事责任缺乏具体的法律规定。由于网络银行的交易量一般较大，在责任不清的情况下，客户使用网络银行就可能面临较大的风险，使一般客户对网络银行的使用心存疑虑，进而影响网络银行业务的发展。根据网络银行业务的交易特点和相关规定，明确客户在使用网络银行时可能承担的风险，既有利于商业银行从总体上控制风险，也使客户的权益得到了有效保护。

当然，要实现对网络银行的有效监管，构建有效的风险防范制度，促进我国网络银行的稳健发展，以上几个方面的工作仅仅是基础性的。我国银行业还需要将对网络银行的现场检查和非现场监管纳入监管机构正规化监管计划和内容之中，并推进对网络银行业务现场检查和非现场监管的制度化和系统化，进一步加快对网络银行的法规建设进程。

第三节　中国网络银行的金融监管

一、中国网络银行金融监管的现状

网络银行属于银行的一种经营方式和组成部分，因此，对于银行所适用的法律同样适用于网络银行。然而具体到与网络银行监管相关的法律，大致如下：

1999年，我国颁布了《中华人民共和国合同法》，其中第11条规定数据电文视为合同的书面形式之一，为电子合同的应用确立了法律基础，也为网络银行的立法创立了法律空间；2001年，我国颁布了第一部关于网络银行的行政规章《网上银行业务管理暂行办法》（以下简称《暂行办法》），对网络银行的市场准入、风险管理和法律责任等作了明确的规定；2005年4月，《中华人民共和国电子签名法》颁布实行，规范了电子签名行为，确立了电子签名的法律效力。

随着网络银行的迅速发展，《暂行办法》逐渐不再适合日益变化的网络银行的监管要求，2006年3月，中国银监会颁布了《电子银行业务管理办法》和《电子银行安全评估指引》，前者明确界定了电子银行的概念和范围，后者则界定了电子银行安全评估的含义以及电子银行安全评估管理的基本原则，而《暂行办法》则于2007年被废止。

我国目前网络银行的监管方式、内容和原则如下：

1. 金融监管机构的监管方式

2004年2月1日，《中华人民共和国银行业监督管理法》开始实施。该法规要求银行业金融机构按照规定向银行业监督管理机构报送资产负债表，利润表，其他财务会计、统计报表、经营管理资料以及注册会计师出具的审计报告。

金融监管机构根据审慎监管的要求，经银行业监督管理机构负责人批准，可以现场检查，具体措施包括：进入银行业金融机构进行检查；询问银行业金融机构的工作人员，要求其对有关检查事项作出说明；查阅、复制银行业金融机构与检查事项有关的文件、资料，对可能被转移、隐匿或者毁损的文件和资料予以封存；检查银行业金融机构运用电子计算机管理业务数据的系统。根据需要，金融监管机构可以与银行业金融机构董事、高级管理人员进行监督管理谈话，要求银行业金融机构董事、高级管理人员就银行业金融机构的业务活动和风险管理的重大事项作出说明。同时，金融监管机构还对其遵循审慎经营规则、信息披露、合法经营以及经营管理进行监督检查，对于那些违反审慎经营规则、隐匿信息披露、违法经营和经营管理不善的银行，监管机构有权责令其暂停业务或者予以撤销。

2. 金融监管机构的监管内容

目前我国的金融监管机构对网络银行的监管一般包括以下内容：电子货币发行管理、电子货币工具管理、金融认证管理、电子货币运行监管、安全电子交易管理等；并主导全国性金融CA体系，对所有的认证中心进行分级别的严格监督和管理。从总体上看，网络银行经营合法性、市场风险、信用风险及流动性风险等稽核，事前风险预警防范等都是我国金融监管机构的监管内容。

3. 金融监管机构的监管原则

银行监管的目的主要是为了维护一个稳定、高效、完善的金融制度和体系，是以风险防范和控制为导向，对银行的风险管理和风险控制的能力进行监督。对网络银行的监管必须在法定的原则框架范围内进行，遵循一定的监管原则。由于网络银行的技术风险、操作风险等风险的复杂性和隐蔽性，我国同世界各个国家和地区所倡导的金融监管体制相一致，即充分强调自律性监管和银行的内部监管。在此基础上，强化外部金融监管机构对监管职责的履行，将银行的内部控制与外部的监管有机结合，深入配合，保证我国金融业对国民经济的稳定作用和行业自身的稳步发展。

二、中国网络银行金融监管中存在的问题

1. 监管理念滞后

在我国过去实行计划经济的年代，银行市场高度垄断，银行产权以国有为主，银行体系是作为经济体制转轨中政府实施经济政策，促进经济改革和发展的重要工具和平台。在这种体制下，我国原来的银行监管法制理念具有较强的计划经济色彩，科学性不强，对监管的认识和监管的理念存在滞后。

2. 低技术引起的低监管

网络银行其实是建立在网络、信息与金融相结合基础上的一个复杂的体系，是金融业务的经营方式、组织方法、结算规则上的一种技术创新。前述的各种风险随时都可能影响网络银行的正常运营，或导致银行与客户双方的利益损失。但事实情况是，我国银行业的总体监管技术水平还较低，方法也比较落后。

3. 监管法规不健全

如前所述，除《中华人民共和国人民银行法》《中华人民共和国商业银行法》和《中华人民共和国银行业监督管理法》为我国银行业的基本法，仅有《中华人民共和国电子签名法》是与网络银行风险防范密切相关的法律；与银行风险监管有关的行政法规如《储蓄管理条例》《金融违法行为处罚办法》《外资金融机构管理条例实施细则》《外汇管理条例》等都是面向整个银行业的法规。在法律层次和法规层次上，并没有专门针对网络银行监管的法律或法规。目前仅在银监会发布的规章或一些规范性文件上，对网络银行的某些方面作了约束与监管，如《电子支付指引》《计算机信息系统国际互联网保密管理规定》《商用密码管理条例》《互联网信息服务管理办法》等。针对网络银行的法律、法规和规章制度不仅在完备性和谨慎性上都十分有限，涉及网络银行业务领域的立法工作也十分滞后。而且受效力层级和行政职权的限制，以及各规章内容多定性、少定量的特点，可执行性不强。因此这些规章或者规范还不能对网络银行存在的各方面问题进行有效的调整，不能为网络银行风险的防范起到指导性作用。法律的不

健全会导致监管局面的尴尬，面对某些案例难以依法认定责任，这不利于行业的规范和金融业自身的发展。

4. 银行内部监管缺位

这里所指的监管意识是指网络银行对贷款发放、业务结构等运营风险的监管意识，而不是指对信息安全性的监管意识。事实上，中国国内的银行在交易安全和信息安全的防范意识还是十分到位的。比如，银行目前在网络银行的服务器这一端做的安全防范措施越来越严密，包括银行的维护体系，如针对网银的扫描，定期检查服务器的漏洞等，已经在很大程度上避免了网络银行起步时期服务端本身会存在的一些安全问题。相对地，我国监管机构包括银监会对此方面都有很明确的监管要求，因此对于客户来说，在银行服务端的风险已经有所降低。但是中国的银行对网银用户方的提醒和关注程度比较低，对网银用户被盗等情况没有详细的统计，也不会公布网银被盗的实际情况和采取的措施。银行在经营风险防范意识上也不那么积极和到位。有的银行为了追求较高收益，在超过风险预警指标的情况下仍冒进操作甚至违规操作，增加风险爆发的可能性。而目前我国网络银行的内控机制本身就不健全，缺乏一套成熟的技术风险识别、度量、预防、监测与控制体系，这就导致风险积累在所难免了。

三、中国网络银行金融监管的对策

为了更好地对网络银行进行有效监管，我国可采取以下几种监管措施：

1. 建立强制信息披露制度

就监管而言，信息披露应当成为重中之重，网络银行诸多特性加大了监管当局稽核审查的难度，导致外部公众难以全面、真实地了解网络银行的经营情况。为了保护银行客户利益，约束和规范网络银行的行为，建立强制性信息披露制度尤其重要。国内网络银行应该制订比传统银行更为严格的信息披露规则，遵循"公开、公平、公正"的原则，定期在其网站上向社会发布经注册会计师审计过的经营活动和财务状况信息，不断提高信息披露的质量。

2. 积极参与国际合作

为了对跨境金融服务的网络银行进行监管，金融监管机构需要加强国家间的合作，建立专门机构了解各国相关法律，吸取国际上法律监管的最新成果。对于依赖国外服务商外包服务时，监管部门要与所在国家监管当局进行沟通交流，确保跨国服务商的资质与信誉。对于可能出现国际司法管辖权的冲突，仅靠国内立法机制不够，要求金融监管部门积极同国际组织（如巴塞尔银行监管委员会等）或有关国家的金融监管当局及时交流信息，加强国际合作。

3. 建立信息数据库

网络环境下收集信息非常重要，网络银行在此基础上才能提供差异化服务，设计出个性化特色强的金融产品。作为监管当局，为了更好地把握银行网上业务开展的动态情况，需要建立一个适应经济金融发展变化、标准统一、检索方便的金融信息数据库，实现对金融机构的风险评估和预警。因此，我国有必要建立全国性的信息数据库，持续、动态地预测网络银行的各种潜在风险，为国内网络银行业提供及时的信息以便实现其稳健发展。

第四节　网络银行的资源管理

网络银行的资源管理主要包括网络管理、硬件设备管理、系统运行环境管理、系统运行安全管理、人员管理等内容。这可以集中归结为以下两方面。

一、对网络银行信息技术安全性的管理

信息技术安全包括系统环境安全和应用交易安全。

（1）系统环境安全。系统环境安全包括物理安全、运行环境安全、网络安全、系统关键设备的备份和应急措施、灾难备份等。对网络银行系统风险的监管，包括对产生系统风险的各种环境及技术条件特别是系统安全性的监管。中央银行需要监管网络银行支付系统的安全性，确保为支付系统提供服务的网络主机系统和数据库是安全的，在人为或非人为因素干扰下支付系统都能正常运行。对网络银行使用的系统软件和应用软件要进行严格测试、审核，确保网络银行支付系统的安全运行。

（2）应用交易安全。应用交易安全是保证合法用户在系统的规定权限内操作。网络金融交易双方的身份、交易资料和交易过程应该是安全的，交易过程中客户的身份、数据和资料不会被非法盗取、删除或修改，交易支付应该是有效的。对于未经合法授权交易的安全性的监管，也是中央银行需要对支付系统的安全监管的内容。

二、对网络银行业务安全的管理

对网络银行业务安全的监管，必须强化内部监控，防范违规行为和利用计算机犯罪，加强监管机构与金融机构的密切合作，外部监管与内部自律自控相结合。据统计，网络银行安全事故中出于员工疏忽的占57%，外部恶意攻击的占24%，病毒发作的占14%，用户误操作的占5%。由此可知，如果加强了网络银行业务管理安全性的监管，有70%以上的安全事故是可以避免的。中央银行必须注意督促商业银行加强内控建设和管理，及时分析，将潜在的风险消灭于萌芽之中。

为了加强中央银行对网络银行的监管，政府部门需要制定和发展强有力的司

法制度：一是建立和健全各种相关的网络银行法律和管制措施；二是形成确保这些法律及管制措施得以执行的执法系统。网络银行安全离不开网络法规环境的支持。网络银行立法的内容有以下几个方面：电子合同、电子商务认证、电子数据认证、网上交易与支付、网上知识产权、电子商务管辖权、在线争议解决等。

同时，对网络银行业务操作过程中单位、相关人员的监管还包括：对借用网络银行方式进行非法避税、洗黑钱等行为的监管；对利用网络银行方式进行跨国走私、非法贩卖军火武器及贩卖毒品等活动进行监管；对利用网络银行方式非法攻击其他国家网络银行的计算机黑客网站，以及其他国际犯罪活动进行监管；对利用网络银行方式传输不利于本民族文化和伦理道德观念的信息进行监管等。

相 关 网 站

www. fcc. com. cn　　金网在线
www. drc. gov. cn　　国务院发展研究中心网
www. chinaeclaw. com　　中国电子商务法律网
www. people. com. cn　　人民网
www. onlinedown. net　　华军软件园

思 考 题

1. 请查阅相关资料，对网络金融风险的种类进行综述。
2. 请针对网络银行风险的种类，简述不同风险所应采取的防范措施。
3. 对网络银行进行金融监管应注意哪些问题？
4. 简述中国网络银行的监管对策。
5. 简述网络银行的资源管理包括哪些内容？

第十一章
网上支付的法律问题

内容提要

    1. 网上支付当事人的法律关系，包括银行卡当事人和电子货币当事人

    2. 电子资金拨付的当事人及其权利和义务

    3. 电子货币的法律性质、发行的主体和管理，以及电子货币的监管制度

    4. 电子票据各类主体间的权利义务关系、立法模式的选择，及21世纪支票法的法律地位和重要意义

本章引导案例：10万元存款网上被盗案⊖

    案情简介：在浙江省永嘉县瓯北镇经商的福建籍青年洪某，由于他人利用网上银行交易，致使洪某银行卡上的10.25万元存款被人盗走。责任在谁？近日，浙江省永嘉县法院对这起储蓄存款合同纠纷案开庭审理后，作出一审判决，判令永嘉县某银行赔偿洪某被盗存款10.25万元及相应利息。

    2002年10月，洪某在永嘉某银行罗浮营业所申办了一张银行卡，作为存取资金之用。2003年2月2日，洪某发现卡上的10.25万元被人以网上交易的方式转至别人的两张卡上并盗走。据警方调查，2002年11月22日，涉案犯罪嫌疑人以洪某的名义，持虚假的洪某身份证到温州某银行开通了网上银行服务，获取了网上银行的客户证书及网上银行密码，并成功注册。自注册成功后至2003年2月2日，该嫌犯几乎未间断上网，在网上多次发起对原告账户的查询与交易的尝试。2003年2月2日，该嫌犯分两次成功提取了洪某存在银行卡上的10.25万元。

    案发后，洪某在接受警方调查时承认，他曾因业务上的需要，曾将该银行卡的密码告知过他人。

    ⊖ 本案例选自http：//www.chinacourt.org/public/detail.php？/

10万元存款不翼而飞,责任到底归谁?双方诉至法院。

经法院审理后认为,银行未能认真核实验明办理网上银行注册人提供的资料的真实性,违规操作,才导致嫌犯成功注册网上银行,进而成功冒领了洪某的存款。该违规失职行为与该存款被冒领有着直接的因果关系。

至于嫌犯是通过何种途径获取洪某卡号的密码,公安部门尚无定论。但就本案而言,他人取得原告银行卡密码,并不等于取得了原告的存款,原告的该笔存款并非是凭银行卡的密码在自动取款机或营业柜台上被支取,而是由于银行违规操作,为嫌犯开办了网上银行业务,在网上银行划出的,因此原告密码泄露并不会必然导致存款被冒领。据此,法院作出以上判决。

思考题:

1. 应该如何对网上支付的差错与责任进行认定?
2. 该存款网上被盗案件获法院支持的法律依据是什么?

第一节 网上支付立法概述

一、网上支付发展趋势

随着互联网的发展,网上支付已越来越成为人们日常生活的一部分,京东商城、淘宝网等电商网站对很多消费者来说,与大型商场、大型超市一样,甚至更便宜、更便捷。对于办公族来说,去网上商店挑几件商品,通过网上支付的方式结算,再由商家将商品快递或邮寄送到自己手上,已经成为一种时尚。

作为网上购物特征之一的网上支付,也得到了越来越多消费者的认同和信任。从我国的发展情况来看,据2012年7月19日中国互联网信息中心(CNNIC)在北京发布的《第30次中国互联网络发展状况统计报告》显示:截至2012年6月底,我国使用网上支付的用户规模达到1.87亿人,网民使用率达到34.8%,其中,手机在线支付的发展速度也十分突出,其网民规模已达到4440万人,较2011年年底增长约1400万人。

二、国内外有关电子支付的立法

1. 国外电子支付立法

(1) 美国1978年颁布的《电子资金划拨法》(Electronics Funds Transfers Acts, EFTA),适用于美联储电话系统与消费者电子资金划拨,成为世界上最早出台的有关电子支付的专项立法。

(2) 在欧盟的欧元体系内,网上支付及电子货币的立法主要依据两个指令,即《欧洲议会和欧盟理事会关于从事和开办电子货币业务及其审慎监管的第2000/46号指令》（以下简称电子货币指令）和《欧洲议会和欧盟理事会关于修正开办和从事信用业务的第2000/12号指令之第2000/28号指令》。

（3）澳大利亚证券与投资委员会于2001年发布了《电子资金划拨行为法》，旨在规范借记卡、信用卡交易以及属于电子货币的储值卡交易。

2. 我国电子支付立法

（1）在我国香港，监管电子货币或"多用途储值卡"发行的法律框架是《银行业条例》；而我国台湾地区于2001年发布"银行发行现金储值卡许可及管理办法"，根据该办法，非银行不得发行储值卡形式的电子货币，而银行可以。

（2）在我国内地，尚无法律或法规界定电子货币的法律地位，仅有相关的规章规范。1999年，中国人民银行发布《银行卡业务管理办法》，2005年10月发布《电子支付指引（第一号）》；2004年8月，全国人民大表大会常务委员会通过了《电子签名法》。

三、网上支付当事人的法律关系

（一）银行卡当事人之间的法律关系

一般而言，银行卡业务涉及发卡银行、持卡人、担保人、特约商户等当事人。由于银行卡的功能具有多样性，因此银行卡法律关系亦具有多样性；而银行卡在互联网上使用还会涉及认证中心、网络运营商等机构，法律关系更为复杂。其主要当事人的法律关系如下：

1. 持卡人与发卡银行

持卡人与发卡银行是银行卡业务中的基本当事人，也是最重要的当事人，他们之间的法律关系随着银行卡的运用不同而有所变化，一般会有以下两种法律关系：

（1）存款或借贷关系。借记卡具有存款功能，持卡人凭卡可在发卡银行储存款项，同时借记卡中的款项视同活期存款，按活期利率计付利息。从这个意义上说，持卡人与发卡银行之间的法律关系是一种存款关系，借记卡持卡人是债权人，而发卡银行是债务人。信用卡与借记卡不同，持卡人在购物时由发卡银行提供信用，即提供消费信贷。此时，持卡人与发卡银行之间发生借贷法律关系，持卡人是债务人，而发卡银行是债权人。

（2）委任关系。持卡人在购物、消费中利用银行卡转账结算时，持卡人与发卡银行之间的关系是一种委任关系，即持卡人自己不与有关特约商户办理结算事宜而委托发卡银行处理。换言之，持卡人在特约商户处购物、消费后，特约商户通过开户银行凭持卡人签字的凭证办理进账手续，发卡银行根据凭证从持卡人账户中划出或自行垫付资金。在这种转账结算关系中，持卡人是委托人，而发卡银行是受托人,发卡银行在持卡人授权范围内处理有关结算事务而产生的权利义务由持卡人承担,并有权获得相应报酬。

法律关系的内容就是各自享有的权利和应履行的义务。持卡人享有的权利主要有:选择权、知情权、查询修改权、挂失权、抗辩权等;持卡人应履行的义务主要有:提供真实资料、遵守银行卡章程及合约、情况变化及时通知等。发卡银行享有的权利主要有:向申请人发卡并确定信用卡透支额度的审查决定权、信用卡透支额及必要费用偿还请求权、取消持卡人资格权等;发卡银行应履行的义务主要有:提供银行卡使用说明资料、设立投诉制度、提供对账单、提供挂失服务、密码重要性的说明义务、保密义务等。

2. 持卡人与特约商户

持卡人利用银行卡在特约商户处购物或消费时,与上述特约商户之间只是一般的商品或劳务买卖关系,即持卡人作为商品的买方或劳务的需求方在取得商品或接受劳务后,有义务向特约商户支付货款或劳务款。与票务关系有点类似,持卡人与特约商户之间的买卖合同关系是基础,但它又独立于银行卡交易,从而使银行卡法律关系具有独立性。持卡人和特约商户发生基础合同如商品质量、服务质量方面的纠纷,一般不得作为拒绝支付所欠银行款项的抗辩理由。

另外,由于特约商户由发卡银行指定,特约商户只是发卡银行的代理人,因此,在持卡人与特约商户之间不存在直接的代理合同关系。如果特约商户无理拒绝银行卡交易,这并不是对持卡人而是对发卡银行的违约行为。遇到这种情况,持卡人只能向发卡银行投诉,并要求发卡银行承担一定的责任,然后再由发卡银行追究特约商户的违约责任。

3. 发卡银行与特约商户

借记卡发卡银行与特约商户之间一般无直接的法律关系,发卡银行对特约商户更无给付义务,因为发卡银行仅仅是接受持卡人委托办理结算事宜的受托人,所以此处不准备探讨借记卡发卡银行与特约商户之间的法律关系。信用卡发卡银行与特约商户之间法律关系的内容主要有:发卡银行对特约商户负有给付义务并享有返还请求权;而特约商户负有接受持卡人签单及不得提高买卖价格的义务并有权要求发卡银行付款。

(二)电子货币当事人之间的法律关系

电子货币法律关系中一般存在着三个基本当事人:电子货币发行商、持有人和特约商户。发行商即发行电子货币的机构,发行商可以自己也可委托其他机构代理销售电子货币;持有人是从发行商处购买电子货币用于支付的人;而特约商户是销售货物或提供服务,接受持有人用电子货币支付的机构。其主要当事人之间的法律关系如下:

1. 持有人与电子货币发行商

持有人与发行商是电子货币关系中最重要的当事人,他们之间可能存在以下三种关系:买卖关系、存款关系、委任关系。

(1) 买卖关系。持有人欲取得电子货币,必须向发行商通过转账或直接付款支付相应代价。围绕电子货币资金的支付,持有人与发行商之间形成了购买电子货币的合同关系,其主要内容是申请人向发行商支付一定代价,发行商向申请人发行电子货币。

(2) 存款关系。电子货币发行商与持有人之间是否存在存款关系,在国际上并没有明确一致的看法。美国相关法律和澳大利亚《电子资金划拨行为法》对此并没有提及,而美国联邦存款保险公司 1996 年指出,存款机构所发行的部分储值卡不构成美国《联邦存款保险法》之下的存款。

(3) 委托关系。申请人购买电子货币时与发行商同时达成协议,持有人购买货物或接受服务时,由电子货币发行商将相应电子货币转移给卖方或服务提供者,由此构成持有人委托电子货币发行商代其结算的委托关系。根据这种合同关系,电子货币发行商同意持有人利用其电子货币系统,有义务为持有人提供能够安全运转的电子系统,持有人有义务接受利用该系统技术规则及其运作的最后结果。

2. 持有人与特约商户

持有人和特约商户之间存在基础的货物买卖或提供服务关系,持有人使用电子货币取得货物或服务,特约商户接受持有人的支付,这实际上是持有人转让对电子货币发行商的债权,也是发行商存储义务的转移。存储义务的转移涉及电子货币之法律适用、转移时间、终结性、权利异议与伪造电子货币的权利问题等。

3. 电子货币发行商与特约商户

电子货币发行商与特约商户之间的权力义务主要涉及存储义务的赎回,即特约商户出示存储装置中的信息,由发行商支付相应金额,通常是在特约商户账户上记载适当金额,这个过程为支付义务的赎回。此外,一般而言,持有人从发行商处取得电子货币后,亦可以要求发行商赎回,但有的电子货币模式不允许这样做。此时,持有人和发行商也产生相应的权力义务并且基本原理一致。

第二节 电子资金划拨中的法律问题

一、电子资金划拨的概念

随着计算机在银行中的应用,银行在一定程度上已能将现钞、票据等实物表示的资金转变成由计算机中存储的数据表示的资金;将现金流动、票据流动转变成计算机网络中的数据流动。这种以数据形式存储在计算机中并能通过计算机网络而使用的资金被形象地称为电子货币,其赖以生存的银行计算机网络系统被称为电子资金划拨系统。在美国,80%以上的支付是通过电子方式进行的,每天大约有 2 万亿美元通过联储电划系统(Fedwire)与清算所银行间支付系统(CHIPS)划拨。按美国1978 年《电子资金划拨法》规定,电子资金划拨是不以支票、期票或其他类似票据为凭证,而是通过电子终端、电话、电传设施、计算机、磁盘等命令、指示或委托金融机构向某个账户付款或从某个账户提款。零售商店的电子销售安排、银行的自动提款交易、银行客户通过银行电子设施进行的直接存款或提款等,均为电子资金划拨或称电子资金转移(Electronic Fund Transfer)。

电子资金划拨根据服务对象的不同与支付金额的大小分为大额电子资金划拨和小额电子资金划拨。大额电子资金划拨服务于银行及银行客户,划拨资金额度大、数量多,在电子划拨中处于主要地位;小额电子资金划拨服务于广大消费者个人,额度小。

大额电子资金划拨系统主要有:美联储电划系统(Fedwire)、清算所银行间支付系统(CHIPS)、环球银行间金融电讯协会(SWIFT)、日本银行金融网络系统((BUJ-NET)、瑞士银行间清算系统(SIC)。由于小额交易活动的多样化要求及实现交易的便利程度设计,小额电划系统有多种,如自动柜员机(ATM)、居家银行服务(Home Banking)、自动清算所(ACH)等。

电子资金划拨根据发起人不同,可以分为贷方划拨和借方划拨。贷方划拨(Credit Transfer)是由债务人发起的划拨,即债务人(支付人)向其开户银行发出支付命令,将其存放于该银行账户的资金,通过网络与电信线路,划入债权人(收款人)开户银行的一系列转移过程。借方划拨(Debit Transfer)是由债权人发起的划拨,即债权人(收款人)命令开户银行将债务人(支付人)资金划拨到自己的账户。现存的用于大额支付的电子划拨系统都是采用贷记划拨方式。

二、电子资金划拨当事人及其权利和义务

(一)电子资金划拨的当事人

从资金流的角度可把电子资金划拨的当事人大致分为五种:资金划拨人或发端人(Originator)、发端人银行(Originator's Bank)、接收银行(Receiving Bank)、受款人或称受益人(Beneficiary)、受益人银行(Beneficiary's Bank),其含义如表11-1 所示。

表 11-1　电子资金划拨的当事人

当事人	含义
发端人 （Originator）	发端人是指在一项资金划拨中第一项支付命令的指令人，也称付款人，一般是债务人；指令人是指向接收银行发出指令之人
发端人银行 （Originator's Bank）	如果发端人不是银行，第一份支付命令的接收银行是发端人银行；如发端人是银行，则发端人即为发端人银行。不要求发端人必须事先在发端人银行开户
受益人银行 （Beneficiary's Bank）	受益人银行是指支付命令中指定的银行
受益人 （Beneficiary）	受益人是指资金划拨成功，受益人银行贷记其账户或直接向其支付款项的当事人，也称收款人
接收银行	接收银行是指指令人的指令发往的银行，是既非发端方银行，也非受益方银行的中介银行（Intermediary Bank）

另外，指令人与接收银行的概念是相对而言的，发端人是发端人银行的指令人，发端人银行为接收银行；发端人银行又是中介银行的指令人，中介银行则是发端人银行的接收银行，依此类推，直至款项最终到达受益人，形成一个资金划拨链。

（二）指令人的权利与义务

1. 指令人的权利

指令人有权要求接收银行按照指令的时间及时将指定的金额支付给指定的收款人，如果接收银行没有按指令完成义务，指令人有权要求其承担违约责任，赔偿因此造成的损失。

2. 指令人的义务

（1）指令人一旦向接收银行发出指令后，自身也受其指令的约束，承担从其指定账户付款的义务。

（2）在需要的情况下，指令人不仅接受核对签名，而且在符合商业惯例的情况下，接受认证机构的认证。

（3）按照接收银行的程序，指令人应检查指令有无错误和歧义，并有义务发出修正指令，修改错误或有歧义的指令。

（三）接收银行的权利和义务

1. 接收银行的权利

（1）接收银行有权要求付款人或指令人支付所指令的资金并承担因支付而发生的费用。

（2）接收银行有权拒绝或要求指令人修正其发出的无法执行的、不符合规定程序和要求的指令。

（3）只要能证明由于指令人的过错而导致其他人，包括指令人的责任人或前任雇员或其他与指令人有关系的当事人，假冒指令人通过了认证程序，接收银行就有权要求指令人承担指令引起的后果。

2. 接收银行的义务

（1）在收到支付命令以后，接收银行应向受益方银行或某一中介银行签发一项支付命令，其内容应与该接收银行收到的支付命令相一致，且其中应有以适当方式执行贷方划拨所需的指示。当接收银行签发了它自己的支付命令以后，它就成为了该命令的发送方并且承担与该命令有关的发送方的义务。

（2）收到了有缺陷的指令时，应在规定的期限内通知该指令的发送方，无论接收银行是否接受了支付命令，通知的义务都存在。

（3）接收银行应按照指令人的指令完成资金支付。

（4）接收银行应就其本身或后手的违约行为，向其前手和付款人承担法律责任。

通常，资金的支付从付款人开始，经过付款人银行、中介银行、认证机构、收款人银行等一系列当事人，每一当事人只接受其直接指令人的指令，并向其接受人发出指令，并与他们存在合同上的法律关系。

（四）收款人的权利义务

收款人具有特别的法律地位。在电子支付法律关系中，收款人虽然是一方当事人，但由于收款人与指令人、接收银行并不存在支付合同上的权利义务关系，因此收款人不能基于电子支付行为向指令人或接收银行主张权利，收款人只是基于和付款人之间基础法律关系与付款人存在电子支付权利义务关系。在这一点上反映出电子支付与票据支付法律关系类似。

三、电子资金划拨过程中的法律问题

（一）电子资金划拨的无因性

电子资金划拨（或电子支付）执行过程与票据交易类似，具有无因性，即无论某笔资金交易的基础原因法律关系成立与否、合法与否，银行在按照客户以正常程序输入的指令操作后，一经支付即不可撤销，而无论交易的原因是否合法，哪怕是犯罪分子的洗钱活动，也不能否定电子支付行为本身的有效性。

这种无因性是与维护网上支付的快捷、方便与稳定性密不可分的，充分表现了商法的效率原则。

（二）支付指令的要件及认证

根据电子资金划拨的无因性，要求在相关法律中对该指令的形式要件作出规定。例如，在美国《统一商法典》第4A篇规定支付指令必须符合以下几个主要条件：

（1）除了规定资金划拨的时间外，支付指令不得附有任何其他条件。

（2）指令必须由发送方通过互联网直接向特定的接收银行或其代理人的电子资金划拨系统发出。

（3）指令中的金额必须是固定的或可以确定的。

（4）支付的受益人为特定的对象。

（5）要求接收银行无条件付款的指令。

指令人代理银行接收到一项付款指令时，除审查该项支付指令是否具备形式要件，还需要对该指令予以认证，鉴别发出支付指令客户的身份的真实性，以防被骗取资金。

（三）电子资金划拨的完成

电子资金划拨的完成是指一项电子资金划拨何时可以认定业已完成。电子资金划拨参与行一旦按照指令人的支付指令完成了电子资金的划拨，该划拨行为就不能够撤回，所以，对电子资金划拨完成的界定，就显得非常重要。

那么，何时认定指令人代理银行已完成了划拨指令呢？联合国国际贸易法委员会《电子资金划拨法律指南》提出了5种比较合理的方案。具体内容如下：

（1）指令人在其代理银行的账户被借记时视为划拨的终结点。

（2）受益人银行接受划拨指令的时间。

（3）受益人在其代理银行的账户被贷记时间。

（4）受益人代理银行向受益人发出其账户已被贷记的通知时。

（5）划拨资金到达受益人账户时。

银行在作为指令人代理银行时，一般选择第一种方案，一旦代理银行借记了指令人的账户，指令人代理银行对划拨指令的执行在理论上即告完成，指令人从此时起无权要求撤销其支付指令，也无权要求退回划拨的资金。

（四）电子资金划拨中的法律责任

1. 假冒指令的责任

盗用资金所有人的密码及相关信息，进行非法划拨是网上支付面临的一大安全隐患。由此产生的损失应该由银行还是客户自身承担责任，美国《统一商法典》第4A篇中安全程序规则是值得我们借鉴的。

所谓安全程序是指在客户和银行约定使用的密码或其他有效的身份认证手段。一般，客户只对其授权的支付指令负责。但是美国《统一商法典》规定：若银行收到的指令经过了安全程序的证实，由这一指令所产生的后果应该由客户承担。客户承担未经授权的支付指令造成的损失，必须满足以下四个条件：

（1）代理银行与其客户达成协议，约定客户输入支付指令必须经过安全程序确认。

（2）该安全程序必须具有商业上的合理性。

（3）银行出于诚实及善意接收支付指令。

（4）银行遵守了安全程序。

如果银行满足了以上条件，则客户应当承担支付指令相应的后果。但银行如果未能满足以上要求，则必须对该支付指令的后果负责。

2. 支付指令不当执行的责任

根据美国《统一商法典》规定，银行延迟执行、不当执行或根本未执行支付指令，其应该承担的责任仅限于返还相当于划拨资金的本金和利息以及划拨费用的款项。除非另有约定，银行不承担划拨未能完成造成的间接损失，如划拨人预期可得的利润等。

（1）划拨失败时的退款保证。当支付指令接收人不当履行支付指令造成划拨失败时，发端方银行及每一家随后的发送银行有权要求其接收银行返还已付的资金。除非在特殊情况下，退款保证不能经由协议改变。

（2）划拨延迟。对在贷方划拨完成后，即在受益方银行为受益方的利益接受了支付命令以后的延迟，如果受益方银行没有在规定的时间内将资金交由受益方处置，在管辖受益方和银行间关系的法律的范围内，受益方银行应向受益方赔偿。如果延迟发生在贷方划拨完成前，则在贷方划拨完成后，造成延迟的接收银行必须向受益方就支付命令的金额支付在延迟期间的利息。

（3）数额差错时的多退少补原则。如果接收银行执行的支付命令的数额少于其接受的支付命令的数额，但不是扣除手续费造成的，接收银行有义务对此差额签发一项支付命令；贷方划拨已完成但接收银行执行的支付命令数额多于其支付命令的数额的，接收银行有权依法向受益人索回此项差额。

3. 支付指令有错误时的责任

支付指令错误包括以下三种：支付指令表述有误、支付指令错误和支付指令执行错误。对此，美国《统一商法典》第4A篇对这三种类型的错误及相应承担的责任作了规定。

（1）支付指令表述有误。支付指令表述有误是指支付指令中存在不一致的信息，如受益人名称有误、受益人名称和账号不符等。美国《统一商法典》第4A篇规定，当存在对受益人情况的误述而不能够确定受益人时，受益人代理银行有权不接受指令人代理银行的支付指令，指令人代理银行应该将款项退回指令人。由此造成的利息及其他损失，由指令人自行承担。

（2）支付指令错误。支付指令错误是指支付指令内容本身存在错误或在传输过程中产生错误。例如，将受益人名称写错或重复发出指令等。美国《统一商法典》第4A篇规定，指令发送人应该对其支付指令的正确性负责。若因支付指令有误导致了损失，该损失应该由发送人承担。

（3）支付指令执行错误。支付指令执行错误是指接收指令的一方在执行指令的过程中出现的差错。例如，指令人代理银行重复发出支付指令或将款项支付给错误的受益人等。根据民法上的过错责任原则，支付指令发送人本身无过错，故不应该承担责任，而指令接收人在执行指令的过程中存在过错，应该对损失负责。

4. 黑客欺诈时的责任承担

黑客是指以电子手段闯入划拨系统进行诈骗的人。黑客欺诈是电子时代出现的新的犯罪形式，应以是否设置"安全程序"的有关规定来解决黑客欺诈时的责任承担问题。这里的"安全程序"中的技术手段、考查标准应依据国情具体确定。如经安全程序核证支付命令正确，即使未经授权，责任仍由发送方承担。但是如未经授权的支付命令是由与接收银行有联系的人的行为造成的，损失由接收银行承担；如未授权的支付命令是由与发送人有联系的人的行为造成的，损失由发送人承担。

第三节 电子货币的法律问题

一、电子货币的法律性质

目前，关于电子货币是否具有传统货币的法律特征的讨论较多。有学者认为，电子货币仍然具备传统货币应有的基本职能，能够成为电子商务活动的价值尺度、交换媒介和价值储存手段，它与传统货币没有什么本质上的区别。但也有学者有不同的看法。

一般来说，电子货币的法律定性需要从下述两方面考虑：

1. 根据电子货币在货币理论和结算理论上的定位

在货币理论上，作为通货一般应满足三个基本条件：

（1）能成为交易媒介和支付手段。

（2）能成为价值的比较基准和作为延期支付标准。

（3）能成为价值的储藏手段。

而电子货币尚不完全地具备此三项中的任一职能。

首先，作为通货最基本的特征是它的支付功能，电子货币的诞生也主要是满足在电子状态下的货币支付功能。但是，由于它依附于实体货币，债权人收到债务人的支付后，并没有完结支付过程，尚需从发行电子货币的银行、公司或者信用卡公司收取到实体货币，才算支付过程的最后完成。同时，目前，各种电子货币均有其适用的特定范围，还无法同广泛适用的实体货币相比拟。

其次，价值标准是货币最本质的特性与功能，它通过货币单位的名称及其代表的价值将所有商品（包括外国的货币）和债务的价值表现为同名的量，使其相互间在质的方面相同,在量的方面可以比较。电子货币的存在本身是以实体货币的存在为前提,其价值直接依赖于实体货币的价值。因而,它自身根本就无法成为价值的比较基准。

最后,电子货币虽然拥有价值,但这种价值是以其兑换为实体货币才得以实现的。所以,它虽可以起到价值保存的作用,但是,这种作用是有限的,依赖于电子货币能否便利的、等值的兑换为实体货币。

从电子货币目前在全球的使用情况来看,各种形态的电子货币都是通过相互交换电子信息来完成支付的,而且都是以既有实体货币的存在为其前提的,以实体货币的价值为其价值,只是实体货币的电子化、数据化。它们均是以在电子化世界或在现实世界通过电子化手段实现支付的电子化为目的,是对实体货币功能的扩展。因而,电子货币只是蕴涵着可以执行货币职能的某种可能性,还不能完全执行支付手段的全部职能,与通货还有一定距离。在结算理论上,目前的电子货币只是将现金或存款用电子化的方法转移、传递以实现结算,而不是完全代替现金或存款成为一种独立的支付手段。

2. 根据传统货币的定义进行定性

传统货币一般是指具有法定清偿力的纸质银行券或者硬币,是国家以法律保障的银行信用。因而,电子货币要成为一种真正的货币,不仅需要满足传统货币所具有的普遍接受、易于辨认和携带等品质,而且要满足安全性、无期限性和简易性等特性。同时,按照货币的法定原则,电子货币的通货还需经国家立法的明示认可才行。但是,从目前各国的有关立法来看,尚没有有关处置拒收电子货币的规定,亦即电子货币尚不具备法定货币的地位。在任何情况下,债权人均可拒绝接受电子货币而要求债务人支付法定货币。因而,它仅代表着电子货币的持有者要求电子货币发行者兑换对等现金的一种请求权。而电子货币的这种兑换义务是否绝对,各国尚无明确的法律规定。

综上所述,在电子商务活动未成为经济社会的主流商业模式之前,电子货币只能作为一种辅助性的支付手段起作用。现有电子货币只是以既有货币为基础的电子化衍生物,不是一种完全独立的通货。

二、电子货币的发行

(一) 发行的主体

在电子货币发行主体范围这个问题上,不同的国家存在不同的看法。在欧盟,欧盟委员会规定的目标是:一方面保证电子货币发行者的稳定和健全;另一方面保证个别发行者的失败不会对这么一种支付手段的发展造成重大影响。欧盟的观点是:电子货币的发行应该限定在金融机构的业务中,其发行主体应该属于金融监管的对象。

在美国，其立法意图是：多用途储值卡（如 Mondex 卡和 Visa 卡）的发行，与存款营业收入或银行票据的发行是相类似的活动，因此，应该局限于被授权的银行。另一方面，非银行金融机构也被允许发行用于有限目的电子货币卡。

在中国，信用卡的发行和经营限定在商业银行，并需接受中央银行的监管。到底哪种模式更为适合电子货币的发展呢？目前，在这个问题上作出结论是困难的，也是不成熟的。在任何国家，如果电子货币的发行权局限于银行，那么现有的对银行的法规可以延伸到这个新产品上，因此中央银行就可以提供与传统银行存款同等程度的保护与监管，但这样无疑会对这一行业的竞争和创新造成很大的制约。相反，如果各类实体都可以成为电子货币的发行者，竞争的扩大会带来很多益处，但同时大量的问题将会无法规制。

较为流行的观点是，电子货币只是一种"储值"或者"预付"产品，即将用户所能支配的资金或货币币值存储于其持有的某种电子设备上，如智能卡、电子钱包、电子现金等，因此，从技术上而言，可能成为电子货币发行主体的有：银行、非银行金融机构和非金融机构。

（二）发行的管理

由于电子货币在相当程度上有着类似于现金的特征，其发行将无疑会减少中央银行货币的发行量，影响中央银行发行货币的特权。对于无国界的电子商务应用而言，电子货币还在税收、法律、外汇汇率、货币供应和金融危机等方面存在大量的潜在问题。为此，必须制定严格的电子货币发行管理制度，保证电子货币的正常运作。

为保证电子货币的发行保持必要的流动性和安全性，银行可以采取以下措施实施管理：

（1）向所有的电子货币发行人提出储备要求和充足资本要求。

（2）应当建立电子货币系统统计和信息披露制度、现场和非现场检查制度及信息安全审核制度。

（3）建立安全保障体系。目前，许多国家正考虑建立电子货币的担保、保险或者其他损失分担机制。其中，美国、德国、日本、加拿大和意大利等国家将电子货币纳入存款保险或者担保制度体系中。

（三）发行人的义务

（1）电子货币的发行人和开发者在开发、发行电子货币之前要对技术、安全性、业务前景等进行可行性论证和成本与收益的比较分析。在电子货币发行方案中要考虑防伪问题，如洗钱等犯罪活动，并采取适当的操作程序，有效地控制操作风险。

（2）为了保证在不利情况发生时仍然能够提供产品和服务，电子货币的发行人要实施应急措施和业务恢复计划。

(3) 为减少、限制伪币和欺诈风险的发生，电子货币发行人应具备监控和赎回电子货币余额的能力，其系统要具有交易明细记录、影子余额记录、交易限额规定、交易行为分析等功能。

(4) 对电子货币系统进行非法攻击或者未经授权的侵入是威胁电子货币系统安全的一个主要问题。因此，电子货币的发行人必须具有良好的预防、侦查和预测手段，保护其系统不受内部和外部的滥用。

(5) 电子货币的发行人必须向国家中央银行汇报货币政策要求的相关信息。

三、电子货币的监管制度

（一）监管框架的构建

电子货币对现行的金融监管制度会产生直接或者间接的影响。为维护金融体系的稳定和安全、防止损害消费者利益的行为的发生，政府的适度监管是必要的。目前，欧美一些国家一般采取以下两种方式解决电子货币系统的监管问题。

一是在中央政府有关部门如中央银行等，建立一个有关电子货币的专门工作小组，负责研究电子货币对金融监管、法律、消费者保护、管理、安全等问题的影响，跟踪电子货币系统发展的最新动态，提出有关电子货币发展的宏观政策建议和报告。

二是现有的监管机构根据电子货币的发展状况，修改不适用于数字和网络经济时代的原有规则，同时制定一些新的监管规则和标准。

总的来说，对电子货币的监管采用以原有监管机构为主的方式，一般不建立新的监管机构。目前，监管当局普遍关注的问题还只限于为电子货币系统提供一个安全的环境，监管的出发点以保护消费者的利益为主。

（二）监管职能的调整

在电子支付普及的时代，中央银行的金融监管职能应该进行较大调整，适时地将监管重点转移到对电子货币发行资格的认定、流通规则的制定、系统风险的控制和消费者保护等方面来。

在对发行主体保持合法资格的监管上：电子货币的发行主体必须持续保持财务的健全性和经营的稳健性，除了建立有关发行对等资金管理的相关业务和资产运营状况的信息公开制度之外，监管当局对于电子货币发行主体遵守有关法律规定的情况，需要行使检查和监督的职能。因此，为了检查和监督的有效进行，需要对发行主体的经济责任问题，以及监管当局的行为规范问题等，制定明确的基本标准和简明可行的规则。

中央银行应建立并完善信息报告与备案制度，制定外部审查评估原则和标准，修改相应的法律规范与规则。

中央银行应研究制定相关制度和规则，防范电子货币支付系统可能出现的系统和非系统风险。

（三）支付系统风险的控制

1. 电子货币支付系统风险的种类

电子货币支付系统在整个运作过程中主要包含以下两大风险。

（1）系统风险。系统风险包括系统故障、系统遭受外来攻击、伪币和欺诈等。目前的电子货币只能通过加密、签名等方式而无法通过物理手段加以防伪，只要关键技术被窃取或者以其他手段掌握，伪造起来非常容易。若出现大量的伪币，就会带来电子货币支付系统和发行机构的重大损失，从而威胁到电子货币支付系统的稳定性，并有可能导致金融危机。

（2）非系统风险。如果某种原因导致电子货币发行机构陷入财务危机或破产时，其发行的电子货币就会发生信用危机，发行机构可能无法满足对电子货币的赎回要求而形成支付危机。此外，在科学技术迅速发展的今天，伪币和欺诈的出现难以避免，消费者的信用卡号和密码等身份数据被盗用的可能性很大，从而会引发财产损失和透支等纠纷。

2. 电子货币支付系统风险的管理和控制

为确保电子货币的健康发展，维护电子货币支付系统的稳定与安全，必须在国家层面、行业层面、企业层面这三个层次对电子货币支付系统可能面临的各种风险进行管理和控制。

（1）在国家层面上，我国应建立一套完备的监控体系，增加对货币需求以及货币流通速度的定量测度，以便控制货币供求，使货币政策得以有效实施和贯彻。要保证电子货币信息的及时、准确地传递、汇总和分析。中央银行可随时掌握电子货币的使用、存储的情况，分析其对国家经济金融形势的影响，以采取相应手段调控电子货币的走势，促进国民经济的健康发展，防范金融风险。

中央银行应该根据电子货币的发展，研究、制定和明确电子货币规范化运作的一系列相关法律、法规，明确界定电子货币系统涉及的各方当事人的权利和义务的范围，规定争端解决机制，建立损失补偿和分担机制，限制电子货币被不法分子用以洗钱和逃税等风险。

（2）在行业层面上，主要是中央银行对电子货币系统的各种风险进行监管和控制，通过法律的形式限定电子货币的发行主体来控制这些风险。例如，中央银行要对发行电子货币的机构，特别是发行电子货币的非银行金融机构进行有效管理；必须将非银行金融机构与商业银行进行同等的控制与监管，对其发行的电子货币余额要求在中央银行存有相应规模的准备金，以便加强对货币供给的控制。从风险控制的角度来看，如果能够将电子货币和传统货币区分开来，分别制定各自的准备金率，更有利于中央银行货币政策的稳定。

（3）在企业层面上，电子货币的开发者、发行人应该建立内部风险控制和管理程序，能够识别、衡量、监管和控制各种潜在的风险，防范违反安全规定的各种形式的侵入，确保信息的完整性和对消费者隐私权的保护，提供安全、可靠、持续可用的电子货币产品和服务。

（四）洗钱的防范

电子货币在空间领域上的突破将促进经济的发展，但也带来了金融管理上的困难。这主要表现在如下两个方面：

（1）电子货币可以很容易地进行远距离转移。这不仅是由于电子货币的体积小，而且因为借助电话线、互联网，电子货币可以在瞬间转移到世界任何一个角落。

（2）电子货币具有很强的匿名性。传统货币的匿名性也比较强，这也是传统货币可以无限制流通的原因，但电子货币的匿名性则比传统货币更强，其主要原因就是加密技术的采用以及电子货币远距离传输的便利。

由于电子货币存在着这些监管难点，所以比较容易被犯罪分子所利用，成为洗钱等犯罪活动的工具。犯罪分子可以将非法所得快速转移到法律薄弱的国家。因此，中央银行必须采取相应措施解决电子货币存在的问题，实现对电子货币有效的金融监管，防止洗钱等犯罪行为的发生。

第四节　电子票据的法律问题

从广义上讲，电子票据包括两种：一是传统票据的电子化；二是用电子信息完全取代传统票据，信息传递的过程也就是资金流动的过程。两者可称为电子票据的信息层面和货币层面。从信息层面过渡到货币层面，这期间即是纸质票据和电子票据共存的混合支付阶段。从狭义上讲，电子票据仅包括货币层面，即完全脱离纸介质而存在于电子介质之中的一种新型票据，其内涵是指由发送人依法发行的，通过发送银行向接收银行发出的或通过发送银行向另一家银行发出的无条件支付确定金额的货币给受益人的电子指令。

一、我国电子票据相关法律发展的现状与挑战

（一）电子票据现有相关法律

从 2000 年中国人民银行颁布《网上银行业务管理暂行办法》到 2005 年 4 月《中华人民共和国电子签名法》（以下简称《电子签名法》）实施，以及中国人民银行 2005 年 10 月颁布《电子支付指引（第一号）》（以下简称《指引》）到中国银监会 2006 年 2 月颁布《电子银行业务管理办法》，这几年是我国电子票据立法、立规从无到有，起步发展的阶段。

《电子签名法》共五章 36 条，遵循"最少干预、必要立法"的原则，旨在

扫除我国电子商务和电子政务发展过程中的法律障碍，促进电子商务和电子政务的继续扩大和发展，增强网上作业的安全性、有效性。《电子签名法》被称为"中国首部真正意义上的信息化法律"，它从三方面阐述了电子签名的相关内容：①数据电文与纸质数据具有同等的法律地位；②电子签名与手写签名具有同等的法律地位；③电子身份认证机构的法律地位和管理问题。

《指引》，对银行从事电子支付活动提出了指导性要求，对电子支付业务的申请，电子支付指令的发起和接收、安全控制、差错处理等环节进行了明确的规定，是国内迄今为止处理电子支付法律问题最基本的依据。特别需要指出的是，该《电子支付指引》规定电子支付指令与纸质支付凭证可以相互转换，两者具有同等效力。从这个层面上来看，是一大进步，虽然2005年通过的《电子签名法》，已经明确电子支付中数字签名的法律地位，但现行的《票据法》并不承认经过数字签章认证的电子票据的支付和结算方式，所以二者还存在相互承认的冲突，而《指引》的出台巧妙地解决了这一问题。

（二）现有相关法律存在的弊端和问题

尽管电子票据相关法律的出台为电子交易提供了一定的保障，但这几项法律仍有不足之处，需要在今后的实践中进一步完善。

1. 电子票据交易给《票据法》带来的新问题

《电子签名法》第14条规定"可靠的电子签名与手写签名或者盖章具有同等的法律效力"中的"签名"与《票据法》第7条第3款规定的"签名"内涵不同：《电子签名法》中的"签名"是指数据电文中以电子形式所含、所附用于识别签名人身份并表明签名人认可其中内容的数据；而《票据法》第7条中的"签名"是指当事人的本名。《票据管理实施办法》第16条将本名解释为，"符合法律、行政法规以及国家有关规定的身份证件上的姓名"。由此可见，相关法律、法规间的内涵并没有统一。因此，可以说《电子签名法》的出台并没有解决《票据法》的要式行为在电子化过程中的法律效力问题。

2. 电子票据交易涉及的税法问题

目前我国尚无相关法律对互联网上无形商品交易的税收进行规制，中国税制在设计上还尚未对网上交易做出明确规定。

3. 电子票据的网络犯罪给刑法带来的挑战

电子票据交易的无形性、快捷性和虚拟性，很容易被当做洗钱的工具，从而加大银行业的风险。

二、构建我国的电子票据法律制度

电子票据的保护，必须论及相关主体及其权利义务。电子票据涉及的主体主要分为五类：客户、网络银行、电子票据交换中心、电子认证服务机构以及监管机构。各主体之间的权利、义务表现如下：

（一）网络银行与客户之间的权利义务

无论是传统纸质票据还是电子票据，银行与客户之间的法律关系都是最核心的内容。从法律性质上说，二者的关系是一种委托代理关系，由双方订立的电子票据支付协议调整。

1. 网络银行的权利和义务

网络银行的权利主要包括：①要求客户提供有关身份证明的资料信息，如果发生变更有权要求客户尽到通知义务的权利。②要求发送人按时存足所指令的资金并承担因支付而发生的费用的权利。③接受或拒绝支付命令的权利。

网络银行除了有审查电子票据支付指令是否具备形式要件、客户是否存有足够的资金外，还有下列义务。

（1）保证交易安全的义务。例如，银行应对客户提供的申请资料和其他信息保密；建立安全程序以确保电子票据业务处理系统的安全性，保证重要交易数据的不可抵赖性、数据存储的完整性、客户身份的真实性，并妥善管理在电子票据业务处理系统中使用的密码、密钥等认证数据；确保电子支付指令传递的可跟踪稽核和不可篡改；建立有效的风险管理制度；做好访问登记记录，确保该登记不被篡改。

（2）披露义务。该义务是对客户知情权的保护。《指引》第8条从以下三个方面规定了网上银行进行信息披露的内容：①初始披露；②风险披露；③定期或实时披露。信息披露义务是限制网上银行滥用优势地位的主要手段。

（3）通知义务。通知义务包括两层含义：一是如果接收银行接收到发送银行的支付指令，则接收银行有义务在支付日后的下一营业日的午夜前，通知受益人接收该指令；二是由于网络银行业务技术性较强，客户办理时可能并不十分明确某些交易环节及应注意的事项，网络银行应承担告知的义务。同时还应建立电子票据业务运作重大事项报告制度，及时向监管部门报告电子支付业务经营过程中发生的危及安全的事项。

（4）保管义务。银行应妥善保管客户的相关资料以及在业务处理系统中使用的密码、密钥等认证数据。

（5）赔偿义务。银行因自身原因或为其提供服务的第三方服务机构的原因，违反协议并造成客户损失的，应按约定承担赔偿责任。

2. 客户的权利和义务

客户的权利有：①客户有权获取支付价款的权利，即客户有权要求网上银行按照指令所定的时间和金额支付给指定的受益人。②得到通知的权利。这项权利是与网络银行的通知义务相对应的。

客户的义务有：①签发正确信息的义务。对于错误的或者有歧义的电子票据指令，客户有义务进行检查并修正。②付款的义务。客户一旦向发送银行发出指令后，自身也受其指令的约束，承担从其指定账户付款的义务。③妥善保管、使用交易所需的信息及存取工具的义务。④通知义务。客户在发生异常情况时应及时通知相关银行。⑤交纳费用的义务。⑥保证账户支付能力的义务。⑦当电子票据支付指令通过审查后，有保证不得变更或者撤销电子支付指令的义务。

（二）电子认证服务机构与用户之间的权利义务

依照《电子认证服务管理办法》第2条第2款的规定，认证法律关系的当事人可分为：认证机构、电子签名人以及电子签名依赖方。因此，可将电子认证的主体概括分为认证机构和电子签名人两类。

1. 认证机构的权利义务

认证机构的权利有：①要求客户提供正确的资料信息；②发放、中止以及撤销证书；③要求客户对其违法行为造成的损失进行赔偿；④在证书有效期满或撤销后，保存该证书并允许合理查询以及有权收取费用的权利。

认证机构的义务有：①信息披露义务。认证机构应当在网上公布其机构名称、许可证号等信息。②担保义务。发放认证证书就意味着认证机构必须担保证书上所包含的信息是真实的。这一义务不仅针对电子签名人，也适用于电子签名依赖方。③审查义务。认证机构应查验电子签名申请人的身份，审查有关材料以保证其所签发证书内容在有效期内完整、准确。④安全保障义务。认证机构应使用可靠的系统提供安全的认证服务，同时还有保管义务、保密义务以及告知义务等。

2. 电子签名人的权利义务

所有从事电子票据交易的当事人，为了获得交易参与对方的认可，必然要进行身份认证。电子签名人有权获得证书并检查证书本身的合法性、有效性；有权就认证机构给其造成的损害进行索赔；有权中止、变更以及撤销证书。

其义务有：合法使用认证机制，提供真实、完整和准确的信息；妥善保管密码，采取合理措施避免其持有的签名被非法授权使用；缴纳费用；在数据已经失密或者可能已经失密或者终止使用的情况下有告知义务。

（三）电子票据交换中心与网上银行之间的权利义务

电子票据交换中心与网上银行之间的权利义务受银行与电子票据交换中心的清算规则调整。二者之间的权利义务与传统票据并没有什么区别。

三、电子票据的立法模式选择

面对网络技术的应用对传统法律制度提出的挑战，在电子票据的立法模式上，有三种不同的观点：一是通过对原有《票据法》中的概念进行扩张解释，使其适应网络技术的发展；二是在原有《票据法》的基础上设立专章对电子票据进行立法；三是制定单行法规。这三种立法模式各有其合理的地方。

许多学者和立法者一般会采取第一种模式，即对传统制度中的概念进行扩张解释，力图使传统法律制度适应新形势下的新的法律关系。例如，为适应电子商务发展中的法律缺失，《合同法》第11条将书面形式扩大解释为"合同书、信件及数据电文（包括电报、电传、传真、电子数据交换、电子邮件）等可以有形地表现所载内容的形式"，而不仅仅只是纸面形式。由此可见，在《合同法》中数据电文已经被纳入了书面形式的范畴之中。对于我国的合同法制度来说，这已经是一个较大的进步了，也是对书面合同形式与电子合同形式相互矛盾的调解。这种渐进式的法律变革的方式有一定的合理性，对传统法律制度的冲击力比重新制定新的法律规范要小得多。但这种观点带有明显的过渡性，同时缺乏可操作性，不足以支持我国票据市场乃至整个电子商务的全面发展。

第二种观点是在借鉴美国《统一商法典》第4A编的基础上形成的。美国立法者为了更好地调整大额电子资金划拨，在《统一商法典》第4编的基础上创造了全新法律概念的法律规范——美国《统一商法典》第4A编。该制度创造了"支付命令"和"安全程序"这两个全新的概念，并对其内涵进行了严格的界定，规定了基于支付命令的一系列权利、义务以及安全程序的相关认证规则。但是这一制度并不能当然地适用于我国的电子票据立法，这是因为电子票据实质、概念以及制度设计等已经不同于传统票据了。如果将两套相差甚远的概念、制度放置于同一部法律中，难以保持一部法律的完整性和相互协调性。

第三种观点则是对传统法律制度的大胆挑战，该观点提出制定《电子票据法》这一单行法规。但是这种过于分散的立法会使法律规范难以统一，既不利于自身发展，也不利于监管。

电子票据的出现使《票据法》中原有的法律概念、制度已经不能与电子票据的发展相适应。为了适应电子票据的电子化、无形化以及虚拟化，人们在从事电子商务的活动中逐渐形成了一套新的概念，如发送人、数据电文、电子签名，以及认证机构等，这些概念都是在传统的法律制度中从未涉及过的。从上文对三种立法模式的分析可知，无论是对原有法律的简单修补，还是单列专章，抑或是制定单行法规，均不能完全满足电子商务发展的要求。鉴于此，有学者认为，应对电子票据、电子货币等以电子方式为支付手段的支付工具统一制定一部《电子支付法》。原因有二：一是由于电子货币、电子票据都属于电子支付的范畴，因此使用统一的《电子支付法》可以集中解决电子支付的新情况、新问题，从而提高立法效率；二是可以避免交叉立法的不便，能较好地与现有的法律相互协调，同时保持电子商务立法的相互独立性。

四、电子支票的法律问题

为提高支票清算效率，美国联邦储备委员会制定了《21世纪支票交换法案》（The Check Clearing for the 21st Century Act，H. R. 1474）。该法案于2004年10月28日正式生效。该法案自签署后，便引起世界各国银行界的广泛重视，被称为金融界的重大事件。

根据现行法规，原支票纸本应递送到银行进行交换处理程序后，再回掷给顾客留存。该法案则建议取消此强制规定，以避免在支票寄送过程中的延迟影响支票交换效率。若银行和客户仍希望以纸本进行交易，该法案允许以一定电子形式的替代支票（Substitute Check），其法律效力与原票据相同。

1. 相关背景

早在20世纪80年代，美国自动票据清算所（ACH）已经采用票据截留的方式实现支票清算的电子化。尽管电子提示支票的法律效力可通过协议加以约定，但由于电子提示缺乏统一格式、客户对传统纸质支票的依赖等因素，美国电子提示支票的发展并不尽如人意。2000年美联储开始探讨如何促进支票截留及支票的电子表现形式的发展。在其后数年中，美联储与银行业及其他利益相关者通力合作，制定了《21世纪支票交换法案》（The Check Clearing for the 21st Century Act，以下简称《21世纪支票法》）。其主要目的一是赋予替代支票与原始支票相同的法律效力，促进支票截留；二是在不强制银行及客户接受电子提示支票的前提下，扶植票据清算系统的创新；三是提高整个国家支付清算系统效率。

该法案对美国票据交换与清算系统产生深远影响，其核心在于：对于不愿接受电子提示支票的银行或客户，该法案提供了一种新的支付工具——替代支票，这种替代支票在法律上等同于被银行截留的原始纸质支票，从而促进了支票截留的发展，使整个支票交换系统更有效率。

"电子支票"是客户向收款人签发的数字化支付指令，它通过互联网或无线接入设备来完成传统纸质支票的所有功能，即电子支票实质为数字化信息，从签发出票到最终清算完成的整个过程均为无纸化操作，其载体为智能卡，利用密钥进行的电子签名，与基于纸质支票的电子提示支票有显著区别。

2. 《21世纪支票法》的法律地位

美国规范支票的法律主要是联邦储备条例与统一商法典（UCC for Uniform Commercial Code）的第三编与第四编。1990年统一商法典的修订版中，规定只要当事人之间存在协议，电子提示支票就取得支票法上的效力。为进一步鼓励电子提示支票的使用，使支票截留变得更加简便、易于接受，2003年美国又颁布了《21世纪支票法》。该法属于联邦法，它并不是针对替代支票的特殊法律规定，事实上，替代支票自始至终都受适用的支票法管辖，相关支票法中规定的权利与义务都适用于替代支票。联邦或州的法律或统一商法典中若有与《21世纪支票法》不一致的,以《21世纪支票法》为准。

《21世纪支票法》授权联邦储备委员会制定实施细则,促进各方遵守法案,防止对一些条款的规避。

3. 《21世纪支票法》的重要意义

《21世纪支票法》的实施对美国金融机构产生了深刻影响。近年来,随着支付手段的日益多样化,支票的使用已逐渐减少,但依然是非现金支付的首选方式。支票使用量的减少导致单位支票处理成本的增加,使银行利润降低,并进一步恶化了银行与采用更有效的支票处理方式的非银行机构的竞争能力。《21世纪支票法》鼓励银行利用电子技术处理与传递支票,使银行能够截留支票,将原始纸质支票转为电子提示支票,在清算过程中消除纸质支票的传递,极大地节约了人力、物力,使清算速度加快、效率提高,银行的竞争力也相应增强,受到银行界的广泛欢迎。

由此可见,《21世纪支票法》的重要性并不在于它允许一种纸质支票转为另一种纸质支票,而在于它促进了电子科学与影像技术在金融领域的应用,并提高了支票清算系统的整体效率。随着《21世纪支票法》的应用,银行业务运作方面将有更多的提高与革新,客户将享受到更为完善、便捷的服务。

相 关 网 站

www.cnnic.net.cn　中国互联网信息中心
www.chinaeclaw.com　中国电子商务法律网
www.people.com.cn　人民网

思 考 题

1. 请查阅相关资料,对国内外有关电子支付的立法情况进行综述。
2. 网上支付当事人间有哪些法律关系?
3. 简述电子资金划拨过程涉及的当事人及其权利和义务关系。
4. 请说明如何对电子货币支付系统可能面临的各种风险进行管理和控制。
5. 简述电子票据给现行法律带来的挑战。

参考文献

[1] 芮廷先. 金融电子化风险管理 [M]. 北京:电子工业出版社,2003.
[2] 刘延焕. 金融干部网上银行知识读本 [M]. 北京:中国金融出版社,2003.
[3] 李兴智,丁凌波. 网络银行理论与实务 [M]. 北京:清华大学出版社,2003.
[4] 张进. 网络金融学 [M]. 北京:北京大学出版社,2002.
[5] 张卓其,史明坤. 网上支付与网上金融服务 [M]. 大连:东北财经大学出版社,2002.
[6] 吴以雯. 网络金融 [M]. 北京:电子工业出版社,2004.
[7] 邓顺国. 网上银行与网上金融服务 [M]. 北京:清华大学出版社,2004.
[8] 李冬. 电子商务与网上交易实务手册 [M]. 北京:机械工业出版社,2003.
[9] 关振胜. 公钥基础设施 PKI 与认证机构 CA [M]. 北京:电子工业出版社,2002.
[10] 韩宝明,等. 电子商务安全与支付 [M]. 北京:人民邮电出版社,2001.
[11] 陈德人,等. 电子商务概论 [M]. 杭州:浙江大学出版社,2002.
[12] 李琪. 电子商务概论 [M]. 北京:人民邮电出版社,2002.
[13] 柯新生. 网络支付与结算 [M]. 北京:电子工业出版社,2004.
[14] 孙瑞新,孙瑞勤. 金融电子化与网上支付 [M]. 北京:电子工业出版社,2002.
[15] 金桂兰,等. 电子交易与支付 [M]. 北京:中国电力出版社,2004.
[16] 李大军. POS 系统应用 [M]. 北京:清华大学出版社,2002.
[17] 吴洪涛. 商业银行信用卡业务 [M]. 北京:中国金融出版社,2003.
[18] 虞月君. 中国信用卡产业发展模式研究 [M]. 北京:中国金融出版社,2004.
[19] 金广华. 电子货币-数字经济下的会计预言 [M]. 北京:立信会计出版社,2001.
[20] 杨坚争. 经济法与电子商务法 [M]. 北京:高等教育出版社,2004.
[21] 刘秀兰. 现代银行业务与服务 [M]. 北京:中国物价出版社,2002.
[22] 李琪,彭晖,等. 金融电子商务 [M]. 北京:高等教育出版社,2004.
[23] 杰弗里·雷波特,等. 电子商务导论 [M]. 2版. 时启亮,杨坚争,译. 北京:中国财政经济出版社,2004.
[24] 李洪心,等. 电子商务概论 [M]. 大连:东北财经大学出版社,2004.
[25] 杨坚争. 电子商务基础与应用 [M]. 西安:西安电子科技大学出版社,2004.
[26] 王鑫. 电子商务基础 [M]. 北京:清华大学出版社,2006.
[27] 孟祥瑞. 电子支付与电子银行 [M]. 上海:华东理工大学出版社,2005.
[28] 刘刚,范昊. 网上支付与金融服务 [M]. 武汉:华中师范大学出版社,2007.
[29] 黄晓涛. 电子商务导论 [M]. 北京:清华大学出版社,2005.
[30] 杨坚争,赵雯,杨立钒. 电子商务安全与电子支付 [M]. 北京:机械工业出版社,2007.
[31] 张爱菊. 电子商务安全技术 [M]. 北京:清华大学出版社,2006.
[32] 王嵩,张静. S—IFT 及其在我国推广应用的前景 [J]. 信息系统工程,1997.
[33] 臧良运. 电子商务支付与安全 [M]. 北京:电子工业出版社,2006.

[34] 梁敏,文静华. Payword 微支付协议分析与改进 [J]. 电脑知识与技术,2006 (14).
[35] 沈群力,宋文官,何仕安. Millicent 微支付协议中的支付模型分析 [J]. 上海商业职业技术学院学报,2004,5 (1).
[36] 孟祥瑞. 网上支付与电子银行 [M]. 上海:华东理工大学出版社,2005.
[37] 刘军生. 电子商务中的微支付 [J]. 新东方,2007.
[38] 张进,电子商务概论 [M]. 北京:北京大学出版社,2002.
[39] 李少勇. 国家现代化支付系统 [J]. 中国金融电脑,1999 (8).
[40] 周宏,电子支付与网络银行 [M]. 北京:中国人民大学出版社,2006.
[41] 金融系统电子商务联络与研究小组. 电子商务 [M]. 北京:人民出版社,2000.
[42] 张宽海,李良华. 网上支付与结算 [M]. 北京:高等教育出版社,2007.